中国企业的改革、管理与发展

陈佳贵 著

中国社会科学出版社

图书在版编目(CIP)数据

中国企业的改革、管理与发展/陈佳贵著. －北京：中国社会科学出版社，2009.6
ISBN 978－7－5004－7797－6

Ⅰ．中… Ⅱ．陈… Ⅲ．企业经济－经济发展－研究－中国 Ⅳ．F279.2

中国版本图书馆CIP数据核字(2009)第076294号

责任编辑	纪　宏
责任校对	石春梅
封面设计	毛国宣
版式设计	木　子

出版发行	中国社会科学出版社			
社　　址	北京鼓楼西大街甲158号	邮　编	100720	
电　　话	010－84029450(邮购)			
网　　址	http://www.csspw.cn			
经　　销	新华书店			
印刷装订	北京一二零一印刷厂			
版　　次	2009年6月第1版	印　次	2009年6月第1次印刷	
开　　本	710×1000　1/16			
印　　张	29.5	插　页	2	
字　　数	476千字			
定　　价	59.00元			

凡购买中国社会科学出版社图书，如有质量问题请与本社发行部联系调换
版权所有　侵权必究

目 录

代序　正确处理企业改革、管理和发展的关系 ………………………… 1

第一部分　国有企业改革与建立现代企业制度

承包制：转变企业机制的现实选择 …………………………………… 11
关于小型企业实行租赁经营的探讨 …………………………………… 20
发展社会主义共有制经济转变企业经营机制 ………………………… 30
引进竞争机制　建立企业家市场 ……………………………………… 37
公有股份制：国有企业改革的主体思路 ……………………………… 42
论企业制度创新 ………………………………………………………… 50
建立现代企业制度是企业制度的重大变革 …………………………… 61
建立现代企业制度，重塑市场主体 …………………………………… 65
产权关系重组、政企分开与减轻企业负担 …………………………… 73
企业公司化的难点与对策 ……………………………………………… 87
建立现代企业制度不能急于求成 ……………………………………… 89
建立现代企业制度与实施"五一工程" ……………………………… 92
探索公有制的有效实现形式，塑造市场经济主体 …………………… 96
对台湾公营企业民营化的考察 ………………………………………… 109
国有企业改革的进展 …………………………………………………… 125
职工大批下岗失业的原因及其缓解对策 ……………………………… 134
国企改革要走出六大认识误区 ………………………………………… 137
中国的国有企业改革与外商在大陆的投资前景 ……………………… 143
公有制实现形式的多样化与国有企业改革 …………………………… 157
把握好长远目标和阶段攻坚的关系 …………………………………… 169
中国不同所有制企业治理结构的比较与改善 ………………………… 174

认真贯彻公司法，完善企业的法人治理结构 ……………… 186
进一步推进我国的国有企业改革 ……………………………… 194
中国国有企业改革的做法和特点 ……………………………… 199

第二部分　企业管理与管理现代化

浅谈商品信用问题 ……………………………………………… 207
实行厂长负责制必须建立任期目标责任制 …………………… 211
深化企业改革与加强企业管理 ………………………………… 215
关于企业家精神的探讨 ………………………………………… 222
加速建立健全企业家的激励与约束机制 ……………………… 232
建立现代企业制度必须改善与加强企业管理 ………………… 238
跨国公司的集权与分权 ………………………………………… 247
现代企业管理理论与实践的新进展 …………………………… 260
无形资产管理及其对我国企业改革与发展的意义 …………… 273
企业经济学的形成与发展 ……………………………………… 288
重视企业管理创新迎接21世纪的挑战 ………………………… 296
管理现代化要讲实效 …………………………………………… 304
建立中国企业持续发展的文化基础 …………………………… 307
知名品牌和企业核心竞争力 …………………………………… 310
《管理科学化与管理学方法论》评介 ………………………… 313
关于中国企业社会责任问题的几点看法 ……………………… 316
智能化管理：中国企业管理现代化的一次机遇 ……………… 319
实体企业应是网络经济的主角 ………………………………… 323
坚持学术性、创新性与思想性的有机统一 …………………… 326

第三部分　企业发展与企业的创新转型

论企业对市场的适应性 ………………………………………… 335
对增强企业活力的再探讨 ……………………………………… 353
试论企业的规模经济性 ………………………………………… 359
企业规模的发展趋势 …………………………………………… 369
略论企业集团的规模 …………………………………………… 379
跨国公司发展的新趋势 ………………………………………… 389

关于企业生命周期与企业蜕变的探讨……………………………… 393
转变增长方式的重点是转变国有企业的发展方式………………… 407
企业发展、全球战略与增强我国企业国际竞争优势……………… 410
企业集团技术创新活动的五种效应………………………………… 418
构筑中国小企业金融支持体系的思考……………………………… 426
中国企业与网络经济………………………………………………… 434
我国中小企业发展的几个问题……………………………………… 439
民营企业转型与提升要注意培育核心竞争力……………………… 448
努力提高我国制造业国际化的质量和水平………………………… 451
积极应对全球金融危机促进我国企业创新转型…………………… 457

后记………………………………………………………………… 467

代 序

正确处理企业改革、管理和
发展的关系[*]

企业改革是企业制度、管理体制、管理方法和管理手段等方面的重大变革;管理是对企业各项工作的计划、组织、控制和指挥;发展是指企业在"量"的方面的扩张和"质"的方面的改善和提高。当前,如何处理好这三者之间的关系,不仅是企业领导者面临的严峻问题,也是政府经济管理部门面临的严峻问题。本文拟对此发表一些自己的看法。

一 企业改革与企业管理

企业改革和企业管理是相互促进、相辅相成、相互保证的关系。

(一)企业改革和企业管理的最终目的都是为了发展生产力,促进企业发展

企业管理的目的是有效地组织企业的生产经营活动,合理地配置企业的各种资源,达到企业效益的最大化和促进企业的发展;而企业改革的直接目的虽然是建立一种符合生产力发展要求的企业制度和管理制度,或创造推广一种能够提高生产率的管理方法和管理手段,但是最终目的也是为了解放生产力,使企业能够得到尽快的发展。

(二)企业改革能促进企业改善和加强企业管理

企业改革的内容十分广泛,既包括企业的制度改革,又包括企业管理

---

[*] 原载《人民日报》,1995年10月19日。

制度、管理方法和管理手段等方面的改革。

企业制度的变革是企业的一项根本性改革。在西方市场经济国家,企业主要有三种法律形态,或称三种企业制度,即单一业主企业、合伙企业和公司企业。由单一业主企业向合伙企业的转变是企业制度的一次重大变革,从合伙企业向公司企业转变更是企业制度的一次伟大变革。特别是股份有限公司的出现,标志着企业的发展进入了现代企业制度的崭新阶段。西方的许多法学专家和管理学专家对公司法人制度给予了极高的评价,有的学者甚至认为,现代资本主义经济之所以还能较快地发展,与现代企业制度的建立有很大关系。马克思也曾经对股份公司给予过肯定的评价,他指出:股份公司出现后,"公司规模惊人地扩大了,个别资本不可能建立的企业出现了。同时,这种以前由政府经营的企业,成了公司的企业"。[①] 在股份公司中,"那种本身建立在社会生产方式的基础上并以生产资料和劳动力的社会集中为前提的资本,在这里直接取得了社会资本(即那些直接联合起来的个人的资本)的形式,而与私人资本相对立,并且它的企业也表现为社会企业,而与私人企业相对立。这是作为私人财产的资本在资本主义生产方式本身范围内的扬弃"。[②] 当然,股份公司制度的出现并不意味着企业制度变革的完结,企业制度还需要在实践中继续变革、发展。

与企业法律制度的改革比较,企业管理制度的变革则要经常得多。企业管理制度包含的内容十分丰富。以对企业具有普遍影响的企业管理组织结构为例,它也是在不断变革的。从19世纪末到20世纪初,企业普遍采用的是直线制,企业由业主个人集权管理。业主主宰整个企业,对企业的重要事情都由它直接决策、指挥,专门的管理人员较少,作用也很有限。从本世纪初开始,随着企业规模的扩大和管理工作越来越复杂,管理组织结构开始变革,直线制逐渐被集权的职能部制和直线——参谋组织结构取代。到本世纪20年代,不少企业开始向产品多样化方向发展,原来的管理组织结构越来越不适应这种变化,于是产生了事业部制。后来,随着不少企业向跨国公司方向发展,又产生了超事业部制、矩阵制等集权和分权相结合的管理组织结构。现在,为了适应新形势要求,西方市场经济国家的管理组织结构正在向多样化方向发展。企业管理组织结构的每一次重大变化,

---

① 《马克思恩格斯全集》第25卷,第493~498页。

② 同上。

也促进了企业其他管理制度的变革。

管理方法也在不断进行变革。企业管理既是一门科学，又是一种艺术，特别在当代，人们将管理学、数学、经济学、行为科学、政治学等学科的知识和原理运用到企业管理中，使企业管理的方法发生了革命性变化。计划与决策、生产管理、质量管理、技术管理、物资管理、销售管理、财务成本管理、人事管理等方面，都产生了许多新的管理方法。比如，在质量管理方面，从事后质量检验阶段，质量统计阶段发展到全面质量管理阶段，从而引起了质量管理方法的根本性变化；在生产管理方面，采用了先进的看板管理、成组技术等管理方法，也使管理方法发生了重大变革。

管理手段的变革也是企业改革的一项重要内容。特别是计算机在企业管理中的广泛运用，为管理决策和各种专业管理提供准确、迅速、详细的各种信息和资料，大大提高了决策的质量和其他管理的水平。

从上述企业改革的内容不难看出，任何正确的改革措施无疑都会促进企业管理工作的加强和管理水平的提高。

（三）企业管理能巩固、改善和发展企业改革的成果

由于企业改革是企业法律制度、企业管理制度、管理方法和管理手段等方面的重大革命性变革，因此改革总是具有创造性、试验性、冒险性、阶段性等特征，而企业管理则是艰苦细致的经常性的工作。任何改革措施都必须变为具体的管理制度、管理方法在实践中去贯彻落实。因此，管理不仅会巩固改革的成果，而且会使改革措施在实践中不断完善、发展。

上面的分析说明，企业改革和管理既存在密切的联系，又存在一定的区别。因此，既要重视改革，又要重视管理。不能以改革来代替管理，或以管理来代替改革。特别是当前我国正处在经济体制改革转轨的特殊时期，更要处理好改革和管理的关系。要坚持把改革放在首位，以改革来促进企业管理工作的改善和企业管理水平的提高。这是因为：

1. 我国的企业改革是以转换企业经营机制为中心环节进行的。有些时候，西方市场经济国家的企业改革也会涉及企业制度和企业机制的改革，但是在更多的情况下，它们的企业改革只是管理制度和管理方法的改革。我国现在处于经济体制的转轨时期，我国经济体制改革的目标是要建立社会主义市场经济，这就要求必须有适应这种经济体制的企业制度。但是，我国传统的国有企业制度是适应高度集中的计划体制而建立起来的，它们只具有适应高度集中的计划经济体制的经营机制，而缺乏适应社会主义市场经济的经营机制。因此，我国企业改革的头等大事，就是要改革传统的企业制度，建立一种适应社会主义市场经济的新的企业制度，以转换国有企业的经营机制。在对国有企业的制度进行改革，转换国有企业机制的过程中，也一定会涉及企业管理制度的改革，比如国有企业进行公司化改组，就要改革国有企业原来的一些管理制度，建立与公司制度相适应的法人治理结构、成本会计制度、分配制度、等等。当然，也还会涉及管理方法、管理手段的改革。但是这些改革不少是由于改革企业制度，转换企业经营机制所引起的，它们是围绕企业制度改革而展开的。

2. 我国的企业改革是将改制、改组和改造结合进行的。"改制"就是进行制度创新，建立适应社会主义市场经济要求的现代企业制度，为市场经济奠定基础；"改组"就是调整不合理的产业组织结构，鼓励兼并、合并，促进存量资产优化，重点是发展一批大企业和大企业集团，实现规模经济，从整体上提高我国企业的市场竞争力。"改造"就是加大企业技术改造的力度，加快企业技术改造的步伐，提高企业的技术素质，增强后劲，增强实力。如上所述，当前，资本主义国家的企业主要是以改革管理制度、管理方法和管理手段为主，企业的兼并、合并也时有发生，但是它们并不涉及企业制度和企业机制的变革。

3. 我国的企业改革是和其他改革配套进行的。在西方市场经济国家，企业改革是企业自己的事情，在许多情况下，又只涉及管理制度、管理方法和管理手段的改革，所以企业改革不存在配套的问题。而我国的企业改革就不同，我国的企业改革是整个经济体制改革的一个重要组成部分，它不仅要和计划、投资、财政、金融、流通、外贸等宏观经济体制改革配套进行，而且要和劳动用工制度、分配制度、福利制度等其他方面的改革配套进行。不对这些方面进行改革，企业改革的目标就不能实现。

二　企业管理与企业发展

企业管理和企业发展的关系十分密切。

（一）企业管理是企业发展的重要保障

随着科学技术的发展，生产社会化程度的提高，人们对管理越来越重视。

在西方市场经济国家,企业无不把提高管理水平放在非常突出的地位。有的把管理、科学和技术看成是现代文明的"三鼎足",看成是关系企业能否存在和发展的"三根支柱";有的把科学管理和现代化技术比作经济高速增长的"两个车轮",还有的把管理看成是一种与有形的物质资源并存的无形的物质资源。人们如此重视管理,是因为管理和科学技术一样,是促进企业发展的一种非物质要素的生产力,是企业发展的重要保障。马克思指出:"不论生产的社会形式如何,劳动者和生产资料始终是生产的因素。但是二者在彼此分离的情况下只在可能性上是生产因素。凡要进行生产,就必须使它们结合起来。"[①] 马克思还指出:"一切规模较大的社会劳动或共同劳动,都或多或少地需要指挥,以协调个人的活动,并执行生产总体运动——不同于这一总体的独立器官的运行——所产生的各种职能。"[②] 把劳动者和生产资料结合起来的正是管理。它对生产力的三个物质要素——劳动者、劳动工具和劳动对象,起着一种全局性的组织作用,具有使潜在的生产力转化为现实生产力的功能。换句话说,管理是结合各种生产要素的纽带,没有管理,就没有生产劳动。没有生产劳动,也就无所谓生产力。从这个意义上说,管理、科学技术是比劳动者、生产资料层次更高的生产力要素。

管理既然是生产力的要素,它对企业的发展、企业经济效益的高低必然会产生重要的影响。一些企业家认为:在一个企业里,如果投资占1分,科技占3分,管理则占6分。国外一个研究机构提供的资料表明:在一个现代化企业里,每增加一名合格的体力劳动者,可以取得1∶1.5的经济效果;每增加一名合格的技术人员,可以取得1∶2.5的经济效果;而每增加一名有效的管理者,可以取得1∶6的经济效果。我国有关部门的测算表明,我国的工业固定资产每增加1%,生产只增长0.2%;工业劳动力每增加1%,生产只增长0.75%,而每增加1%的训练有素、懂管理、会经营的管理人员,企业的生产则可以增长1.8%。[③] 目前,我国一些国有企业的产品不对路,效益低,亏损严重,除少数是因为政策性因素的影响外,多数与这些企业领导者的素质不高,管理水平低,企业管理混乱有关。

以上分析说明管理对企业发展和企业经济效益的高低有重大影响。在

---

① 《马克思恩格斯全集》第24卷,第44页。
② 《马克思恩格斯全集》第23卷,第367页。
③ 《管理科学文选》1985年第22期。

一个企业里，如果管理水平低，生产要素得不到合理运用，职工积极性得不到很好发挥，企业就不可能获得健康、迅速的发展。

（二）企业发展要求不断加强和改善企业管理

良好的企业管理能促进企业发展，企业的发展又要求加强企业管理。企业发展既表现为企业生产经营单位、生产线、职工人数、产品种类、品种、数量、销售收入、地区分布等"量"的扩张，也表现为先进工艺的采用、先进技术的引进等"质"的提高，这两方面都要求加强企业管理。特别在企业的高速增长期，企业各个方面都发展很快，如果企业的管理跟不上去，就会出现"增速不增效，增产不增收"的局面，让管理拖了企业发展的后腿。以日本为例，它从50年代初开始大量引进美国的先进技术，但是管理问题没有引起企业的足够重视，结果虽然从美国引进了先进技术，产品产量、劳动生产率和成本水平却大大落后于美国。在50年代后期，企业通过总结经验教训，在学习美国先进管理方法的基础上，创造了一套以提高产品质量和服务水平为中心的现代管理方法，从而使企业获得了迅速发展，对整个日本经济的腾飞也起到了很好的作用。我国也存在类似的情况。一些企业花巨资从国外引进了先进设备、技术，扩大了企业的规模，但由于管理和其他工作没跟上去，却不能很好地发挥这些技术和装备的作用，经济效益也不理想。

三 企业改革与企业发展

企业改革不仅与企业管理存在密切关系，而且与企业发展也存在密切的关系。

（一）企业改革是促进企业发展的强大动力

企业改革能解放和发展生产力。当一种企业制度阻碍了企业生产力发展的时候，改革这种企业制度就能起到解放生产力的作用。所以，合伙企业、公司企业，特别是有限责任公司和股份有限公司的出现都起到了解放生产力的作用。我国的传统的国有企业制度已不适应社会主义市场经济发展的要求，用现代企业制度来代替传统的国有企业制度也必将起到解放生产力的作用。

建立新的企业制度是对企业生产关系的革命性的变革。但是，新的企业制度的建立，并不意味着改革的完结。企业在新的企业制度下发展，还会出现许多新的问题，比如，企业规模扩大了，就要相应改革企业的组织结构，处理好集权和分权的关系；随着企业在国外业务的增加，企业会由一个国内公司向跨国公司发展，必须建立与这种公司形式相适应的管理体制。企业在发展过程中也还会对管理方法和管理手段等进行不断改革，使新的企业制度能得到完善、巩固和发展。所以，企业管理制度、管理方法和管理手段的重大变革也能起到发展生产力的作用。

（二）企业的发展可以促进企业改革的深化

从短期来看，企业改革是有成本的，需要付出必要的代价，有时候甚至会牺牲发展，比如，进行社会保障制度的改革有可能增加企业的负担，甚至暂时牺牲发展。但是从长远来看，企业改革的深化必然要求以企业的发展来保证。特别是我国的改革采用的是一种渐进的模式，就更需要企业的不断发展来促进和保证企业改革的不断深化。只有企业发展了，效益提高了，才能为企业改革的深化提供强大的财力保证，也才能巩固和扩大企业改革的成果。

（三）检验企业改革措施的试金石

企业改革的各项措施，必须落实到企业发展上。衡量各项改革措施是否正确，没有别的标准，就是要看它是否促进了企业发展。凡是正确的改革措施，必然有利于企业的发达和生产的发展；有利于企业实力的增强；有利于企业人员素质、技术装备素质、管理素质的提高；有利于企业经济效益的提高。

以上分析说明，企业的改革、管理和发展存在着密切的关系。改革是改善企业的经营管理、促进企业发展的强大推动力，特别是在我国经济体制的转轨时期，不改革传统的企业制度和转换企业的经营机制，企业的管理水平不可能得到根本性的改善和提高，企业也不能正常地健康地发展；管理是巩固改革成果，促进企业发展的可靠保障；发展是改革、管理的最终目标，是企业经营的中心环节。因此，不能把这三者割裂、对立起来。不能以改革来代替管理，也不能以管理来代替改革。要把它们紧密地结合起来。在当前，要把改革放在首位，以改革来促进管理工作的改善和提高，以改革、管理来促进企业的发展。

第一部分

国有企业改革与建立现代企业制度

承包制:转变企业机制的现实选择[*]

一 当前继续实行承包制的必要性

对承包制,目前有两种尖锐对立的观点。一种观点认为,它是社会主义商品经济中的一种基本经营方式,是企业改革的目标模式,将永远存在;另一种观点认为,它阻碍了企业改革的深化,应马上废除。我认为这两种看法都有片面性,承包制不可能成为企业改革的目标模式,但在当前它确实又有存在的必要性。这是因为:

第一,在传统体制向新体制转换的时期,存在着扩大企业自主权与加强宏观管理的矛盾,这种矛盾还要通过承包制来缓和。大家知道,增强企业活力是经济体制改革的中心环节。要增强企业活力,就必须扩大企业经营自主权,但改革的实践表明,在企业尚未形成自我约束的机制时,企业自主权的扩大虽然会使企业产生较大的动力,但也会产生许多不合理的行为,如不完成国家计划,不负责任的增加投资,乱发奖金、津贴等。所以,在扩大企业自主权的同时,国家又要从宏观上加强对企业的管理,尤其在上述现象比较严重时,国家为了加强宏观管理,还会把已下放给企业的一些经营自主权收回去,这就使扩大企业自主权和加强宏观管理产生了较尖锐的矛盾,经常使改革处于一种两难的境地。所以,从根本上看,我国的经济体制改革仍未摆脱"紧、叫、放、乱、收"的怪圈。实行承包制,可以把国家和企业双方的责、权、利以承包合同的方式明确规定下来,双方都认真执行。这在一定程度上可以缓和扩大企业自主权和加强宏观管理的矛盾,使企业活力得到加强。

第二,在新旧体制并存时期,企业的外部条件还很不规范,还必须用

---

[*] 原载《经济体制改革》1989年第6期。

承包制来调节国家和企业的利益关系和其他经济关系。规范化经营是商品经济的客观要求，但在外部条件尚不规范的情况下，企业还很难做到。首先，我国的产品和劳务价格还很不合理，企业实现利润的多少还不能真实反映企业的努力程度和经营状况的好坏，而且，在短期内这种状况还很难改变。其次，国家给企业的各种投资、贷款以及企业的各种客观条件也是千差万别的，这些条件还将在很长一段时间内起作用，由于这些条件的不同而产生的收入差距，目前国家还没有有效的调节措施。面对这些不规范的条件，如果硬要采用规范化的经营方式，必然会产生更大的苦乐不均和其他弊病。实行承包经营责任制，正是从不规范的现实出发，用不同承包基数作"经济杠杆"，以调节国家和企业的经济利益关系和其他经济关系，使企业大多在同一起跑线上开展竞争。

第三，推行股份制的条件尚不成熟。对要不要搞股份制以及社会主义条件下股份制的性质、地位、特征等问题在理论上还有很大争论，人们思想认识上还不统一；社会主义社会实行股份制还没有先例，缺乏实践经验；真正的股票市场还没有形成，有关法律法规也没有制订出来。总之，实行股份制还需要做许多准备工作。而在这期间又没有比承包制更好的经营方式采用。

由此可见，我们在相当长时期内还必须实行承包制。

二 承包制对转变企业经营机制的作用

我们现在推行的承包制虽然是在经济责任制的基础上发展起来的，但它与1981年推行的经济责任制比较，又有了较大的发展。首先，目的更加明确了。1981年推行的经济责任制直接目的是为了解决扩大企业自主权以后，如何使企业把责、权、利三者紧密结合起来的问题。因此，它包含两方面的内容：一是企业对国家的经营责任制；二是企业内部的经济责任制，并强调，要把后者作为重点。承包制则是在企业所有权和经营权要适当分离的理论指导下实行的，其主要目的是为了转变企业的经营机制，因此，重点是处理好企业和国家的关系。其次，企业自主权更大了。在生产计划上，国家指令性计划的比重已大大降低，按产值计算，1987年按指令性计划生产的产品已降至40%左右。在物资分配上，国家统配的生产资料已从1980年的256种减少到1987年的26种，其中主要的原材料直接由国家统配的部分所占的比重已发生很大变化；钢材由74.3%降至47.1%，煤炭由57.9%降至47.2%，木材由80.9%降至27.6%，水泥由35%降至15.6%，机电产品除汽车、半导体和工业锅炉外，全部实行自由购销。在日用工业品的销售上，商业部直接计划管理的商品已从1980年的188种减少到1987年的23种，企业在完成统一管理的商品生产计划以后，增产的产品也全部自销。在价格上，国家统一定价的比重大大降低。1987年，国家定价的生产资料的比重，水泥为33%，煤炭为50%，钢材为60%；从整个社会商品零售总额来看，国家定价的约占50%，实行指导价格的约占20%，市场调节的约占30%。在资金使用上，提高了企业利润留成的比例，提高了固定资产折旧率和折旧基金的留成比例，企业还可以把折旧基金、大修理基金和生产发展基金捆在一起使用，企业之间也可以展开资金的融通、拆借和联合。企业的其他自主权也比实行经济责任制时扩大了。第三，签订了承包合同，产生了法律的约束力。实行经济责任制时，只规定了企业对国家承担的单方面的责任，也不采用合同的方式。实行承包经营，承包者要与代表国家的行政机关签订合同，详细规定双方的责、权、利。合同一经签订，对双方都有法律的约束力，必须严格执行。第四，在选择承包者时引进了竞争机制。实行经济责任制时，都是由企业原来的厂长，（经理）代表企业全体职工对国家承担各项经济责任。实行承包制要求采用招标的办法来选择承包者。参加投标的人可以是原来的厂长、经理，也可以是企业的其他职工，可以是本企业的职工，也可以是外企业的职工。参加投标的人要经过严格审查和公开答辩，从中选出中标者。这样国家不仅可以按较好的条件发包，获得较好的收入，而且还可以择优选出经营者，保证经营者有良好的素质，提高企业的管理水平和经济效益。

由于实行承包制的目标比较明确，又采取了一些相应的措施，它对转变企业机制能起到以下积极作用：

1. 有利于改善企业自主经营机制。实行承包制以后，承包企业和国家的关系通过承包合同来全面具体的体现，双方都必须严格遵守合同，这就把所有权和经营权适当分开了，使企业初步摆脱了行政机构附属物的地位，在供、产、销、人、财、物等方面都能行使一定的自主权，从而加强了企业自主经营机制。

2. 有利于改善企业的动力机制。企业按合同规定上缴利润之后，留利归企业自主支配，这些留利按一定比例划分为生产发展基金，集体福利基金和奖励基金。企业经营得好，留利增加，企业的生产条件就可以得到较好的改善,生产能力也会进一步提高,同时,经营者和企业职工也可以多得,有利于调动企业和职工的积极性。

3. 有利于改善企业的自我发展机制。实行承包经营以后、企业所需的自我改造、自我发展资金必须靠企业自我积累;承包合同中一般也规定了企业的技术改造项目,企业必须完成;同时,企业只有加快更新改造,不断开发新产品,才能提高竞争力和经济效益,这就使企业具有了一定的自我发展的压力和动力,改善了企业的自我发展机制。

4. 有利于改善企业的自我约束机制。实行承包的企业、承包者(厂长、经理或全体职工)一般都用了一些资产作抵押,承包合同也对企业和承包者的经济责任有明确规定,企业如没有完成承包合同或发生亏损,首先要用抵押的资产和企业的生产发展基金作赔偿,若这两种资产还不足以弥补,还要适当减少厂长(经理)和职工的工资。企业完成了承包合同,职工工资、奖金的发放一般也要受三个方面的制约:一是工资总额增长要和经济效益挂钩;二是国家对企业留利中用于奖励基金的比例有明确规定,而且对奖金发放有严格限制,超过规定要上缴奖金税;三是为了以丰补欠,企业自己也必须瞻前顾后,尽力保证职工收入在承包期内能逐步稳定增长,同时,企业没有更多的投入也就不会有消费基金的逐年增长,这在客观上也要求企业必须处理好积累和消费的关系,在一定程度上改善了企业的自我平衡和约束机制。

由于承包制对转变企业机制有以上作用,它促进了企业经济的发展和经济效益的提高。1988年,全国预算内工业企业的产值比1977年增长10.7%;销售收入增长22.4%;实现利税总额1557.7亿元,净增230亿元,增长17.4%(税金增长20.3%,利润增长14.1%)其中实行承包制的9024个全民所有制大中型工业企业,实现利税比1977年增长20.8%,如果把1977年以来国家征收电力建设基金等增支因素包括进去,则企业的利税的增长幅度还要大些。同时,工业企业全员劳动生产率、工业资金利税率、定额流动资金周转天数、工业万元产值综合能耗等经济效益指标,都有不同程度的提高和改善。

三 承包制对转变企业经营机制的局限性

承包制虽然对转变企业经营机制有积极作用,但是,由于这种经营方式并没有对传统国有制进行重大改革，因而也存在许多先天性的弱点，主要是：

1. 不能使经济运行规则规范化。实行承包制的企业，承包合同是通过国家和企业"一对一"的谈判签订的。如前所述，这种办法在企业外部条件不规范的情况下，在一定程度上能起到调节国家和企业的利益关系及其他经济关系的作用，但是，承包基数的确定毕竟缺乏一个客观的统一的标准，而且，这种依靠"一对一"的谈判来确定承包基数的做法在客观上也还会刺激企业向国家讨价还价，甚至为了压低承包条件而弄虚作假。同时，企业的承包期一般为3~5年，但是市场等外部环境是在不断变化的，一旦企业的外部条件发生大的变化，不是给国家造成损失，就是给企业的生产经营造成困难，使承包合同很难实现。

2. 容易使企业产生重视短期利益的偏好。由于对企业外部环境的变化很难预测，企业的承包期不可能很长，承包者上任后多有"新官上任三把火"的心理，希望能在自己的任期里把企业经营得好些，企业职工也有急于得到实惠的强烈愿望。由此，企业很容易产生短期行为的冲动，急功近利，不注意技术改造、新产品开发等工作，甚至采取拼设备，拼资源的掠夺式经营手段，追逐高速度、高利润。有些地方还出现了上缴国家利税下降，消费基金大幅度上升的现象。例如，到1987年9月底，合肥市的承包企业上缴利税下降53%，企业留利增长了2.7倍，职工工资总额也增长16.3%，郑州、襄樊市的承包企业上缴利税下降9.1%和1.3%，而留利和工资总额却大幅度增长。1988年，预算内全民所有制工业实现利润比上年增长14.1%，上缴国家的所得税和调节税比上年下降了11.3%。

3. 增加理顺各种经济关系的困难。实行承包制要求有一个较稳定的经济环境，否则国家与企业签订的承包合同就很难实现。因此，在实行承包制期间，价格、税收、分配制度等都不宜作大的变动，这就增加了理顺各种经济关系的困难，搞得不好，还会成为经济发展和深化改革的障碍。比如，当前国家正在贯彻整顿经济秩序，治理经济环境的方针，其重要任务之一，就是要把过高的工业发展速度降下来，但企业的承包合同已经签订，要降低发展速度，企业的许多承包指标都完不成，增加了贯彻这一方针的困难。

4. 仍然不能很好解决劳动者和生产资料直接结合的问题。社会主义制度的优越性之一，就是能实现生产资料和劳动者的直接结合，使劳动者成为企业的主人,充分发挥他们的积极性和创造性。众所周知,在国有国营的旧体制下,这种优越性没有得到充分体现。实行承包经营后,企业的权限扩大了,独立性增强了,但由于全部生产资料仍归国家所有,职工并没有改变只是抽象的所有者,具体的劳动者的地位,其主人翁地位仍得不到很好的体现,尤其在由经营者个人承包的企业里,职工主人翁地位不仅没有得到加强,而且还有所削弱,职工和经营者的矛盾加剧了,长期继续下去,不仅不能很好发挥职工的积极作用,还会影响社会的安定团结。这是一个已引起人们普遍关注的大问题,需要认真对待。

5. 不能解决企业的自负盈亏问题。自负盈亏是企业作为商品生产者的一个基本特征。要使企业真正自负盈亏,就必须使企业成为财产的主体,不仅能独立经营,取得效益,而且要承担亏损和破产的责任。由于承包制没有触及企业的财产关系,企业的生产资料仍全归国家,一个所有者所有,而且所有权还处于企业之外,企业缺乏损亏的物质基础。在这种情况下,企业盈利了经营者可以多得,亏损了仍要由国家负担;国家和每个企业的产权关系又没有明确的界限,国家出于"父爱主义"的本能,也不愿看到自己的"孩子"破产,在危难之时总会鼎力相助。因此,企业不可能真正做到自负盈亏。

四 在治理整顿中促进承包制的完善与发展

承包制虽然存在许多缺点,但在当前的情况下又没有别的更好的经营方式可以代替它。因此,最现实的态度就是在推行承包制的过程中尽量克服它们的缺点,使其进一步完善,以更好地发挥它的作用,并为深化改革创造必要条件。为此,要注意解决好以下一些问题:

1. 实行税利分流。企业对国家的财政上缴任务是企业承包的重要内容之一。但目前的税收制度把国家作为政权机构的收入和作为所有者的财产收入混淆了。实行承包时,企业对国家实际上既包利又包税,这样不仅不利于创造平等的竞争条件,而且不利于深化改革。应当对现有税收制度进行改革,实行税制分流,使税收真正体现政企之间的分配关系。企业对国家承包主要承包资产收益(固定资产占用费)和固定资产增值,余下的利润全部归企业所有。并相应实行所得税后的利润还贷和进行利润分配的制度,利税分流的难度在于由此可能要减少国家财政收入。因此,在降低所得税率的同时，还必须改变国家对经营性亏损全包下来的不合理状况，除了对政策性亏损给予定额补贴外，对于经营性亏损要宣布一个停止补贴的期限。在此以后再有严重亏损的企业要通过破产兼并的途径解决，不再由国家补贴。

2. 合理确定承包基数。资产收益可按行业来确定，每个行业规定一个资产收益平均值，作为计算承包基数的共同指标，使同行业站在一个起跑线上。随着企业效益的普遍提高，资产收益平均值也可以调高，这样不仅可以保证财政收入的稳定增长，也可以解决"鞭打快牛"的问题，起到鼓励先进、鞭策后进的作用。

3. 引进竞争机制。在承包中是否引进竞争机制是能否搞好承包的重要因素之一，目前，真正引入竞争机制的还不多。据有关部门的调查，真正通过竞争上任的承包者只占23%左右，为了改变这种状况，一方面要严格按《承包条例》规定的程序和办法选择承包者，把"要我干"变为"我要干"；另一方面，要改革人事管理制度，建立企业家市场。企业家要与行政官员和行政级别脱钩，他们的社会地位和经济地位应由他们所经营的企业的经济效益和对社会的贡献来决定。同时，要分类制定对各类企业领导者的要求，建立健全对承包者的推荐，考评制度，除少数特大型企业外，一般企业应通过竞争择优选择承包者，使大批有胆识，有事业心，有竞争精神的企业家脱颖而出。

4. 明确发包主体。目前，承包企业的发包主体很不统一，有的是企业的主管部门，有的是经委，有的是政府的几个部门，也有的是行政性公司。而且，我国机构正在进行改革，由于机构的变动可能使发包主体消失。为了规范和稳定发包者，也为了今后向股份制经营过渡，当前，可由有关的几个部门参加谈判，由政府或财政部门和承包者签订承包合同，政府的财产机构成立以后，最好由它或它管理的投资公司作为发包主体，代表国家和承包者签订承包合同。

5. 把发挥承包者的积极性和主体职工的积极性结合起来。承包企业必须认真实行厂长（经理）负责制。承包者，即企业的厂长（经理）作为企业法人的代表，既代表行业承担对国家的责任，又要对企业的生产经营和行政管理工作全面负责，统一领导。副厂长（经理），各管理部门和生产单位的负责人都应由厂长（经理）任命。承包者在行使这些职权时，要加强民主管理，尊重企业职工的主人翁地位，充分发挥企业全体职工的积极性。

6. 克服短期行为倾向。为了克服承包企业的短期行为倾向，除要适当延长承包期外，更重要的是要把承包和企业的中长期发展规划结合起来。在承包时，要把企业中长期规划的主要内容，如产品发展方向、科研和新产品开发、技术改造项目、固定资产增值等写进承包合同，没有制定中长期发展规划的企业要补上这一课，还要按照承包合同，严格控制消费基金的增长。

7. 保持经济环境的相对稳定。实行承包制和价格改革有相当大的矛盾，承包期内如果价格变动的幅度太大，承包合同很难实现。因此，在近几年，生产资料价格不宜作大的变动。为了减轻价格变动对承包制的冲击，加工装配性企业可用增值税来代替现行的产品税；其他企业在制订承包合同时，可规定一个价格变动的幅度，超过规定的幅度才允许修改合同。

8. 为企业之间的联合、兼并创造条件。为了使承包制不妨碍企业的联合、兼并，应明确规定：① 发包主体不能干涉承包者与别的企业或其他组织进行一般性的生产经营性联合。② 承包企业有权承包、兼并无人承包的企业。③ 承包企业因生产经营的需要，愿取消自己的法人地位和别的承包企业进行紧密性联合，经有关部门批准，可将该企业的承包合同转让，并由接受企业承担对原发包者的责任，如几个企业联合成一个新的企业，则应由新的企业向原来的发包者承担责任。

9. 承包企业要加强内部管理。我国企业的技术、装备都比较落后，但管理更落后，设备利用和运转率很低，消耗高，浪费大，劳动生产率低的问题长期没有得到解决。1988年，全民所有制预算内工业企业的亏损面达到13.0%，亏损额达116亿元；盈利企业的亏损产品所占的比重也很大，其亏损额大大超过了亏损企业的亏损额。这些与经营管理落后都有关系，也说明现有企业的潜力还很大。

挖掘现有企业的潜力，一靠改革，二靠管理，二者不可偏废。前些年，企业普遍把注意力集中到了解决国家和企业的利益分配上，存在忽视内部管理的倾向，实行承包责任制以后，国家和机关的关系相对稳定了下来，企业要集中精力抓好内部管理。当然特别要搞好企业的定额、定员工作，在此基础上，推广"满负荷工作法"，使企业的人、财、物进入最佳结合状态，解决普遍存在的劳动纪律松弛、人浮于事，工时利用率低的问题。并把推广"满负荷工作法"和其他一些有效方法，如内部经济责任制、全面计划管理、全面质量管理、全面经济核算、全面人事劳动管理、"厂内银行"、"劳动优化组合"、各种计件、定额工资分配办法以及其他现代化管理方法有机结合起来，互相补充，不断发展。还要加强职工的政治思想工作，加强企业的精神文明建设，振奋职工的精神，形成好的厂风、厂貌，树立企业精神，增强企业职工的凝聚力。

10. 慎重对待部门（行业）承包。目前，已有铁道、石化、石油、邮电、煤炭、有色金属等单位实行了部门（行业）承包，部分省市对一些地方工业部门（行业）也有采用这种承包形式。它对增加国家的财政收入，增加部门（行业）的建设改造投资都有一定的好处。但是，从总的来看，部门（行业）承包的弊病较多。例如，它强化了部门（行业）的行政干预，截留了企业的部分自主权，妨碍企业实行跨部门的联合，等等。看来，这种承包形式不宜推广。已实行承包的部门（行业），也要尊重企业的自主权，注重发挥企业的积极性。

实行和完善承包制，虽然能使供给制、半供给制的传统企业机制向自主经营，自负盈亏的企业机制大大前进一步，但是由于传统的国有制存在一些先天性的弱点，如所有权主体单一，企业的财产边界模糊不清，所有权置于企业之外，无法和行政机构彻底脱钩，不能自负盈亏，等等，因而不能仅仅依靠承包制完全形成既有强大动力，又有很强的自我约束力的新机制。还必须进一步改革，一部分企业还要向股份制发展。

关于小型企业实行租赁经营的探讨[*]

六届人大二次会议的《政府工作报告》提出:"国营小型企业,可以实行集体承包或个人承包,租赁经营","应当把国营商业中的小型企业,特别是其中以劳务为主的饮食、服务业、修理业和小的零售商业进一步放开,改由集体承包经营或租赁给经营者个人经营,开拓服务领域,方便人民生活。"党的十二届三中全会通过的《中共中央关于经济体制改革的决定》也指出,要发展多种经济形式和多种经营方式,"有些小型全民所有制企业还可以租给或包给集体或劳动者个人经营"。遵照这一精神,近一年多来,不少地方进行了试点,取得了一些经验,但总的来看,这一工作进展得还比较慢,这说明有许多思想问题需要解决,许多具体政策问题有待进一步明确。本文拟对这方面的问题谈点粗浅的意见。

一 小型企业为什么可以实行租赁经营

随着商品经济的发展,租赁经营已成为世界各国普遍采用的一种发展经济的重要手段。据统计,1980年,美国设备的租赁额为300亿美元,约占美国私人设备投资的20%,整个欧洲的年租赁交易总额达150亿美元,此后,以10%的年平均增长率继续增长。日本1983年设备租赁额为3万亿日元,占民间设备投资额的7.5%。国外租赁经营不仅形式多,规模大,而且业务范围广泛,小到一台设备,大到一条空中航线,一个企业,都可以租到。

租赁这种经营方式既然可以为资本主义经济服务,也就可以为社会主义经济服务,关于这一点,马克思主义经典作家早就有过论述。恩格斯在

---

[*] 原载《工业经济》1985年第12期。

《论住宅问题》一文中指出:"'劳动人民'将成为全部住宅、工厂和劳动工具的集体所有者,这些住宅、工厂等等,至少是在过渡时期未必会毫无代价地交给个人或协作社使用。……所以由劳动人民实际占有一切劳动工具,无论如何都不排除承担和出租的保存。"① 1886年,恩格斯在致倍倍尔的信中谈到未来社会主义的措施时也说过:"我们一旦掌握政权,我们自己就一定要付诸实施:把大地产转交给(先是租给)在国家领导下独立经营的合作社,这样,国家仍然是土地的所有者。"并说这个措施"在实质上是切实可行的"②。

如果说,恩格斯仅仅提出了关于全民所有制企业可以实行租赁经营的设想的话;那么,列宁曾经把这种设想变成过现实。众所周知,十月革命胜利后,为了迅速恢复经济,苏联实行了新经济政策,其措施之一,就是实行"租让制"和"租赁制"。所谓"租让制"就是把属于苏维埃国家所有的工厂、矿山、森林、油田等,按照一定的条件租给国外资本家经营;所谓"租赁制"就是将这些生产资料租给国内资本家经营。因此,理论和实践都证明,全民所有制企业可以实行租赁经营。

全民所有制企业可以租赁给集体或个人经营,是由社会主义经济关系自身的特点决定的。在社会主义社会,主要生产资料归全民所有,由国家行使所有权。但是,在社会主义条件下,还存在商品生产和商品交换,社会主义经济还是一种有计划的商品经济,社会生产还必须以企业为基本单位来进行。这就决定了国家、企业在利益上既有一致性、又存在着区别。因此,必须把所有权和经营权适当区别开来,实行政企职责分开,把国家作为所有者管理经济的职能和企业作为经营者的生产经营职能适当区别开来,使国家作为政权机关和作为全民财产的所有者行使对国家整个经济的调节和控制,使企业作为相对独立的商品生产者和经营者行使经营管理权。所有权和经营权适当分开后,企业可以采用多种经营方式,有的可以实行全民所有,集体经营,有的可以实行全民所有,集体或个人承包经营,有的可以实行全民所有,集体或个人租赁经营。哪类企业采用什么经营方式要根据企业自己的行业特点,规模大小,以及在国民经济中的地位和作用等方面的因素来决定。

---

① 恩格斯:《马克思恩格斯选集》第2卷,第544~545页。
② 恩格斯:《马恩资本论书信集》,第469页。

小型全民所有制企业之所以可以采用集体或个人租赁经营，主要有以下几个方面的原因：

首先，小型全民所有制企业适于集体或个人分散经营。一般来说，小型全民所有制企业生产规模小，职工人数也比较少，技术装备比较差，有些小企业，主要靠手工操作，企业内部的分工和协作程度也不高。它们一般都是为大、中型企业生产配套的零部件，生产一般的日用小商品，或者为城乡人民生活服务，国家对这些企业管得少，原材料没有稳定的来源，产品方向也不很稳定，生产经营受市场影响变化大，因此，要求企业拥有更大的自主权，机动灵活地经营。由集体或个人租赁经营，能更好地适应小企业的这些特点和要求，提高企业的应变能力，提高经济效益。

其次，小型全民所有制企业资金有限，集体或个人能承担起经济责任。小企业的资金比较少，少则几万，十几万，多则上百万，因此，租金也不会很多，企业如发生了亏损，集体或个人有能力承担起经济责任。相反，大中企业，资产少则几千万，多则几亿，几十亿，如果经营不好，发生亏损，任何个人或集体都很难弥补企业的损失。

再次，比退为集体或个体所有制更容易为企业职工接受。许多小型全民所有制企业都是过去"穷过渡"的产物。这些企业所干的事，完全可以由集体和个体来承担，按理说完全可以把这些企业退回到集体或个体所有制，但是目前这样做涉及的问题比较多，难度比较大，实行国家所有，集体或个体租赁经营能较好地解决这个矛盾。有些小型企业可以长期实行租赁经营的方式，有的实行一般租赁经营方式后，集体或个体资金积累多了，经过有关部门批准，就可以把这些企业卖给他们，使全民所有制退回到集体或个体所有制。

二　小型企业实行租赁经营后所有制关系的变化

我们通常讲的所有制关系，是一个比较广泛的概念，它是指各种生产关系的总和，包括劳动者与生产资料结合的方式以及人们在生产、交换、分配和消费过程中的各种关系。全民所有制企业实行租赁经营后，由于生产经营方式发生了变化、所有制关系也一定会发生一些变化。其主要表现是：

第一，所有权和经营权分开了。实行租赁经营的企业，其生产资料的所有权并没有改变，仍属国家所有，但经营权却属于承租者，由他们自主经营。这样，企业不再从属于国家的行政机构，而成了独立的自负盈亏、自我发展的商品生产者和经营者，国家不再直接干涉企业的生产经营活动。

第二，企业扩大再生产将引起生产资料所有制的变化。任何承租者要把企业经营好，都不能仅维持简单再生产。为了取得更多的经济效益，一般都会进行设备更新改造和开发新产品。企业新增的固定资产一般有两个来源：一是国家追加投资购置，这自然不会引起所有制性质的变化。二是企业自身的积累，这部分生产资料就属于企业所有，已不再属于租赁的范围。这样，企业的所有制就发生了部分变化，生产资料由原来的全部为国家所有，变成现在的国家和企业共同所有。

第三，产品所有权要发生变化。过去，由于生产资料是全民所有、全民所有制企业生产的产品不属于企业所有而仍然归全民所有。实行租赁经营后，租赁企业不仅要承担一般企业向国家承担的经济责任，而且要向国家缴纳租金，企业向银行借的流动资金也要交利息，企业完全是自负盈亏的独立的商品生产者和经营者，因此企业对自己生产的产品完全拥有所有权。

第四，实行租赁经营还必然会使职工的地位、他们之间相互关系，以及分配关系等发生变化。这种变化虽然会由于租赁方式的不同而有所区别。但总的来说，和一般全民所有制企业却大不相同。

实行租赁经营会引起所有制关系变化，但会不会改变所有制的性质呢？我们知道，全民所有制企业实行租赁经营主要两种形式：一种是实行全民所有，集体租赁经营；另一种是全民所有，个人租赁经营。要回答上面提出的问题，必须对这两种形式进行具体分析。

全民所有，集体租赁经营这种形式的特点是，由企业的全体职工大会或职工代表大会推选出厂长（经理），由他代表企业职工向国家签订租赁合同。企业职工是法人集团，厂长（经理）只是法人代表。实行这种租赁经营方式，尽管所有制关系会发生变化，但公有制的性质不会改变。

首先，实行全民所有，集体租赁经营不会发生生产资料所有权的丧失。生产资料的所有权和经营权是两个既互相联系，又互相区别的概念。所有权指的是生产资料的归属问题，即生产资料在法律上归谁所有的问题，经营权则指的是对生产资料的占用和分配。所有制的性质主要是由生产资料的所有权决定的，它在生产经营过程中得到具体体现。同时，经营方式对所有制性质又有一定的反作用。历史和现实都已证明，实行租赁经营方式决不会丧失生产资料所有权。比如，在封建社会，地主把自己的土地租给农民耕种，他们并没有丧失对土地的所有权。在资本主义社会，资本家把企业或资本交给自己的代理人去经营，以及大量存在的其他租赁现象，也没发生过丧失所有权的现象。我国全民所有制企业的生产资料归全体人民所有，由代表全民根本利益的国家对其行使所有权，这是我国宪法明确规定了的，无论租赁给哪个集体经营，承担者只有对生产资料使用、支配的权力，没有变卖的权力，因此，都不可能改变它的所有权。

其次，全民所有制企业实行租赁经营之后，国家还会对这些企业采取不同的手段使所有权得到实现。这些手段主要是：

第一，把企业租赁给谁，租赁多长时间，怎样租赁都由国家来决定，并要签定合同，规定双方的责、权、利，承租者必须对国家承担合同规定的义务，并对生产资料的完整负责。

第二，国家要凭借所有权，以税收和租金的形式从企业取得部分纯收入，而且这部分纯收入的多少是由国家来规定的，这些收入反过来又为全体人民谋福利。

第三，企业的经营活动是在国家计划控制和指导下进行的。

第四，国家还会通过各种经济政策，经济法规监督企业，维护生产资料的全民所有制性质。

再次，也是最重要的，实行国家所有，集体租赁的企业在生产经营活动中也体现公有制的各种经济关系。一方面，职工仍然是企业的主人。他们和厂长、经理的关系不是雇佣关系，而是平等的同志式的关系，职工可以通过各种形式，对企业进行民主管理，对重大的经营决策发表意见，对厂长（经理）的经营活动进行监督，从而大大加强职工主人翁的地位和责任感。另一方面，企业实行集体租赁经营后，将实行自负盈亏，使企业利益大小和其经营的好坏挂起钩来。在企业内部，仍然是根据每个职工对企业的贡献大小进行按劳分配，而不是按资分配，不存在剥削和被剥削的关系。

实行全民所有，个人租赁经营，企业不仅所有制关系会发生变化，所有制性质也会改变。前面我们说过，所有制的性质主要是由生产资料所有权的形式决定的，经营方式对所有制的性质又有反作用，比如在资本主义社会，大土地所有者把土地租给农业资本家，由农业资本家雇用农业工人经营。这种经济关系就不再是封建的租赁关系，而是一种资本主义的所有制关系。又比如，苏联曾经采用过"租让制"和"租赁制"，国家虽然没有丧失这些生产资料的所有权，但由于资本家承担这些企业后，完全按照资本主义的方式经营，租赁关系反映的是无产阶级国家和国内外资产阶级的经济关系，企业内部存在着资产阶级和工人阶级的对立，所有制的性质也就发生了变化，变成了一种国家资本主义。因此，实行全民所有、个人租赁经营的企业，国家虽然也不会丧失对生产资料的所有权，但由于企业不是按公有制的方式经营，因此，所有制的性质也要改变。

全民所有制企业租赁给个人经营又有两种形式：一是全民所有个体经营；一种是全民所有，个人雇工租赁经营。由于经营方式不同，所有制性质变化的程度也不同。

全民所有、个体经营的特点是，由个人向国家签订租赁合同，由本人或其家庭进行独立经营。承租者自己参加劳动，并独立承担按租赁合同规定的对国家的义务，在财务上自负盈亏。这种经济实质上已变成社会主义个体经济的一种形式，但是这种个体经济是和社会主义公有制相联系的，是从属于社会主义经济的，因此，它又不同于资本主义和私有制相联系的个体经济，它是社会主义公有制经济的补充。

全民所有，个人雇工租赁经营的特点是，由个人向国家签订租赁合同，并承担租赁责任，自负盈亏。但由于承租的企业需要的人较多，承租者劳动力不足，不得不采用雇工经营的形式，即由承租者与职工签订合同，按合同规定，发给职工工资，职工对企业的盈亏不承担责任，但承租者可以根据合同辞退职工，承租者和职工之间存在着不同程度的剥削关系，存在着比较尖锐的矛盾。这种经营方式，虽然所有权仍然保留在国家手里，但由于采用的经营方式带有资本主义的性质，因此，从实质上看，这种经营方式已改变全民所有制的性质，变成一种国家资本主义了。当然我们并不能因此而把承租者都叫做资本家，因为还涉及到剥削量的问题，只要剥削量没有超过一定的界限，承租者仍然是劳动者。当前，国家是允许这种经营方式存在的，但必须严格限制它的规模。

根据以上分析，我们认为，小型全民所有制企业实行租赁经营，应该根据不同的情况采取不同的租赁形式：小型全民所有制工业企业，它们在工业企业中虽然规模较小，但和商业、服务行业的小企业比较，规模还是比较大的。个人承租后，一般无力承担全部经营活动，必然要雇工经营，从而引起所有制关系的根本变化，带来许多消极因素和社会问题。因此，对这些企业应采用全民所有，集体租赁经营这种方式，要把个人租赁经营的方式严格限制在一定的范围内，以劳务为主的饮食、服务业、修理业和零售商业中的小型企业，其规模差别很大，但总的来说，它们的规模都比较小，对于少数较大的可以采用集体租赁经营的方式，大部分则可以采用个人经营的方式。

三 小型企业实行租赁经营值得注意的几个问题

（一）要明确租赁经营和承包经营的区别

近几年，在扩大企业自主权的基础上，不少企业实行了经济承包责任制，这种办法对解决企业吃国家的"大锅饭"，职工吃企业的"大锅饭"的问题起了很好的作用。现在国家又鼓励小型全民所有制企业实行租赁经营，那么，这两种经营方式有些什么区别呢？我们认为，它们的区别主要有以下几点。

1. 企业对国家承担经济责任的方式不一样。实行承包经营，企业对国家承担经济责任的方法很多，有的实行全额利润分成，有的实行基数加增长利润分成，有的实行亏损包干，有的实行利润递增包干……但是无论采用哪种方法，国家获得的收入都和企业经营好坏直接挂钩，企业经营得好，收入增加，国家也就多得，或者企业减少亏损，国家减少补贴。而实行租赁经营则不是这样，企业对国家的经济责任主要以租金的方式体现，租金率的高低虽然要考虑许多因素，如企业生产资料的质量，企业现在的利润情况，发展前景等，但租金多少最终只直接与生产资料的价值量挂钩，而不与企业经营好坏挂钩。而且，在任何情况下，国家也不会不收租金，反而给企业补贴。

2. 所有权和经营权分离的程度不同。实行承包经营的企业，企业必须按照承包规定进行经营，企业的所有权和经营权一般只存在适当分离。企业留成的生产发展基金、新产品试制基金和大部分集体福利基金，从实质看仍属国家所有，企业只有使用权；企业对生产的产品一般也没有所有权，或者只有相对所有权；有些生产关系国计民生产品的企业，还要接受国家指令性计划。而实行租赁经营的企业，所有权和经营权完全分离，承担者除向国家缴纳租金和保证全民财产不受损坏外，生产经营活动完全由自己自主经营，企业对用于扩大再生产的资金也拥有所有权；生产的产品也由企业所有；国家对这些企业一般只实行指导性计划，或者完全由企业根据市场情况自己确定计划。

3. 适用范围不一样。承包经营这种方式适用的范围很广，不仅适用于小企业，而且也适用于像首钢、一汽、二汽这样的大企业；不仅适用企业对国家，而且也适用于企业内部，对此，《中共中央关于经济体制改革的决定》明确指出："为了增强企业的活力，提高广大职工的责任心和充分发挥他们的主动性、积极性、创造性，必须在企业内部明确对每个岗位、每个职工的工作要求，建立以承包为主的多种形式的经济责任制。"而租赁经营适用的范围则比较小，只适用于小型企业，特别是商业中以劳务为主的饮食、服务业、修理业和零售商业中的小企业。而且，企业内部也不宜采用租赁经营这种方式。

（二）要明确由谁代表国家出租企业

全民所有制企业的生产资料为全体劳动者所有，由代表人民根本利益的国家行使所有权。就是说，只有政府的行政管理部门才具有出租企业的权力。但是政府管理经济的部门很多，由哪个部门来承担这方面的职能呢？我们知道，政府管理经济的部门按其职能可以分为三个系统：一是综合管理部门，如计委、经委、财政、税务等部门，它们并不直接管理企业，而是对国家的整个经济起计划、平衡、调节、监督等作用。二是行业管理部门，如中央各工业部、省的工业厅、局等，它们原则上也不直接管理企业，而是起行业管理的作用，包括制订行业规划、制定行业重大技术经济政策、制订行业标准，决定行业的生产力布局，组织本行业的重大技术问题的改革等。三是企业的行政主管部门、全民所有制企业要由一个主管部门来管理，这是它区别资本主义企业和集体企业的重要标志之一。企业的行政主管部门主要代表国家行使生产资料的所有权，它们的职能包括决定企业采用什么经营方式，给企业下达生产经营计划，任命企业的厂长（经理），为企业创造必要的生产经营条件，对企业进行行政监督等。随着经济体制改革的深入发展，企业正下放给城市管理，城市的经委或工业管理部门将成为企业的行政主管机关，国家对企业的所有权应由它们来行使，因此，只有它们才能代表国家把企业租赁给集体或个人经营。

目前，有些地方让公司来行使这种权力。我们认为这种做法是不合适的。《中共中央关于经济体制改革的决定》已明确规定,"全国和地区性的公司,是在国民经济发展需要和企业互有需要的基础上建立的联合经济组织,它们必须是企业而不是行政机构"。公司既然是企业,全民的企业对本企业的生产资料就没有所有权,只有经营权,因此,除有特殊的政策规定,或公司向国家租赁了整个企业,合同规定又可以转租给别的单位或个人外,原则上无权把生产资料转租给别的企业。而且公司作为企业,把自己的下属单位(分厂或车间)出租出去,承租者就取得了法人地位,成了独立的企业,会给统一管理带来不便。因此,企业内部不宜采用租赁经营的方式,而应采用承包责任制的方式。至于当前仍然存在的行政性公司,它们是我国经济管理体制中的一种畸形组织。它们既不是政府的行政管理部门,又不是企业。这种组织形式不符合政企分开的原则,不利于搞活企业,目前正处于整顿过程中,更不宜由它们来出租企业。

(三) 要确保承租者对国家所承担的经济责任得到实现

现在有些地方把企业出租给集体或个人经营后,企业经营管理不善发生了亏损或其他意外,承担者对国家承担的经济责任有时很难实现,基于这种情况,有些地方出租企业时甚至只规定发生上述情况时,出租者可以终止合同。这实际上意味着承租者只负盈,不负亏,企业盈了可以取得很多收入,企业亏了却不真正承担责任。为了解决这个问题,我们认为可以采取以下几条措施:

1. 必须限制出租企业的规模。多大的企业可以租赁给集体经营,多大的企业可以租赁给个人经营,必须要有一个政策界限,其依据之一,就是承租者对经济责任的承担能力。集体租赁的企业规模可以稍大些;个人租赁经营的企业,规模要尽可能小些。个人租赁企业时,不仅要考虑其经济管理的才能,还要考虑其经济条件。

2. 要预付一定时期的租金。任何出租者都要求承租者预付一定的租金作为信用保证,全民所有制企业实行租赁经营也不能例外。属于集体租赁经营的,预付租金应由企业的全体职工集资,实行个人租赁经营的,预付租金应由个人筹集。预付租金的多少可以根据租赁时间的长短和年租金的多少来确定。

3. 要改革核算制度和分配制度,如采用"除本分成制"等办法,其基本做法就是职工的工资先不进成本,企业的销售收入应先用来向国家纳税、上缴租金和补偿生产资料的消耗，剩下部分才能在企业内部进行分配。

4. 租赁合同必须明确规定，企业的纯收入不能完全用于个人消费，应提留一定比例建立生产发展基金和储备基金，企业对这部分资金拥有所有权，当企业亏损而无力支付租金时先用储备基金弥补，储备资金用完之后，要用企业的生产发展基金（或资产）弥补。

5. 为了确保国家生产资料免遭受意外损失，实行租赁经营的企业必须对国家的财产进行保险，保险费应由承租者承担。

发展社会主义共有制经济
转变企业经营机制[*]

随着经济体制改革的发展，转变企业经营机制已成为深化改革的关键。我认为，要转变社会主义经营机制，必须大力发展社会主义共有制经济。本文拟对这个问题谈些粗浅意见。

一　社会主义共有制产生的必然性和必要性

社会主义制度建立以后，随着社会主义革命的深入和社会主义建设的发展，社会主义所有制的理论和实践也在缓慢而艰难地发展。在社会主义社会中建立集体所有制，是社会主义所有制理论的一大发展。社会所有制来代替国家所有制，是对社会主义所有制理论和实践的又一大发展。近几年，我国在经济体制改革中提出了全民所有制企业所有权和经营权分离的理论并进行了各种经营方式的试验，使社会主义所有制理论和实践的发展进入了第三个发展阶段。在这一阶段中，随着改革的深入发展，一种新型的所有制，即社会主义共有制必然在我国大量产生。

首先，我国已逐步形成了以公有制为主体，多种所有制并存的所有制结构。主要所有制形式有以下五种，即全民所有制、集体所有制（包括大集体和合作所有制）、个体所有制、私人雇工联营和中外合资经营，为共有制的产生创造了必要条件。

其次，企业横向联合的发展，要求企业打破所有制的界限，建立社会主义共有制。如果企业突破所有制的界限，在资金方面进行联合，就会产

---

[*]　本文所指的共有制经济又称混合所有制经济。
　　原载《经济体制改革》1988年第2期。

生一种新的所有制形式。比如，全民企业和集体企业进行资金上的联合，联合体就既不是全民所有制企业，也不是集体所有制企业，而是一种新的所有制企业。全民企业和其他所有制形式企业的联合同样也会出现这种情况。

再次，改革实践证明，只有发展社会主义共有制经济，才能使大中企业、特别是大型企业成为自负盈亏的商品生产经营者。近几年，为了使社会主义企业成为真正的企业，使其自主经营、自我发展、自负盈亏，我们提出了生产资料所有权和经营权适当分离的理论，实行了租赁经营、承包经营等多种经营方式。但是，实践证明，租赁经营只能适用于小型企业，不可能成为一普遍的经营方式，承包经营适用的范围虽然很广，但也存在不少问题，主要是：（1）不能使经济运行规则规范化。（2）仍然不能很好解决劳动者和生产资料直接结合的问题。（3）不能解决企业的自负盈亏问题。所以，要使社会主义企业建立起完善的经营机制，不触及财产关系不行。社会主义共有制正是从明确财产关系入手来重新构造企业的所有制和经营机制，它不仅可以避免承包的各种弊病，而且会发展和完善社会主义所有制关系，推动社会生产力的发展。

二 社会主义共有制的形式和特征

社会主义共有制是由两种以上的不同性质的企业或其他经济组织实行联合经营而产生的一种新型所有制形式。它有以下五种不同的产生方式：一是以全民所有制企业为基础发展而成的共有制企业；二是以集体或合作企业为基础发展而成的共有制企业；三是由不同企业或经济组织联合投资新建成的共有制企业；四是中外合资经营；五是在私人企业基础上发展而成的共有制企业。在社会主义社会，由于全民经济和集体经济占绝对优势，因此，大多数共有制企业将通过前三种方式产生。

共有制企业的组织形式和经营方式可以多种多样，典型的可以有以下三种：

一是合伙企业。即由两个或两个以上的不同所有制的企业或其他经济组织联合或共同出资（资金、资产）而形成的企业。这种企业往往以一个合伙人（企业或经济组织）为主，它作为普通合伙人，承担企业的经营业务，并对企业的所有债务负最后的责任，其他合伙人则作为有限合伙人，而不一定参与企业的经营。只按企业章程规定享受应有权利和承担亏损的责任。这种企业具有易于创立或解散，能随机应变，便于多方合作；发挥各自的优势；扩大资金来源和信用能力，增强企业的财力等优点。但是它们也存在资金来源仍然有限、权益不易转让，企业的寿命不易延续很长等缺点。

二是合资经营企业。即由两个或两个以上的合营者（不同所有制的企业或其他经济组织）联合而成的企业。与合伙企业所不同的是，合资企业必须共同投资，共同经营。因而也要共担风险，共享收益。这种形式的优缺点与合伙企业相似，但由于合资企业必须联合经营，合资者之间的经济关系比合伙企业更为紧密。

三是股份公司。就是企业的资产以股份的形式来体现。股份公司的形式很多，最典型的有有限公司和股份有限公司两种。它们的主要区别在于公司是否向社会公众发行股票，也就是公司的股票是否在股票市场上公开挂牌交易。公开挂牌交易的属股份有限公司，或称"开放公司"，否则属有限公司，也称"封闭公司"。股份公司具有所有权社会化，容易集资、所有权和经营权分离，权益容易转让等特点。

社会主义共有制企业特别是股份公司虽然在组织方式上与资本主义股份公司有许多相似的地方，但性质却大不相同，它具有自己的一些基本特征：

第一，公司的支配权掌握在代表国家和集体利益的支配者集团手中。一般的共有制企业都存在所有权与支配权分离的现象。所有者只拥有法律上的所有权，而对企业实际经营管理的职能则通过支配权来体现。"支配权是掌握在拥有选出董事会董事（或选出大部分董事）实际权力的个人或集体手中，他们不是动员法律权力挑选董事——直接控制大部分选票或藉某种合法手段——便是对选择董事的人员施加压力"。① 因此，在多数情形下，如果有人可以决定谁是实际拥有选举董事的权力，他就认为是"支配者集团"。②

选举董事的权力大小取决于掌握股票的多少，在社会主义共有制经济中，私有者、个体劳动者以及职工的资金是十分有限的、分散的，很难起

---

① [美] A. A. Berter. Jr：《现代股份公司与私有财产》，第75页。
② 同上。

到支配者的作用。相反，国家、集体的资金（包括集体所有制的资金、合作所有制的基金、企业所有的资金等）则是主要的、相对集中的，在一般情况下，会处于优势地位，因此企业的支配权一般都会掌握在代表国家、集体利益的股东大会和董事会手中，这就决定了他们必然会按照社会主义的原则来经营，体现社会主义的生产关系。而在资本主义股份公司中，无论支配权掌握在哪个资本家或资本家集团手中，它们都会按资本主义原则经营，体现的是资本主义的生产关系。

第二，在以公有制为基础产生的共有制企业中，企业职工联合体是集体股东。如果共有制企业是在集体所有制企业或合作所有制企业基础上形成的，这一点是非常明确的。那么在全民所有制企业基础上建立起来的共有制企业，企业和职工联合体应不应该是集体股东呢？按照马克思的劳动价值论，生产资料虽然是劳动者从事劳动的必不可少的条件，商品的价值却是由劳动创造的。在社会主义社会，全民所有制企业的生产资料属于全体人民，由各个企业的职工具体使用，企业新增的价值无疑也是各个企业的职工创造的。但职工只能把其中的一部分作为个人收入，其余部分则一分为二，一部分以税收和利润的形式上缴国家，以作为社会的共同费用和社会的扩大再生产的基金。上缴给国家的部分是企业对社会应尽的义务，当然就丧失了所有权；留给企业的部分，是企业职工的共同积累，自然就应该归企业全体职工所有，企业职工联合体则是集体股东。当然，由于体制不同，留给企业使用部分的形式和比例也会有所变化，但企业职工对这部分资产拥有所有权的基本原理则是不会改变的。

有的同志认为，全民企业实行股份制时，把企业生产发展基金所形成的积累作为企业集体股是不符合股份制的组织原则的。因为股份企业本身是由各股东投资建成的，它自身不能再拥有股份。显然，持这种意见的同志混淆了企业股与企业职工集体股这两个不同的概念。确实，股份企业作为法人，它自己不能作为自己的股东，但是，在股份企业中，企业职工集体像其他组织一样，是作为集体人而存在的，它完全有权作为企业的股东，因此，实行股份制时，把原来留给企业使用的生产发展资金作为企业职工的集体股金，不仅不违背股份制的组织原则，而且是社会主义共有制经济的一大特征。当然，企业职工集体股和一般股也有所区别，它们最主要的区别有两点：一是这种股不能具体到个人，谁离开了企业，谁就不能再享受它带来的利益；二是不能转售，但如果本企业与别的企业合并，则可以成为新集体的股份；如果企业破产，则应由国家进行清理，并对剩余资产有处置权。

第三，在企业内部既要实行按劳分配，又要实行按资分配。由于共有制企业是具有社会主义性质的企业，因此，在分配上，一方面它要按股东投资的多少付给股息、红利；另一方面它要根据职工企业提供劳动量的多少来决定他们的收入。

三 发展社会主义共有制经济对转变企业经营机制的作用

随着经济体制改革的深入，企业横向联合的发展，社会主义共有制经济将成为一种重要的所有制形式。这种所有制形式有利于企业经营机制的转变。

第一，能使所有权具体化。过去我们的全民所有制企业实行的是国有国营的经营方式，各级政府的许多部门都可以以国家的名义对企业的生产经营活动发号施令，但对企业资产的损益却无人关心，造成了谁都可以管，谁都不真正管的局面，发展共有制企业，首先要把全民的资产具体化，即明确哪些是国家所有的资产、哪些是地方所有的资产、哪些是企业职工共有的资产。并设立中央和地方的投资公司来管理各自的资产。这样，一个共有制企业的投资就可能由六个部分组成：一是国家的投资；二是本企业职工联合体的投资；三是地方的投资；四是其他企业职工联合体的投资；五是某些社会团体的投资；六是个人的投资。这样不仅使企业的所有权分散了，而且也具体化了，众多的所有者都会真正关心企业的资产损益与经营效果。

第二，有利于政企分开。所有权和经营权分开，减少国家从外部对企业生产经营活动的直接干预，使企业真正成为独立的商品生产者和经营者。共有制企业的所有权分属众多的所有者，国家只是所有者之一，它虽然对自己的投资拥有所有权，但再不能直接经营企业，企业由经营者集团经营。这样，企业的主管部门已不复存在，政府的其他经济管理部门也再无权对企业的生产经营进行直接管理，国家对企业的干预将通过两种方式进行：一是通过经济计划、经济政策、法令法规、经济杠杆等手段对企业的生产经营活动进行指导、控制和监督；二是通过代表自己利益的经营者在企业内部施加影响。但这两种干预和以前外部的直接干预性质已经不同,前者是一种间接干预,它体现的是国家管理经济的一般职能,后者虽然可能是一种直接干预,但它要受代表其他所有者利益的经营者的制约,而且必须遵守公司的章程,为公司的经营效果承担责任。这样,就把政企分开了,所有权和经营权分开了,企业就可能成为真正独立的商品生产者和经营者,进行自主经营。

第三,能使企业真正做到自主经营、自我发展、自负盈亏。首先,由于共有制企业的人、财、物、产、供、销不再由政府的行政管理机关统一安排,而是由企业根据自身的实际情况和市场需要自由决策,企业将由行政管理部门导向转变为市场导向,积极主动适应市场的需要和变化。其次,在共有制企业里,形成了既互相区别又互相联系的三个利益主体:一是企业的股东,他们主要着眼于企业股息与红利;二是企业的经营者集团,他们则主要着眼于企业的自我积累和企业的发展;三是企业的全体职工,他们则主要着眼于劳动收入。由于这三个方面的利益关系相互制约,谁也不能单方面决定企业收入的分配,企业收入的分配只能由三方面的代表共同协商决定。同时,由于企业的发展与各方的利益都密切相关,是他们共同利益的所在,因此,除经营者集团之外,企业的股东和职工也会关心企业自身的积累和发展。这样,全民所有制企业普遍存在的重消费轻积累的倾向将得到克服,企业将逐步走上自我积累和自我发展的健康道路。再次,共有制企业是独立的法人,如果公司亏损或倒闭,必须独立承担对外债务,企业股东的财产要遭受损失,企业的经营者集团要承担经济或法律上的责任,职工的就业也会受到影响。这样,就会改变全民所有制企业的软预算约束,使企业做到自我约束,自负盈亏。

第四,能使企业的领导制度科学化。在全民所有制企业里,企业领导制度长期存在着党政不分的问题。实行厂长负责制以后,又引起了厂长(经理)代表谁的争论:有的人认为厂长(经理)是受国家委托去管理企业,因此他们当然应代表国家;有的人则认为企业是法人,厂长(经理)是法人的代表,他们自然应代表企业;有的人又认为厂长(经理)具有双重身份,他们既应代表国家、又应代表企业;出现个人租赁、承包企业以后,厂长(经理)代表谁的问题就更加复杂化了。这些争论一方面说明了全民所有制企业各种关系的复杂性,另一方面也说明了全民所有制企业的领导制度有许多缺陷。在共有制企业里,将产生由股东大会、董事会、经理阶层等组成的多层结构的企业领导制度。股东大会是企业的最高权力机构，它主要行使与财产所有权有关的一些职能；董事会是公司的经营决策和业务管理机构，对内它代表股东管理公司，对外代表公司，并向股东大会负责。经理则是公司日常的经营管理工作的实施者，他们都对董事会负责。这种企业领导制度、各层次管理机构的身份十分明确，职责也比较清楚，能较好地发挥企业领导者的作用。

引进竞争机制　建立企业家市场[*]

发展社会主义商品经济，需要成千上万善经营、懂管理的企业家。企业家队伍的形成，既需要教育、培养和在经营管理的实践中造就，也需要有企业家市场，以促进企业家的竞争、流动和素质的提高。本文主要讨论建立企业家市场的问题。

一　搞活企业必须建立企业家市场

搞活企业既需要有商品市场、资金市场、技术信息市场和房地产市场，也需要人才市场。企业家市场是高层次的人才市场。在我国建立企业家市场，是当前一项十分紧迫而又重要的任务。

首先，建立企业家市场是经济体制改革、特别是企业改革不断深化的需要。目前，我国企业正在广泛推行承包经营和租赁经营责任制。实行承包、租赁经营要求引进竞争机制，择优选择承包（租）者。这是能否搞好承包、租赁的重要因素之一。近两年承包（租）经营的实践表明，凡是引进了竞争机制的，承包（租）的基数都比较合理，承包（租）者的素质也比较高，都取得了较好的经济效益。但是，目前真正引入竞争机制的企业还不多。据有关部门对1.8万家企业的调查，还不到1%。在通过竞争产生的承包者中，85%以上为本企业的原主要领导。造成这种状况的原因很多，但主要原因是尚未形成一个企业家自由流动的市场。而且随着体制改革的深化，我国多数企业还要向股份制方向发展。股份制企业的董事会成员、经理再不会由国家行政机构任命，而是由企业自由招聘，这就更需要建立一个企业家市场。

---

[*] 原载《经济管理》1988年第6期。

其次，建立企业家市场是政治体制改革的需要。政府官员和企业家是两种性质不同的职业，需要不同的知识和能力。但长期以来，我们把二者混在一起，实行一种以纵向流动为主的企业干部制度，并把纵向提升作为激励厂长（经理）搞好工作的一种手段。许多厂长（经理）不是把经营企业当做一种终身的职业，而是当做通向官场的跳板。这不仅影响了企业家阶层的形成，也影响了国家和政府官员的素质，对于经济建设和政体建设都不利。随着政治体制改革的开展，我国将推行公务员制度，公务员要通过考试、选举等手段产生。这就要求把官员和企业家分开。企业家的流动将不再由行政机关调配，而是通过市场进行。

再次，建立企业家市场是合理利用人才资源的需要。目前，我国企业家或有条件成为企业家的经济管理人员和工程技术人员数量比较少。据前几年调查，我国各种经济管理专业干部大约有 120 万人，全民所有制企业大约有工程技术人员 120 多万人，二者只占职工总数的极小比例。更重要的是这两类人员的分布很不合理，主要集中在先进地区、重工业部门和大中型企业，落后地区、轻工部门和小企业则很少，特别是乡镇企业，领导人才尤其缺乏。结果，造成了一方面人才短缺，另一方面人才积压的矛盾现象。而现行的劳动人事制度又妨碍了人才的合理流动，使现有人才难以被充分利用。显然，只有通过建立企业家市场，促进管理人才的合理流动，才能把有限的人才资源充分利用起来，使我国的企业经营管理水平有较大幅度的提高。

最后，建立企业家市场也是提高我国企业家素质的需要。长期以来，我国企业领导人都是由政府的行政机构任命，并实行终身制，只能上，不能下。加上在干部选拔上存在的重政治、轻业务，重资历、轻才干，重出身、轻表现等弊病，以及形形色色的不正之风的影响，造成一些企业领导人文化素质、业务素质很低，难以胜任企业的管理和领导工作。建立企业家市场，通过竞争择优选择企业的领导人，不仅可以为那些有条件成为企业家的人创造一个平等的竞争环境，使他们中的优秀分子脱颖而出，加入企业家的行列，而且会对现有的企业家产生一种强大的压力，促使他们学习现代管理知识，努力钻研业务，不断增长才干。同时，经过竞争还可以把不合格的企业领导人淘汰掉，促进企业家队伍的新陈代谢。

二　建立企业家市场必须进行配套改革

建立企业家市场，不仅是经济体制改革的一项重要内容，也是政治体制改革的一项重要内容。它涉及面广，影响大，要做的工作很多，必须进行配套改革。

第一，必须改革企业干部的管理体制。首先要打破人才的地区、部门和单位所有制。目前企业的领导干部，都是由企业的主管部门或上级人事组织部门管理的，形成了严重的地区、部门和单位所有制。在这种体制下，一般干部的流动都很不容易，企业领导干部的流动就更困难。因此，随着企业的独立商品生产者地位的确立，国家对企业干部的管理也应进行改革，必须由直接管理转变为间接管理，即主要是制定合理流动的方针政策，制定企业家招聘的法规和企业家的各项标准等，不再负责企业领导干部的选拔、任免、调动、考核、奖惩等直接管理工作。其次，要打破企业领导干部的终身制。企业领导干部实行终身制，不利于干部的成长和队伍的更新。要建立企业家市场，就必须打破这种终身制。谁被招聘为企业厂长、经理，谁就享受规定的待遇；厂长、经理被解聘后，干什么工作就享受什么待遇。

第二，必须废除企业等级制度。长期以来，我们把企业当做行政机构的附属物，实行政企不分的管理体制，给每个企业都定有行政级别。而企业的级别，又是根据隶属关系和规模确定的，中央管辖的企业、大型企业级别就高；地方管辖的企业、中小型企业级别就低。企业厂长、经理的政治待遇、工资级别与企业的行政级别挂钩。结果，企业的厂长、经理把相当一部分精力放在企业的"升级"上，而不是放在提高企业的经济效益上；企业家的流动也大多是从低级别的企业流向高级别的企业。这种不合理的现象，显然不应再继续下去了。

第三，尽快提高企业家的地位和收入。企业的经营状况，在很大程度上取决于企业家的素质、事业心和努力程度。有关部门的测定结果表明，我国工业固定资产每增加1%，生产只增加0.2%，工业劳动力每增加1%，生产只增长0.75%；而每增加1%训练有素、懂得科学管理的管理者，则生产可增加1.8%。而且，随着企业独立性的增强，市场竞争的加剧，企业家将要承担更大的风险。如果企业家的权限太小，报酬太低，就会束缚企业家的手脚，影响他们承担风险的积极性，也影响企业家队伍的扩大。因此，应当赋予企业家更大的权限，扩大他们同一般职工在收入上的差距，提高他们的社会地位，使企业家成为一种令人羡慕的职业。

第四，尽快制订企业家的标准。企业家是一种专业性很强的专业人才。从事这种专业的人，不仅要懂得党和国家的方针政策、法律法规，具备经济理论、企业经营管理、工程技术、财政金融、国际贸易等方面的知识，而且还要具备决策、计划、组织指挥、开拓创新和交际谈判等方面的能力。不同规模、行业的企业，对企业家的要求也不一样：大中型企业、知识密集型企业，对企业家的要求较高；小企业、劳动密集型企业，对企业家的要求较低。因此，应根据企业的规模、行业等特点，确定对各类企业领导者的具体要求。至少应包括五个方面的内容：一是政治素质。例如要有爱国心，拥护社会主义，有主人翁责任感，有忘我劳动精神等；二是文化水平。一般来说，大中型企业的领导者必须有大专以上的文化水平，小企业的领导者至少也要具有中专文化水平；三是技术业务职称。大中型企业的领导者，一般应具有中高级以上的技术业务职称，小企业的领导者至少也应具有初级技术业务职称；四是工龄。大企业的领导者至少要有10年以上工龄，小企业的领导者至少也要有5年以上工龄；五是能力。企业的领导者不仅要具有决策、计划、组织指挥、开拓创新、交际谈判等方面的业务能力，更要有统筹全局的能力。

第五，必须建立和完善企业家组织。建立企业家市场，企业家就必须有自己的组织，以维护企业家的合法权益，并负责向人才交流中心或招聘单位推荐应聘者。企业家组织的成员，除现有的企业领导者外，还应包括有希望成为企业家的中高级管理人员。企业家组织要和各种人才交流中心以及各个企业保持密切的联系，协助它们搞好企业家的选拔、培训和招聘工作。近几年来，一些城市已先后建立了企业家俱乐部，厂长、经理研究会等组织，全国性的企业家协会也已经成立。但这些组织目前还只局限于开展一些交流情况、联络感情的工作，多数城市还没有这样的组织，要促进企业家组织的完善和发展，至少大中城市都应建立企业家的组织，并把选拔、培训企业家，促进企业家的合理流动作为自己的重要任务。

第六，必须完善企业家招聘制度。引进竞争机制，择优招聘企业家的改革还刚刚开始，目前，多数企业的承包者还是由上级行政部门指定的，在招聘中拉关系、走后门的现象也时有发生。为了改变这种状况，应尽快制订和颁布《承包条例》，并严格按《条例》规定的程序和办法选择承包者。随着改革的深化和企业家招聘的广泛开展，还应制订《企业家招聘条例》，明确规定招聘程序，推荐、考核、录用办法，以及任期目标、时间等等。今后，除少数特大型企业外，一般企业都应通过竞争择优选择经营者。

三 建立企业家市场必须有计划、有步骤地进行

建立企业家市场，不能一哄而起，应当有计划、有步骤地进行。大体上可以分为两步走：

第一步，围绕完善企业承包经营责任制，建立有限的企业家市场。承包经营虽然产生了建立企业家市场的要求，也为建立企业家市场创造了一定的条件，但由于我国国有企业还没有成为独立的商品生产者，人事制度的改革也还刚刚起步，目前还不可能让所有企业的厂长、经理都从市场上招聘。即便是可以招聘厂长、经理的中小企业，也不是由企业自由选择，而是由企业主管部门代选，而且在许多方面还要受现行体制的制约。在这种情况下，建立企业家市场就要围绕完善承包经营责任制进行，使尽可能多的企业在承包中引入竞争机制。同时，从目前的实际出发，引入竞争机制也不能搞一刀切，对不同类型、性质的企业要采取不同的办法：多数企业可以面向社会公开招标投标；专业性强的企业，也可以在行业内招标投标；某些特殊的企业也可以在企业内部招标投标；少数特大型企业不具备招标条件，可由专家和职工推荐候选人，经主管部门审查考核后择优任命。

第二步，围绕建立股份制企业，促使有限的（不成熟的）企业家市场向成熟的企业家市场发展。目前实行的承包制，虽然能使供给制、半供给制的传统企业体制向自主经营、自负盈亏的企业体制大大前进一步，但还不是理想的企业模式，还必须深化企业改革，建立公有股份公司。股份公司的建立，就意味着企业与行政机构彻底脱钩，企业成为独立的商品生产者和经营者。与之相适应，企业人事制度也将彻底改革，企业的厂长、经理不再由行政机构任命，而完全由企业从市场上自主招聘，工资也由企业自主决定。随着政治改革的进行，政府官员和企业家逐步脱钩，企业家横向流动的其他条件也日趋完备。于是，有限的企业家市场将向成熟的市场发展，企业不仅可以在国内自由选聘自己的经营者，也可以从国外招聘领导人。与此同时，我们的企业家也可以进入国际市场，受聘经营外国企业。

公有股份制:国有企业改革的主体思路[*]

我国国有企业的改革方向是要转变其经营机制,增强它们自主经营、自我发展、自我改造和自负盈亏的能力,使它们逐步转变为相对独立的商品生产者和经营者。对如何才能实现这一目标,理论界有许多不同意见:有的认为要实行承包经营,有的认为要健全市场体系,把国有企业推向市场,有的认为要通过组建企业集团来促进国有企业经营机制的转变。我认为实行这一目标的主体思路是实行公有股份制。下面就这个问题谈几点自己的看法。

一 公有股份制产生的必然性

股份公司是商品经济发展到一定阶段的产物,而且它随着商品经济的发展而不断发展和完善。我国的社会主义经济既然是一种有计划的商品经济,它也存在着产生社会主义股份制的必然性。

首先,在我国的商品经济中还必须存在多种所有制形式。我国尚处在社会主义初级阶段,生产力发展总体水平还不高;生产力在各部门、各行业和各个地区之间的发展还很不平衡;农村基本上还使用手工工具进行生产。一部分现代工业同大部分落后于现代化水平几十年甚至上百年的工业同时并存,少量具有世界先进水平的科学技术同普遍存在的科技水平不高同时并存,一部分经济比较发达地区同广大不发达地区和贫困地区同时并存。与生产力不发达及结构不平衡相伴随的,是商品经济总水平不发达及其结构不平衡,自然经济和半自然经济还占相当大的比重;而且,我国国

---

* 原载《经济体制改革》1991 年第 10 期。

家大，人口多，就业压力大，这些因素说明我国生产力组织结构必须是多样化的，多层次的，由此决定了我们必须采用多种所有制形式。也就是说，不仅要发展全民所有制经济，集体所有制经济，而且要发展个体经济和私营经济；不仅要发展单一所有制经济，而且要建立股份公司，发展多种所有制融合的股份经济。

其次，社会主义商品经济要求企业之间发展横向经济联合。商品经济与产品经济不同，在产品经济中，社会的经济是按条条块块的纵向隶属关系组织起来的，企业只是行政机构的附属物，它们从事再生产的主要条件都是由企业的上级主管部门规定和控制的，企业之间的联系需要通过企业与上级主管部门的纵向关系去解决。发展社会主义商品经济，首先就要使企业成为独立的商品生产者和经营者，使它们能进行自主经营。这样就需要发展社会主义企业之间的横向经济联系。

企业之间的横向联合是企业横向联系的重要内容之一。在商品经济条件上，企业产生了一种既竞争又联合的机制。一方面各个企业为了在市场上取得优势，获得更多的经济利益，它们之间必然会发生激烈的竞争。另一方面，一些中小企业人力、物力、财力都比较薄弱，专业化程度也比较差，它们只有联合起来，或依属于某些大企业，才能生存。一些大企业由于生产规模和市场的扩大也会遇到资金不足等困难和承担更大的风险，走联合的道路才能解决这些问题。同时，联合还可以缓和竞争矛盾，减少损失。因此，竞争促进联合是商品经济发展的必然趋势。

按照企业联合的一般规律，起先一般是发展生产经营方面的联合，这种联合大都是比较初级的、松散的。随着联合的发展，企业必然会从一般的生产经营联合向资金联合发展，这就使企业的投资主体由单一主体变成多元主体，从而使企业变为股份公司的形式。

再次，在商品经济条件下，中央政府与地方政府之间，地方政府和地方政府之间还存在利益上的差别，它们之间的联合投资，也需要采取股份制的形式。从理论上说，全民的财产属全体人民所有，由国家进行管理。但国家是个笼统的概念，在实际的经济生活中，全民财产是分别进行管理的。为了坚持政企分开、所有权和经营权分开的原则，将来各级政府将分设国有投资公司来对国家的财产进行管理，各投资公司彼此是独立的，它们既有一定的权限，又有独立的利益和要独担责任。这样，它们实际上就变成了不同的经营者主体。因此，各投资公司的联合投资也必须采取股份公司形式。

最后，我国全民所有制企业内部已经生长出股份制的胚胎。扩大企业自主权以来，国营企业普遍实行了留利制度，企业留利按一定比例，一分为三，形成生产发展基金、集体福利基金和职工奖励基金。奖励基金通过一定形式分配给了职工，集体福利基金也通过各种形式转化为职工的消费基金，而生产发展基金则用于扩大企业的再生产，转化成了企业的固定资金和流动资金。集体福利基金和奖励基金的所有权关系是十分明确的，没有什么争论。但对生产发展基金的所有权关系则有不同的观点。我们认为，无论从理论上和实践上来看，这种基金都应该属企业全体职工所有。

从理论上来看，我国近些年的企业改革是遵循所有权和经营权分开这一思路进行的，尤其实行各种形式的经营承包制以后，所有权和经营权分离的关系更加明晰了。企业经营者的地位更加突出了。众所周知，所有权和经营权分离的形式有两种类型：一种是叫做不进入企业内部，所有者与经营者分离成两类不同的利益主体。在这种形式中，经营者给所有者提供一定的资产收益后，剩下的收入完全归经营者所有。比如，借贷关系、租赁关系都属这类分离形式。另一种是所有权进入企业内部，所有权和经营权在企业内部形成互相分离的关系。在这种分离关系中所有者和经营者并不十分明显地形成两类不同的利益主体，因此，所有者不仅可以凭籍所有取得资金收益，而且对企业的积累也应拥有所有权。各种股份公司的两权分离就属这种形式。毫无疑问，目前推行的各种经营承包责任制应该属于前一种类型。这可以从农村推行的经营承包制获得佐证。农民承包集体的土地、果园、工厂或其他设施后，他们和所有者就形成了两类不同利益的主体，农民付给一定的资产收益（承包利润）后，其余收入不管是用于积累用于个人消费，都归承租者个人所有。对此，大家已经公认，并没有什么人提出异议。城市企业承包和农村农民家庭承包，其性质、形式都是相同的。所不同的是，农村是家庭承包，城市工商是以企业为单位承包。因此，企业给国家上缴资产收益后，余下的收入当然应该归全体职工所有。

从实践来看，在许多情况下，我们也是把这部分资金当做企业所有来处理的。比如在会计账户上，我们已把这部分资金和国有资金分开了；又比如，在承包条例和承包合同中，我们已规定企业如完不成承包利润或发生亏损要用企业的生产发展基金来弥补；再比如，企业可以用生产发展基金向外企业投资，由此取得的收益在分配上也与企业内部所取得的收益有所不同。这些事实说明，企业的生产发展基金与原来的国有资金在所有权上确实是存在区别的。

以上分析说明，自扩大企业自主权以来，我国全民所有制企业的产权关系实际上已发生了很大变化，企业的资产已由过去的完全属国家所有变成了由国家和企业共同所有。从实质来看，全民所有制企业已变成了国家和企业职工共同所有的合伙企业。这种合伙企业内部已经生长出股份制企业的胚胎，只要有合适的条件，这种胚胎就会发育成熟。

二　股份制对转变企业机制的作用

在社会主义社会发展股份制经济不仅有其必然性，而且它对转变企业机制有十分重要的作用。

第一，实行股份制能促使政企分开，所有权和经营权分开，使企业形成自主经营的产销机制。

股份公司的资产由多个所有者投资形成，国家只是所有者之一，它虽然对自己的投资有最终所有权，但不能直接经营，而由经营者集团经营。这样，企业主管部门已不复存在，政府的其他经济管理部门也再无权对企业的生产经营活动进行直接管理，国家对企业的干预将通过两种方式进行：一是通过经济计划、经济政策、经济法规、经济杠杆等手段，对企业的生产经营活动进行指导，控制和监督。二是通过代表自己利益的经营者在企业内部施加影响。但这两种干预和以前外部的直接干预性质已经不同了。前者是一种间接干预，它体现的是国家调控经济的职能；后者虽然可能是一种直接干预，但它体现的是所有者的职能，这种干预不仅要受到其他所有制的制约，而且要受经营者和劳动者的制约，还必须遵守公司的章程，并对公司的经营效果承担责任。这样，就把政企分开了，所有权和经营权分开了。企业的人财物、产供销不再由政府行政管理机关统一安排，而是由企业根据自身的实际情况和市场需要自主决策，企业将由行政管理部门导向转变为市场导向，建立起自动适应市场需要和变化的自主经营机制。

第二，实行股份制能较好发挥股东、经营者和企业职工的积极性，使企业产生强大的动力机制。

在股份制企业里，股东的收益是通过股息或红利的形式来体现的。而股息或红利的多少又直接与企业的经济效益相联系。而且，企业经营得不好,股东还有可能拿不到股息或红利,企业如破产,股本还会丧失。这就会促使他们认真履行股东的职责,慎重选择企业的经营者,关心企业的生产经营活动,对企业的经营活动进行有效监督。

股份制企业的主要经营者一般都是通过竞争选拔出来的,他们要对股东大会负责。企业经营得不好,就有被"炒鱿鱼"的危险,不仅影响其声誉与地位,而且影响其经济收入,这和国有企业的厂长、经理端的是"铁饭碗",坐的是"铁交椅"的情况截然不同,因此,在这种压力下,经营者不仅会关心企业当前发展,也会关心企业长远发展,其积极性会得到更好发挥。

实行股份制,企业职工的主人翁地位也得到具体体现,能更好地发挥他们的积极性和创造性。因为在传统的全民所有制企业里,从理论上讲职工也是企业的主人,但是由于企业的财产所有权完全是由国家来行使的,国家是企业的实际所有者,职工的主人翁地位很难得到具体体现。他们感到自己只是国家的雇员,是单纯的劳动者,因而只重视短期利益,忽视长远利益。他们的积极性和创造性也受到很大压抑,企业采取股份公司的形式以后,可以通过各种形式使职工个人或集体持有本公司的股票,职工既是本企业的股东又是本企业的劳动者,他们既可以以所有者的身份参加股东大会,行使股东的权力;又可以以所有者和劳动者的"双重"身份选出自己的代表参加董事会,参与企业的经营决策。同时,职工除劳动收入外,还可以凭持有的股票取得股息和红利。这样,职工就从企业名义上的主人变成了真正的主人,他们的主人翁责任感会由此而增强,积极性和创造性也会更好地发挥出来。

第三,实行股份制,能使企业产生健康的自我发展机制。

长期以来,我国国有企业的发展全靠国家投资。这种投资主体单一化的状况,不仅造成了国家财政的沉重负担,形成了总供给满足不了总需求的矛盾,更严重的是造成了投资效益低下的结果,实行股份制,将从根本上改变这种投资格局,开创一条减轻国家财政重负,提高投资效益的新途径。使国家、企业职工集体、职工个人、国内外其他法人单位和个人都可成为企业的投资主体。投资体制的这种改革,国家可以大大缩小投资面,而把有限的资金投到最必须和最急需的企业去。对于一般企业可以让它们通过其他集资渠道去解决资金问题。这样,国家不仅可以不投资,还可以通过股份转让减少企业中国有资产份额。由于投资主体多元化,产生多种利益约束机制，迫使经营者重视投资的有效使用，提高投资效益。

股份制对优化资源配置也有重要作用。在股份制下，尽管国家还是最大的投资主体，而在某些企业，国家股还会占很大比例，但由于投资效益已成为投资决策的重要前提，国有资产的投资部门就不能不以利益关系去慎重权衡投资行为，企业经营者为保证投资效益，也不得不改变以往盲目争投资和贷款的作法。其他单位和个人购买股票更会选择预期效益好的企业。各投资者重视以效益为标准慎重决择自己的投资行为，意味着盲目发展，重复建设的减少，资源优化配置程度的提高。

股份制还能增强经营主体的积累动机。实行股份制后，企业的发展主要依靠自身的积累，企业为了长远的发展和长远的经济利益，会改变目前企业普遍只重视短期利益行为，自觉处理好积累和消费的关系，提高企业积累的比例，以促进生产的发展和技术的进步。而且允许职工和居民购买股票，也能促使他们将一部分本来要用于消费的基金转化为积累，使企业不仅可以向银行取得贷款来发展生产，而且可以通过发行股票来自我发展，不断更新壮大。

第四，实行股份制，还可以使企业产生自我平衡和约束机制。

在股份制企业内部，形成了既互相区别又互相联系的三个利益主体：一是企业的股东，他们主要着眼于企业的股息和红利；二是企业的经营者集团，他们主要着眼于企业的积累和其自身的利益；三是企业的全体职工，他们则主要着眼于劳动收入。这三方面的利益都取决于企业的经济效益，而且互相制约，谁也不能单方面决定企业的收入分配，企业的收入分配只能由这三方面的代表共同协商决定，这样就可避免现在全民所有制企业普遍存在的重消费、轻积累的现象，形成健全的利益平衡、约束机制。

股份制企业的领导制度也比较科学。我国的全民所有制企业的领导制度是一种横向分权制度。就是说，国家把统一的经营管理权分别让企业的经营管理机构、党组织、职工代表大会行使，形成了以厂长（经理）为首的生产经营指挥系统；以党委书记为首的思想政治工作系统和以工会主席（或职代会主席）为首的民主管理系统。近年来，虽然实行了厂长（经理）负责制，从法律上确立了厂长（经理）在企业的中心地位，但是在实际的经营管理工作中，由于党委对企业的工作要起保证监督作用，职工代表大会对企业的重大决策也有审议权，对与职工利益直接有关的一些问题也有决定权。因此，横向分权的总格局没有多大改变。横向分权的领导制度必然造成管理权限分散,职责不清,多头领导、工作效率低的弊病。而股份制企业的领导制度是一种纵向授权的制度。这种企业领导制度的特征是:最高权力机构只有一个,即股东大会,然后逐级授权,而每一级的权限也是统一的。其具体权限的划分是:股东大会行使财产管理权;经营决策由股东大会授予董事会行使,指挥权由董事会授权于经理人员行使;监督权由监事会行使,监事会直接向股东大会负责。这样,这四权既有明确的划分,分别由不同的管理机构或人员来行使,又互相制约,形成了科学的权力制约机制。

实行股份制还可以改变全民所有制企业的软预算约束状况。股份制企业是典型的法人企业,它对于所支配、运营的资产具有法人所有权。当企业发生亏损时,它可以用自己拥有的资产去抵债;当企业亏损严重无法继续经营时就要破产,这样的企业就可以真正建立起自负盈亏的财务约束机制。

三 股份制对加强宏观管理的作用

实行股份制不仅对再造企业机制有决定性的作用,而且对加强和改善宏观管理也有十分重要的作用。

第一,实行股份制有利于打破原来的部门分割、地区分割、城乡分割的状况,按照经济合理的原则,统一配置资源。过去,由于部门不同,地区不同、城乡不同,使企业产生了不同的主管部门,由它们对企业进行统一管理,不同隶属关系的企业不能建立紧密的经济联系,造成盲目建设,重复建设,浪费人力、物力、财力。实行股份制,不同部门、地区可以通过建立股份公司的形式联合投资,解决有关的经济利益关系,使各种资源得到合理配置、利用。

第二,实行股份制有利于提高企业的组织程度,使企业的组织结构合理化。实行股份制,通过企业之间的相互持股、参股,可以使企业形成不同形式的联合体,既可以减少我国企业存在的"大而全"、"小而全"的弊病,又可以形成一些大企业集团和托拉斯企业,促进我国企业的组织结构合理化,提高经济效益。

第三,实行股份制有利于把部分消费基金转化为积累基金。随着经济的发展,城乡人民收入不断增加,过去城乡人民的收入基本上都用于消费,给消费品市场造成很大压力。国家虽然也可以利用储蓄存款去发展生产，但并不能改变这些基金的性质，储户随时都可以把这些钱取出来用于消费。尤其是近些年，由于消费基金增长过快，使某些消费品出现了短缺和物价上涨的现象。实行股份制，城乡人民可以用自己的收入购买股票，而股票又具有不退役的特点，股票的投资者要收回现金必须找到一个新的投资者才行。这样，从公司来看，退出了一个老股东，同时就参加了一个新股东，总资本没有发生变化；从全社会来看，消费基金转化为积累基金的数量只会增加，不会减少。

第四，实行股份制有利于使所有制的宏观结构保持较大的弹性，加强对非国有企业的管理。如果说，在不同所有制互相分割的情况下，必须有相当大的全民所有制经济成分才能保持其主导地位的话，那么，实行股份制以后；由于可以打破所有制的界限，国家通过对非国有企业的参股、控股，就可以用部分资金控制整个企业。这样，即使全民所有制经济在所有制结构中的比重降低，也不会动摇它在整个国民经济中的主导地位。同时，对非国有企业也增加了一个强有力的控制手段，使它按宏观管理的要求发展。

论企业制度创新[*]

从提出转换国有企业经营机制到现在已经有六七年了，在此期间，国家虽然采取了不少措施来促进国有企业经营机制的转换，但收效不大。究其原因，我认为主要是现在实行的承包制有其先天的缺陷，没有摆脱传统全民所有制的基本框架，因此，它只能在这个框架内改善企业的经营机制，而不能转换企业的经营机制。要使国有企业具有健全的经营机制，能自主经营、自我发展、自我约束和自负盈亏，必须对传统的全民所有制进行彻底的改革，进行制度创新。

一 对社会主义商品经济理论的反思

马克思主义的经典作家都认为，商品经济的产生有两个必要条件：一是产生了社会分工；二是出现了不同所有者之间的商品交换。据此他们不仅对私有制下商品经济的产生和发展作了详尽的分析，而且对社会主义条件下的商品生产进行了分析。

最先对社会主义商品生产做出分析的是马克思和恩格斯，他们认为，在社会主义社会，虽然社会分工还会存在，而且会越来越细，但是，由于社会不再有不同所有者之间的产品交换，所以，商品交换将被消灭。比如，马克思在《哥达纲领批判》中就曾经指出："在一个集体的，共同占有生产资料为基础的社会里，生产者并不交换自己的产品，耗费在产品生产上的劳动，在这里也不表现为这些产品的价值，不表现为它们所具有的某种物的属性，因为这时和资本主义相反，个人的劳动不再经过迂回曲折的道路，

---

[*] 原载《经济体制改革》1993 年第 3 期。

而是直接作为总劳动的构成部分存在着。"① 恩格斯在《反杜林论》中也说过:"一旦社会占有了生产资料,商品生产就被废除,而产品对生产者的统治也就随之消除,社会生产内部的无政府状态将为有计划的自觉的组织所代替。"②

列宁不仅在理论上主张消灭商品生产,而且还曾经把这种理论付诸实践。十月革命前列宁在《国家与革命》中曾说,在社会主义条件下"整个社会将成为一个管理处,成为一个劳动平等,报酬平等的工厂"。"在这里,全体人民都成了国家(武装工人)的雇员,全体人民都成了一个全民的,国家辛迪加的职员和工人"。③ 既然全国都成了一个管理处,一个大工厂,当然就不存在不同所有者之间的交换关系,商品货币也就没有存在的必要了。十月革命后的战时共产主义时期,前苏联就是按照这种理论建设社会主义经济的。比如1919年3月俄共(布)第八次全国代表大会通过的党章就明确规定:"苏维埃政权目前的任务是继续有计划地组织全国范围内的产品分配以代替贸易","俄国共产党将竭力实行一系列办法来扩大非现金结算的范围和准备取消货币"。④ 只是这种做法使经济遭受了巨大损失,遇到重重困难才不得不转为实行新经济政策。

斯大林根据前苏联社会主义建设的实践,虽然发展了社会主义商品理论,但他所依据的仍然是传统的商品经济的理论。他认为,在社会主义国家,由于存在着全民所有制和集体所有制,因此,这两种所有制之间的交换,集体经济内部各个企业之间的交换都是不同所有者之间的交换关系,因而必然还是一种商品交换关系,还必须按照自愿、等价等商品经济的原则进行。至于全民所有制,他认为,它们仍然是列宁所描绘的那样一个大工厂或"管理处",基层全民所有制企业则是这个大工厂或管理处的分支机构,它们之间的产品交换关系仍然不是商品交换关系。应该说斯大林根据当时苏联经济体制的状况做出这种理论解释是正确的。问题是按照这种模式来搞社会主义仍不能很好发挥社会主义的优越性,使经济稳定、高效增长。

斯大林逝世之后,人们对社会主义商品经济理论的探讨仍在继续进行,

---

① 《马克思恩格斯选集》第3卷,第1页。
② 同上书,第323页。
③ 《列宁选集》第3卷,第258页。
④ 《苏联共产党代表大会代表会议和全体会议文件汇编》第1分册,第546~547页。

特别是随着各社会主义国家经济体制改革的展开，使这种探讨进入了一个新的阶段。

我国自1978年开展经济体制改革以来也对社会主义商品经济的理论进行了广泛的讨论，并已把建立社会主义市场经济（市场经济只不过是现代商品经济的另一种说法）作为我国经济体制改革的目标模式。毫无疑问，这是对社会主义商品经济理论的重大发展。但是，前些年建立的社会主义商品经济理论有很大的不彻底性。众所周知，前些年，我们是把全民所有制企业的商品交换作为主要对象来探讨的。看起来这是符合逻辑的。因为理论和实践都已经证明了全民企业与集体企业以及集体企业与集体企业之间的交换是一种商品交换，只要能证明全民企业之间也是一种商品交换，就自然可以得出整个社会主义经济是商品经济的结论。然而，传统的商品经济理论却不能证明这一点，于是许多人就去寻找新的根据。他们似乎也找到了，这就是经济利益关系。许多人都认为，全民所有制企业之间之所以还存在商品交换关系，除还存在社会分工之外，最根本的原因就是企业之间、职工之间还必须存在经济利益上的差别。正是由于这种利益上的差别要求各企业之间必须进行经济核算，企业之间的交换也必须按照自愿、等价的原则进行。不过这样一来，又产生了一个新的矛盾。这就是说，解释私有制社会的商品交换关系和社会主义条件下全民企业与集体企业，集体企业与集体企业之间的商品交换关系用的是传统的商品经济理论，解释全民所有制企业之间的商品交换关系则要用"利益差别"的理论。这是很难令人信服的。而且，更重要的是，用利益差别来解释全民所有制企业之间也应该存在商品交换是不科学的。因为利益差别的内涵很广泛，用它来说明商品经济关系产生的原因是不确切的。比如我国许多大企业内部都实行了经济责任制，并把各部门、各生产单位的经济利益和它们完成任务的好坏联系了起来，在收入上拉开了差距，但这些部门、生产单位仍然是企业的分支机构，彼此之间并不存在商品交换关系。可见，利益差别的存在就会产生商品交换关系的说法是缺乏科学根据的。

那么，为什么会产生这种理论的不彻底性呢？我认为主要原因是人们思想还局限于传统的全民所有制关系之内，没有认识到或者不敢承认不进行所有制和经营方式的变革，不进行企业制度的创新，使企业对其经营的资产和生产的产品具有现实的所有权，在原来的全民所有制关系内部是不可能产生商品经济关系的。

二 企业是相对独立的商品生产者吗？

与社会主义商品经济理论紧密联系的一个问题是：企业到底是相对独立的商品生产者或是完全独立的商品生产者呢？以前多数人同意第一种看法。我早就不同意把全民所有制企业笼统地说成是相对独立的商品生产者，认为它应该是完全独立的商品生产者，否则，就不能建立起真正的商品经济关系。[①] 把企业看成是相对独立的商品生产者的人，所依据的理由有三条：一是全民所有制企业的生产资料为国家所有，国家要凭借所有权取得企业的部分纯收入；二是国家要利用经济计划（对少数企业甚至会保留某种指令性计划）、经济法规、经济杠杆和经济政策来调节企业的经济活动；三是企业的厂长（经理）还要由国家任命或批准。显然，这些理由都不够充分。

首先，所有权关系虽然对企业的地位有一定影响，但并不起决定作用。因为理论和实践都已经证明，全民的财产不可能由全体人民来经营，必须把所有权和经营权分开。具体的分离形式有两种：一种是所有权位于企业之外，所有者和经营者（企业）分离成两个完全不同的利益主体，如借贷关系，租赁关系等等。这时候，所有者和经营者彼此是完全独立的。另一种是所有权位于企业之内，所有者和经营者在企业内部存在部分分离，其典型形式是股份公司。众所周知，这种分离也并没有影响企业的地位，股份公司是完全独立的商品生产者。

其次，国家对企业实施调控职能也并不必然影响企业完全独立的地位。因为不仅社会主义国家要对企业进行管理，资本主义也要对企业进行管理。在社会主义社会，国家不仅对全民所有制企业进行管理，而且也对集体企业和其他类型的企业进行管理。这种管理并没有影响非国有企业的独立性。因此，主要争论是指令性计划问题。过去，不少人把指令性计划作为国有制企业是相对独立的商品生产者的主要标志之一。现在，这种观点已经不攻自破了，因为，随着改革的深入和社会主义市场经济理论的建立，指令性计划将逐渐减少以至完全取消。

再次，厂长（经理）的产生方式是由企业的经营方式决定的，它也不

[①] 《企业学》，重庆出版社 1988 年 12 月出版，第 53 页。

会影响企业的地位。目前，我国企业厂长（经理）的产生方式正在朝多样化方向发展。承包企业的厂长（经理）逐渐朝招聘方向发展；租赁企业的厂长即为租赁者个人，或由企业职工推荐、选举产生；股份制企业的厂长（经理）则应由企业的董事会决定。无论企业的厂长（经理）是由什么方式产生，从法律上看他们只是企业法人的代表，是企业的地位决定厂长（经理）地位、职能、作用，而不是相反。以上分析说明，决定企业地位的不是上述因素，而是企业的商品生产者的性质和与之相关的法律保障，只要承认企业是从事商品生产和经营的经济组织，并得到法律的承认，就应使它在国民经济中具有完全独立商品生产者和经营者的地位。

三　企业制度创新的理论基础

根据什么理论进行企业制度创新，这是一个有争议的问题。我认为，企业制度创新的理论基础应该是所有权和经营权的分离。传统的观点认为，既然国家代表全体人民的根本利益对全民所有制企业的财产行使所有权，它对全民的资产就应该进行直接经营，因此，过去人们把国有制企业称为国营企业，这无疑是一种误解。

我们知道，所有权和经营权是两个既互相联系又相互区别的概念。

所有权指的是财产在法律上归谁所有，由谁支配的权力。所有权最大的特点是具有独占性，即同一物之上的所有权只能是单一的主体，不能是多重主体。马克思在分析私有财产的形成时就曾指出："私有财产如果没有独占性就不成其为私有财产。"[①] 恩格斯也曾形象地指出："财产关系是一个三角关系，A 拥有 B，并对抗 C，在这里，C 代表全体其他个人。"[②]

所有权的核心是支配权。它包括两个方面的内容：一是对财产的最终处置权，即决定财产的命运，如自己使用、出租、转让、典当、抵押、出售、赠送、毁弃等。二是收益权。即所有人利用财产获得新的经济利益的权力。人们对物拥有所有权后，如果不是把它作为生活用品自己消费掉，而是用于生产或将其使用价值有偿转让给他人使用，财产就会给所有者带

---

① 《马克思恩格斯选集》第 3 卷，第 425 页。
② 凯恩斯：《法律和社会科学》，伦敦，凯根波尔特，特鲁伯纳内公司 1953 年英文版，第 59 页。

来新的经济利益，所有者对这种经济收益也具有所有权。支配权的这两个方面是和所有权紧密联系在一起的，在所有权丧失之前是不能够与所有者发生分离的，否则，所有权的主体、性质以至所有权的某些社会关系都会发生质的变化，这是任何国家的法律所不能容忍的。

经营权指的是对一种特殊财产——生产资料的实际占有、使用，即利用生产资料进行生产，创造新的使用价值和价值的权力。经营权包括占有权、使用权和对产品的处置权。

占有权是经营权的核心。生产者要从事经营，首先必须占有生产资料。在有国家和法存在的社会形态里，占有权不仅是一个事实，而且也构成一种权力。当生产者既是所有者又是经营者时，占有权表现为所有权，当生产者不是所有者，而只是经营者时，占有权则表现为一项独立的职能，受到法律的保护。在分析劳役地租时，马克思曾明确指出了这一点，他指出，关于直接生产者不是所有者而只是占有者必须向土地所有者提供义务劳役的关系，总要作为法律加以神圣化，要把习惯和传统造成的限制用法律固定下来。他还指出："在实行货币地租时，占有和耕种一部分土地的隶属农民和土地所有者之间的传统的合乎习惯法的关系，必然会转化为一种由契约规定的，即按成文法的固定规则确定的纯粹的货币关系。"[①] 事实上最早的罗马法就承认了保管人、承租人的合法占有。德国、瑞士、日本等国的民法更是明确地规定了土地承租人、借用人、受寄人等具有占有权，并把占有权视为一种独立的职能。

占有的目的是使用，即获得被占有物的使用价值。因此，"实际的占有，从一开始就不是发生在对这些条件的想象的关系中，而是发生在对这些条件的能动的、现实的关系中，也就是实际上把这些条件变为自己的主体活动的条件"[②]。但是，在不同的所有制关系中，占有和使用的关系是不同的。在原始社会，人与他的基本生产资料处于直接的统一之中。因此"财产最初无非意味着这样一种关系：人把他的生产的自然条件看做是属于他的，看做是属于自己的，看做是与他自身的存在一起产生的前提；把它看做是他本身的自然前提，这种前提可以说仅仅是他身体的延伸。其实，人不是同自己的生产条件发生关系，而是人双重地存在：主

[①] 《马克思恩格斯全集》第 25 卷，第 899~900 页。
[②] 《马克思恩格斯全集》第 46 卷上册，第 493 页。

观上作为他自身而存在着，客观上又存在于自己生存的这些自然无机条件中。"[1] 人和自己的生产资料既然处于统一之中，并把它作为自己的无机的躯体，那么，除了使用，也就没有另外的对它们特别加以占有的关系，就好像对自己的身体的器官不存在要特别加以占有的关系一样。所以，在原始社会，"财产唯一可能的和可以理解的根据，就是使用。"[2] "使用是个人占有的主要条件。"[3] 而在产生了国家和法以后，占有则变成了使用的先决条件，对某物只有取得了占有权之后，才能使用它，才具有使用权。在这种情况下，占有权就表现为"某个人、集体、社会拥有生产资料（或物质财富、或物）作为他们生产消费或个人消费的前提"，[4] 使用权则表现为"法律上有保障的能够对生产资料和消费品进行生产消费或个人消费的权力。"[5] 可见，使用权和占有权是紧密联系在一起的，是占有权派生出来的一种权能。在一般情况下，取得了占有权，也就获得了实用权。

使用权既是占有权的一项权能，它就不是指人与自然的关系。在生产过程中，它不是指劳动力与生产资料的技术上的结合，而是指决定生产资料的使用方式和要求，对生产资料的使用进行管理、更新改造等的权力。因此，使用权的拥有者不一定就是直接利用生产资料的人。

经营权除包含占有权和使用权外，还包含对产品的处置权，即决定产品的转让、自用、毁弃的权利。转让是法律上的处置，自用、毁弃是事实上的处置。为什么对产品的处置权不属于所有权的一项权能而属于经营权的一项权能呢？因为产品并不是所有者的直接财产，而是在生产经营过程中经营者把生产资料和劳动力结合起来新创造的财富。如果所有者不把财产用于生产经营活动，而是作为消费资料或者把它储存起来，它就不会创造出产品。当然，在产品的生产过程中也有一部分生产资料转移到产品中去，但这部分被消耗掉的生产资料会从再生产过程中得到价值补偿和实物补偿，所有者的财产并不会受到损失。经营者虽然可能不是生产资料的所有者，但是它是从事生产经营活动的法人，对生产经营的成果（产品），自

---

[1] 《马克思恩格斯全集》第 46 卷上册，第 491 页。
[2] 拉法格：《财产及其起源》，三联书店 1962 年版，第 45、46 页。
[3] 同上。
[4] ［苏］维·切尔科维茨：《社会主义条件下的公有制和生产关系》，《经济科学》1972 年第 6 期，第 18 页。
[5] 同上。

然拥有处置的权力。经营者如果对生产的产品没有处置权，就不可能以商品"监护人"的身份出现，就无权与别人发生商品交换关系，就不可能成为商品生产者和经营者。

所有权和经营权即可以同属于一个主体，又可以分属两个不同的主体。当两权同属于一个主体时，这个主体就既是所有者，又是经营者，这时候他就拥有所有权、占有权、使用权、支配权和对产品的处置权。当两权分属两个不同的主体时，所有权、支配权（财产的处置权和收益权）就属于所有者；占有权、使用权和对产品的处置权就属于经营者。所有权和经营权同属于一个主体的情况与本文要讨论的问题关系不大，因此，下面我们将着重讨论两权分离的问题。

众所周知，所有权和经营权分离的现象是屡见不鲜的。在封建社会，地主是土地的所有者，但他们自己并不亲自耕种，而是把土地租给农民经营。"直接生产不是所有者，而是占有者，""支付地租的人却被假定是土地的实际耕作者和占有者，他们的无酬剩余劳动直接落入土地所有者手里。"[①]在资本主义社会里，这种现象就更加普遍了。比如，职能资本家从银行借到货币资本后，在合同有效期内，他对借来的货币资本就享有实际的占有权、使用权和对经营成果有处分权。又如，农业资本家租用土所有者的土地，在租约规定的期限内，他就享有对土地的经营权。资本主义社会大量存在的股份公司也存在所有权和经营权的分离。这种股份公司的特点就是所有权分散在成千上万的小股东手中。有关资料分析，在西方的许多大公司中，全体管理人员——职员和董事——仅持有全部普通股票的3%左右。最大的居于少数地位的单个股东集团持有约全部有选举权的股票的20%，这种低微的比例被认为是以维持"有效的控制"。因此，在股份公司里，"实际执行职能的资本家转化为单纯的经理，即特别的资本的管理人，而资本所有者则转化为单纯的所有者，即单纯的货币资本家。"[②]

这种历史上普遍存在的现象在社会主义社会是否也会发生呢？回答应该是肯定的。

我们知道，在公有制经济中所有和占有的分离也是一种普遍现象。在原始社会，"单个成员本身只是一块特定土地的占有者，或是继承的、或者

---

① 《马克思恩格斯全集》第25卷，第893、904页。
② 《资本论》第3卷，人民出版社1973年版，第493页。

是不继承的，因为财产的每一小部分都不属于任何单个成员，而属于作为公社的直接成员的人。因此，这种单个的人只是占有者。只有公共财产，占有私人所有。"① 在社会主义社会，大部分生产资料归全民所有，但事实上却归企业占有、使用，因此，企业虽然不是最终所有者，却是事实上的占有者。在将来的共产主义社会，随着国家和法的消亡，财产所有权的概念也将消亡，但所有和占有的现象仍将存在。对此马克思有过明确的论述，他指出：从一个较高的社会经济形态的角度来看，个别人对土地的私有权，和一个人对另一个人的私有权一样，是十分荒谬的。甚至整个社会，一个民族，以至一切同时存在的社会加在一起都不是土地的所有者，即对土地不拥有所有权，他们只是土地的占有者，土地的利用者。

但是，马克思也同时指出，在不同的社会形态里，"对公共财产的这种占有方式可以发生十分不同的历史的、地域的等等变化"。② 在社会主义社会，由于生产力发展水平和政治经济特点既不同于原始社会又不同于共产主义社会，因此，对公共财产的占有方式也有以下不同特点：

第一，在社会主义社会，就全民的生产资料来说，它既不像原始社会那样，属于一个比较小的共同体——氏族公社——所有，也不像共产主义社会那样，属于全世界的劳动者所有，而是属于一个国家的不同区域范围的人民所有，由各级国家机关来行使所有权。

第二，由于生产力的发展，生产社会化程度的提高，产品一般已经不能由单个人独立地制造出来，劳动本身不再由单个人孤立地进行，而是由劳动者联合而成的企业来进行。因此，占有者不再是个人，而是"自由人的联合体"。

第三，在社会主义社会，社会、企业和劳动者之间还必然存在经济利益上的差别，这就决定了所有和占有的分离必然和经济利益相联系。

第四，无论在原始社会或共产主义社会，都是没有国家和法律的社会，所有和占有的关系并不表现为一种法律关系，所有和占有的分离也就不表现为所有权和占有权的分离。而在社会主义社会，国家和法律在维护社会的安定、调节利益关系和管理经济等方面还是必不可少的。因此，生产资料所有和占有的分离，必须得到国家法律上的承认，受到法律保护。

---

① 《政治经济学批判》：《第二篇：资本的流通过程》。
② 同上。

上述各点说明，在社会主义社会，所有和占有的分离必然要表现为所有权和经营权的分离，因此，必然把所有权和占有权分开，由国家代表全国人民行使最终所有权，由企业对全民的生产资料行使经营权。

四　企业法人制度

要很好地实现经营权和所有权的分离，必须在企业制度方面进行创新，建立真正的企业法人制度。

法人是某种社会经济组织在法律上的人格化，它是区别于自然人的另一种民事权利义务主体。一般说来，凡是按法定程序组成的，有固定的组织机构，拥有独立的财产，并能以自己的名义依法享有一定的权利，承担一定的义务的社会经济组织，即称为法人。具有法人特征的企业称为法人企业。在法人企业出现之前，企业多采用独资企业和合伙企业的形式，它们的财产和自然人的私有财产是不可分开的。因此，承担民事权利义务主体的是作为企业主的自然人，企业则没有法人的地位。这种企业也必须注册，以取得合法地位，但它们只具有法律地位，而不具有法人地位。股份制企业出现之后，经过长期的演变，各西方国家陆续承认了它的法人地位，产生了公司法人。因此，股份制企业是最早和最典型的法人企业。

企业法人制度是一种现代企业制度。一些西方的经济学家和法学家将它称为"新时代"的伟大发现，以至可以与自然科学中的蒸汽机和电力的发现相媲美。其进步意义在于：第一，企业被人格化了。企业作为人格化的经济组织，活跃在商品经济舞台上，它们像从事商品生产的自然人一样，成了独立的商品生产者和经营者。第二，企业成了财产主体和盈亏主体。由于把企业的资产和投资者的其他资产法律上区分开来，投资者对投入企业的资产只拥有终极的所有权，企业对自己的资产拥有法人所有权，即对企业的财产拥有占有权、使用权和对生产的产品拥有处置权，而且，企业可以自己拥有的资产对债权者负有限责任，企业实行真正的自负盈亏。第三，为扩大生产规模实行资本社会化创造了一种好形式。正如马克思所说，由于典型的法人企业股份公司的出现，"生产规模惊人地扩大了，个别资本不可能建立的企业出现了。同时，这种以前由政府经营的企业，成了公司的企业"。"这是作为私人财产的资本在资本主义生产方式本身范围内的扬弃。"① 第四，完成了现代意义上的所有权和经营权的分离。在自然人和合伙企业中，投资者既是资本所有者，又是财产的支配者。在法人企业中，资本的所有权和经营权出现了分离现象。首先，参加公司的投资者很多，但起主要作用的却只是少数大股东，公司的决策实际上是由这些人做出的。因此，实际执行职能的资本家成了别人的资本的支配者，而大多数资本的所有者则转化为单纯的所有者，即单纯的股票持有者。其次，随着法人企业的产生和发展，企业管理工作更加复杂，需要有专门知识的专家来承担，由此，经理制度逐步发展起来。实际执行职能的资本家和有关的人员组成董事会，只决定企业的大政方针和重大的经营决策，而把一般的经营决策和日常的经营管理工作交给企业的经理去执行，经理可以从股东中选择，也可以在社会上招聘，但不管由哪种方式产生，经理经营管理的财产已不是或者主要不是自己的财产。第五，产生了合理的资源配置机制。某些法人企业是通过向社会公开发行股票而建立起来的，企业的效益和实力通过股票发行的数量和价格的涨落反映出来，形成了完备的市场评价体系，有利于社会资源的配置按照社会效益不断调整，在竞争中实现优胜劣汰和生产结构的转变。

  我国的国有企业名义上虽然也有法人地位，但是由于它们的产权关系模糊，企业对所支配的财产没有法人所有权，不能自主经营、自我发展、自我约束和自负盈亏，它们还不是真正的法人企业。要真正转变国有企业的机制，就必须理顺产权关系，实行企业法人制度，使所有老主体多元化，用股份制等形式，对国有企业进行改造，使它们变成真正的法人企业。

---

① 《马克思恩格斯全集》第 25 卷，第 493 页。

建立现代企业制度是企业制度的重大变革[*]

《中共中央关于建立社会主义市场经济体制的决定》的重要内容之一,是对转换企业经营机制,建立现代企业制度的问题做出了一系列重要规定,描述了现代企业制度的基本特点,勾画出了我国未来企业制度的轮廓,为我国企业改革的深入发展指明了方向和途径,在理论和实践上都具有重大意义。

一 提出建立现代企业制度是我们思想认识上的一大飞跃

早在改革初期,一些理论工作者就提出了"企业本位论"、企业应当成为商品生产者、企业要有独立的经济利益和成为能动的有机体、企业要实行自负盈亏等论点,对我国企业改革的起步和形成以搞活企业、增强企业活力为中心环节的城市改革思路起了极大的推动作用。但是,对企业如何才能实现这一目标,特别是如何才能使国有企业实行自负盈亏,大家思想并不明确。80年代中期,一些学者提出了所有权和经营权要适当分离的理论,把企业改革理论推进了一步。其实,早在60年代初,理论界就对这一问题展开过讨论,但那次是纸上谈兵,范围也很小。这次讨论无论是在深度、广度上都大大超过了前次,而且更具有针对性,对企业改革的实践有很大的指导意义,在实践方面的成果是促进了承包制和租赁制的广泛推行。在这次讨论中,有的人就指出过,所有权和经营权分离有四种不同的形式:一是借贷方式;二是租赁方式;三是承包方式;四是股份制方式。前三种

---

[*] 原载《人民日报》1994年3月4日。

方式和最后一种又有很大的区别：前三种所有者并没有进入到企业内部，所有者和经营者是两个不同的利益主体；在股份制这种方式中，所有者进入到了企业内部（股东大会是公司的财产管理机构和最高权力机构），所有权和经营权在公司内部存在着一定程度的分离；前三种很难解决国有企业的自负盈亏问题，只有股份公司才能真正做到自负盈亏。由此引发了股份制和企业法人所有权的讨论。许多经济学家都认为，要使国有企业的改革取得突破性的进展，必须进行企业制度的创新，建立能适应市场经济要求的现代企业制度，这种企业制度的主体形式应该是股份公司，这就使国有企业改革理论发展到了一个新的阶段。《决定》吸收了多年来理论讨论的成果，总结了企业改革的经验教训，特别是近几年股份制试点的经验，提出了建立现代企业制度的问题，明确了企业中的国有资产所有权属于国家，企业应拥有包括国家在内的出资者投资形成的全部法人财产权，指出国有企业实行公司制，是建立现代企业制度的有益探索。这标志着我们的思想认识又产生了一个大的飞跃，是企业改革理论的一大突破，这种思想认识上的飞跃必将带来企业改革实践的发展和深化。

二　提出建立现代企业制度是企业改革实践的深入和发展

像思想认识一样，我国企业改革的实践也是在不断深入和发展的。我国城市经济体制改革是从扩大企业自主权开始的。到现在大体上经历了扩大企业自主权，建立经济责任制，实行利改税和转变企业经营机制等四个阶段。在改革的前三个阶段，城市经济体制改革基本上走的是扩权让利，以利益刺激为主的路子。当然，这绝不是说不需要调整国家、企业和职工的利益关系。在高度集中的计划经济体制下，国家在财政上实行统收统支的政策，企业没有自身独立的经济利益，经营好坏一个样，挫伤了职工和企业的积极性，不调整三者的利益关系，企业就不能产生内在的经济动力。问题是调整利益关系必须以机制的转换为根本前提，离开机制的转换去单纯调整利益关系，就给企业留下了"利益谈判"的空间。企业利益的获得，不是完全依靠自身的经营努力，而很大程度上要靠与政府"讨价还价"的谈判。而且，由于企业内部没有形成自我约束的机制，当外部约束减弱以后，企业不合理行为就泛滥起来。1986年底，提出了"改革微观机制"和

"完善企业内部机制"的问题，同时要求要以转变企业经营机制为中心环节，分阶段进行配套改革，逐步形成新体制的基础框架，使我国企业改革发展到了转换企业经营机制的阶段，这是我们思想认识上的一次飞跃。这一阶段的实际做法是推行和完善承包制，这种经营方式仍然未触动传统的企业制度本身，它虽然使企业经营机制有所改善，但是并没有达到转换企业经营机制的目的，企业改革仍然未能取得实质性的进展。改革的实践证明，不解决产权问题和建立现代企业制度，以重塑市场主体，使企业成为完全独立的商品生产者，企业经营机制不可能发生根本性转变。企业改革必须从利益刺激为主转到建立现代企业制度，转换企业机制为主的轨道上来。所以，建立现代企业制度的提出，标志着我国企业改革的实践也进入了一个新的发展阶段。

三 建立现代企业制度将带来我国公有财产组织形式的大变革

长期以来，我国公有财产的组织形式只有两种，即国家所有制和集体所有制。实行改革开放政策后，我国集体所有制的形式虽然有了较大的变化，如出现了城市集体所有制企业、合作制企业和乡镇企业等；国有制企业的经营方式也发生了很大的变化。但是，从公有制形式来看，仍然没有大的变化，还是一种二元结构。而且，各种所有制是相互分割的，产权也不能合理流动。要建立现代企业制度，就必须对公有制企业特别是国有制企业的产权关系进行重组，实现所有者主体（投资者主体）多元化，建立公司制度。经过产权的重组和股份制改造，财产混合所有的经济单位将越来越多。我国的国有资产将形成以下企业组织形式：① 单一主体的国有制企业。它们的资本属国家授权的某一个投资主体管理。② 多主体的国有制企业。它们的资本虽然都属国家所有，由于分属不同的投资主体管理，也实现了投资主体的多元化。③ 国家控股的企业。在这种企业内部，已经实现了各种所有制财产的混合、融合，但国家股起主导作用。④ 国家参股的企业。这种企业国家只参股，不控股。⑤ 多个法人单位共同投资组成的企业。这些法人单位既有国家的投资，也有其他经济成分的投资，但是公司拥有包括国家在内的出资者投资形成的全部法人财产权。国家对这些法人单位再投资形成的企业，不表现为直接的所有者关系。同时，我国集体所有制的实现形式也会带来相应的变化。发生这些变化后，公有制的主体地位再不能按国有制和集体所有制经济在国民经济中的比重来衡量。公有制的主体地位主要表现在国家和集体拥有的资产在社会总资产中占优势，国有经济控制国民经济命脉及其对经济发展的主导作用等方面。

建立现代企业制度,重塑市场主体[*]

我国传统的企业制度是为适应高度集中的计划经济而建立起来的。这种企业制度存在着许多严重缺陷。实行改革开放政策以来,虽然国家也很重视企业改革,但是,迄今为止的改革,还只是把企业当做相对独立的商品生产者对待的,改革措施仍然是扩权让利思路的产物,没有触动传统企业制度本身,企业改革还没有取得实质性的进展。事实证明,不解决产权问题和建立现代企业制度,以重塑市场主体,使企业成为完全独立的商品生产者,企业经营机制不可能发生根本性转变,社会主义市场经济的发展也会遇到重重困难。

现代企业制度是适应市场经济的需要而逐步建立起来的,其基本内容应该包括自负盈亏的企业法人制度、纵向授权的企业领导制度、规范化的财务会计制度,利益均沾的企业分配制度和双向选择的企业人事劳动制度。我国要建立现代企业制度,也必须在这五个主要方面进行彻底改革。

一 建立能自负盈亏的企业法人制度

企业法人制度是一种现代企业制度。它是市场经济发展到一定程度而产生的。一些西方的经济学家和法学家将它称为"新时代"的最伟大发现,以至可以与自然科学中的蒸汽机和电力的发现相媲美。其主要特征和进步意义在于:① 企业成了独立的商品生产者和经营者,能独立地承担民事责任。② 企业成了财产主体和盈亏主体。法人企业把企业的资产和投资者的其他资产在法律上严格区分开来,投资者仅以投入到企业的那部分资产对企业负有限责任;企业对投资者投入企业的资产及其增值具有法人所有权,

---

[*] 原载《中国工业经济》1994年第1期。

可以用它们对债权者负有限责任。企业实行真正的自负盈亏。③ 完成了现代意义上的所有权和经营权的分离。在自然人企业和合伙企业中，投资者既是企业资本所有者，又是企业财产的支配者。在法人企业中，资本的所有权和经营权出现了一定程度的分离现象。企业的经营者并不是资本的所有者，或者不是主要的所有者，而是具有专业知识的经理阶层。经理经营管理的不是或者主要不是自己的资产。④ 为扩大生产规模，实行资本社会化创造了一种好形式。⑤ 产生了合理的资源配置机制。某些法人企业是通过向社会公开发行股票而建立起来的，企业的效益和实力通过股票发行的数量和价格的涨落反映出来，形成了完备的市场评价机制，有利于社会资源的配置按照社会效益不断调整，在竞争中实现优胜劣汰和生产结构的调整。我国现在的国有企业还不具备法人企业的基本特征，它们实质上是由国家负无限责任的企业，只具有法律地位，而不具有真正的法人地位。

要使我国的国有企业变成真正的法人，必须大力发展股份公司。股份公司是市场经济发展到一定阶段的产物，是一种典型的法人企业，也是现代市场经济国家中的一种十分普遍的企业组织形式。把国有企业改造成股份制企业，可以割断政府和企业联系的脐带，实现政企分开，所有权和经营权分开，使企业建立起健全的产销机制、动力机制、发展机制和约束机制。而且，我国多种所有制形式的发展，投资主体和利益主体的多元化和企业横向联合的发展正在为股份制企业的发展创造条件。因此，要加快国有企业股份化的步伐。通过理顺产权关系、将国有企业资产存量中的一部分销售给集体或者个人、用发行股票的办法吸收企业职工和社会的资金入股，发展合资企业、法人持股控股等形式，把国有企业改造成股份制企业。其他有条件的公有制企业也应该进行股份制改造。

二 建立纵向授权的企业领导制度

我国传统的企业制度有两大主要缺陷：① 所有者或者所有者的代表没有进入到企业之内，企业内部没有行使所有权的组织机构。企业的主要领导人都要由党和国家有关机构任命。由他们来管理企业。他们的身份不明确。有些人认为他们应该代表所有者（国家、集体）；有些人认为他们应该代表企业；有些人认为他们既应该代表所有者，又应该代表企业。使企业的领导人处于一种十分尴尬的地位。② 我国企业采用的是一种横向分权的领导制度。这种企业领导制度的特征是：国家把企业的统一经营管理权分别让企业的经营管理机构、党组织和职工代表大会行使，形成了以厂长（经理）为首的生产经营指挥系统；以党委书记为首的思想政治工作系统和以工会主席为首的民主管理系统。近些年来，虽然实行了厂长（经理）负责制，从法律上确定了厂长（经理）在企业经营管理中的中心地位，但是，由于党委是企业的政治中心，对企业的经营管理工作也起重大作用，职工代表大会对企业的重大决策也有审议权，对与职工利益直接有关的一些问题还有决定权。因此，横向分权的总格局并没有真正改变。这种企业领导制度造成管理权限分散，职责不清，多头领导，工作效率低等弊病。

现代企业的领导制度避免了上述缺点，更具有科学性、系统性和高效率。① 在现代企业制度中，企业是独立的商品生产者，它拥有财产管理权、经营决策权、生产经营的指挥权和监督权。企业的领导制度必须全面行使这些权力。比如，在股份制企业的领导制度中，财产管理权是由股东大会行使的，股东大会是企业的最高权力机构；经营决策权是由董事会行使的，董事会是企业的决策机构；日常经营管理的指挥权是由经理、副经理等专业人员行使的，他们组成的机构是企业生产经营的指挥系统；监督权是由监事会行使的，他们是企业经营管理的监督机构。② 这种企业的领导制度不是实行的横向分权制度，而实行的是纵向授权制度。即股东大会给董事会和监事会授权，董事会给经理授权。③ 企业民主管理的范围扩大了，而且更具有实质性的内容。过去，由于企业只是单纯的生产单位，本身的权限小，这就限制了民主管理的范围，使企业的民主管理主要在解决生产技术性问题中实行。我国过去常说的"两参一改三结合"就是这方面的经验总结。扩大企业自主权后，职工民主管理的范围虽然有所扩大，但是，由于企业尚未成为独立的商品生产者和经营者，职工民主管理的范围仍然难以扩大。在现代企业的领导制度中，由于企业成为了独立商品生产者和经营者，这就为扩大民主管理的权限和范围创造了条件。比如，在股份制企业中，职工可以购买本企业的股票，履行股东的权责；职工可以根据国家立法或企业的章程选举出自己的代表参加董事会和监事会，行使经营决策权和监督权。这样，在公司的财产管理机构、经营决策机构和监督机构都可以有一定数量的本公司职工参加。既可以克服横向分权带来的各种弊病，提高管理效率，又可以实现全面的民主管理。

实行纵向授权的领导制度后，企业党组织的领导人可以根据法定程序进入企业各级领导机构，兼任相应的行政职务，以发挥党组织的政治核心作用。

三 建立规范化的企业财务会计制度

我国传统的企业财务会计制度是按照前苏联的模式，为适应高度集中的计划体制而设计的，它存在许多缺陷，不适应社会主义市场经济的要求，其主要缺陷是：① 传统的财务会计制度是按照部门、行业和所有制来制订的，造成不同部门、行业和所有制企业的会计制度不一致，会计准则、核算办法不统一，使会计检查、会计监督缺乏统一的标准，不利于互相借鉴、交流，也不适应跨地区、跨部门、跨行业的联合企业和混合所有制企业发展的客观要求。② 传统的财务会计制度主要是为国家对企业进行直接管理服务，不能真实地全面地反映企业在市场经济条件下的财务状况和经营状况。③ 传统的会计制度与市场经济国家的会计制度不接轨。传统的会计制度与国际惯例存在很大的差距，没有吸收发达的资本主义国家在发展市场经济过程中积累和创造的较先进的财务会计管理方面的经验。因此，必须对传统的财务会计制度进行改革，建立适应社会主义市场经济的规范化的财务会计制度。

在现代市场经济国家，虽然会计制度也有不同的模式，比如，美国的保罗·H. 阿伦（Paul H. Aron）就认为，西方国家的企业会计制度有四种模式，即英国的真实与公允模式，美国的公认原则模式，法国、西班牙、意大利的税务定向模式和北欧一些国家的公司定向模式，但是，从总体来看西方国家的会计可以分为财务会计和管理会计。财务会计，是指为企业以外的投资者、债权人等提供决策所需要的经济信息而进行的会计，其主要职能在于向外界人士或机构报告关于企业的获利能力和财务状况。为了保证企业之外有关方面的利益，长期以来已经形成了一套处理财务会计各种问题以及陈报信息的一些公认的原则，这些原则，通常称为财务会计原则或者财务会计制度。管理会计指的是为企业管理当局提供决策所需经济信息而进行的会计，它的主要目的是帮助管理当局制订短期的和长期的投资和经营规划、指导和控制当前的生产经营活动，因而它所提供的会计信息必须适应管理当局的特定需要，在内容上灵活多样。它的内容和所使用的陈报信息的方式视需要而定，不拘一格。可见，规范化的会计制度，是指前者，即规范化的财务会计制度。当然，这两者之间又是相互联系的，因为它们所提供的经济信息许多都来源于相同的会计记录。

现代企业的财务会计制度和我国传统的企业财务制度的主要区别有以下几个方面：① 现代企业的财务会计制度比较规范化，它对各种企业都适用，而且遵守国际惯例。② 现代企业的财务会计制度要求企业不仅可以为国家提供财务会计信息，而且可以为所有者、有投资意愿的法人组织和居民等提供必要的财务会计信息。③ 现代财务会计能够全面反映企业长期的经营状况情况，特别是企业的资产负债状况。在传统的企业财务制度中只有资金平衡表，而没有设立资产负债表。在任何情况下，资金的来源和运用都是平衡的。因此，它既不能反映出所有者的权益，又不能反映企业的负债情况；而在现代企业的财务会计制度中，设立了资产负债表，能够全面反映企业的财务状况。④ 会计科目的设置、成本计算方法、会计报表体系上也比较科学，既可以促进企业改善经营管理，又方便企业财会人员的工作。

从1993年7月1日起我国已经开始实行新的财务会计制度，这种新的财务会计制度已经具备现代企业财务会计制度的基本特点，在执行中应该进一步完善。

四 建立利益均沾的企业分配制度

在传统的企业分配制度中，虽然强调要处理好国家、企业、职工三者的利益关系，但是由于企业自身没有独立的利益，企业家的利益不能得到体现，企业所有者的利益又和国家利益相混淆，因此，实际上只存在国家和企业职工这两种利益主体，只存在国家利益和职工利益这两种利益关系。国家强调多收，职工强调多得。企业内部无法形成相互制约的平衡关系，企业也不能自主发展。这种分配制度实际上是一种企业吃国家的"大锅饭"，职工吃企业的"大锅饭"的分配制度。要建立起现代企业制度，必须对传统的企业分配制度进行改革，建立符合社会主义市场经济要求的规范化的企业制度。这种企业分配制度必须使国家的利益、所有者的利益、职工的利益、企业家的利益和企业自身的利益得到很好体现。

1. 要使国家的利益得到很好体现。国家和企业的利益关系主要从税收上表现出来。国家对企业应当实行一种中性税收制度，换句话说，无论是何种企业，原则上应该执行统一的税种、税率，不能按照企业的法律形式、所有制形式来确定税种、税率。对国有企业来说，也应实行税、利分开，使所有者的收入和国家的收入明晰地表现出来。

2. 要使企业的所有者的权益能得到很好体现。所有者应该有条件了解企业的生产经营状况和财务状况，并通过一定的形式参与企业的某些重大决策活动和对企业的经济活动进行监督；同时，要使所有者的资金收入与企业的经济效益相联系，使他们既要承担企业经营的风险，又能分享企业带来的收益。

3. 要使企业职工的积极性得到充分的发挥。实行改革开放政策以来，特别是对企业实行工资总额与经济效益挂钩后，已较传统的工资制度有所进步，但是，这些改革并没有改变以国家为分配主体并用行政方式规定工资标准、工资水平的做法，工效挂钩也还只是一种半行政协调的工资决定形式。其最基本的原因是劳动力的价值没有一种合适的衡量标准，劳动力的所有和使用归国家，劳动者个人成了国家手中一种生产要素资源，否定了劳动力的商品属性，致使国家不得不对劳动者的衣食住行实行统一包下来的办法，不仅加大了国家负担，而且产生了严重的平均主义现象，挫伤了职工的积极性。改变这一状况，一方面要承认劳动力也是商品，形成多层次的劳动力市场，使劳动者的收入有一种社会的评价机制；另一方面在企业内部，必须把职工的收入和他们对企业的贡献紧密结合起来，确实做到多劳多得，少劳少得，拉开职工之间的收入差距。同时，要把工资改革和福利制度、住房制度等改革结合起来，把各种实物和福利型的隐性收入显性化，把各种福利和津贴都纳入货币工资。

4. 要把企业家的责、权、利紧密结合起来。企业能否经营得好，在很大程度上取决于企业家（企业的领导者和经营者）的素质、事业心和努力程度，而且，企业家还要承担很大的经营风险，如果他们的权限太小，报酬太低，就会束缚他们的手脚，影响他们的积极性和承担风险的意愿，企业自然不可能经营得好。许多国内外的管理专家都认为，企业家的权限太小和收入太低是我国企业动力不大的重要原因之一，应当赋予企业家更大的经营管理权限，并把他们的利益和一般职工的利益区别开来，拉开他们之间的收入差距，使他们的权限和他们承担的责任相一致，使其贡献和他们的收入报酬相对称，以便为他们从事正常的经营管理工作创造必要的条件和鼓励他们的积极性和创造性。

5. 企业自身的利益要得到很好体现。企业是一个独立的经营实体,它必须具有独立的发展能力、预防和弥补亏损的能力以及为企业职工提供一定的福利保障的能力,因此,必须建立公积金和公益金,这是企业利益的集中体现。前四种利益关系如同平行四边形的四条边,企业利益如同平行四边形的一条对角线,有了这条对角线,平行四边形才有可能成为一个矩形,才能比较稳定。

五 建立双向选择的企业劳动人事制度

工资制度和劳动制度是紧密联系的。因此,在改革工资制度的同时,必须对企业的劳动人事制度进行改革,使之符合社会主义市场经济的要求。

劳动人事制度改革的关键是国家应该放弃作为用工主体的特殊身份,形成劳动力市场,建立劳动力合理流动的机制,为企业和职工较自由的双向选择创造条件。为此,必须对传统的企业人事劳动制度做进一步改革,采用固定工、合同工和临时工相结合的人事劳动制度。为了保证企业高层管理人员、有专业特长的工程技术人员和有经验有特长的工人的稳定,对企业的部分职工采用固定工制度仍旧是必要的,但对多数职工则应该实行合同工制,同时,对少数职工还可以采用临时工制度。在经济待遇上,这三种身份的职工应该有所区别,不过,这三种身份并不是固定不变的,临时工、合同工干得好,企业又需要,他们可依次转为合同工、固定工;相反,固定工和合同工也可依次降为合同工、临时工。

与上述改革相配套,必须建立社会保障体系。具体办法是:① 强制性地规定职工个人和企业缴纳社会保障公积金。② 职工个人缴纳的以及企业为之缴纳的社会保障公积金,应当记在职工个人名下,基本上实行提留自用。③ 保障水平和范围从低水平起步,即从养老和失业保障开始,逐步发展到医疗、工伤等方面。同时,在企业内部,对职工业绩考核要有健全的制度,统一合理的标准,评估也要合理,并根据职工的业绩来决定其使用、奖励和升迁。

此外,在企业的管理制度和企业的组织结构等方面也要按照社会主义市场经济的要求进行改革,使之符合市场经济的运行机制。

参考文献

［1］高风、卢松：《公司组织与公司法》，中国经济出版社 1986 年版。
［2］蒋一苇、陈佳贵：《股份公司的理论与实践》，中国人民大学出版社 1988 年版。
［3］娄尔行等：《资本主义企业财务制度》，中国财经出版社 1984 年版。
［4］《企业财务通则》、《企业会计准则》，中国法制出版社 1992 年版。

产权关系重组、政企分开与减轻企业负担[*]

一 国有企业的公司改造与国有企业产权关系的重组

(一) 理顺和重组国有企业产权关系的指导思想

理顺和重组国有企业的产权关系,要坚持用是否有利于发展生产力的标准来衡量改革的措施。要纠正"国有制是公有制的高级形式"、"公有制程度愈高愈好"等旧观念,从有利于提高生产效率和发展社会生产力的观点来选择公有制的形式和结构。一般来说,在成熟的市场经济下,国有制在自然和信息垄断性强的产业、幼稚产业以及一些生产特殊产品或提供特殊服务的行业具有相对优势。因此,从总体上看现在我国国有制存在着涉及面过宽、战线过长的问题。要通过明确国有资产的投资领域、出售小型国有企业、出售部分大中型国有制企业的股份等形式,适当收缩战线、优化国有资产的配置结构。

理顺和重组国有企业的产权关系,要坚持公有制是在实践中不断发展的、公有制的实现形式应该探索的观点。按照马克思原来的设想,无产阶级取得政权以后,要将一切生产资料归全社会所有,因此只存在单一的全民所有制。但是,在社会主义的实践中,各社会主义国家根据自己的具体情况,又采取了集体所有制的形式来发展经济;前南斯拉夫还长期广泛进行了社会所有制的试验。我国实行改革开放政策以来,不仅对国有企业的经营管理方式进行了多方面的改革,采取了多种经营方式,而且在公有制的实现形式上也进行了一些可贵的探索。比如,在国有企业的改革中,进

---

[*] 原载《中国工业经济》1995年第4期。

行了公有股份制的试验；在发展集体经济中，发展了农村乡镇企业，进行了股份合作制企业的试验。这些有益的探索，有的已经取得了较好的成效。随着改革的深入，养老基金、共同投资基金等具有公有制特征的产权组织形式也会出现，而且将会具有很强的生命力。所以，公有制是在不断发展的，公有制的形式是多种多样的。我们应当在实践中不断探索适合我国生产力发展水平，能够促进生产力快速发展的公有制形式。

理顺和重组国有企业的产权关系，要把国家的一般社会职能、经济调控职能和所有者的职能分开。国家的职能一般可以分解为一般社会职能、经济调控职能和国有资产所有者的职能。国家的一般社会职能，包括保卫国家安全、维护社会治安、开展外交活动、保护人类生存环境等等；经济调控职能包括控制货币发行和银行准备金、控制利率、调控供给和需求以及实施社会保障等；所有者职能包括对属于国家的资产进行管理和委托经营、对所属或控股、参股的企业派遣相应的经营人员、取得资产收益等。国家的一般社会职能和经济调控职能是超越所有制界限的；而国家作为全民财产的所有者，它只能对全民所有制企业或控股、参股的企业履行所有者的职能。

理顺和重组国有企业的产权关系，要把所有和经营的职能分开。国家在履行所有者职能时，应当将管理和经营分开：国家通过有关的国有资产管理机构从制定方针、政策、法律法规等方面管理国有资产；把国有资产的经营委托给国有资产经营组织和企业去进行。

理顺和重组国有企业的产权，还要对国有资产实行金融化、价值化管理，促进国有资产的流动。永远会有国有企业，但没有永远不变的国有企业。对国有资产的管理要由实物形态的管理转变为价值形态的管理，要改变国有制企业的封闭式经营，形成国有资产合理流动的机制，通过对小型国有企业的拍卖、企业之间的兼并合并、国有股权的转让等形式，促进国有产权的流动，将国有资金投入到急需的产业，优化国有资产的配置。

（二）国有产权关系的界定

1. 国有资产的分级所有。按照现行体制，国家对国有企业资产的管理实行的是国家统一所有，政府分级监管、企业自主经营的体制。所谓统一所有，就是所有国有资产都由国务院统一行使所有权；所谓分级监管，就是具体的监督管理由各级政府实施，各级政府对其监督管理的资产享有资产收益权、处分权和选派管理者等项权力。这种管理体制实质上是承认各级政府对其监管的国有资产拥有"准所有权"。这种管理体制的好处是中央政府对国有资产拥有较大的权力，减少界定产权的工作量。但是这种管理体制存在着产权关系不明晰，不利于发挥地方政府的积极性等缺陷。为了适应国有企业股份制改造的新形势，分级监管将来应该发展为分级所有，即根据谁投资谁管理谁受益的原则来确定国有产权的归属问题。

从实质上看，我国现有的国有企业和资产不能量化到人的城镇集体所有制企业以及农村的乡镇企业（合作企业另当别论），并不存在性质和公有化程度方面的区别，而只存在公有化范围和管理方法的区别。村办企业的资产属于某一个村的全体村民所有，由村民委员会行使所有权；乡、镇企业的资产属于某一个乡、镇的全体居民所有，由乡、镇政府行使所有权。同样，根据国外的做法和我们过去的经验，根据谁投资谁所有谁受益的原则，我们也应当将国有企业和国有资产公有化范围适当缩小，把它们界定在某一级政府的管辖范围内。按照现行行政体制，国有资产可以分解为中央、省（自治区、直辖市、计划单列市）、市、县四级所有，并分别由同级政府来行使所有权。由此，各级政府所有的资产，也不应该笼统称为国有资产，而应该作为一级政府所有的资产，由各级政府单独投资建立的企业（包括在界定产权时划归它们的企业）以及它们联合投资形成的企业也不应该再笼统称为国有企业，而应该称它们为公共企业（包括乡镇企业）。如果一定要称为国有的话其含义也发生了变化，即变成了某一级政府所有的"国有"企业。

将公有财产落实到一级政府所有是实行市场经济国家和地区普遍采用的一种公共财产管理制度。在美国，联邦政府有自己的财产，州政府、县政府等地方政府也有自己的财产；在北欧的一些国家，它们把政府拥有的企业称为公共企业（the public enterprises），而不笼统称为国有企业。将公有财产落实到一级政府所有，有利于明晰产权，解决企业的所有者缺位问题，加强各级政府对自己所有财产的管理。

在我国，将国有资产落实到一级政府所有，可以在不改变企业公有制性质的前提下，实现投资者主体多元化，为国有企业的股份制改造创造条件。从某种意义上说，没有所有者（投资者）主体多元化，就没有规范化的公司。虽然我国的公司法允许在个别行业可以建立少数国有独资公司，但是实践已经证明，国有独资的企业形式难以将企业的财产和国家的其他财产区别开来，难以做到政企分开，弄得不好还会出现大量的翻牌公司，败坏公司的声誉。对采取这种公司形式，应该持特别慎重的态度。因此，对绝大多数企业来说，进行公司化改组，必须以实现所有者（投资者）主体多元化的前提条件，并根据国家规定和自身的不同情况，改造成有限责任公司和股份有限公司。而实行分级所有，可以在不改变公有制性质的前提下形成成千上万个投资者主体，为国有企业顺利进行股份制改造创造前提条件。

实行分级所有，还有利于正确处理中央和地方的投资关系，较好地发挥中央和地方的积极性。随着投资体制改革的深入，中央和地方、地方和地方联合投资的项目会越来越多。这种投资项目只能采取股份制的形式，并根据谁投资谁受益的原则来处理相互之间的财产关系和利益关系。如果将这种联合投资的资产和形成的企业都笼统说成是国务院统一所有，很难处理好各投资方的关系，影响地方政府的投资积极性。

2. 国有资产的授权经营。当国有资产落实到一级政府所有以后，政府也不能直接经营这些国有资产，它们必须授权给国有资产的经营组织去经营。实行股份制的企业，政府或国有资产的经营组织还要派出代表进入这些企业去参与经营决策。有些人将这种授权关系称之为委托与代理关系。

授权经营的关键是正确确定国有资产的代表。这是一个难度较大的问题，解决得不好，就会出现两种趋向：一是产权关系仍不能理顺，继续存在多方插手，政企不分的状况，不利于企业经营机制的转换和企业活力的增强；二是产权代表形同虚设，不能发挥应有的作用，特别是产权的约束不能增强，不能保证国有资产的有效增值。

但是，解决这个问题的思路目前不够清楚，《公司法》和《中共中央关于建立社会主义市场经济体制若干问题的决定》等都没有对此做出明确的规定。在公司化改组的试点中，政府的财政部门、国有资产管理部门、工业主管部门以及行业公司等都认为自己应该是国有资产的所有者代表，都有权行使所有者的职能。我们认为，这种主张和做法不利于理顺国有企业的产权关系，不利政企分开，会给国有企业公司化改造带来许多困难。为了避免出现上述两种趋向，国有资产的产权不能由政府机构来代表，而应该由经济组织来代表。这种经济组织可以是国有资产经营公司、投资公司、控股公司，也可以是大型企业集团的集团公司。这些经营国有资产的经营公司必须是纯国有企业，国家授权它们作为国有资产的代表，对国有资产进行经营。它们以国有股的股东身份依法享有资产收益、选择管理者、影响控股参股企业的投资决策以及转让股权等权力,而不干涉被投资企业内部的生产经营活动。企业对包括国家在内的股东投入到企业的资产拥有法人财产权和经营自主权,这种企业不再隶属于政府机构,它们是无上级主管部门、无行政级别的独立法人实体。

(三) 国有产权的重组

国有企业进行公司化改造,不仅要明晰产权关系,更重要的是要对传统的国有产权关系进行重组,以形成符合股份公司要求的新的财产组织形式。

1. 所有者(投资者)主体的多元化。国有企业进行公司化改组必须实行所有者(投资者)主体的多元化。在某些西方国家,虽然也允许建立私人独资公司,但是由于这种公司很难把投资者个人的财产和公司的财产分开,社会不容易对它们进行监督,这种公司的信誉较低,不容易发展,在公司总数中它们所占的比例较小。我们对国有企业进行公司化改造,是要有效地实行出资者所有权与企业法人所有权的分离,实现政企分开,摆脱行政机关对企业的直接控制,解除国家对企业承担的无限责任,使企业真正成为自负盈亏的法人实体。因此,对绝大多数企业来说,进行公司化改造,必须以实现所有者(投资者)主体多元化为前提条件,并根据国家规定和自身的不同情况,改造成有限责任公司和股份有限公司。

实现所有者(投资者)主体多元化,除实行分级所有外,还可以有多种形式。包括采取各种方式吸收职工入股;资产折股,明确产权,变为股份制经营;一些退休职工很多,负担过重的老企业,经过有关部门批准可将部分国有资产划归职工集体持股,以解决退休职工的工资和其他社会保险问题;经过有关的部门批准,将企业的部分资产折股变卖;通过发行股票,增加企业的资本金;在企业横向联合中实行股份制经营;在企业兼并中实现所有者主体(投资者主体)多元化;个人承包、租赁企业,在经营过程中由承包者(租)增加对企业的投资;某些新建企业一开始就可以实现所有者主体(投资者主体)的多元化。

2. 股东权益与公司法人财产权。投资者给企业投资,就成为企业的股东。按照国家法规和公司章程,股东拥有股东权,包括收益权、重大决策和选择管理者的权力;企业拥有法人财产权。

目前，对法人财产权的解释有不同的说法。有的人认为法人财产权是指占有、收益和处分权；有的人认为法人财产权就是指人们以前常说的经营权；也有人认为企业财产权是指的财产支配权。我们认为法人财产权就是指的法人所有权，即占有、使用、收益和处分权。

不同意公司对其拥有的资产具有法人所有权的人坚持的理由，主要有以下两条。

(1) 认为这种想法否定了财产所有权具独占有性和排他性的特征，违背了一物不能有二主的原则。法人企业的财产权仍属于投资者，因此公司不可能再有法人所有权。这种看法无疑是错误的。他们的错误不在于他们坚持的原则，而在于他们对企业法人财产关系的错误分析。因为在公司企业中，所有者并不是游离在企业之外的旁观者，他们已经进入到企业之内。在公司治理结构中，设立了代表所有者行使所有权职能的财产管理机构。比如，在股份有限公司中，股东大会就是行使所有权职能的财产管理机构。它也是公司的最高权力机构。因此，根本就不存在一物二主的问题。当然，投资者资金投入到公司后，公司根据生产经营的需要，把这些资金变成了资产，投资者个人不可能也没有必要区分哪些资产是由自己的资金购买的，也不可能代表企业去承担民事责任。但是，投资者可以通过股东大会行使自己的股东权力，也还可以通过股票的买卖和收益来实现自己的所有权。正因为如此，有些西方学者认为，股东对投入公司中的资本只拥有"消极所有权"，而公司对其经营的资产拥有"积极的所有权"。

(2) 认为收益权应该属于股东，而不应该属于公司。因为公司的全部资产等于股东权益加负债，所以公司对其拥有的资产只应该有占有、使用、处分的权力，而不应该拥有收益的权力。换句话说，公司不能对其拥有的资产有完整的法人所有权。初听起来，这种说法似乎有一定道理，但是仔细分析，它也是站不住脚的。其主要错误是将两个层次的收益权混为一谈了。我们知道，公司作为一个整体，作为一个法人组织，它在生产经营过程中，必须有自己的收益权，才能形成企业的整体收入。公司取得收入以后，扣除公积金、公益金后，才能在股东中按股进行分配，正因如此，有些人把这两个层次的收益权区分为初始收益权和最终收益权。初始收益权归公司，最终收益权归股东。所以，笼统否定公司具有收益权也是不对的。

3. 建立规范化的公司治理结构与发挥企业党组织和工会的作用。现行国有企业领导体制的主要形式是厂长（经理）负责制，这种领导制度是按照单一投资主体的国有制企业组织形式确定的。其主要缺陷是：所有者或所有者的代表没有进入企业，缺乏行使所有者职能的机构、职能划分不清，所有者和经营者缺乏相互监督制约的机制，不能适应公司制的需要。国有企业进行公司化改组，必须设立股东会、董事会、监事会和经理办事机构等分层次的组织结构和权力结构，并明确规定它们的权责和相互之间的关系，各司其职、各负其责、相互制约，形成层次分明、逐级负责的纵向授权的领导体制。

要建立这样一种规范化的公司治理结构，必须处理好它们与党委会及职代会的关系。党组织作为一个政治组织，在以公有制为基础的股份制企业中，处于政治核心的地位，发挥政治核心作用。党组织要围绕生产经营开展工作，其主要任务是：贯彻执行党的基本路线，保证监督党和国家的方针政策在企业中得到贯彻执行；对企业的生产经营、技术开发、行政管理、人事管理等方面的重大问题提出意见和建议，参与企业重大问题的决策；加强党组织的思想、组织、作风建设，在企业的改革和发展中充分发挥基层党组织的战斗堡垒作用和先锋模范作用；领导企业的思想政治工作和精神文明建设，培育适应现代企业制度和企业发展的有理想、有道德、有文化、有纪律的职工队伍；支持股东会（股东大会）、董事会、监事会和经理（总经理）依法行使职权，领导工会、共青团等群众组织，协调企业内部各方面的关系，引导、保护和发挥各方面的积极性，同心同德办好企业。党组织主要成员应具备能做好党务工作与经济工作的双重素质，党组织的负责人可与董事会、监事会负责人或经理、副经理适当交叉任职。条件具备的，党委书记和董事长或者党委书记和总经理可由一人担任，规模较大、职工和党员人数较多的企业应设专职党委副书记；党委书记与董事长、总经理分设的，董事长或总经理具备条件的可以兼任党委副书记。党委成员进入董事会、监事会，董事、监事、经理、副经理进入党委领导班子，要严格按照《党章》、《公司法》和其他有关规定办理。股份制企业的党组织，要从股份制企业的资产结构、领导体制、经营机制、用工与分配制度等方面的特点出发，认真改进工作方法和活动方式。

在股份公司中，一般不应该再设职工代表大会，但在董事会和监事会成员中，应该有一定比例的职工代表，同时要发挥工会的作用。公司在研究决定有关职工工资、福利、安全生产以及劳动保护、劳动保险等涉及职工切身利益的问题，应当事先听取公司工会和职工的意见，并邀请工会或者职工代表列席有关会议；公司研究决定生产经营的重大问题，制定重要的规章制度时应当听取公司工会和职工的意见和建议。工会应该在党组织领导下，在参加企业的民主管理，维护工人的正当权益，活跃职工的业余文化生活等方面积极开展工作。

4. 国有资产与企业的组织形式。经过产权关系的重组和股份制改造，我国国有资产将形成以下五种企业组织形式：

（1）单一主体的公共企业。包括中央投资的企业和某一级地方政府投资的企业，它们由中央或某一级地方政府分别投资建立。

（2）多元化主体的公共企业。它们有的由中央政府和地方政府共同投资建立；有的由地方政府与地方政府共同投资形成；有的由政府投资的多个国有企业联合投资形成，但这些企业已经股份化。

（3）政府控股的企业。在这种企业内部已经实现了各种所有制的混合、融合，它们已经成为一种混合所有制企业，但政府股起主导作用。

（4）政府参股的企业。这种企业政府只参股，不控股。

（5）有国家股份的法人单位以及由他们和无国有股的法人企业共同投资建立的企业。国家对这些法人单位再投资形成的企业，不表现为直接的所有者关系。同时，我国集体所有制的实现形式也会带来相应的变化。

5. 国有资产的流动。要稳步培育产权交易市场，进行多种形式、多种渠道和多层的产权交易。上市公司的国有股必须和其他股一样，可以进入股票交易市场交易，限制国有股在股票市场交易既不符合股份公司的法律法规，也不利于国有产权的流动和优化组合。必须为有限责任公司的股权转让建立必要的市场，创造必要的条件。企业可以通过产权交易市场，兼并、租赁其他企业，向其他企业投资、参股，也可以出售自己的股票。为了优化国有资产的配置，要有步骤地将小型国有企业的资产转让给集体或者个人。破产企业可以通过产权交易市场出售自己的资产，以清偿公司的债务。

二　国有企业的公司化改造与政企分开

（一）国有企业的公司化改造与政府职能转换

政府和企业是两种不同性质的组织。政府是政权机构，是政治组织；企业是生产、经营单位，是以营利为目的的经济组织。为了充分发挥各自的职能,要把这两种不同性质的组织从组织形式上分开;要把政府职能和企业职能分开。在市场经济条件下,政府应当最大限度地减少对企业的直接管理,只有这样,它才能集中精力、客观且冷静地从社会总体利益出发,履行其社会管理职能、宏观经济调控职能以及国有企业和国有资产的所有者的职能。因此,就国家的经济管理职能来说,政府转换职能的总方向应该是实行政企分开,变直接管理为间接管理,变单项管理为综合管理,变实物形态管理为价值形态管理和总量管理。企业应当成为真正的企业,一心一意搞好生产经营,提高自己的经济效益。

(二) 国有企业的公司化改造与国有资产的经营管理

按照现行的国有资产监督管理法规,国家对国有企业资产的监督管理分为三个层次,即政府的国有资产行政管理部门、政府授权的监督机构和由监督机构派到企业的监事会。但是,这种管理条例只适用于管理国有企业的资产,而不适用于股份制企业,因此只能是过渡性的。为了适应股份制企业的需要,使政企职能真正分开,促进政府职能的转换,必须将国有资产的管理和经营分开,建立完善的国有资产管理和经营系统。

各级政府的国有资产的管理和经营系统可以按照以下三个层次设置:

第一个层次,国有资产的行政管理机构。其职能主要包括:会同有关部门拟定并贯彻国有财产的各种占有、使用、处置的法规制度;组织清产核资、产权登记、产权界定、资产评估等基础管理工作;汇总和整理国有资产的信息、建立企业财产统计报告制度,并纳入国家统计体系;制定国有资产保值指标体系,从整体上考核国有资产经营状况;建立并管理国有资产经营组织,国有资产经营组织主要包括国有投资公司、国有资产经营公司、控股公司和大型企业集团的集团公司,它们的投资范围、投资方式、经营方针、高层领导人员等都应该由政府的资产管理部门规定和审批,而且政府的资产管理部门还要对所属的资产经营组织的投资经营活动进行指导和考评;对非营利性单位的国有资产进行授权管理;配合审计、财政等有关部门按照国家的有关法规和本部门制定的资产管理制度,对国有资产的使用、经营状况进行监督、督促各单位合理利用国有资产,提高经济效益;在国务院规定的职权范围内,会同有关部门协调解决国有资产产权纠纷;政府赋予的其他职责。但是,现在的国有资产管理部门还不具备这些职能,必须加以改造,给予它们更大的权力。

第二个层次,从事国有资产经营的组织。为了从组织上保证实行政企分开,各级政府必须建立一批管理和经营国有资产的经营组织,如各种国有投资公司、国有资产经营公司、控股公司、大型企业集团的集团公司等,它们受托作为国有资产所有者的代表对生产经营性企业进行持股、控股和对国有股进行买卖。其主要职能包括:筹集资金;开展投资和产权转让业务;参与对投资企业的管理;研究、制定公司的发展战略,并对子公司的发展方向、发展战略、投资重点以及重大的投资项目进行指导;在信息、产品研究开发、市场开发、政策咨询、职工培训等方面为子公司提供服务;根据自己的投资方式、投资数量,以不同的形式参与企业的收入分配,取得相应的资金收益;通过向国家上缴部分资产收益、保证资产增值等形式独立地承担对国家的经济责任;参与破产企业的财产和债务清理,维护国家的利益。

在上述四种资产经营公司中,大型企业集团的集团公司和另外三种资产经营公司的职能又应该有所区别。大型企业集团的集团公司不应该是一种纯资产经营公司,它应该是生产经营性的实业公司,它们应该有自己的生产经营业务,而同时可以被授权经营管理集团中成员企业的国有资产。目前,一些企业集团的集团公司把自己变成一个纯资产经营公司,从长远来看,这样做是不合适的。

第三个层次,生产经营性企业中的国有资产管理机构或国有资产所有者的代表。生产经营企业的法律形式不同,国有资产的管理方式也不一样。如果是没有进行公司化改造的国有企业,必须按照现行的《国有企业国有财产监督管理条例》和其他有关的法律法规执行,国有资产的管理主要由外部的国有资产监督机关和企业内部的监事会来承担。如果已经改组成国有独资公司,由于这种公司内部不设立股东大会,只设董事会,由它行使股东会的部分职权,在公司内部的国有资产的管理职能可以由董事会和监事会承担。如果不是国有独资公司,而是国家控股、参股的股份公司,在公司内部国有资产的管理职能应该由政府授权部门派入公司的股东代表来承担,他们以"国有股"股东的身份依照国家的法律法规和公司章程享有相关的权力。

(三)国有企业的公司化改造与人事制度的改革

国有企业改组成股份公司,企业的人事制度也必须作相应的改革。从事国有资产经营的公司和国有独资公司的董事会成员以及董事长、总经理等企业领导人员,应该由政府的国有资产经营机构会同党的组织部门确定,由政府的国有资产管理部门任命。国家参、控股的生产经营性公司,代表国有股进入公司的董事会成员,应该由国有资产经营公司提出候选人,经过股东大会选举产生,并可被选举担任董事长、副董事长、总经理、副总经理等职务。公司的部分经理、中层领导应该由董事长、总经理提名,经过公司党组织和人事部门考核后由公司任命。公司及公司的领导人员都不应再具有行政级别。公司的各级领导人员、一般管理人员、工程技术人员都是企业的职员,必须能上能下,不设"铁交椅",不端"铁饭碗"。

三 国有企业的公司化改造与减轻企业负担

(一) 国有企业的公司化改造与减轻企业的债务负担

在国有企业公司化改组过程中遇到的另一大难题是企业债务过重。造成企业债务负担重的原因是多方面的。① 长期以来国家对已投产的企业很少追加流动资金,在改革前企业又把利润全部上缴国家,使企业的自有流动资金很少,企业的生产规模扩大了,所需流动资金却得不到补充,不得不主要依靠贷款来解决。② 实行"拨改贷"政策以后,本应该由国家作为投资拨给企业的技改基金和建设基金也改由企业向银行贷款,要企业还款付息,而由这些资金形成的资产又全部归国家所有,这显然是不合理的,也加重了企业的负担。③ 国有企业原来的机制使一些企业领导人对投资效果不负责,不考虑企业有无偿还能力盲目借债,使企业投资效果差,企业没有还债能力,债务包袱越来越重。④ 企业在经营过程中形成的一些呆账、死账,造成了一些资金损失长期没有得到解决。由于这些原因,许多企业的资产负债率接近1:1的安全系数,有些甚至资不抵债。这种状况给国有企业的公司化改组造成了极大困难。

为了合理解决这个问题,在进行公司化改组时,应该区别不同情况,采取不同的办法调整企业的资产负债结构:对清产核资中清理出来的企业潜亏;因客观原因造成的企业固定资产、流动资产和专项资产损失;由于政策性因素和不可抗拒的原因造成的企业贷款损失;由国家拨改贷投资和基本建设基金贷款安排的重点建设项目,解决亏损挂账和资产损失确有困难的,经过有关部门审核,分别按冲销企业公积金、资本金、冲销银行呆账准备金贷款余额、挂账停息等办法处理。

对企业中由"拨改贷"投资和基本建设资金贷款本金所形成的历史债务，也应该区别不同情况处理：符合国家专业性政策，需要重点支持的企业，可以将这部分贷款余额一次性地转为国家资本金；企业无资本金或者资本金达不到法定限额的，经过有关部门审定后，应该按照不低于法定注册资本金的原则转为国家投资，作为国有资本金。

资本金不足而又无"拨改贷"和基本建设基金贷款的，应该由其批准设立的政府部门确认的出资者注入法定的资本金。对非金融机构的债务，经过对方同意，也可以将债权变为股权，使债权单位变为公司的股东。

（二）国有企业的公司化改造与减轻企业的社会负担

除某些大城市的少数企业外，国有企业在进行公司化改造时都面临"大而全"、"小而全"，企业办社会，机构臃肿、人员富余，劳动生产率低、资金利润低的难题。以武汉钢铁公司为例，1993年，全公司有职工12万人，而直接从事钢铁生产的，除矿山外，只有2.9万人，占全体职工的22.7%；如果加上能源、运输、机关管理人员等必要的管理和生产辅助系统，也只有4.99万人，占全体职工的40.57%，非钢铁生产人员高达7.18万人，占全体职工的59.4%。[①]武汉钢铁公司在我国大型企业中是一个经营得很好的企业，它尚且如此，别的企业情况可想而知。因此，国有企业要进行公司化改造，建立现代企业制度，必须采取切实可行的措施解决企业的社会负担重的问题。

减轻企业的社会负担有以下两种做法：

1."金蝉脱壳、主体再生"。企业在进行公司改造时，为了减轻股份公司的社会负担，可以把主体的全部或一部分拿出来进行公司化改造，使它们成为一个新的法人企业，而原来的企业仍然保留，而且将企业办社会部分也留给原来的企业，原企业实际上成了新的成立的股份公司的大股东，它们经过重组逐步向控股公司的方向发展。由于这种做法不需要将辅助部门从原主体上分离出来。对新分离出来的部分进行股份公司改组比较容易进行，工作量小、进展快。缺点是将加重原企业的负担。从形式上看它们

[①] 杨家志：《从武钢的剥离重组看国有企业的股份制改革》，《中国工业经济研究》1994年第7期。

是新成立的股份公司的参股或控股企业，但是实际上是依靠新成立的股份公司上缴的投资收益维持，它们的经营会遇到很大困难。

2. "剥离辅助、精干主体"。为了避免上述方式的缺点，更多的企业在进行公司化改组时，要将为职工生产服务的部分和辅助生产部分独立出来，然后将主体部分改造成股份公司。一些企业将这种办法称为"剥离辅助、精干主体"。

在"剥离辅助、精干主体"时，要区别不同情况，采取不同的办法：属于应该由政府、社区负责的，如学校、医院等，可划给当地政府、社区，由他们来统一组织；纯粹为企业服务的，可以组成服务性的经济实体，进行独立核算，成为股份的分公司；既为企业服务，又可以为社会服务的，可以组成独立的经济实体，赋予它们法人地位，让它们自主经营，逐步做到自负盈亏；有的可以改为非盈利的事业法人，通过政府资助、社会赞助和服务收费等方式弥补开支。企业还要积极进行住房制度的改革，向住房社会化、商品化的方向过渡。有条件的地方和企业，还可以将辅助生产部门独立出来，自主经营，在为本企业服务的基础上，为社会提供服务，充分发挥他们的生产服务能力。

被分离单位的产权经过界定后，要区别不同情况采用不同的办法处理：凡改为国有独资公司的应该由改制后的公司持有；主体部分改造成股份公司、在其上面设立国有控股公司的，应该由控股公司持有；移交地方政府的，应该办理财产移交手续。

企业的具体情况不同，"剥离"的方式也不同。一般可采取两种方式：一种是整体分离方式，即把一些单位成建制地从主体内分离出来，给予它们法人地位，进行自主经营，自负盈亏。采取这种方式的，被"剥离"单位原来的独立性就较强，有较稳定的服务方向，有比较好的经营条件。另一种是重新组合式，即把需要剥离出来的一些单位经过重新组织，让它们形成新的经营实体。无论采取哪种形式，从一些做得好的企业的经验来看，都必须注意以下方面的问题：

（1）不能把"剥离辅助"单纯看成是甩包袱，而应该看成是一个企业由单一经营向多样化经营转变的契机。实现这个转变，关键是能否变"福利型"的无偿服务为"经营型"的等价变换，能否变只为主体服务为既为主体服务又为社会服务。

（2）剥离出去的部分一定要合理。不能一说剥离，就把必不可少的服务部门和生产辅助部门都剥离出去。即使在发达国家的一些企业里，自己也办有职工食堂、职工培训大学等，这些一般也不能完全进行企业化经营。因此，在剥离时必须要有合理的界限，以不影响正常的生产经营秩序和合理的利润率为前提。

（3）对剥离出去的部分，不是撒手不管，而是要"扶上马、送一程"。原企业要给予被分离单位一定的人、财、物方面的支持，帮助其扩大经营，增强实力。在这个过程中要使被分离出来的单位形成新的经营机制，逐步成长、壮大，做到自食其力。

（4）必须做好被分离单位干部、职工的思想工作。被分离单位的职工长期在企业里工作，对企业有一定的感情，而且他们担心分离出去以后会降低收入，许多人都会有一种被遗弃的感觉，在思想上产生某些抵触情绪。因此，一定要对他们做深入细致的思想工作，对他们的安排有切实可行的办法，否则就可能会激化矛盾，甚至影响社会的安定。

企业公司化的难点与对策*

《中共中央关于建立社会主义市场经济体制若干问题的决定》指出：国有企业实行公司制，是建立现代企业制度的有益探索，具备条件的国有大中型企业，单一投资主体的可以依法改组成独资公司，多个投资主体的可依法改组为有限责任公司或股份有限公司。这意味着公司制将成为我国企业制度的重要形式。国有企业公司化是我国经济体制改革的一场攻坚战，必须做扎扎实实的工作才能取得成效。

第一，必须解决国有资产由谁来代表的问题。这个问题解决得不好，就会出现两种趋向：产权关系不能理顺，多方插手，政企不分；产权代表形同虚设，不能发挥应有的作用，不能保证国有资产的有效增值。

国有资产的产权不能由政府机构来代表，而应该由经济组织来代表。这种经济组织可以是从事国有资产经营的投资公司、控股公司，也可以是大型的企业集团，国家授权它们作为国有资产的代表，对国有资产进行经营。它们以国有股的股东身份依法享有资产受益、选择管理者、参与重大决策以及转让股权等权力，而不干涉企业内部的生产经营活动。企业拥有法人财产权和经营自主权，成为无上级主管部门的独立法人实体。

第二，必须实现所有主体（投资者主体）多元化。从某种意义上说，没有所有者主体（投资者主体）的多元化，就没有真正规范化的公司。

实现所有者（投资者）主体多元化有多种形式：（1）吸收职工入股。（2）资产折股，明确产权，变为股份制经营。（3）一些退休职工很多、负担过重的老企业，经过有关部门批准可将部分国有资产划归企业职工集体持股。（4）经有关部门批准，将企业的资产折股变卖。（5）发行股票。（6）在企业的横向联合中实行股份制经营。（7）在企业兼并中实现所有者

---

* 原载《中国经济信息》1994 年第 4 期。

主体（投资者主体）多元化。（8）个人承包、租赁企业，在经营过程中由承包者或承租者增加对企业的投资。（9）某些新建企业一开始就可以实现所有者主体（投资者主体）的多元化。

第三，必须解决国有企业债务负担过重的问题。长期以来，国家对已投产的企业很少追加流动资金，本应该由国家作为投资拨给企业的技改基金和建设基金也要企业向银行贷款，而由这些资金形式的资产又全部归国家所有，许多企业的资产负债率因此超过50%，有些甚至资不抵债。为了合理解决这个问题，在进行公司化改组时，应该区别不同情况，采取不同的办法处理：符合国家专业性政策，需要重点支持的企业，可以将这部分贷款余额一次性地转为国家资本金；对不符合国家专业性政策，贷款余额大，无力偿还贷款的，可以延期偿还，并视不同情况给予停息、减息或计息缓收；确属无效益并已经成为"死贷"的，通过严格审计，由银行在呆账准备金中核销。

第四，必须解决企业办社会的问题。要改革我国企业内部组织结构不合理状况，将为职工生活服务的设施及人员独立出来，组成服务性的经济实体，服务性经济实体应该享受国家兴办第三产业的有关政策，与企业脱钩后，企业可以将生活补贴中的暗补变为明补，成为工资性支出，发给职工。有条件的地方和企业，还可以将辅助生产部门独立出来，自主经营，在为本企业服务的基础上，为社会提供服务。辅助部门和非生产部门成为独立的经济实体后，可以成为原企业的子公司，原企业要给予一定的人、财、物方面的支持。

第五，必须处理好党、政、工的关系，建立科学规范的公司领导体制。党委和职代会的主要领导人可根据法定程序，分别进入董事会、监事会，参与公司重大问题的决策和对有关方面进行监督，以发挥企业党组织的政治核心作用和职代会的民主管理作用。

第六，必须建立和完善社会保障制度。强化社会服务功能以减轻企业负担，促进企业组织结构的调整，提高企业经济效益和竞争能力。企业职工养老和医疗保险金应由企业和个人共同负担，实行社会统筹和个人账户相结合。进一步健全失业保险制度，保险费由企业按职工工资总额一定比例统一筹交。

建立现代企业制度不能急于求成[*]

我国国有企业改革的目标是建立产权明晰、权责明确、政企分开、管理科学的现代企业制度。这是一项艰巨、复杂、长期的工作,对这项工作我们心要热,头脑要保持冷静,态度要积极,步子必须稳妥,切不可抢时间、赶进度、搞攀比。目前有些地方提出在两三年之内就要把本地的所有国有企业都转变为现代企业制度,这显然是不切实际的。弄得不好,就会走过场,搞形式主义,出现大批的翻牌公司,不仅会败坏公司的声誉,而且会使建立现代企业制度的工作走进死胡同。

1. 在公有制的基础上建立起适应社会主义市场经济的现代企业制度是一项史无前例的工作,在理论和实践上都需要探索。比如,按照现行的体制,国有企业的资产属于全国人民所有,由国务院代表全国人民行使所有权,各级政府分级监管,在这种管理体制下,如何实行授权经营,以解决政企分开和所有者缺位问题;如何才能处理好中央政府和地方政府之间的利益关系;分级监管需不需要发展到分级所有,即将国有资产划归各级政府所有;如何才能建立起有效的适应社会主义市场经济的国有资产管理体系,等等。解决这些问题既需要进行理论探讨,又需要积累实践经验。

2. 建立现代企业制度还面临许多具体困难。从试点情况来看,建立现代企业制度的困难集中表现在以下四个方面:① 如何实现所有者主体(投资主体)多元化。从某种意义上说,没有所有者(投资者)主体的多元化,就没有真正规范化的公司,我国的《公司法》虽然规定了国有独资公司的形式,但是同时也规定了只是个别特定行业和生产特殊产品的企业才可以成立国有独资公司。但是,从国家抓的100家试点企业的情况看,实现所有者(投资者)主体多元化的只有20%左右,大部分是改造成国有独资公司。

---

[*] 原载《沈阳日报》1996年6月5日。

这种国有独资公司很难成为独立的、能自负盈亏的法人实体，很难达到国有企业的改革目标。这说明在国有制条件下要实现所有者主体（投资主体）多元化是一件不容易的事情，在理论和实践上都有待进一步探索。② 如何解决债务负担重的问题。我国国有企业的负债率很高，据对1994年已完成清产核资的12.4万家工商企业的统计，它们的资产总额是41370.1亿元，负债总额为31047亿元，平均负债率为74.3%，所有者权益仅为10321.1亿元。权益的流动资金负债率高达91.5%，权益自有流动资金仅占8.5%。近两年这种状况更加恶化，有资料显示1995年国有企业资产负债率已经接近80%，这种状况给国有企业的公司化改组造成了极大困难，解决这一问题不是两三年就能完成的。③ 如何解决企业办社会的问题。多数国有企业都办有学校、医院、托儿所、幼儿园等非经营性的公益性的事业，有些企业的辅助生产部门也很庞大，将它们从企业分离出来，以减轻企业的社会负担也是一项十分艰巨而复杂的工作。④ 如何解决富余人员的出路问题。据测算，在我国国有企业里，存在25%左右的富余人员，在一些老企业这一比例更高，为这些富余人员寻找出路涉及许多方面的问题。

3. 建立现代企业制度必须与相关改革配套进行。以公有制为主体的现代企业制度是我国社会主义市场经济的基石。建立现代企业制度是我国经济体制改革的一场攻坚战，它不仅涉及微观经济体制的改革，而且涉及宏观经济体制的改革，因此，它不可能单项推进，必须和相关改革配套进行。实行改革开放政策以来，我国在计划投资体制、商业体制、物资体制、价格管理体制、外贸体制等方面的改革取得了较大的进展，为把国有企业推入市场起了积极作用，这些方面的改革还有待于完善和深化，以便为企业改革的深化创造更好的条件。1994年，我国在财政体制、税收体制、金融体制、外汇体制等方面出台了一系列重大的改革措施，初步改变了这些领域改革长期滞后的状况，使国家对企业进行间接调控的宏观管理体制的基本框架已经形成，但是，这些改革还是方向性的、粗线条的，必须随着现代企业制度的建立而逐步细化和完善。还有一些改革，如银行制度、社会保障制度、人事制度等方面的改革还刚刚起步，成了深化企业改革，建立现代企业制度的制约因素，这些体制的改革在短期内也不可能完成。

4. 建立现代企业制度要求在企业内部形成一套科学的管理制度，加强和改善企业的内部管理。建立现代企业制度的目的是为了转换企业的经营机制，提高经济效益。实行公司制，只是为转换企业经营机制提供了前提条件，是否能建立起规范化的现代企业制度，形成健全的企业经营机制，还必须依靠企业自身继续努力，形成一套科学的管理制度，加强企业管理，提高企业的管理水平。因此，国有企业进行公司化改造后，还必须改革现行企业管理制度中与社会主义市场经济不相适应的管理制度和管理组织结构，除要正确处理好公司经营决策系统和公司党组织及职工代表大会的关系，建立起科学的高效率的公司治理结构外，还必须根据公司制的要求调整好企业内部的管理组织结构，特别是大型的集团公司必须处理好母子公司的关系，公司内部集权和分权的关系，发挥子公司和各基层经营单位的积极性。外向型企业和外向型企业集团公司，还必须使自己的管理组织、管理制度、经营方式等向国际规范靠拢，建立起一套适应国际市场、符合国际规范、遵循国际惯例的经营管理制度，为参与国际市场的竞争创造条件，为向跨国公司发展创造条件。这些都不是仅仅把企业的名称改为公司就可以实现的，需要企业结合公司化改造做大量的扎扎实实的工作，并持之以恒的坚持下去，才能见到成效。

5. 建立现代企业制度必须建立和完善相应的法律法规体系。建立现代企业制度的基本立足点是确立企业作为民事法律关系的主体地位和市场的主体地位，这就要求国家从法律上来保证其地位的实现。在这方面我国已经出台了一系列行政法规，它们为企业改革的开展和深化提供了法律保证，为现代企业制度的建立起到了促进作用。但是，从总体来看，我国的法律体系还很不健全，立法工作远远不适应经济体制改革深入发展的需要，围绕建立现代企业制度还必须制订一系列的法律法规，如《证券法》、《国有资产管理法》、《社会保障法》、《期货交易法》、《拍卖法》、《对外贸易法》等，它们都与建立现代企业制度密切相关，必须把建立现代企业制度与建立和完善与其有关的法律法规结合起来进行，并加强和改善司法、执法和执法监督，规范企业的行为，保证市场的正常秩序，保证公平竞争，才能使建立现代企业制度的工作取得进展和好的效果。

建立现代企业制度与实施"五一工程"*

从1978年到现在,我国的国有企业改革大体上经历了扩大企业自主权试点(1978年底至1984年9月)、实行以承包制为主体的多种经营方式(1984年10月至1986年底)、转换企业机制(1987年初至1993年底)和建立现代企业制度等四个阶段。在改革的前两个阶段,即在1987年前,中国企业改革基本上走的是一条扩权让利,以利益刺激为主的路子。当然,这决不是说不需要调整国家、企业、职工的利益关系。在高度集中的计划经济体制下,国家在财政上实行统收通支的政策,企业没有独立的经济利益,经营好坏一个样,挫伤了企业和职工的积极性,不调整三者的利益关系,企业就不能产生内在的经济动力,搞好经营管理,提高经济效益,职工也缺乏长期的积极性和创造性。问题是调整利益关系必须以机制的转换为目标,离开机制的转换去单纯调整利益关系,就给企业留下了"利益谈判"的空间。企业利益的获得,不是完全依靠自身的努力,而在很大程度上要依靠与政府的"讨价还价"的谈判。而且,由于企业内部没有形成自我约束机制,当外部约束减弱以后,企业的不合理行为就泛滥起来,如盲目贷款,盲目投资,滥发奖金、财物等。

1986年底,在经济学家们的推动下,有关部门提出了"改革微观机制"和"完善企业内部机制"的问题,这是人们思想认识上的一大飞跃。但是,在实际工作中仍然是普遍推行新一轮承包,这种经营方式虽然对落实企业的经营自主权,增强企业活力起过一定作用。由于它存在一些先天性的弊病,如政企难以分开,不规范、缺乏平等的竞争条件、容易受经济环境变化的影响,企业短期行为严重、资产存量不容易调整,等等,它仍然未触动传统企业制度本身。事实证明,实行这种经营方式虽然能使企业经营机

---

* 原载《光明日报》1996年11月4日。

制有所改善,但是达不到转换企业经营机制的目的,换句话说,在传统的国有企业制度下,企业经营机制是不可能得到根本性的转变的。这一阶段有开创性的工作是扩大了股份制的试点,尽管不少试验是不规范的,是没有得到政府各个部门全力支持的,但是试验证明,采用股份制的企业在落实企业自主权和转换企业经营机制方面仍然取得了突破性的进展。到1993年底,中国的股份制企业已经发展到1.12万个。据国家经贸委等单位的调查,在股份制试点企业中,14项自主权落实得比较好的占80.2%,比一般企业高出一倍;有78%的股份制企业认为企业经营机制发生了根本变化和很大变化。这足以说明,不解决产权问题和建立现代企业制度,以重塑市场主体,使企业成为独立的法人实体,企业经营机制不可能发生根本性的转变,这就促使企业改革从扩权让利,以利益刺激为主转到建立现代企业制度的轨道上来。因此,1993年11月,中共中央十四届三中全会通过《关于建立社会主义市场经济体制若干问题的决定》,标志着我国企业改革进入了建立现代企业制度的新阶段。

建立现代企业制度是我国经济体制改革的一场攻坚战,任务十分艰巨。国有企业转变成现代企业制度,就是要以理顺和重组企业产权关系为基础,以建立企业法人制度为核心,以股份公司为主体形式,以实现企业自主经营、自我发展、自我约束和自负盈亏为主要目标,以对国有企业进行股份制改造、建立纵向授权的企业领导制度、规范化的企业财务会计制度、合理的分配制度、双向选择的企业用工制度等为主要内容,进行综合、配套改革。因此,在企业改革上必须转变观念、转变思路、转变战略,要从单纯的扩权让利转变到转换企业经营机制上来;从实行所有权和经营权的分离转变到重组企业的产权关系上来;从给国有企业某些优惠政策转变到为国有企业减轻债务负担和社会负担,创造平等的竞争环境上来;由消极的维护国有资产的完整和不受损失转变到促进国有资产的流动和保值、增值上来;由国有企业只能生,不能死转变到有生有死、优胜劣汰上来。在具体方法上则应该根据不同的企业采取不同的途径进行。概括起来讲,就是要改组一批;嫁接一批;包、租、卖一批;兼并、合并一批;破产一批。这"五个一批"可以简称为国有企业改革的"五一工程"。

1. 要把一批有条件的大、中型企业改组成股份公司。单一投资主体的可依法改组成国有独资公司,但这种公司不可能很多,只限于生产某些特殊产品的企业和军工企业；多数大中型企业在改组成股份公司时都要实行投资主体多元化，它们中的多数将被改组成有限责任公司，只有一部分将被改组成股份有限公司，上市公司更只能是少数。大中型企业改组为股份公司后，国家只对支柱产业和基础产业中的骨干企业实行控股；对一般企业要多吸收非国有资金入股，国家在这些企业只参股、不控股。

大中型国有企业改组成股份制企业还存在不少困难，是一项艰巨而复杂的工作。先要进行试点，取得经验，以探索明晰和重组产权关系、政企分开、减轻企业的社会负担和债务负担等方面的方法和途径，为其他企业提供经验。

2. 要继续吸收、利用国外和港、澳、台资金，发展三资企业，对一批国有企业进行嫁接。实践证明，利用国有企业现有的基础设施、厂房、场地、设备等与国外和港、澳、台的投资者发展"三资"企业，对国有企业进行嫁接，是改组国有企业的较好的途径，对双方都有好处。国家将进一步完善对"三资"企业的法规和政策，简化投资手续，为国外、海外的投资者提供更完善的信息服务。鼓励他们更多地在能源、交通运输、原材料等基础产业进行投资；鼓励他们多在内地投资；鼓励他们多向大企业投资；鼓励他们参与老企业的技术改造。

3. 对大批小企业实行包、租、卖的政策。小型国有企业没有必要采用国有制的形式。因此，小型国有企业特别是服务行业的小型国有企业，有的可以继续实行承包经营、租赁经营，有的可以改组成股份合作制，也可以出售给集体和个人。同时，应该制定法律法规，划定国有企业的投资领域，并严格限制新的小型国有企业的发展。通过这些措施，来收缩国有企业的战线，优化国有资金的投资结构。

4. 促进一大批企业进行兼并、联合和合并，调整产业的组织结构。要进一步完善关于企业兼并、联合和合并的政策法规，鼓励资金雄厚、产品有市场，管理水平高，经营得较好的企业，根据发展的需要，兼并落后的企业；鼓励企业之间发展各种联合关系特别是企业集团；鼓励企业在平等互利基础上的合并。既鼓励国有企业之间的兼并、联合和合并，更鼓励打破地区、部门、所有制界限的兼并、联合和合并，通过这些措施，调整产业的组织结构，重组企业的生产力，扬长避短，发挥优势。

5. 要积极创造条件，促使一批企业破产。近年来我国国有企业的亏损面扩大，这里面有税制改革、财务会计制度改革等方面带来的影响，但是，多数企业并不是由于这些原因引起的亏损,而是由于技术落后,管理混乱,产品质量差,产品不适销对路,消耗高,浪费严重等经营方面的因素引起的。对非经营性亏损的企业,应该积极创造条件,给它们必要支持,限期让他们扭亏为盈;不少非经营性亏损的企业,已经债台高筑,有的早就资不抵债了,它们已经病入膏肓,再不可能起死回生,与其让它们靠药物和输血痛苦的活着,还不如让它们安乐死。因此,应当对亏损企业进行认真分析、排队。对那些不可救药的亏损企业,要采取切实可行的步骤,坚决让它们破产,并逐步形成有生有死,优胜劣汰的机制。

当然,实施上述"五一工程",必须进行综合配套改革,特别是国有资产的管理制度、金融制度、投资制度、劳动人事制度和社会保障制度等方面的改革必须与企业制度的改革配套进行,这项工程才能顺利开展,才能在本世纪末初步将传统的国有企业制度转变成适应市场经济要求的现代企业制度。

探索公有制的有效实现形式，塑造市场经济主体[*]

一 公有制的实现形式是在发展的

社会主义制度建立之后，公有制的理论和实现形式也在实践中逐步发展。从总体来考察，这种发展可以划分为三个大的阶段。

第一阶段是前苏联建立和建设社会主义的实践。十月革命之后，前苏联实现了生产资料从私有制过渡到公有制的飞跃。但是，前苏联建立的社会主义公有制和马克思、恩格斯设想的社会主义公有制至少有两点不同：① 前苏联建立了两种公有制，即全民所有制和劳动群众的集体所有制，而按照马克思、恩格斯的设想，无产阶级取得政权以后，要将一切生产资料收归全社会所有。因此，只存在单一的全民所有制。② 就全民所有制本身来说，苏联建立的是一种以国家所有制的形式出现的全民所有制，实行国有国营。建立集体所有制是对社会主义公有制理论的重大发展。长期以来，马克思主义的理论家们正是以在社会主义社会还存在两种所有制为理由来解释社会主义商品生产的。从实践看，它为改造农民和城市小生产者开辟了一条集体化的道路。对全民所有制企业采取国有国营的形式在无产阶级取得政权初期也是必要的，但是这种所有制形式后来暴露出越来越多的弊病，如政企不分、所有权和经营权不分、企业缺乏必要的经营管理自主权、预算约束软化、"吃大锅饭"等。所以，全民所有制企业的改革始终成为社会主义国家改革的一个重点和难点问题。

第二阶段是前南斯拉夫实行"社会所有制"的实践。从 1950 年起，南斯拉夫把国家行使所有权的全民所有制（国家所有制）转变成了社会所有

---

[*] 原载《中国工业经济》1997 年第 12 期。

制。他们认为,社会所有制既不同于国家所有制,又不同于集体所有制。在这种生产关系中,"存在着作为唯一占有方式的以劳动为基础的占有,并且这种占有应当越来越占统治地位。在这样的生产关系中,工人在自己劳动的基础上直接占有,摆脱了对资本所有者或者对作为资本集体所有者、'职务行使者'的国家的各种形式的雇佣关系。但是他们不能自给自足地、无政府主义地或按照所有权进行占有,只能在相互依赖及对别的工人的同等权利充分负责的基础上进行这种占有。这就使公有制不再是工人与国家这个社会资本垄断管理者之间的关系,而成为劳动人民本身之间的关系"。[1]他们的具体做法是:赋予联合劳动基层组织(相当于原来的企业或大企业下面的分厂、车间)法人地位,使它们成为自主经营、自主分配、自我发展、自负盈亏的经济实体,国家不再以所有者的身份,对联合劳动基层组织的生产经营活动进行干预;涉及宏观方面的问题,主要由各级联合劳动组织协商制定的社会计划来实现。用社会所有制来代替国家所有制,这是对社会主义公有制实现形式的重大探索,它实现了劳动者与生产资料的直接结合。这对于发挥企业和职工的积极性,克服官僚主义、命令主义和瞎指挥等弊病都有重要作用,而且在一定程度上促进了生产力的发展,当时南斯拉夫在前苏联、东欧集团中商品是比较丰富的,人民也得到了不少实惠。但是,南斯拉夫采用的社会所有制也有许多弊病。主要是:① 名曰社会所有,但是社会(或全体劳动者)是一个十分抽象的概念,它无法使所有权得到具体体现。② 完全否定国家的全民生产资料所有者的身份,也就削弱了国家对整个社会经济实行宏观管理的职能,而在社会主义条件下又不可能建立起比国家更有权威的其他社会经济中心来行使这种宏观管理职能。这就为国民经济的失调种下了隐患。③ 国家不再以所有者的身份取得企业的部分纯收入,不仅无法消除由于企业占用资金和拥有技术装备不同而带来的收入差别,而且失掉了社会积累和宏观平衡的重要手段。④ 只强调劳动的联合,而否认资本的联合,否定了资本的作用,不符合市场经济的一般原则。⑤ 内部没有建立起约束机制,企业之间互相攀比提工资、发奖金,结果不仅造成严重的通货膨胀,而且企业没有积累基金。尽管有这样一些弊病,但是社会所有制无疑是对公有制实现形式的重大探索。后来前南地区发生的变化并不是这种探索失败引起的,它有更多的原因。

---

[1] [南]卡德尔:《公有制在社会主义实践中的矛盾》,中国社会科学出版社1981年版。

第三阶段是中国对公有制实现形式的探索。我们党在取得政权之后，对公有制实现形式也进行了长期探索，而且这种探索范围之大、内容之广泛、时间之长久、成效之显著是世界任何社会主义国家都无可比拟的。早在1956年，我党就提出了过渡时期的总路线（"一化三改造"），即实现社会主义工业化；对农业、手工业、资本主义工商业进行社会主义改造。这实际上是对公有制实现形式的广泛、深刻的探索；在农村产生了农业合作社，包括初级社、高级社以及后来政社合一的人民公社等公有制实现形式；在城市产生了合作制企业、公私合营企业等形式。1958年之后，在农村开始出现乡镇工业（当时称社队工业），在城市又产生了城市集体所有制企业等公有制实现形式。在以后的年代里，这两种公有制实现形式得到了大量发展，在我国经济中起到了非常重要的作用。1978年，党的十一届三中全会前的这些探索，应该说也是很有成效的。特别是对资本主义工商业采用了建立公私合营企业的形式、对手工业的改造采取了合作企业的形式，农村和城市发展集体所有制企业，这些都是史无前例的探索，大大丰富了社会主义的公有制实现形式，在实际的经济生活中也很有成效。但是这一时期的探索，也有不少问题。主要是：① 在指导思想上是认为公有化程度越高越好，认为全民所有制比集体所有制好，集体所有制比合作制好，合作制比公私合营好。② 对建设社会主义的长期性、艰巨性认识不足，产生了"急性病"，急于过渡。③ 对国有企业的改革只是在各级政府的分权上做文章，没有进行企业制度的改革，不重视企业独立的经济利益。④ 不敢借鉴资本主义那些与社会化大生产相适应的财产组织形式和企业组织形式。

党的十一届三中全会，总结了过去的经验教训，纠正了过去错误思想趋向和思想路线，确立了实事求是的思想路线，开创了改革、建设的新局面。在所有制实现形式方面的探索也取得了长足的进展。比如，强调把所有权和经营权分开，推行以承包制为主要形式的多种经营方式；提出对国有企业进行公司化改组，建立现代企业制度；将小型国有企业改组成股份合作制企业；发展合资企业，等等，都是对公有制实现形式的大胆探索。

二 探索公有制实现形式与建立社会主义市场经济

探索公有制实现的新形式，是与发展社会主义商品生产和市场经济的理论紧密联系在一起的，其目的是要解放和发展生产力。

　　前苏联对公有制实现形式的探索，建立了两种不同的公有制实现形式。解决了在社会主义还存在商品生产和商品交换问题。马克思主义的经典作家都认为，商品经济的产生有两个必要条件：① 产生了社会分工。② 出现了不同所有者之间的商品交换。据此他们不仅对私有制下商品经济的产生和发展作了详尽的分析，而且对社会主义条件下的商品生产进行了分析。最先对社会主义商品生产做出分析的是马克思和恩格斯，他们认为，在社会主义社会，虽然社会分工还会存在，而且会越来越细，但是，由于社会不再有不同所有者之间的产品交换。所以，商品交换将被消灭。比如，马克思在《哥达纲领批判》中就曾经指出："在一个集体的、共同占有生产资料为基础的社会里，生产者并不交换自己的产品；耗费在产品生产上的劳动，在这里也不表现为这些产品的价值，不表现为它们所具有的某种物的属性，因为这时和资本主义相反，个人的劳动不再经过迂回曲折的道路，而是直接作为总劳动的构成部分存在着。"① 恩格斯在《反杜林论》中也说过："一旦社会占有了生产资料，商品生产就被废除，而产品对生产者的统治也就随之消除，社会生产内部的无政府状态将为有计划的自觉的组织所代替。"② 列宁不仅在理论上主张消灭商品生产，而且还曾经把这种理论付诸实践。十月革命前列宁在《国家与革命》中曾说，在社会主义条件下"整个社会将成为一个管理处，成为一个劳动平等，报酬平等的工厂"。"在这里，全体公民都成了国家（武装工人）的雇员，全体公民都成了一个全民的、国家辛迪加的职员和工人。"③ 既然全国都成了一个管理处、一个大工厂，当然就不存在不同所有者之间的交换关系，商品货币也就没有存在的必要了。十月革命后的战时共产主义时期，苏联就是按照这种理论建设社会主义经济的。比如，1919 年 3 月俄共（布）第八次全国代表大会通过的党章就明确规定："苏维埃政权目前的任务是继续有计划地组织全国范围内的产品分配以代替贸易，""俄国共产党将竭力实行一系列办法来扩大非现金结算的范围和准备取消货币。"④ 只是这

---

① 《马克思恩格斯选集》第 3 卷，人民出版社 1972 年版，第 10 页。
② 同上书，第 323 页。
③ 《列宁选集》第 3 卷，人民出版社 1972 年版，第 258 页。
④ 《苏联共产党代表大会代表会议和全体会议文件汇编》第 1 分册，人民出版社 1964 年版，第 546～547 页。

种做法使经济遭受了巨大损失，才不得不转为实行新经济政策。斯大林根据苏联社会主义建设的实践，发展了集体所有制，从而也发展了社会主义商品理论，斯大林认为，在社会主义社会，由于存在着全民所有制和集体所有制，因此，这两种所有制之间的交换，集体经济内部各个企业之间的交换都是不同所有者之间的交换关系，因而必然还是一种商品交换关系，还必须按照自愿、等价等商品经济的原则进行。至于全民所有制，他认为，它们仍然是马克思、恩格斯和列宁所描绘的那样一个大工厂或"管理处"，基层全民所有制企业则是这个大工厂或管理处的分支机构，它们之间的产品交换关系仍然不是商品交换关系。应该说斯大林根据当时苏联经济体制的状况做出这种理论解释是正确的。问题是按照这种模式来搞社会主义仍不能很好发挥社会主义的优越性，使经济稳定、高效增长。

前南斯拉夫对公有制形式的探索，也是力图要克服国有制高度集中的弊病，解决全民所有制内部存在商品市场和商品交换问题，发展社会主义商品生产。所以，在过去的一些较权威性的评论中，人们称南斯拉夫的社会主义是市场社会主义。但是他们不是从现实生活的实际出发去进行探讨，也没有借鉴资本主义的企业财产组织形式，而是企图从马克思主义的经典著作中去找答案，认为马克思著作讲的是建立社会所有制（我们翻译成全民所有制），而不是前苏联建立的国家所有制，于是进行了建立社会所有制的广泛试验。正如我们前面分析的那样，这种试验出现了许多问题。

我国自1978年开展经济体制改革以来，也对社会主义商品经济的理论进行了广泛的讨论，并已把建立社会主义市场经济（市场经济只不过是现代商品经济的另一种说法）作为我国经济体制改革的目标模式。毫无疑问，这是对社会主义商品经济理论的重大发展。但是，回过头来看，前些年建立的社会主义商品经济理论有很大的不彻底性。众所周知，前些年，我们是把全民所有制企业的商品交换作为主要对象来探讨的。看起来这是符合逻辑的。因为理论和实践都已经证明了全民企业与集体企业以及集体企业与集体企业之间的交换是一种商品交换，只要能证明全民企业之间也是一种商品交换，就自然可以得出整个社会主义经济是商品经济的结论。然而，传统的商品经济理论却不能证明这一点，于是许多人就去寻找新的根据。他们似乎也找到了，这就是经济利益关系。许多人都认为，全民所有制企业之间之所以还存在商品交换关系，除还存在社会分工之外，最根本的原因就是企业之间、职工之间还必须存在经济利益上的差别。正是由于这种利益上的差别要求各企业之间必须进行经济核算，企业之间的交换也必须按照自愿、等价的原则进行。不过这样一来，又产生了一个新的矛盾。这就是说，解释私有制社会的商品交换关系和社会主义条件下全民企业与集体企业，集体企业与集体企业之间的商品交换关系用的是传统的商品经济理论，解释全民所有制企业之间的商品交换关系则要用"利益差别"的理论。这是很难令人信服的。而且，更重要的是用利益差别来解释全民所有制企业之间也应该存在商品交换是不科学的。因为利益差别的内涵很广泛，用它来说明商品经济关系产生的原因是不确切的。比如我国许多大企业内部都实行了经济责任制，并把各部门、各生产单位的经济利益和它们完成任务的好坏联系了起来，在收入上拉开了差距，但这些部门、生产单位仍然是企业的分支机构，彼此之间并不存在商品交换关系。可见，利益差别的存在就会产生商品交换关系的说法是缺乏科学根据的。

提出建立社会主义市场经济体制以后，人们似乎不再对讨论社会主义商品经济理论感兴趣了，但是国有制是否与市场经济相容又成了人们关注的一个焦点问题，这实际上是社会主义商品经济理论讨论的继续。因为我们不可能先建立起社会主义市场经济体制，后进行国有企业改革，尤其在中国国有企业的比重还较大的情况下，只有将国有企业改造成独立的商品生产者，社会主义市场经济体制才可能完全建立起来。那么，为什么会产生这种理论的不彻底性呢？我认为主要原因是人们思想还局限于传统全民所有制关系之内，没有认识到或者不敢承认不进行所有制和经营方式的变革，不进行企业制度的创新，使企业对其经营的资产和生产的产品具有现实的所有权，在原来的全民所有制关系内部是不可能产生商品经济关系的。所以，必须进行国有财产组织形式的探索，如采用股份制、股份合作制企业组织形式等，把原来的国有企业改革成能自主经营、自我发展、自我约束、自负盈亏的市场经济的主体。党的十五大肯定了对公有制实现形式的探索，肯定公有制实现形式可以而且应当多样化，不仅进一步肯定了国有企业的改革方向，会加快国有企业的改革步伐，而且对完善社会主义市场经济理论具有重要意义。

三 努力寻找能够极大促进生产力
发展的公有制实现形式

我国实行改革开放政策以来，不仅对国有企业的经营管理方式进行了多方面的改革，采取了多种经营方式，而且，在公有制的实现形式上也进行了一些可贵的探索。这些探索有的已经得到社会的广泛认可，有的还存在争论。我们应该继续积极推进这种探索。

（一）国有企业是否要实行分级所有

按照现行体制，国家对国有企业资产的管理实行的是国家统一所有、政府分级监管、企业自主经营的体制。所谓统一所有，就是所有国有资产都由国务院统一行使所有权；所谓分级监管，就是具体的监督管理由各级政府实施，各级政府对其监督管理的资产享有资产收益权、处分权和选派管理者等项权力。这种管理体制实质上是承认各级政府对其监管的国有资产拥有准所有权。这种管理体制的好处是中央对国有资产有较大的权力，减少界定产权的工作量。但是这种管理体制存在着产权关系不明晰，不利于发挥地方政府的积极性等缺陷。为了适应国有企业股份制改造的新形式，我的看法，分级监管将来应该发展为分级所有，即根据谁投资、谁管理和谁收益的原则来确定国有产权的归属问题。

有人认为，实行分级所有的体制不利于宏观管理。我们认为，这些人的观念还停留在国家直接管理企业的传统观念上。我国要建立的新的经济体制是政企分开、国家对企业进行间接管理的社会主义市场经济体制。在这种体制下，国家主要运用财政、税收、金融和产业政策等手段对企业进行宏观管理，而不再主要依赖于行政隶属关系和行政手段对企业进行直接管理。换句话说，国家对不同所有制、不同法律形态的企业都要进行宏观管理，而不会对不同性质和不同产权关系的企业采用不同的宏观管理手段和措施。还有人认为，实行分级所有会引起国家分裂。这更是天方夜谭。从世界历史来看，引起国家分裂的原因是多种多样的，但是还没有出现过由于允许各级政府拥有一定的财产权而引起国家分裂的。相反，前苏联的国有企业都是由中央政府行使所有权的，但是它们并没有维护住国家的统一。我国解放初期对国有财产就是实行的分级所有，那时有中央国营和地方国营之分，但是并没有引起国家分裂，也没有人认为这种体制会引起国家分裂，只是到了"一五"计划之后，随着经济管理权限的几次上收和下放，才改变了这种体制，实行了分级管理体制。其实，我们现在所说的分级监管与分级所有并没有实质性的区别。因为按照现行国有资产监管法规，属于地方管理的企业其资产的处分权、收益权以及相应的人事管理权都归地方，这些都是所有权实现的主要内容。中央政府保留的只是所有权的空壳，并没有实质性的内容。与其保留这种所有权的空壳还不如让地方拥有名副其实的所有权，这样更有利于国有企业的股份制改组和国有资产的管理。

（二）国有独资企业

国有独资企业仍然会存在，但是企业的组织形态要发生变化，将主要采用国有独资公司的形式。我国的《公司法》也专门用一章来对建立国有独资公司的具体问题进行了规定。但是，国有独资公司的数量以后不可能很多。党的十四届三中全会通过的《中共中央关于建立社会主义市场经济体制若干问题的决定》对此也有规定，指出"某些特殊产品的公司和军工企业应该由国家独资经营"。这指的是生产企业，其实主要的商业银行看来也还要国家独资经营。另外，国有控股公司将是一种新国有独资企业形式，在今后我国国有资产的营运中将扮演重要角色。不过，这些国有独资企业的经营方式也要改革。

（三）股份公司

对国有企业进行公司化改造有些人是持批评和反对态度的。他们认为，把国有企业变成股份公司就是搞私有化。这种看法显然是非常错误的。

企业制度经历了独资企业、合伙企业和公司企业的发展过程。

历史上最早出现的独资企业，又称单一业主企业、个人业主企业、个体企业（the Single Proprietorship）。这种企业由业主个人出资兴办，业主直接经营，并享有企业的全部经营所得；同时对企业债务负无限责任，出现资不抵债时，业主要用自己的全部财产来抵偿。单一业主企业的局限性是规模小、筹资较困难、业主负无限责任、风险大，因此企业生存时间有限。这些缺点使单一业主企业逐渐发展到合伙企业。

合伙企业（the Partnership）是有两个或两个以上的投资者共同出资兴

办的企业。这种企业一般通过合同来规定投资者的收益分配方式和亏损责任。它的优点是：扩大了资金来源和信用能力，能够分散经营风险。合伙企业的缺点是：合伙人必须以其全部财产对企业的债务承担无限责任，风险较大；合伙人都有较大的决策权，一些有争议的问题，很难及时做出决策；企业的寿命有限，任何一个合伙人死亡或退出，都可能威胁到企业的生存。

继合伙企业以后出现的是公司企业（the Corporation）。公司出现于15世纪，那时地中海沿岸贸易比较发达，在自主制贸易中就出现了公司的雏形。16世纪英国、法国、荷兰都出现了发展海外贸易开拓殖民地的公司。不过当时很不规范，而且成立时要得到政府的特许，所以也称特许公司。17世纪上半叶英国明确了公司是独立的法人，具有和自然人相同的民事权力与义务。17世纪下半叶英国出现了稳定的公司组织，股本变为长期投资，股权只能转让，不能退股，定期发放股息，股票市场也开始出现。当然公司企业在国民经济中起主导作用，还是上个世纪末尤其是本世纪初的事。

公司是指由比较多的投资者出资共同创办的企业。由于投资者承担的责任不同，公司在法律形态上又可以划分为无限责任公司、有限责任公司、股份有限公司、两合公司和股份两合公司等五种形式。但是，必须指出的是，大陆法系和英美法系是有所不同的，区别之一是大陆法系承认无限责任公司、两合公司和股份两合公司是法人企业，而英美法系则把这三种形式看做与合伙企业相同不承认它们具有法人地位。所以，按照英美法系，只存在负有限责任的公司形式。在这些公司中，有些公司的资本不被分为等额股份，股票也不上市交易，它们被称为私公司或者封闭公司（the Private Corporation or Closed Corporation）；有些公司的资本被分为等额股份，股票上市交易，它们被称为上市公司或者公司（the Public Corporation）。在我国，前者一般被称为有限责任公司，后者被称为股份有限公司。

现在，在西方市场经济的国家里，虽然独资企业、合伙企业和公司企业这三种企业组织形式都还同时并存，而且从企业个数来看，前两种企业还占多数，但是它们大多是一些小企业。从占有的资产、产出和雇佣的职工等指标来看，公司企业都占80%以上。以美国为例，1990年，美国约有2005.4万家企业，其中，个人业主企业约为1478.3万家，占全部企业数的73.7%；合伙企业约为155.4万家，占全部企业数的7.7%；公司企业371.7万家，占全部企业数的18.5%。但是，公司企业的资产高达181900

亿美元，约占全部企业资产的91%；销售收入高达109140亿美元，占全部销售收入的89.6%。在制造业、交通、公用事业、金融等产业的企业几乎全都是采用的股份公司的形式；在贸易、建筑等行业中，大约1/2的企业采用的股份公司形式。可见，公司企业在西方市场经济国家的经济中起着十分重要的作用，而且，从发展趋势看，公司企业的比重在逐年增加。1960年，美国有企业1117.2万个，其中业主企业909万个，合伙企业94.1万个，公司制企业114.1万个，经过30年的发展，到1990年止，美国企业总数已经发展到2005.4万个，总量上比1960年增加了79.5%，其中业主制企业和合伙制企业只分别增加了62.6%和65.1%，而公司制企业却增加了225.8%。在过去30年间，企业的数量结构发生了较大的变化，1960年业主制企业、合伙制企业、公司制企业三者的比重是81.4%、8.4%、10.2%，到1990年的比重为73.7%、7.8%、18.5%，其中业主制企业和合伙制企业分别下降了7.7和0.6个百分点，而公司制企业上升了8.3个百分点。可见，公司企业在西方市场经济国家的经济中起着十分重要的作用。

公司制度出现后，西方的一些学者对它进行了高度评价，有的甚至认为它可以与蒸汽机的发明媲美。当代也有的学者认为，资本主义之所以还有生命力，有两个重要因素：一是科学技术的发展，使社会生产力有了极大提高；二是利用了股份公司这样的财产组织形式，吸收广大民众参股，在一定程度上缓和了阶级矛盾。马克思对股份公司这种企业组织形式是持肯定态度的，他指出：股份公司的成立，使资本主义的生产方式发生了很大变化，其变化之一，就是"那种本身建立在社会生产方式的基础上并以生产资料和劳动力的社会集中为前提的资本，在这里直接取得了社会资本（即那些直接联合起来的个人的资本）的形式，而与私人资本相对立，并且它的企业也表现为社会的企业，而与私人企业相对立。这是作为私人财产的资本在资本主义生产方式本身范围内的扬弃"。[①] 邓小平同志对借鉴资本主义的经营方式也是积极支持的。早在1986年12月，他在关于《企业改革和金融改革》的讲话中就指出："用多种形式把所有权和经营权分开，以调动企业积极性，这是改革的一个很重要方面。这个问题在我们的一些同志的思想上还没解决，主要是受老框框的束缚。其实，许多经营形式，都属于发展社会生产力的手段、方法，既可以为资本主义所用，也可以为社会

[①] 《马克思恩格斯全集》第25卷，人民出版社1974年版，第493页。

主义所用，谁用得好，就为谁服务。"① 在 1992 年南巡讲话中，针对一些人对证券、股票、股票市场的怀疑和责难，他又一次强调了他的这一观点，指出："必须大胆吸收和借鉴人类社会创造的一切文明成果，吸收和借鉴当今世界各国包括资本主义发达国家的一切反映现代化生产规律的先进经营方式、管理办法。"②

　　党的"十五大"《报告》根据邓小平同志的这些讲话精神，对股份公司的性质作了分析，认为它是现代企业的一种资本组成形式，资本主义可以用，社会主义也可以用。它的性质主要取决于哪种性质的股本在公司中占主导地位，起支配作用。如果公有股在公司的股本结构占 50% 以上，毫无疑问，这种股份公司必定是属于公有制企业。在国外和我国的台湾省，它们的公营企业基本上都是采取有限责任公司和股份有限公司的形式组织起来的，而且对多数企业公共机构并没有掌握 100% 的股份，只是处于绝对的控股地位，所以这些企业仍旧属于公营企业。比较难界定的是公有股降到 50% 以下的上市公司的性质。由于上市公司的股权很分散，要在这种公司中起支配作用并不需要占有 50% 以上的股份，比如，在国外的许多大公司中，最大的股东只不过占有 3%~5% 的股份，但是它们仍旧能在公司中起支配作用。所以，在上市公司中，即便公有股降到了 50% 以下，只要公有机构仍是最大的股东，这种公司也仍具有公有制企业的性质，不能把这种企业视为私有企业。

（四）合资企业

　　合资企业实际上是有限责任公司的一种特殊形式。只不过有来自国外或者港、澳、台的股东。这种企业组织形式今后还会有很大发展。而且，我们的国有企业还在国外举办企业。这些企业的性质都应该具体分析，也要看谁在里面起控制和支配作用。

（五）股份合作制企业

　　股份合作制是近些年来我国出现的一种新的公有制形式和企业组织形式，是改革中出现的新事物。它的迅速发展说明这种公有制实现形式比较

---

① 《邓小平文选》第 3 卷，人民出版社 1993 年版，第 192 页。
② 同上书，第 373 页。

适合我国某些领域和地区的生产力发展水平，对改善生产关系和发展生产力都有利。① 它可以使职工从过去的名义上的所有者变为实际的所有者，使职工和生产资料实现直接结合。② 既体现劳动者的劳动联合，又体现劳动者的资本联合，有利于调动职工群众的积极性和创造精神。再次，能够实现共同富裕，防止两极分化。最后，吸收职工的收入用于企业的发展，既可以缓解企业资金投入的不足，又可以为职工开辟新的投资渠道。

股份合作制比较适宜小企业采用。目前许多地区都把它作为国有小企业和集体企业改造的主要形式。有关资料显示，在已经改革的国有小企业和集体所有制企业中，有50%以上采用了这种形式。同时，我们也应该看到，这种企业组织形式比较复杂，还很不规范。《决定》强调要支持和引导，不断总结经验，使之逐步完善。我认为规范的股份合作制企业必须既体现劳动者的劳动联合，又体现劳动者的资本联合，因此它必须满足两个基本条件：① 股份只限于本企业的职工所有。② 各个成员持股的数量不能相差太悬殊。如果满足不了上述两个条件，那它只能是有职工持股的有限责任公司，或者是私人企业。

（六）大集体所有制企业股份制改造及其职工集体股问题

在我国，人们把资产没有量化到人的集体企业习惯于称为大集体所有制企业，这种企业既包括城市中的集体所有制企业（非合作所有制企业），也包括农村中的部分乡镇企业。这些企业现在也在进行公司化改造，随着公司化改造的发展将越来越少。这里我要讲的是，这种企业公司改造中，集体所有的资产的处理问题。原有资产的处理有三种可选择的办法：第一种是将资产无偿量化到职工个人；第二种是由企业职工出资将企业的资产买下来；第三种是将一部分资产划给当地地方政府由政府持股，一部分资产由企业的职工持股会持有，企业结存的奖励基金等量化到职工个人。第一种不可取，也很难行得通；第二种虽然可行，但职工不一定愿意买；只有第三种比较现实，实际上有许多企业也是这样做的。这样就出现了一种由政府（下面的资产经营公司）、职工集体、职工个人持股的股份制企业，这种企业有的也吸收社会上的股份。经过这样改造的大集体企业，只要政府、职工集体、职工个人的股份在企业占主体地位或支配地位，它们就仍旧是具有公有制的性质，而且是一种新型的公有制企业，我们应当积极支持发展这种形式的股份制企业。

（七）要加强对机构持股的股份公司的研究

近些年来，西方发达国家股份公司的股权结构正在发生一些大的变化。个人持股比例逐步下降，养老金、保险金、共同投资基金等各种机构持股的比例大幅度上升。在英国，这些机构所拥有的上市公司的股票份额在80年代末已经占股票总值的2/3；在日本，由金融机构和企事业法人等所持的股票份额在1992年后一直保持在70%以上；在美国，机构投资者在1990年就拥有全部上市公司股权的1/2，并拥有美国1000家最大上市公司的2/3的股权。随着改革的深入，机构投资者在我国也必将会成为重要的投资主体，被这些投资机构所控制的企业其性质也必定不同于私人企业，也会不同于传统的公有制企业，我们应当对它们的性质进行研究。

参考文献

[1]《邓小平文集》第3卷。

[2] 斯大林：《苏联社会主义经济问题》（俄文版），北京外文出版社1972年版。

[3] 王洛林、陈佳贵主编：《现代企业制度的理论与实践》，经济管理出版社1997年版。

[4] 周叔莲著：《从计划经济到市场经济》，经济管理出版社1994年版。

[5]《中国共产党第十五次全国代表大会文件汇编》，人民出版社出版。

对台湾公营企业民营化的考察[*]

1996年10月中旬至11月初,我应台湾中华经济研究院、联合报系文化基金会等单位的邀请,对台湾地区公营企业民营化的情况进行了专题考察。在台期间,我访问了中华经济研究院、台湾经济研究院、台湾大学、中山大学、政治大学、文化大学、中正大学、东华大学等研究单位和学术机构,访问了中国钢铁股份有限公司、中国石油化学工业开发股份有限公司、中华工程股份有限公司等已经民营化了的企业,与许多教授、学者、企业家、企业的管理人员、传播媒体的人士进行了多次座谈,收集了不少台湾公营企业民营化方面的资料。现在把它们整理出来,供大家参考。

台湾公营企业的民营化与我们正在进行的国有企业改革,在背景、性质、目的等方面都有一些重大区别,但是,台湾公营企业民营化的一些具体做法、进行中出现的一些问题等对我们仍有不少的启示,值得我们思考和注意。

一 台湾公营企业的形成和变化

台湾的公营事业,主要是指由台湾地区各级政府直接控制的各种营利和非营利的企事业。按照台湾的有关法律规定,公营事业是指:① 政府独资或合营之事业。② 依据事业组织特别法之规定,由政府与人民合资经营之事业。③ 依据公司法之规定,由政府与人民合资经营而政府资本超过50%以上之事业。这些公营事业,根据其隶属关系不同,可区分为"国营事业"(它们分别由"经济部"、"财政部"、"交通部"、"行政院"和"行政院"的卫生署和退辅会主管)、省营事业、台北和高雄的市属事业、以及

---

[*] 原载《中国工业经济》1997年第7期。

县和县级市属事业。而依据台湾会计法第四条第二款规定，凡政府所属机构，专为供给财物、劳务或其他利益，而以营利为目的，获取相当之代价者，为公有营业机关；而不以营利为目的者，为公有事业机关。本报告将把前者，即以营利为目的的公营企业作为主要研究对象。

台湾的公营企业的形成主要来自三个方面：① 抗战胜利后接收的日本人的企业，经过改组重建而成，这些企业涉及金融及保险业、交通运输、通讯、能源、支农产业、重要的原材料工业、机械工业等行业，如台铁、台机、台泥、台纸、工矿公司、农林及台湾省专卖局等。② 从大陆迁移到台湾的企业，主要是金融、纺织、钢铁、渔业、农业、化工、煤矿、机械工程、交通运输及军事工业，如招商局轮船股份有限公司、中国石油股份有限公司等。③ 陆续新建的企业。60年代后，为了解决化工原料紧缺和发展重工业，以调整经济结构，台湾陆续兴建了一些大型企业，包括中国石油化学工业开发公司、中国磷业公司、中国钢铁股份有限公司、中国造船股份有限公司等。

台湾公营企业的数量较多，范围较广泛，资产庞大，截至1995年底，台湾还有公营企业105家，其中"国营"企业55家，省营企业35家，高雄、台北两市的市属企业7家，县、市属企业8家。这些企业涵盖了农林渔牧业、采矿业、制造业、公用事业、商业、交通运输和仓储业、银行保险业、房地产业、营造业等行业。

除这些由台湾地区各级政府直接控制的企业外，还存在不少"隐藏性公营企业"，包括政府行政机关、法定公营企事业、公费成立的财团法人以及这些机构合伙转投资的企业，在这些企业中，相当一部分的全部或主要股份被公营企事业所持有，但是它们并没有计算在公有企业之内。此外，国民党还经营着不少"党营企业"，这些企业的情况从来不向社会公布，也不计算到公营企业之内。

50年代，台湾公营企业的产值，占台湾全部生产总值的比例平均达到19.6%，60年代也达到16.6%，70年代和80年代分别为14.2%和14.1%。其中制造业方面，公营企业所占之比例，50年代平均高达49.3%，60年代还平均达到33.4%，70年代和80年代分别降为14.7%和12.4%。① 现在，

---

① 赵耀东：《台湾的公营事业》，蒋一苇、闵建蜀：《经济改革、经济发展与经济合作》，经济管理出版社1993年版，第138页。

就整体而言，台湾民营经济的比重虽然已经大大超过公营经济，但是公营经济仍保持着相当大的比重，特别是在工矿业中的采矿、电力以及交通运输、金融等行业，公营企业提供的产值比例仍高于民营企业。1995年，在采矿业中，公营企业提供的产值仍占51.96%；在电力、煤气、供水等公共企业100%是公营企业（见表1、表2、表3）；金融业66%以上仍为公营。此外，有些企业虽然民营化了，但是政府还掌握有多数股权，比如，中钢就仍有45%的股份为政府所有。

台湾的公营企业特别是"国营"企业在台湾经济发展中曾经扮演过十分重要的角色，现在也还起着十分重要的作用。

1. 促进了台湾经济的发展。公营企业在台湾经济中占有相当大的比重，特别是在金融、工矿业、交通运输和公用事业等行业中曾经占过主体地位，在有些行业中公营企业至今仍占绝对优势，它们的存在和发展自然对台湾经济的发展有举足轻重的作用；同时，由于公营企业的设立，多具有产业关联的效果，对其他产业发挥了领导和示范的作用，刺激了相关产业的投资。例如，钢铁工业带动造船、机械、建筑、汽车等关联产业的发展；石油化学工业生产的乙烯、丙烯、丁二烯、苯等产品是塑料、合成纤维、合成橡胶等下游工业的基本原料，它促进了这些产业的发展；一些重化工行业公营企业的设立，改变了台湾早期轻工业畸形发展的状况，也促进了台湾产业结构的调整。

表1　　　　　　　　　台湾公、民营企业生产总值　　　　　　单位：新台币百万元

年份	公营企业生产总值 金额	%	民营企业生产总值 金额	%	合计 金额	%
1952	6 292	23.19	20 836	76.81	27 128	100.00
1957	14 709	22.24	51 424	77.76	66 133	100.00
1962	25 682	20.49	99 663	79.51	125 345	100.00
1967	47 311	17.29	226 310	82.71	273 621	100.00
1972	89 430	13.64	566 340	86.36	655 770	100.00
1977	305 730	16.39	1 559 811	83.61	1 865 611	100.00
1982	789 488	17.96	3 607 377	82.04	4 396 865	100.00
1987	917 017	12.96	6 158 997	87.04	7 076 014	100.00
1992	1 312 213	12.43	9 248 193	87.57	10 560 406	100.00
1993	1 409 739	12.34	10 018 569	87.66	11 428 308	100.00

资料来源："行政院"主计处编印：台湾地区国民所得（1994）。

表2　　　　　　　　　　台湾固定资产形成结构（毛额）

年份＼部门	政府（%）	公营企业（%）	民营企业（%）	合　计
1952	17.78	31.70	50.52	100.00
1957	17.26	39.09	43.65	100.00
1962	14.39	33.88	51.73	100.00
1967	11.13	27.76	61.11	100.00
1972	11.16	32.82	56.02	100.00
1977	20.49	29.93	49.58	100.00
1982	17.03	33.74	49.23	100.00
1987	18.07	21.94	59.99	100.00
1992	28.78	21.07	50.15	100.00
1993	31.06	17.97	50.97	100.00

资料来源："行政院"主计处编印：台湾地区国民所得（1994）。

表3　　　　　　　台湾工矿业公营、私营产值比例的变化

年份＼经营性质	公营	民营	采矿业 公营	采矿业 私营	制造业 公营	制造业 私营	公共事业* 公营	房屋建筑 私营
1953	53.00	47.00	12.56	87.44	52.63	47.37	100	
1963	38.20	61.80	27.35	72.65	35.18	64.82	100	100
1973	17.10	82.90	39.04	60.96	14.09	85.91	100	100
1983	18.65	81.35	36.36	63.64	13.42	86.58	100	100
1993	16.93	83.07	48.02	51.98	10.51	89.49	100	100
1994	16.49	83.51	49.39	50.61	10.00	90.00	100	100
1995	15.70	84.30	51.96	48.04	8.88	91.12	100	100

*公共事业包括电力、煤气、自来水等。

资料来源：根据《台湾统计资料编》（Taiwan Statistical Data Book）（1996）和《台湾工业》等提供的资料整理。

2. 稳定和增加财政收入。公营企业上缴的利润在台湾的财政收入中占有相当大的比例。50年代平均为6.5%，60、70年代平均为10.1%和11.2%，若将独占及专卖收入包括在内，则这一比例分别高达21.4%、24.7%和18.8%。[①] 有关资料显示，仅台电、中油、台糖、台肥、台机、中

[①] 蒋一苇、闵建蜀：《经济改革、经济发展与经济合作》，经济管理出版社1993年版，第138页。

船、台盐这 7 家企业，1993～1995 年这 3 年，上缴财政的盈余和税金就达 4054.43 亿新台币，平均每年为 1351.48 亿新台币。[①]

3. 提供了大量的就业机会。以工矿业为例，1952 年员工总数为 271759 人，其中公营企业的职工为 97004 人，占 35.7%，到 1958 年在公营企业就业的员工为 83582 人，还占全部员工总数的 24.2%。近年来虽然比例降低了，但是就业人数增加了，到 1993 年底，在公营企业就业的员工已经达到 26 万人左右。

4. 稳定物价。在稳定物价，促进社会稳定方面，台湾的公营企业也起了重要作用。以"经济部"所属的企业为例，台电公司实行高峰用电和行业用电优惠的措施，减轻了厂商的生产成本和保证了一些特殊行业的需要；中油公司对油品供应采取差别价格办法，如对渔船用油、铁路用柴油、发电用油等都实行特价，在国际油品上涨时，油品价格仍维持或微幅调高，使相关产品不至于大幅度涨价。据有关方面提供的资料，仅 1993、1994 和 1995 这 3 年，"经济部"所属的企业负担特定对象的价格优惠就达 184.77 亿新台币，负担政策性任务之补贴 27.41 亿新台币，两者合计为 212.18 亿新台币，平均每年 70.73 亿新台币，加上铁路、交通等行业，这种价格优惠和补贴的数字还要大。[②]

5. 促进对外贸易的发展。特别是在经济发展初期，因民间企业势单力薄，出口创汇的任务主要由公营企业承担。例如，在 1952～1958 年间，仅台糖公司的砂糖出口值就占出口总值的一半，最高时达到 67.2%。[③]

此外，台湾的公营企业在培养管理人才、防止私人对关系国计民生的某些重要产品的垄断、促进幼稚产业和军事工业的发展等方面也有很重要的作用。

台湾地区公营企业虽然对台湾经济发展的许多方面有重要作用，做出过很大的贡献，但同祖国大陆的国营企业一样，也有很多弊端。在目标上，要求企业实现多重经营目标，不仅要求企业增加利润，而且要求多提供就业机会，促进均富目标的实现；不仅要求企业与民营企业竞争，而且要求

---

① 台湾"经济部"国营事业委员会编印：台湾《国营事业委员会年报》。
② 同上。
③ 蒋一苇、闵建蜀：《经济改革、经济发展与经济合作》，经济管理出版社 1993 年版，第 138 页。

稳定物价，抑制通货膨胀。在体制方面，政府对企业管得过多，体制僵化、机制不灵活，在组织、人事、预算、产品价格等方面政府都有许多限制，比如，企业的预算要通过议会批准，人事的任免、考核、待遇等采用公务员的办法进行管理。管理方面，领导制度不科学、不健全，一些企业的董事会、监事会形同虚设，不少企业董事会成员不是由专业人员担任，而是安排退休军政要人，不能很好发挥作用；一些企业的管理制度不严、缺乏严格的核算，浪费大，职工劳动纪律松懈。在营运方面，由于公营企业的决策者不对决策后果直接负责，不少公营企业又缺乏科学的决策体系和程序，决策失误的问题较为严重，企业对市场变化的应变能力低。这些弊病的综合反映是公营企业的效率较低。有关资料显示1976～1981年间，国营企业平均资产报酬率为3.31%，民营企业只有5.95%，营运资产周转率方面，国营企业平均为43%，民营企业则为105.15%，国营企业净值报酬率为8.49%，民营企业高达16.12%。近些年来，国营企业经济效益低的状况不仅没有明显改善，而且越来越严重。从台湾五大行业主要公、民营企业效益比较看，在平均资产报酬率方面，公营企业除钢铁业中的中钢高于民营的东和外，机械业的台机、石化业的中石化、营造业的中华工程及航运业的阳明海运均低于民营企业；而在净值报酬率方面，则除了中华工程较同业大陆工程略高外，其余四家"国营企业"均低于民营企业（见表4）。

表4　　　　台湾五大行业主要公、民营企业效益比较

行业及企业	效益	1986～1993年平均	
		资产报酬率	净值报酬率
机械业	*台机	-6.74	-25.54
	大同	3.22	11.64
	中精机	5.94	16.20
	建成	1.32	7.11
	杨铁	0.94	-2.17
钢铁业	*中钢	8.51	12.00
	丰兴	16.65	35.33
	东和	8.13	15.54
	春源	9.15	23.85

续表

行业及企业	效益	1986~1993年平均	
		资产报酬率	净值报酬率
石化业	*中石化	6.18	8.61
	长春	18.33	24.14
	联成	9.76	16.65
营造业	*中华工程	2.83	13.02
	新亚建设	6.36	16.71
	大陆工程	5.48	11.04
航运业	*阳明	0.61	2.20
	长荣	6.42	14.84
	立荣	5.96	20.98

注：加*号者为公营企业。

资料来源：根据中华征信所编印：《台湾大型企业排名》"台湾1000大制造业排名"、"500大服务业排名"《商业周刊》（第340、341期）提供的资料整理。

二　公营企业民营化的进展及问题

台湾公营企业民营化有明确的概念，按照民营化的相关条例规定，只要政府对某个公营企业的直接持股比例降到50%以下，这个企业就算民营化了。下面对台湾公营企业民营化的情况作一些分析。

（一）台湾公营企业民营化的进程

从历史考察，台湾公营企业民营化经历了以下三个阶段：

1953年，国民党为了缓和农村激烈的阶级矛盾，吸取在大陆失败的教训，在台湾进行了"土地改革"，将政府持有的部分企业的股权转让给地主，以换取他们手中的土地，政府再把土地无偿地分给农民。当时，通过这种方式将台湾水泥、台湾纸业、台湾工矿和台湾农机等四大公司转为了民营。这并不是一次有目的、有计划的民营化行动，与提高公营企业的经济效益也无关，纯系配合"土地改革"的一项应急措施，可视为公营企业民营化的一次演习。

1962年，台湾证券市场成立，台电、台糖、台肥、台机、彰银、一银、华银等7家公营企业先后上市。1964年，台湾股市形势很好，当局仍通过决议，将上述公营企业通过股票出售转为民营，所得收入用以发展新兴产业。但是，1964年底，证券市场由兴旺转为衰退，当局为挽救股市和安抚投资人，遂将已经出售的公营企业股票购回，使这次民营化以失败而告终。

进入80年代后，台湾的政治、经济形势发生了很大变化。公营企业民营化的呼声越来越高。

1. 随着台湾经济的高速成长，与国际市场的联系日益密切，伴随出口的大量增加，国外资本要求解除各种管制，开放岛内市场；随着民营企业的壮大，它们也要求有平等发展的机会，纷纷要求开放政府控制的某些产业。这种新形势要求必须通过缩小公营企业的投资战线和公营企业的民营化来促进台湾经济的"自由化、国际化"。

2. 80年代末，台湾岛内投资不足，储蓄快速增加，产生了巨额的存款，但进口则增加缓慢，产生了大量的出超，外汇储备急剧增加，促使台币供给居高不下，造成了巨大的通货膨胀压力，并引发股价和房地产价格猛涨。不少舆论要求台湾当局把公营企业民营化作为减轻通货膨胀的压力、维持物价相对稳定的重要措施之一。

3. 部分公营企业经营状况不好，经济效益差，有的连年亏损，成为舆论批评的焦点，公众也要求通过民营化来解决这一问题。因此，在各个方面的促进下，1989年台湾当局成立了"公营事业转移民营推动小组"，制订了一系列公营企业民营化的法规，包括《公营事业移转民营条例》、《公营事业移转民营条例实施细则》、《"经济部"所属事业移转民营从业人员权益补偿办法》、《"经济部"所属事业移转民营从业人员优惠优先认股办法》等，并确定了第一批19个公营企业民营化的名单（见表4）。由此，台湾的公营企业民营化进入了第三个阶段（见表4）。

（二）台湾地区公营企业民营化的进展及成效

40多年来，除1953年，配合"土地改革"将台纸、台泥、农林、工矿四大国营企业成功地转为民营及1970年为害怕大陆接收海外的中国商业银行迫使它仓促转为民营外，直到80年代末，台湾地区的公营企业民营化工作并没有取得多少进展。进入90年代后，台湾地区公营企业民营化工作才开始有了一些起色。截至1996年底，中国产物保险公司、中国石油化学工业开发股份公司、中华工程有限公司和中国钢铁股份有限公司已经先后成功地转为民营。其中：中钢通过先后6次售出股权，股权结构已经发生了重大变化，政府持有的股份已经降至45%左右，中工、中石化政府持股的比重也分别降到25%左右，个别财团已经控制了这些企业。与此同时，台湾的有关部门也对其他公营企业的民营化制订了具体规划。

这些企业民营化后，效果还是较好的。

1. 企业的自主权增大了，企业的活力增强了。企业能够及时根据市场需要和变化制订规划和做出决策，并适时地将它们付诸行动，大大提高了企业适应市场变化的能力和竞争力。中钢民营化后，对内部管理组织结构进行了调整，组建了11个子公司，形成了母子公司体制，公司在经营多元化、国际化方面迈出了较大的步伐。

2. 减少了冗员，降低了成本。民营化后，中石化的员工由民营化前的1937人压缩到1337人，减少了近30%；中工的员工由2100人压缩到1500人，减少了28.6%；中钢职工也从10000人减少到8900人。

3. 企业效益有所改善。劳动生产率都有不同程度的提高，成本降低。由于效益改善，中石化、中工、中钢的股票价格上涨了较大幅度。

4. 增加了财政收入，减少了财政赤字。仅中钢公司1995年的两次售股就为财政增加收入356亿新台币。

5. 公营企业的股权售出后，吸收了大量游资，缓解了通货膨胀的压力。

（三）台湾地区公营企业民营化进展迟缓的原因

台湾地区公营企业民营化虽然取得了一定的进展和成效，但是总体上看，这种进展是缓慢的，离他们自己制定的目标也有很大的差距。这种状况引起了台湾各界的纷纷批评。

造成台湾地区公营企业民营化进展迟缓的原因是多方面的，主要是：

1. 认识不统一。从总体看，台湾地区各界多数人对公营企业民营化是赞同的。但是对民营化的定义、必要性、范围、方式等争议也颇多。比如，有些人认为民营化就是西方国家推行的私有化，但是另一些人认为，民营化绝对不能和私有化混淆。他们认为，固然民营化的基本立场是尊重自由市场，但是民营化仍然无法推却其公共责任，仍然应该从公共的观点来理解。换言之，"民"应该是立足于"社会中的人民或公民"，具有"社会性"，"公共化"而不是窄化为"市场性"及"私人化"的"私人"

属性。① 因此，民营化的方式不能只局限于出售股权或资产，也应该包括公有民营等其他形式。特别是中石化、中工民营化时被个别财团控制后，舆论对此提出了许多批评，对民营化的概念、方式等问题引起了更多的争议。有的民意代表甚至认为，政府和企业的领导人之所以要推动公营企业的民营化，主要目的并不在于要提高公营企业的绩效，而是企图逃脱议会对企业的监督。这些争论，一方面反映了公众对民营化问题的关心；另一方面也反映了对这一问题的认识存在很大差距。

2. 阻力较大。公营企业民营化的阻力：① 来自一些利益团体。公营企业民营化后，其预算等重大问题不再经过议会和政府的相关部门，这些机构出于自身的利益，对民营化做出一些限制性的决议或不进行积极配合。比如，1993年，台湾"立法院"通过附带决议，要求"国营企业"达到移转民营标准档次（低于50%）之售股计划须先经立法院同意；台湾省议会1989年通过专案决议，要求省属3个商业银行之公股股权不得低于50%。这些决议无疑会对公营企业民营化造成负面影响。② 员工的抵触。公营时，员工适用公务员服务法，具有公务员身份，待遇较好。权益能得到保障，转民营化后，要改为纯劳工身份，所以员工担心转民营后被资遣或权益受不到保护，既得利益受到损害，因而导致部分企业员工对民营化政策的疑虑，屡有陈请抗议事件发生。

3. 方式单一。从其他国家民营化的情况看，公营企业民营化有多种形式，如出售股权，出售资产，增资扩股，公有民营，开放产业等等，但台湾《国营事业移转民营条例》规定，公营企业只可以通过两种方式转为民营："一、一次或分次出售股权。二、一次或分次标售资产。"规定的方式本来就少，而在执行过程中，又主要采用了通过股票市场公开出售股权这一种方式。采用这种方式时，不仅要选择合适的时机，使出售的股票能以合理的价格售出，而且要考虑整个股票市场有吸纳能力，要防止众多企业的股票中上市对股市造成的巨大冲击。这就决定了公营企业的民营化只能分期、分批进行，延长公营企业民营化的时间。

4. 经营绩效差的企业民营化的困难很大。有些企业经营不好，亏损严重，员工很多，在公众中的形象不好，民营化困难重重。比如，台湾机械

---

① 张淑芬著：《我国公营事业民营化政策之评估：公共行政的观点》，《经社法制论丛》1994年第13期，第131页。

股份有限公司,它被定为第一批民营化的6家国营企业之一,但是,由于它亏损严重,已濒临破产边缘,而且冗员很多,股权标售时,无人竞标,该企业的民营化由此而搁浅。中船公司也由于亏损严重,使民营化受阻。

5. 缺乏统一的有权威的领导机构。为了推动公营企业民营化的工作,1989年,台湾当局成立了跨部门的"公营事业转移民营推动小组",其成员包括"经建会"、"财政部"、"经济部"、"交通部"及省政府等各相关机关首长,由"行政院经建会"主任担任召集人,由该小组统一领导公营企业的民营化工作。初期,这个小组也做了不少工作。1990年6月因人事发生变化,该小组的工作也停止。此后,民营化工作即由各企业主管领导。各个部门之间缺乏沟通、协调,有时还造成一些混乱。

三 台湾公营企业民营化给大陆国有企业改革的几点启示

我们的国有企业改革已进入建立现代企业制度的新阶段,我们面临的重要任务之一就是要把有条件的企业改造成有限责任公司或股份有限公司,使国有企业能够成为自主经营、自我发展、自我约束、自负盈亏的企业法人。这是关系社会主义市场经济体制能否顺利建立的关键问题。尽管我们的国有企业公司化改造的背景、目的、方式等方面和台湾公营企业民营化有许多差别,但是台湾公营企业民营化的做法、出现的一些问题对我们仍然是很有启示的。

(一) 国有大中型企业的公司化改造将是一个相当长期的过程,不能急于求成

40多年来,台湾只将9家公营企业转变成了民营,特别是从1989年以来,台湾当局在公营企业民营化方面做了大量的工作,到1996年底,也只将中石化、中工、中钢和中产物等4家公司转变成了民营。

与台湾公营企业民营化比较,我们的国有企业公司化改造不仅面临着要解决降低债务负担、减少冗员、剥离非生产部门等难题,而且还面临着如何实现所有者(投资者)主体多元化的难题。如果说我们经过100家大中型企业的试点对解决前三个难题已经找到了某些途径、摸索出了一些经验的话,但到目前为止,我们尚未找到解决第四个难题的好办法。因为在

100家大中型企业试点中，其中80%以上都改成了国有独资公司。从传统的国有企业制度改成国有独资公司虽然是一种进步，但从理论和国外的实践看，效果都不会很理想。从台湾地区和一些国家的实践看，如果不是采取一些非经济性的措施，国有大中型企业要实现所有者（投资者）主体的多元化、分散化，将是一个较长期的过程，许多企业都要经过多次售股、增股才能达到目标。对此，我们必须有充分的认识和足够的思想准备，企图在3～5年内将我们的所有的国有大中型企业都建成现代企业制度只能是不切实际的空想。在对国有大中型企业进行公司化改造，建立现代企业制度中，我们决不能比进度，赶时髦，而要讲求时效，力争改造一个，成功一个。在重视国有大中型企业改革的同时，我们更要在放开国有小型企业方面迈出更大的步伐，力争在3～5年内取得突破性进展，以便收缩国有企业的战线，集中力量搞活大中型企业。

（二）国有大中型企业的公司化改造必须有计划有步骤地进行

台湾公营企业的民营化是先从下游产业做起的，下游产业的企业竞争激烈，公营企业的体制僵化、缺乏活力，在与民营企业竞争中很难取得优势，先将下游产业的公营企业民营化不仅有利于这些企业摆脱困境，也有利于减轻财政负担。对自然垄断产业、能源和重要的原材料产业以及金融等台湾没有急于民营化。我在拜访中钢董事长王钟渝先生时，他反复强调，能源和原材料产业与加工工业不同，这些产业需要的资金多、建设周期长，产品涉及面广，影响大，在经济不发达的时候，民间资本都不愿意向这类产业投资，国家不应急于从这些产业退出，而是应该先做到产业开放，让民间资本进入这些产业，以便形成竞争局面，促进公营企业改善管理，提高效益。台湾的一些学者也认为，公营企业可以划分为A、B两种类型。A型为重政策型，它们不应该刻意追求利润，重点是强调整体社会福利或效率，以减少独占力量及利润动机使资源分配产生扭曲。这类企业可仍由政府直接进行控制。B型为重利润型。这类企业像民营企业一样，追求的是利润最大化。这类企业应该逐步民营化，民营化后政府不能直接控制这些企业，公有股份可以由具有自主性的专业投资公司或控股公司管理。①

现在，无论是中央政府还是地方政府对国有企业的公司化改造都缺乏

---

① 翁嘉禧：《我国现阶段公营事业民营化政策评析》，《台湾经济》第193期。

统一的规划。大家都不明白哪些企业还要由政府直接经营，哪些企业可以改造成国有独资公司，哪些企业可以改造成投资主体多元化的有限责任公司，哪些企业可以改造成投资主体分散化的上市公司；国家对哪些企业还需要控股，对哪些企业只参股，不控股或者完全退出；哪种产业的企业应该先改造，哪种产业的企业应该不改造或者缓改造。对诸如此类的问题，有关部门应该组织人员进行专门研究，制定出相应的规划，使政府部门和企业都做到心中有数。不搞或暂时不搞公司化改造的企业，应该安下心来踏踏实实地抓管理，提高效率和效益。

（三）实行所有者（投资者）主体多元化要有新思路、新办法

我们的国有企业公司化改造，建立现代企业制度，除面临如何减轻企业的债务负担、社会负担和冗员等问题外，还面临一个更艰难的问题是如何才能实现投资主体的多元化、分散化。在这方面，台湾国有企业的管理和民营化的办法也给了我们一些有益的启示。

1. 台湾的公营企业是分级所有的，各级政府在投资上有交叉，形成了相互持股，在公有的情况下实现了投资主体的多元化。比如，台湾"经济部"所属的多数企业都有台湾省、市政府和民间的资本加入，它们之所以还隶属于"经济部"、被称为"国有企业"，只是因为"经济部"还处于控股的地位（见表5）。

表5　　　　　　　台湾"经济部"所属企业股权分布情况

企业名称	资本额	股权分布							
		"经济部"		"台湾省政府"		其他政府机关		民 股	
		金额	%	金额	%	金额	%	金额	%
台电	269 779	180 000	66.72	73 704	27.32	13 860	5.14	2 215	0.82
中油	87 000	87 000	100.00						
台糖	18 721	10 815	57.77	6 660	35.58	932	4.98	314	1.67
台肥	4 000	3 166	79.15	795	19.87	38	0.96	1	0.02
台机	6 418	6 275	97.77	20	0.31	105	1.64	18	0.28
中船	16 952	14 803	87.32	165	0.97	1 817	10.72	167	0.99
台盐	981	981	100.00						
合计	403 851	303 040	75.04	81 344	20.14	16 752	4.15	2 715	0.67

资料来源：台湾"经济部"国营事业委员会编印：台湾《国营事业委员会年报》（1995）。

其实，不只是台湾地区才对公有财产实行分级所有。将公有财产落实到一级政府所有是实行市场经济的国家普遍采用的一种公共财产管理制度。在美国，联邦政府有自己的财产，州政府、县政府等地方政府也有自己的财产；在北欧的一些国家，它们把政府拥有的企业称为公共企业（Public Enterprises），而不笼统称为国有企业（State Owner Enterprises），如奥地利、瑞典的公共企业就分为"国家所有（中央政府所有）、地区政府所有以及地方的市镇所有"；在意大利，除国有企业（中央政府所有），如伊里公司、埃尼公司、埃菲姆公司等外，还有地方政府所有的企业，如市镇企业就属于政府所有；在日本，公营企业的资产分别属于中央政府和地方政府所有，如东京的地铁就分属日本政府所有、东京都所有和营团所有（非私有）。而按照我们的现行体制，国家对国有企业资产的管理实行的是国家统一所有，政府分级监管、企业自主经营的体制。所谓统一所有，就是所有国有资产都由国务院统一行使所有权；所谓分级监管，就是具体的监督管理由各级政府实施，各级政府对其监督管理的资产享有资产收益权、处分权和选派管理者等项权力。这种管理体制实质上是承认各级政府对其监管的国有资产拥有准所有权。这种管理体制的好处是中央对国有资产有较大的权力，减少界定产权的工作量。但是这种管理体制仍存在着产权关系不明晰，不利于发挥地方政府的积极性等缺陷。为了适应国有企业股份制改造的新形势，我们应该将分级监管改为分级所有，即根据谁投资、谁管理和谁收益的原则来确定国有产权的归属问题。这样做，不仅有利于明晰产权，解决企业的所有者缺位问题，加强各级政府对自己所有财产的管理，防止国有资产的流失，而且可以在不改变公有制性质的前提下，形成成千上万个投资者主体，为在公司化改造中实现所有者主体多元化创造前提条件。

2. 台湾在国营企业民营化过程中，给了本企业职工优先优惠认股权，使职工成了本企业的投资主体。职工的股份可由企业的持股会或工会管理，职工离开企业时才转给本人。这样既有利于实现投资者的多元化，又有利于吸引职工关心企业的经营管理情况，发挥它们的积极性和创造性。他们的做法值得我们借鉴。前些年，在我国理论界和实际工作部门中，主张职工持股的呼声很高，但是由于某些具体操作问题没有处理好，加之少数人的激烈反对，现在谈的人少了，特别是某些政府机关和企业的领导人对此已不感兴趣，这是一种很不正常的现象。不仅台湾地区在公营企业民营化过程中注意了职工持股问题，日本、美国、英国等资本主义国家的政府和企业都重视职工持股计划，而且采取了一些鼓励措施，也取得了一定进展。我们是社会主义国家，要建立的是社会主义市场经济，就更有必要对公有制的实现形式进行探索。因此，政府、企业对职工持股计划应该给予有力支持。

（四）要将国有企业的改革和加强企业的内部管理紧密结合起来

台湾在抓公营企业民营化的同时，十分注意加强公营企业的管理。从1990年以来，台湾"经济部"一直在所属企业中推行"责任中心"制度，根据各个企业的特征，到1995年底建立了2964个责任中心，其中84个利润中心，675个收益中心，1124个成本中心，1081个费用中心。同时，他们还抓了人事制度的改革，降低人工费用。1995年各个企业的人员都有不同程度的减少，其中减少幅度最大的是台机公司，减少了26.95%，台肥公司也减少了11.08%。民营化后的公司更是结合经营方式的转变，调整了内部组织结构和经营战略。比如，中钢就组建了11个公司，使公司向集团化方面发展，在经营上逐步向铝业、运输、贸易、电子等产业发展。

我们正处在计划经济向社会主义市场经济转变的时期，企业改革的任务重，但是，这绝不是说可以放松管理。一定要处理好企业的改革、管理和发展的关系。改革是改善企业的经营管理、促进企业发展的强大推动力，特别是在我国经济体制的转轨时期，不改革传统的企业制度和转换企业的经营机制，企业的管理水平不可能得到根本性的改善和提高，企业也不能正常地健康地发展；管理是巩固改革成果，促进企业发展的可靠保障；发展是改革、管理的最终目标，是企业经营的中心环节。因此，不能把这三者割裂开来，对立起来。不能以改革来代替管理，也不能以管理来代替改革，要把它们紧密地结合起来。在当前，要把改革放在首位，以改革来促进管理工作的改善和提高，以改革、管理来促进企业的发展。

（五）要将国有企业的改革和发展非国有企业紧密结合起来

40多年来，台湾地区的公营企业被民营化的数量并不多，加上70年代为害怕大陆接管而仓促转为民营的海外中国商业银行，总共也只有9家企业实现了民营化。而公营企业在台湾的整个经济中的比重已经大大降低，其中：公营企业提供的生产总值的比重已经由1952年的23.19%下降到1993年的12.34%，近两年也基本保持这一比例；工矿业中公营企业提供的生产总值的比重已经由 1953 年的 53.0% 下降到 1995 年 15.70%。原因就在于非公营企业得到了大发展,从而使公营企业的比重相对降低,这和我们改革开放以来所有制结构发生较大变化的原因有相似之处。1979 年,我国的国有工业提供的产值约 80%,集体为 20%,到 1995 年,国有部分降到 33%,这一变化也是由于非国有经济蓬勃发展的结果。所以,我们在对国有企业进行改革的同时,还必须坚持继续发展非国有经济,以此来促进国有企业的改革和发展。

参考文献

[1]《台湾统计数据汇编》(1996)。

[2] 台湾《公营事业委员会年报》(1995)。

[3]《台湾之工业》(1954~1994)。

[4] 张子荣:《公营事业民营化专题报告》,《台湾经济》第 197 期。

[5] 翁嘉禧:《我国现阶段公营事业民营化政策评析》,《台湾经济》第 193 期。

[6] 张淑芬等:《我国公营事业民营化政策之评估:公共行政的观点》,《经社法制论丛》1994 年第 13 期。

[7] 李芳龄:《探讨我国公营事业民营化进展迟缓之原因》,《台湾经济研究月刊》第 17 卷第 6 期。

[8] 林志岳、张秉熙:《台湾地区公营事业民营化的现状分析》,《产业金融》第 86 期。

[9] 石齐平等:《公营事业民营化——论公经济部门最适比例问题》,《财税研究》第 22 期。

国有企业改革的进展[*]

我国的国有企业改革已经历时近 20 年。20 年来，我国的国有企业改革取得了较大进展，企业的自主权扩大，企业机制得到改善，活力有所增强。现在国有企业改革已经进入建立现代企业制度的新阶段，国有企业改革已经成为我国经济体制改革的重点和中心。本文将对国有企业改革和经营机制转换的情况进行一些探讨。

一 我国国有企业改革的发展历程

从 1978 年到现在，我国的国有企业改革大体上经历了以下四个阶段：

第一阶段：从 1978 年底至 1984 年 9 月。这是扩大企业自主权的试点阶段。企业改革的基本思路是：改革高度集中的计划经济管理体制，通过扩大企业的经营管理自主权来增强企业活力。在这一阶段，在计划制定、产品销售、利润留存等方面，政府给企业下放了一些权力，特别是实行了企业留利制度，使国有企业在发展生产、改善职工集体福利和奖励职工等方面有了一定的财力，增强了企业活力。

第二阶段：从 1984 年 10 月到 1986 年底。这是实行以承包制为主体的多种经营方式的阶段。1984 年 10 月中共十二届三中全会通过了《中共中央关于经济体制改革的决定》，拉开了城市经济体制改革的序幕，国有企业改革从扩权试点转入正式启动阶段。这一阶段企业改革的基本思路是：强调政企分开、所有权和经营权分开，实行多种经营方式。多数企业采取了承包经营的方式，承包的具体形式又多种多样：一些小企业实行了租赁经营；少数企业进行了股份制改造的试点。通过采取多种经营方式，企业的自主

---

[*] 原载《中国工业发展报告（1998）》，经济管理出版社 1998 年版。

权有了进一步扩大。

第三阶段：从 1987 年到 1993 年底。这是转换企业经营机制的阶段。这一阶段的基本思路是：强调企业改革的重点必须从扩权让利转变到转换企业机制的轨道上来。但在具体做法上仍然是强调完善承包制。因而国务院颁布了《全民所有制工业企业承包经营责任制暂行条例》、《〈企业法〉实施条例》，制定了《全民所有制工业企业转换机制条例》，进一步明确了赋予企业 14 项经营自主权。同时，随着指令性计划的减少和价格的不断放开，不少国有企业被推入了市场，按照市场法则进行经营。

第四阶段：从 1994 年开始，我国的企业改革进入了建立现代企业制度的新阶段。1993 年 11 月，中共十四届三中全会通过了《关于建立社会主义市场经济体制若干问题的决定》，明确指出，我国国有企业改革的方向是建立适应市场经济要求的"产权明晰、权责明确、政企分开、管理科学"的现代企业制度；并指出，国有企业实行公司制，是建立现代企业制度的有益探索，具备条件的国有大中型企业，要根据自己的不同情况，改组成有限责任公司和股份有限公司。与此同时，全国人大还颁布了《公司法》。这标志着我国的国有企业改革进入了第四个阶段，即建立现代企业制度的新阶段。

二　我国国有企业改革的进展及问题

经过近 20 年的改革，我国的国有企业改革已经取得了很大进展。主要表现是：

（一）实行了多种经营方式的改革，特别是进行了建立现代企业制度的试点

我国的国有企业实行了承包经营、租赁经营、委托经营、改造成股份公司等多种经营方式。特别是中共十四届三中全会明确了国有企业的改革方向是建立"产权明晰、权责明确、政企分开、管理科学"的现代企业制度后，对国有大中型企业实行有计划的公司化改造已经成为国有企业改革的主要途径。为此，从 1994 年开始，国家经贸委、国家体改委已经进行了 100 家企业的试点，这些企业在建立现代企业制度的改革上已经先行

一步。

　　试点工作已经初见成效，截止到 1996 年底，列入国家经贸委、体改委试点的 100 户企业，除一户解体，一户被兼并外，其余 98 户已经改制完毕，它们分别用四种形式进行了改造：① 直接改造成持股主体多样化的股份公司，共 17 户，其中改造成股份有限公司 11 户，改造成有限责任公司 6 户。② 改造成国有独资公司，共 69 户，其中 29 户是先改造成国有独资公司，然后再由国有独资公司作为投资主体，将生产主体部分改造成为多元投资主体的有限责任公司或股份有限公司。③ 由原来的行业主管部门改造成纯粹的控股型国有独资公司，共 10 户。④ 按照先改组，后改制的原则进行结构调整，实行资产重组，共 2 户。通过试点，到 1996 年底，这些企业的总资产额达到 3600.8 亿元，比试点前增加 994.5 亿元，增长 27.6%，所有者权益 1231.8 亿元，比试点前增加 383 亿元，增长 31.1%，这些企业的资产负债率由试点前的 67.59% 下降到 62.28%，比试点前下降了 2.31%，分离富余人员 11.7 万人，占富余人员总数的 65%，其中分流到社会的 8566 人，下岗培训 10544 人，企业发展吸纳 45392 人，离岗退休 50000 余人。同时一些企业还把一部分应该由政府管理的事业转交给了当地政府，减轻了企业的社会负担。此外，国家经贸委和国家体改委还抓了 3 户控股公司的试点，它们正在按照控股公司的要求进行改造。

　　除中央政府抓的 100 户企业试点外，各地也选择了 2343 户企业进行试点，这些企业的职工达 1004 万人，资产总额为 19400 亿元。试点也取得了重大进展，到 1997 年上半年，其中已经有 540 户改造成股份有限公司，占 23%；改造成有限责任公司的企业 540 户，也占 23%；改造成国有独资公司的企业 909 户，占 38.8%；尚未完成改造的有 307 户，占 13.2%。1996 年全部试点企业资产负债率为 65.8%，比上年下降 2.4 个百分点；资产增值率 26.5%，流动比率为 1.056，比上年增加了 1%；速动比率达到 0.722，比上年增加了 2%。试点企业分流社会性服务机构 2265 个，分离人员 11.7 万人；分流的企业富余人员 61.1 万人，约占试点企业职工总数的 6%。其中安排到其他单位的 13.1 万人，下岗培训的 11.5 万人，提前退休的 15.4 万人，待业的 21.1 万人（详见表 1）。

表 1　　　　　　　建立现代企业制度试点企业的总体情况

	中　　央	全　　国
企业数	100	2 343
职工人数（万人）		1 004
资产总额（亿元）	3600.8	13 783
改制情况：		
其中：股份有限公司	11	540
有限责任公司	6	540
国有独资公司	69	909
其他	10	47
未改制或被兼并破产	4	307
资产及负债变化：		
其中：资产总额增加	994.5	
所有者权益增加	383	
负债率下降（%）	2.31（62.28）	2.4（65.8）
分流富余人员（万人）	11.7	61.1000
其中：分流到社会	0.8566	13.1000
下岗培训	1.0544	11.5000
企业发展吸纳	4.5392	
提前退休	5.0000	15.4000
待业		21.100
分离非生产机构（个）		2265

资料来源：根据有关资料整理。

在试点的同时，非试点企业的公司化改造也在逐步展开。到1997年底，国有企业改造成股份公司的已达上万家，其中在上海、深圳证交所挂牌上市的公司745家。在国家512户重点企业中，已经挂牌上市的占36%；在国家120户试点企业集团中，核心企业已经挂牌上市的占42%；在100户现代企业制度试点企业中，已挂牌上市的占48%。国有小企业采取多种形式实行民营化，到1997年上半年，实行民营化的国有小企业已占50%以上，进展比较快的省份达到75%以上，广东顺德、山东诸城、四川宜宾、河南漯河、河北新乐、黑龙江宾县、浙江兰溪等一大批地、市的国有小型企业已经全部民营化。

(二) 改进了企业领导制度

国有企业普遍实行了厂长、经理负责制,突出了厂长、经理在领导企业生产经营工作的中心地位;扩大了厂长、经理的管理权限,加强了企业生产经营的集中统一指挥;有些企业还通过民主推荐、公开招聘等措施来选择厂长、经理,提高了厂长、经理的素质;从1995年起,国家陆续对国有企业派出监事和监事会,加强对厂长、经理的监督,加强国有资产的管理。股份制企业也按照《公司法》的要求,建立了由股东大会、董事会、监事会和经理人员组成的法人治理结构,对改善股份制企业的管理起到了很好的作用。

同时,还采取充分发挥职工代表大会和工会作用等措施,改善和加强了企业的民主管理。

(三) 企业的筹资手段初步实现了多样化

经过改革,企业有了一定留成基金。据概算,企业的留成基金占其实现利润的14%左右,这些资金企业可以自主支配;企业还可以通过银行取得贷款,经过有关部门批准,企业还可以通过联合、引进外资、发行债券、发行股票等措施筹措发展基金,从而增多了企业筹措资金的渠道和手段。1996年,国有经济固定资产投资总额为12056.24亿元,其中,国家预算内资金为556.95亿元,占4.5%,银行贷款2851.23亿元,占23.6%,利用外资811.07亿元,占6.7%,企业自筹6142.25亿元,占50.8%,其他投资为1731.49亿元,占14.4%(见图1)。企业在确定技术改造项目、改扩建项目和其他投资项目方面也有了更大的自主权。这些改革措施的实施,使一些经营得好的企业可以通过多种渠道筹集资金自主地发展自己。

(四) 改革了财务会计制度

从1993年7月1日起,我国的国有企业实行了新的财务会计制度。这种新的财务会计制度比较规范。它对各种企业都实用,而且遵循国际惯例;它不仅可以为国家提供财务会计信息,而且可以为所有者、有投资意愿的法人组织和居民等提供必要的财务会计信息;它能够全面反映企业长期的经营状况,特别是企业的资产负债状况;它在会计科目的设置、成本计算方法、会计报表体系等方面也比较科学,既可以促进企业改善经营管理,

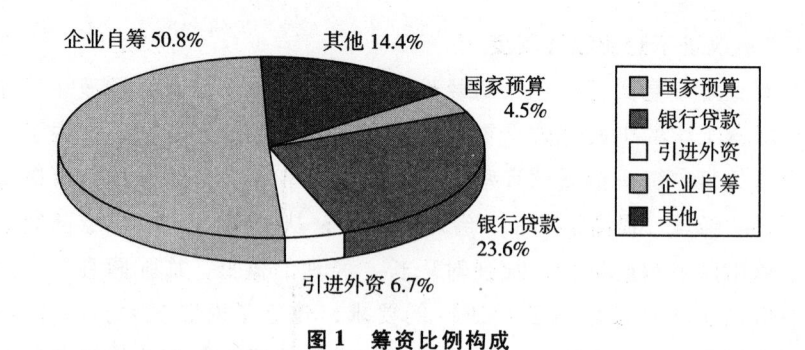

企业自筹 50.8%　其他 14.4%
国家预算 4.5%
银行贷款 23.6%
引进外资 6.7%

图例：国家预算　银行贷款　引进外资　企业自筹　其他

图1　筹资比例构成

又方便企业财会人员的工作。这种新的财务会计制度已经初步具备了现代企业财务会计制度的一些主要特点。

（五）改革了企业劳动人事制度和分配制度

企业在招收职工方面有了很大的自主权，多数企业进行了用工制度的改革，到1996年底，有20多万个国有企业实行了全员劳动合同制度，签订劳动合同的职工已达到5549万人，约占全国国有企业职工总数的50.7%。有些企业在内部还实行了优化组合，改善了劳动组织。

全国共有28个省、自治区、直辖市和5个系统统筹部门出台了以社会统筹与个人账户相结合为原则的改革方案，20多万职工按照新办法领取了养老金。基本养老保险已经覆盖到所有工业企业。1996年底，参加养老保险费用统筹的职工已经达到8800万人，离退休人员2300万人。不少城市还进行失业保险和医疗保险改革的试点。

国有企业普遍实行了职工的收入与企业的经济效益挂钩的办法，国家只控制企业工资增长的幅度，拉开了企业之间职工收入的差距。企业内部职工的收入分配，由企业自己决定，国家用所得税等措施来对个人收入进行调节，也拉开了企业内部职工之间的收入差距。这些措施对调动企业和职工的积极性起到了较好的作用。

（六）减轻企业负担的工作取得了进展

通过增拨国家资本金、"贷改投"、利润返还、发行债券股票等形式，降低了企业的债务负担。截至1996年末，国家已将242亿元的"拨改贷"

资金本息转为国家资本金,所涉及的131个企业资产负债率下降了2.5个百分点。对煤炭、军工、水电三个行业的国有企业"拨改贷"资金本息余额进行了一次性处理,全部转为国家资本金。通过增提折旧、返还所得税、发行股票、债券等多种途径,使一大批国有企业增加了资本金,减低了负债率。1996年,全国独立核算的工业企业资产负债率为65.25%,其中国有工业企业为65.6%,均比前两年有所下降。

国有企业普遍采取了各种剥离辅助,精干主体的措施,不少企业将生产辅助部门、生活服务部门、学校、医院等从企业内分离出来,不仅减轻了企业的社会负担,而且减少了冗员。据统计,到1996年底,仅实现资本优化结构试点的城市就剥离非生产机构5908个,分离富余人员123万人。

(七)组建企业集团的工作成效显著

到1996年底,全国冠以企业集团名称的经济联合体已经有3000多家,列入国家试点的企业集团也由原来的57家扩大到了120家。国家还对部分企业集团实行了计划单列的试点,对东风汽车集团、东方电气集团、中国重型汽车集团、第一汽车集团、中国五矿集团,天津渤海化工集团、贵州航空工业集团和中国纺织机械集团等7家集团实行了国有资产授权经营,少数企业集团的核心企业进行了股份制改造,有些企业集团的集团公司变成了控股公司。通过这些措施,不少企业集团的资金、生产经营、人事等联系纽带增多了,向心力增强了;不少企业集团进行了内部改组,实行了多样化经营;少数大型企业集团正在向外向型的方向发展,有的已经具备跨国公司的雏形,有关材料表明,我国享有对外经营权的企业集团已超过100家,这些外向型企业集团对于扩大进出口贸易,加强我国和其他国家间的经济联系,引进资金、技术和先进的管理方法手段等起到了很重要的作用。

(八)推进兼并破产、优化资本结构由点到面逐步展开

从1994年开始,全国在18个城市进行了"优化资本结构"的试点。1996年,又将这种试点扩大到50个城市,同时增加了8个城市比照试点。1997年,试点城市又从58户扩大到110户,用于试点城市兼并破产的呆账、坏账准备金由200亿元增加到300亿元。在这些城市加大了推进企业兼并破产的力度,到1996年底,试点城市兼并企业1192户,资产总额292亿元,负债总额278亿元,其中银行贷款本息余额197亿元,已经停免息13.3

亿元，涉及职工113万；破产企业1099户，资产总额249.8亿元，负债总额429.9亿元，涉及职工68万人。

通过上述的一系列改革，国家给企业下放了14项自主权，包括：生产经营决策权、产品定价权、产品销售权、物资采购权、进出口权、投资决策权、留用资金支配权、资产处置权、联营兼并权、劳动用工权、人事管理权、工资奖金分配权、内部机构设置权、拒绝摊派权等。据1993~1997年的多次调查，这些权限在相当多的企业里特别是在股份制企业里得到了较好落实（见表2）。

表2　　　　　企业经营者对企业14项自主权落实情况的判断　　　　　　　　（%）

自主权项目	1997	1995	1994	1993	1997年与1995年比较	1997年与1994年比较	1997年与1993年比较
生产经营权	98.3	97.3	94.0	88.7	+1.0	+4.3	+9.6
定价权	92.0	85.4	73.6	75.9	+6.6	+18.4	+16.1
销售权	96.8	95.9	90.5	88.5	+0.9	+6.3	+8.3
物资采购权	98.8	97.8	95.0	90.9	+1.0	+3.8	+7.9
进出口权	54.0	41.3	25.8	15.3	+12.7	+28.2	+38.7
投资决策权	82.5	72.8	61.2	38.9	+9.7	+21.3	+43.6
留利润支配权	90.6	88.3	73.8	63.7	+2.3	+16.6	+26.9
资产处置权	76.5	68.2	46.6	29.4	+8.3	+29.9	+47.1
联营兼并权	61.4	59.7	61.0	43.5	+9.5	+23.3	+18.0
劳动用工权	84.3	74.8	61.0	43.5	+9.5	+23.3	+28.1
人事管理权	90.3	83.5	73.3	53.7	+6.8	+17.0	+36.6
工资奖金分配权	96.0	93.1	86.0	70.2	+2.9	+10.0	+25.8
内部机构设置权	93.7	94.4	90.5	79.3	+2.9	+6.8	+18.0
拒绝摊派权	35.1	17.4	10.3	7.0	+17.7	+24.8	+28.1

资料来源：根据我国企业家调查系统所作的《我国经营者问卷调查》资料整理。

由于国家在计划、价格、商业和物资体制等方面进行了较大的改革，指令性计划大大减少，1978年之前，指令性计划占95%以上，现在已减少到5%，国家统一分配的生产资料和计划收购的商品也大大减少。80%以上的生产资料价格，85%以上的农副产品价格和95%以上的工业消费品价格已经放开,生产要素价格正处在市场化过程中。商业和物质体制也实行了多种所有制形式、多种流通渠道、多种流通方式和减少流通环节的改革。这些改革措施的实施,使国有企业的经营机制有了一定程度的改善。同时,也把国有企业推入了市场,和非国有企业开展竞争,促进了国有企业领导者观念的转变,企业产品种类、产品品种的增加,产品质量的提高和售后服务的改善。

在肯定企业改革主流和成绩的同时,我们还必须高度重视和认真解决国有企业特别是国有大中型企业存在的困难和问题。经过20年的改革,我们已经初步解决了传统计划体制给国有企业造成的许多矛盾和困难。但是目前国有企业面临的问题仍然不少,有的是新形势下出现的新问题,多数仍是没有解决的难度很大的深层次矛盾。如政企不分、所有和经营不分、产权关系不明晰、所有者缺位、劳动者不能合理流动、企业社会负担和债务负担重,等等。这些问题已经严重影响到企业的正常生产经营。有些企业产品没有市场,处于停产半停产的状态;有些企业设备老化,产品没有竞争力;有些企业债务负担重,到1996年底,我国32.2万户预算内国有的7.29亿资产中,负债为5.18万亿元,资本金只有2.11万亿元,负债率为71%;第三次全国工业普查表明,国有工业企业负债为31242.0亿元,资产负债率也达到65.8%。不少企业亏损严重,1996年,按照企业数,预算内国有企业的亏损面达到2.6万个,亏损额达到726.69亿元,亏损面达到37.7%。1997年这种状况还没有有效转变。还有些企业实际已经破产,而且,国有企业还面临着迅速发展的非国有企业的挑战,面临着"入关"的挑战;面临着原材料价格、工资不断上升等的挑战。因此,形势迫使我们要加快深化国有企业改革,建立现代企业制度的步伐。

职工大批下岗失业的原因及其缓解对策[*]

近几年来，职工特别是国有单位职工下岗、失业数量大幅度增加，已经成为社会的热点问题。它对社会安定、经济发展、经济体制改革等都带来了不少负面影响。

现阶段的职工下岗、失业有以下几个特点：一是数量大。有关资料显示，近两年下岗、失业人员已经达到 1500 多万。今后几年这支队伍每年还会增加几百万人。二是涉及面广。前些年下岗、失业主要集中在经济效益不好的国有企业，现在不仅扩大到了所有国有企业，而且也扩大到了其他类型的企业；不仅政府机构正下岗分流，而且事业单位也会紧随其后。三是持续时间长。如果从 80 年代末的"优化组合"算起，已经有 10 年时间，扣除 1993～1995 年经济的高速发展期，也已经超过 5 年，估计今后还会延续 5～10 年。四是发生在计划经济体制向市场经济体制转轨的过渡时期。旧体制已经冲破，新体制还没有完全建立起来，既不能沿袭计划经济体制下的办法来解决这一问题，也不能完全用市场经济体制下的办法来解决，增加了解决这一问题的难度。五是下岗、失业和某些岗位的缺员同时并存。这种矛盾并非是由于技能方面的差别，而主要是观念或其他方面的因素，如长期养成的对国家的依赖性，城市职工对工作单位的过分挑剔，等等。造成职工大量下岗、失业的原因很多，主要有：

（1）经济体制改革。这主要存在于国有单位和其他公有单位。长期以来，国家对公有制单位采取的是统分统配的用人制度，这些单位成了国家安排剩余劳动力的场所。改革开放以来，企业虽然有了一定用人权，但是传统的计划体制还有一定影响，而且企业已经多接受的劳动力成了企业的

---

[*] 原载《中国工业经济》1998 年第 9 期。

沉重包袱之一。企业要适应市场经济的要求,提高效益和竞争力,就必须逐步将这些富余劳动力转移出来。政府机构和事业单位的改革,造成大批人员下岗分流,也是由于体制性原因。国有单位有1.4亿多职工,按20%的富余人员计算,将有3000万职工下岗、失业。

(2) 经济结构调整。过去吸收大量劳动力的第一次产业和第二次产业的情况发生了很大变化,大批劳动力从它们之中转移出来,第三次产业的发展由于受某些条件的限制,还不适应国民经济发展的要求。这种产业结构的变动和调整随着工业化进程的发展,必然引起大批职工下岗、转业。

(3) 技术进步。从广义上讲,这也是一种结构性失业、是由于技术结构变化而引起的一种失业。实现经济现代化,其重要步骤之一就是要用先进的工艺设备代替落后的工艺设备,在某种意义上也可以说是用技术装备来代替劳动力,这与实现劳动者的充分就业是存在一定矛盾的。我国正处在技术进步和转变经济增长方式的特殊时期,随着先进工艺、设备的采用,还必然使大批劳动者进入下岗、失业者队伍。

(4) 经济不景气。经济不景气造成下岗、失业者的增加是近两年出现的新问题。东南亚的金融危机也给我国经济发展带来了严重影响。在这次危机发生之前,为了保持我国经济的健康发展,国家已经通过宏观调控手段降低了我国经济发展速度,不少企业已出现开工不足的现象。亚洲经济危机发生之后,我国经济发展速度进一步下降,企业开工不足,停工、停产的现象更加普遍。经济的不景气迫使不少职工下岗、失业。

在市场经济条件下,下岗、失业是一种必然要发生的现象。尽管如此,各国政府对此都是十分重视的。更何况我国职工的下岗、失业问题已经变得十分突出了,所以我们一定要给予高度重视,切不可掉以轻心。

缓解下岗、失业的矛盾根本出路在于发展经济。从当前来说,必须力争保持8%以上的发展速度,工业增加值的增长速度最好不要低于10%,上半年工业增加值的增长速度达到了7.9%,国民生产总值增长7%,要实现全年增长8%的速度任务还很艰巨。而且我们还要看到,工业中的7.9%的增长速度主要是靠集体企业特别是乡镇企业的高速度实现的,国有企业增长速度较低,这对缓解城市国有企业职工下岗、失业的矛盾帮助不大。因此,如何使国有企业保持一个较高的增长速度还是一个需要认真解决的问题。与此同时,还必须注意发展城市非公有制经济,鼓励它们吸纳从国有企业下岗、失业的职工和为新增劳动力提供更多的就业机会。从长远看,在经济结构的调整和升级过程中，还必须十分注意发展劳动密集型产业，切不要因为要发展高新技术产业而忽视、放弃它们的发展；要大力发展第三产业，逐步提高它们在国民经济中的比重；在强调大企业和大企业集团作用的同时，要十分重视中小企业的发展，充分发挥它们吸纳劳动力多的优势。

放慢新增劳动力的速度也是缓解职工下岗、失业的重要措施之一。应该尽可能增加高等学校招生的人数，某些重点大学也可以延长学生在校的学习时间，恢复五年制。高中毕业生参加工作之前，可根据需要进行一年的职业培训。

缓解职工下岗、失业的矛盾还必须注意改革的力度。国有企业富余人员的裁减、政府机构改革中多余人员的分流、事业单位的缩编等，它们的目的是不相同的。应该分清主次、先后，不要集中在短时期内进行，特别是当前经济处于不景气阶段，不要因压缩财政开支而大力裁员，否则，将会与刺激经济增长的目标相背离。

在强调发展经济的同时，也必须加快适应社会主义市场经济的失业保险、社会救济制度的建立和完善，加大实施再就业工程的力度。

国企改革要走出六大认识误区[*]

1999年是实现企业改革目标的关键一年。朱镕基总理日前在九届人大二次会议《政府工作报告》中强调要大力推进国有企业改革。要深化改革，就必须认真总结20年来的经验教训，走出一些认识上的误区。

一 误区一：以分级管理代替分级所有

按照现行体制，国家对国有企业资产的管理实行国家统一所有，政府分级监管、企业自主经营的体制。所谓统一所有，就是所有国有资产都由国务院统一行使所有权；所谓分级监管，就是具体的监督管理由各级政府实施，并对其监督管理的资产享有资产收益权、处分权和选派管理者等项权力。这种管理体制的好处是中央对国有资产有较大的权力，减少界定产权的工作量，但也存在许多弊病。为了适应国有企业股份制改革的新形势，分级监管应该发展为分级所有。按照现行的行政体制，国有资产可以分解为中央、省（自治区、直辖市、计划单列市）、市、县四级所有，并分别由同级政府来行使所有权。由此，各级政府所有的资产也不应该笼统称为国有资产，而应该视为该级政府所有的资产；由各级政府单独投资建立的企业（包括在界定产权时划归它们的企业）以及它们联合投资形成的企业也不应该再笼统称为国有企业，而应该称它们为公共企业（包括部分乡镇企业）。如果一定要称为国有的话，其含义也发生了变化，即变成了某一级政府所有的"国有"企业。

将公有财产落实到一级政府所有是市场经济国家和地区普遍采用的一种公共财产管理制度。在中国，将公有资产落实到一级政府所有有许多好

---

[*] 原载《光明日报》1999年3月19日。

处。首先，有利于明晰产权，解决国有企业所有者缺位问题，加强各级政府对自己所有财产的管理。其次，可以加速国有企业的公司化改造。实行分级所有，可以在不改变企业公有制性质的前提下，形成成千上万个政府投资者主体，为国有企业改造成多元投资主体的股份公司增加一条有效途径。再次，有利于正确处理中央和地方的投资关系，较好地发挥各自的积极性。随着投资体制改革的深入，中央和地方、地方和地方联合投资的项目会越来越多。这种投资项目只能采用股份制的形式，并根据谁投资，谁所有、谁受益的原则来处理相互之间的财产关系和利益关系。

二 误区二：以上市筹资代替机制转换

我们对国有企业进行公司化改造，主要目的是要改变它们在计划经济体制下形成的僵化机制，建立起能与社会主义市场经济相适应的经营机制。党的十四届三中全会以后，大家形成了一种共识，要转变国有企业的经营机制，必须建立现代企业制度，而对国有企业进行公司化改造则是建立现代企业制度的有效途径。根据公司企业的发展历史和中国企业的实际情况，大多数企业只能改造成有限责任公司，只有少数大型企业才能改造成股票上市的股份有限公司。改造成股份有限公司的途径也是多种多样的。既可以通过发行股票吸收部分民间资金增加企业的资本金的办法改制，也可以将企业的国有资产股份化后售出一部分，从而达到改制的目的。但是从公司化改造的实际情况看，企业对改制成有限责任公司并不积极，对售出部分国有股更不感兴趣。他们的主要目的是想通过上市弄到钱，以解决企业资金短缺的困难或达到规模扩张的目的。正因为如此，除改变企业的法律形态外，他们对与此相关的内部管理组织结构、管理制度、管理方法等的改革也不热心。结果仍然是"穿新鞋，走老路"，企业经营机制并没有发生重大的变化。

三 误区三：以国有独资公司代替股权多元化公司

国有企业进行公司化改造必须实行所有者主体的多元化。从某种意义上说，没有所有者主体的多元化，就没有真正规范化的公司。在一些国家，虽然也允许建立私人独资的有限责任公司，但是由于这种公司很难把投资者个人的财产和公司的财产分开，社会不容易对它们进行监督，这种公司的信誉较低，不容易发展壮大，影响非常有限。我们对国有企业进行公司化改造，是要有效地实行出资者所有权与企业法人财产权的分离，实现政企职责分开，摆脱行政机关对企业的直接控制，解除国家对企业承担的无限责任，使企业拥有法人财产权，成为自主经营、自我发展、自我约束、自负盈亏的法人实体和市场主体。因此，对绝大多数企业来说，进行公司化改造，必须以实现所有者主体多元化为前提条件，并根据国家规定和自身的不同情况，改造成投资主体多元化、分散化的有限责任公司和股份有限公司。但是从实际看，大部分进行试点的企业改造成了国有独资公司。而国有独资公司很难达到国有企业的改革目的。所以，在国有企业的公司化改造中如何实现所有者主体的多元化和分散化，还是一个需要进一步解决的问题。

四　误区四：以经营者的职能代替所有者的职能

国有企业改革始终存在一个如何处理好所有者和经营者关系的问题。有些人认为要强化经营者的职能，弱化所有者的职能；也有些人认为，扩大企业自主权，就是扩大经营者的权力。由于这些主张的误导，出现了以经营者的职能代替所有者职能的趋向。这是非常有害的。

所有权和经营权的分离是现代企业制度的重要特征之一，它和经理制的产生、发展、完善有关。

最早对现代股份公司所有和控制相分离做出全面、深入分析的是美国学者伯利和米恩斯。1933年，他们在《现代公司与私有财产》一书中对美国200家大公司进行了分析，发现占公司总数44%、占公司财产58%的企业是由并未握有公司股权的经理人员控制的。由此他们得出结论：现代公司的发展，已经发生了"所有与控制"的分离，公司实际上已经由职业经理组成的"控制者集团"所控制。后来人们把这种现象称为"经理革命"。

但是，出现了"经理革命"，并不意味着所有者放弃了对公司的控制。公司高层经理人员要受到权力结构的约束。大公司实行的是一种纵向授权的法人治理结构，这种结构有合理的权力约束机制。公司的最高权力机构是股东大会，股东大会选举产生董事会和监事会并向它们授权；董事会选举产生董事长和总经理并向他们授权。换句话说，经理向董事会负责，董事会、监事会向股东大会负责。但近些年来，由于投资者不满意公司的效益，一大公司的所有者联合起来，迫使公司的总经理辞职。如国际商业机器公司（IBM）、通用汽车公司、数字设备公司等，其中，不少是被《幸福》杂志列为美国最大的500家大公司的企业。有些学者将这种现象称之为"所有者的觉醒"。

从经理制的产生到"经理革命"，再到"所有者的觉醒"，说明在所有者职能和经营者职能的关系上不应该强化一个，弱化一个，更不能以所有者的职能代替经营者的职能。它们彼此有自己的职权范围，自己的作用是一种相互制约的关系。在公司经营正常的情况下，经营者发挥着更多的作用；当公司遇到重大问题时，特别是关系到企业发展和生死存亡时，所有者理所当然要进行干预，并起主要作用。从中国国有企业改革的进程看，在改革初期，由于企业自主权太小，强调扩权让利是应该的，但是经过20年改革之后，国有企业的权限已经很大了，有些权限甚至超过了经营权的范围，出现了内部人控制的趋向，由于所有者的职能未能得到很好行使，监管不力，出现了大量的经营者严重滥用职权，以权谋私，侵吞、转移国有资产，贪污腐化等行为。因此，国家采取整顿领导班子、加强监管、加加审计等措施，以强化所有者的职能、维护所有者的权益是非常必要的。

五　误区五：以资本经营代替产品经营

中央提出建立社会主义市场经济制度后，随着各种要素市场的建立和发育，特别是资本市场的出现，资本经营的问题被提了出来。问题是什么是资本经营，资本经营是否能代替产品经营，生产经营性企业应该如何正确对待资本经营，在这些基本的问题上，有些人的认识和理解却出了问题。有的人认为，产品经营只适应于商品经济的初级阶段，已经不适应现代商品经济的要求，现代商品经济要求的是资本经营；也有的人认为，搞产品经营，企业只能缓慢发展，搞资本经营，企业能超常规发展；还有的人把资本经营与股票上市、炒股票、企业购并、炒房地产等完全等同起来。这些观点和说法已经严重地误导了企业，使不少生产经营性企业走入了歧途。它们不把主要精力放到新产品开发、提高产品质量、改善服务等工作上，而是企图通过炒股票、房地产等手段，一下子就发大财、发横财。

笔者认为，所谓资本经营，是指企业的经营要讲求资金的使用效果，追逐高利润率，追求资本的快速增值。其实质是指企业的经营要以提高经济效益为中心。对生产经营性企业来说，进行资本经营的主要途径是通过加强企业管理，生产出在市场上适销对路的产品，并不断增加品种，提高质量，改善服务，开拓市场，增强实力和竞争力，获得较好的经济效益，使自己不断成长壮大。因此，对这类企业来说，产品经营和资本经营并不是矛盾的，而是相互联系、相互依存的。资本经营必须以产品经营为依托，通过产品经营来实现；产品经营必须讲求经济效益，必须服从于和服务于资本的增值。生产经营性企业也要参与资本市场有关的一些活动，如借贷、发行股票、债券，进行股权交易，进行购并，等等，但是其主要目的是为企业的生产经营服务的，没有生产经营的依托和支持，上述活动就成了无源之水，无本之木。

六 误区六：以改革代替管理

有人认为，只要通过股份制改造，转变了企业的经营方式，企业的管理工作就会自然得到加强，因而放松了管理；也有人认为，目前体制还没有理顺，还不具备抓管理的条件，他们还在等着改革，等改好后再集中精力抓管理。这些想法显然是片面的、有害的。

企业改革的中心任务是转换企业的经营机制，提高经济效益。但是企业改革只能为转换企业经营机制提供前提条件。是否能建立起规范化的现代企业制度，形成健全的企业经营机制，还必须依靠企业自身继续努力，形成一套科学的管理制度，加强企业管理，提高管理水平。因此，在进行股份制改造以后，还必须改革企业现行管理制度中与社会主义市场经济不相适应的部分，除要正确处理好公司经营决策系统和公司党组织及职工代表大会的关系，建立起科学的高效率的公司领导制度外，还必须根据公司制的要求调整好企业内部的管理组织结构，特别是大型的集团公司还必须处理好母子公司的关系，公司内部集权和分权的关系，发挥子公司和各基层组织的积极性。要加强管理的基础性工作，严格各种责任制，搞好各项专业管理工作，特别要搞好职工培训，提高职工素质。要加强企业的精神文明建设，培养职业道德，树立敬业爱厂、遵法守信、开拓创新的精神。

外向型企业和外向型企业集团,还必须使自己的管理组织、管理制度、经营方式等向国际规范靠拢,建立起一套适应国际市场、符合国际规范、遵循国际惯例的经营管理制度,为参与国际市场的竞争创造条件,为向跨国公司发展创造条件。

中国的国有企业改革与外商在大陆的投资前景[*]

我国的国有企业改革已经历时近20年。20年来,国有企业改革取得了较大进展,企业的自主权扩大,企业机制得到改善,活力有所增强。现在国有企业改革已经进入建立现代企业制度的新阶段,国有企业改革已经成为我国经济体制改革的重点和中心。本文将对国有企业改革和外商在大陆的投资前景的情况进行一些探讨。

一 我国国有企业改革的进展及问题

经过近20年的改革,我国的国有企业改革已经取得了很大进展,主要表现在:

(一)实行了多种经营方式的改革,特别是进行了建立现代企业制度的试点

我国的国有企业实行了承包经营、租赁经营、委托经营、改造成股份公司等多种经营方式。特别是中共十四届三中全会明确了国有企业的改革方向是建立"产权明晰、权责明确、政企分开、管理科学"的现代企业制度后,对国有大中型企业实行有计划的公司化改造已经成为国有企业改革的主要途径。为此,从1994年开始,国家经贸委、国家体改委已经进行了100家企业的试点,一些地方政府也选择了一定数量的企业进行试点,这些企业在建立现代企业制度的改革上已经先行一步。

试点工作已经初见成效,截止到1996年底,列入国家经贸委、体改委

---

[*] 原载《经济研究参考》1999年第10期。

作为试点的100户企业，除一户解体、一户被兼并外，其余98户已经改制完毕，它们分别用四种形式进行了改造。一是直接改造成持股主体多样化的股份公司，共17户，其中改造成股份有限公司11户，改造成有限责任公司6户；二是改造成国有独资公司，共69户，其中29户是先改造成国有独资公司，然后再由国有独资公司作为投资主体，将生产主体部分改造成为多元投资主体的有限责任公司或股份有限公司；三是由原来的行业主管部门改造成纯粹的控股型国有独资公司，共10户；四是按照先重组、后改制的原则进行结构调整，实行资产重组，共2户。通过试点，到1996年底，这些企业的总资产额达到3600.8亿元，比试点前增加994.5亿元，增长27.6%，所有者权益1231.8亿元，比试点前增加383亿元，增长31.1%，这些企业的资产负债率由试点前的67.59%下降到62.28%，比试点前下降了2.31%，分离富余人员11.7万人，占富余人员总数的65%，其中分流到社会的8566人，下岗培训10544人，企业发展吸纳45392人，离岗退休50000余人。同时一些企业还把一部分应该由政府管理的事业转交给了当地政府，减轻了企业的社会负担。

此外，国家经贸委和国家体改委还抓了3户控股公司的试点，它们正在按照控股公司的要求进行改造。

除中央政府抓的100户企业试点外，各地也选择了2343户企业进行试点，这些企业的职工达1004万人，资产总额为19400亿元。试点也取得了重大进展，到1997年上半年，其中已经有540户改造成股份有限公司，占23%；改造成有限责任公司的企业540户，也占23%；改造成国有独资公司的企业909户，占38.8%；尚未完成改造的有307户，占13.2%。1996年全部试点企业资产负债率为65.8%，比上年下降2.4个百分点；资产增值率26.5%，流动比率为1.056，比上年增加了1%；速动比率达到0.722，比上年增加了2%。试点企业分流社会性服务机构2265个，分离人员11.7万人；分流的企业富余人员61.1万人，约占试点企业职工总数的6%。其中安排到其他单位的13.1万人，下岗培训的11.5万人，提前退休的15.4万人，待业的21.1万人（详见表1）。

在试点的同时，非试点企业的公司化改造也在逐步展开。到1997年底，国有企业改造股份公司的已上万家，其中在上海、深圳上市的上市公司745家。在国家512户重点企业中，已经挂牌上市的占36%；在国家120户试点企业集团中，核心企业已经挂牌上市的占42%；在100户现代企业制度试点企业,已挂牌上市的占48%。国有小企业采取多种形式实行民营化,到1997年上半年,实行民营化的国有小企业已占50%以上,进展比较快的省份达到75%以上,广东顺德、山东诸城、四川宜宾、河南漯河、河北新乐、黑龙江宾县、浙江兰溪等一大批地、市的国有小型企业已经全部民营化。

表1　　　　　　建立现代企业制度试点企业的总体情况

	中　央	全　国
企业数	100	2343
职工人数（万人）		1004
资产总额（亿元）	3600.8	13,783
改制情况（个）		
其中：股份有限公司	11	540
有限责任公司	6	540
国有独资公司	69	909
其他	10	47
未改制或被兼并破产	4	307
资产及负债变化（百万元）		
其中：资产总额增加	994.5	
所有者权益增加	383	
负债率下降（%）	2.31（62.28）	2.4（65.8）
分流富余人员（万人）	11.7	61.1000
其中：分流到社会	0.8566	13.1000
下岗培训	1.0544	11.5000
企业发展吸纳	4.5392	
提前退休	5.0000	15.4000
待业		21.1000
分离非生产机构（个）		2265

资料来源：根据有关资料整理。

（二）改进了企业领导制度

国有企业普遍实行了厂长、经理负责制,突出了厂长、经理在领导企业生产经营工作的中心地位；扩大了厂长、经理的管理权限，加强了企业生产经营的集中统一指挥；有些企业还通过民主推荐、公开招聘等措施来选择厂长、经理，提高了厂长、经理的素质；从1995年起，国家陆续对国有企业派出监事和监事会，加强对厂长、经理的监督，加强国有资产的管理。股份制企业也按照《公司法》的要求，建立了由股东大会、董事会、监事会和经理人员组成的法人治理结构，对改善股份制企业的管理起到了很好的作用。

同时，还采取充分发挥职工代表大会和工会作用等措施，改善和加强了企业的民主管理。

（三）企业的筹资手段初步实现了多样化

经过改革，企业有了一定留成基金。据概算，企业的留成基金占其实现利润的14%左右，这些资金企业可以自主支配；企业还可以通过银行取得贷款，经过有关部门批准，企业还可以通过联合、引进外资、发行债券、发行股票等措施筹措发展基金，从而增多了企业筹措资金的渠道和手段。1996年，国有经济固定资产投资总额为12,056.24亿元，其中，国家预算内资金为556.95亿元，占4.5%，银行贷款2851.23亿元，占23.6%，利用外资811.07亿元，占6.7%，企业自筹6142.25亿元，占50.8%，其他投资1731.49亿元，占14.4%。企业在确定技术改造项目、改扩建项目和其他投资项目方面也有了更大的自主权。这些改革措施的实施，使一些经营得好的企业可以通过多种渠道筹集资金自主地发展自己。

（四）改革了财务会计制度

从1993年7月1日起，我国的国有企业实行了新的财务会计制度。这种新的财务会计制度比较规范。它对各种企业都实用，而且遵循国际惯例；它不仅可以为国家提供财务会计信息，而且可以为所有者、有投资意愿的法人组织和居民等提供必要的财务会计信息；它能够全面反映企业长期的经营状况，特别是企业的资产负债状况；它在会计科目的设置、成本计算方法、会计报表体系等方面也比较科学，既可以促进企业改善经营管理，又方便企业财会人员的工作。这种新的财务会计制度已经初步具备了现代企业财务会计制度的一些主要特点。

（五）改革了企业劳动人事制度和分配制度

企业在招收职工方面有了很大的自主权，多数企业进行了用工制度的改革，到1996年底，有20多万个国有企业实行了全员劳动合同制度，签订劳动合同的职工已达到5549万人，约占全国国有企业职工总数的50.7%。有些企业在内部还实行了优化组合，改善了劳动组织。

全国共有28个省、自治区、直辖市和5个系统统筹部门出台了以社会统筹与个人账户相结合为原则的改革方案，20多万职工按照新办法领取了养老金。基本养老保险已经覆盖到所有工业企业。1996年底，参加养老保险费用统筹的职工已经达到8800万人，离退休人员2300万人。不少城市还进行失业保险和医疗保险改革的试点。

国有企业普遍实行了职工的收入与企业的经济效益挂钩的办法，国家只控制企业工资增长的幅度，拉开了企业之间职工收入的差距。企业内部职工的收入分配，由企业自己决定，国家用所得税等措施来对个人收入进行调节，也拉开了企业内部职工之间的收入差距。这些措施对调动企业和职工的积极性起到了较好的作用。

（六）减轻企业负担的工作取得了进展

通过增拨国家资本金、"贷改投"、利润返还、发行债券股票等形式，降低了企业的债务负担。截止到1996年末，国家已将242亿元的"拨改贷"资金本息转为国家资本金，所涉及的131个企业资产负债率下降了2.5个百分点。对煤炭、军工、水电三个行业的国有企业"拨改贷"资金本息余额进行了一次性处理，全部转为国家资本金。通过增提折旧、返还所得税、发行股票、债券等多种途径，使一大批国有企业增加了资本金，减低了负债率。1996年，全国独立核算的工业企业资产负债率为65.25%，其中国有工业企业为65.6%，均比前两年有所下降。

国有企业普遍采取了各种剥离辅助、精干主体的措施，不少企业将生产辅助部门、生活服务部门、学校、医院等从企业内分离出来，不仅减轻了企业的社会负担，而且减少了冗员。据统计，到1996年底，仅实现资本优化结构试点的城市就剥离非生产机构5908个，分离富余人员123万人。

（七）组建企业集团的工作成效显著

到1996年底为止，全国冠以企业集团名称的经济联合体已经有3000多家，列入国家试点的企业集团也由原来的 57 家扩大到了 120 家。国家还对部分企业集团实行了计划单列的试点，对东风汽车集团、东方电气集团、中国重型汽车集团、第一汽车集团、中国五矿集团、天津渤海化工集团、贵州航空工业集团和中国纺织机械集团等 8 家集团实行了国有资产授权经营，少数企业集团的核心企业进行了股份制改造，有些企业集团的集团公司变成了控股公司。通过这些措施，不少企业集团的资金、生产经营、人事等联系纽带增多了，向心力增强了；不少企业集团进行了内部改组，实行了多样化经营；少数大型企业集团正在向外向型的方向发展，有的已经具备跨国公司的雏形。有关材料表明，我国享有对外经营权的企业集团已超过 100 家，这些外向型企业集团对于扩大进出口贸易，加强我国和其他国家间的经济联系，引进资金、技术和先进的管理方法和手段起到了很重要的作用。

（八）推进兼并破产、优化资本结构由点到面逐步展开

从 1994 年开始，全国在 18 个城市进行了"优化资本结构"的试点。1996 年，又将这种试点扩大到 50 个城市，同时增加了 8 个城市比照试点。1997 年，试点城市又从 58 个扩大到 110 个，用于试点城市兼并破产的呆账、坏账准备金由 200 亿元增加到 300 亿元。在这些城市加大了推进企业兼并破产的力度，到 1996 年底，试点城市兼并企业 1192 户，资产总额 292 亿元，负债总额 278 亿元，其中银行贷款本息余额 197 亿元，已经停免息 13.3 亿元，涉及职工 113 万人；破产企业 1099 户，资产总额 249.8 亿元，负债总额 429.9 亿元，涉及职工 68 万人。

通过上述的一系列改革，国家给企业下放了 14 项自主权，包括：生产经营决策权、产品定价权、产品销售权、物资采购权、进出口权、投资决策权、留用资金支配权、资产处置权、联营兼并权、劳动用工权、人事管理权、工资奖金分配权、内部机构设置权、拒绝摊派权等。据 1993～1997 年的多次调查，这些权限在相当多的企业里特别是在股份制企业里得到了较好落实（见表 2）。

由于国家在计划、价格、商业和物资体制等方面进行了较大的改革，指令性计划大大减少。1978 年之前，指令性计划占 95% 以上，现在已减少到 5%，国家统一分配的生产资料和计划收购的商品也大大减少。80% 以上的生产资料价格，85% 以上的农副产品价格和 95% 以上的工业消费品价格已经放开,生产要素价格正处在市场化过程中。商业和物资体制也实行了多种所有制形式、多种流通渠道、多种流通方式和减少流通环节的改革。这些改革措施的实施,使国有企业的经营机制有了一定程度的改善。同时,也把国有企业推入了市场,和非国有企业开展竞争,促进了国有企业领导者观念的转变,企业产品种类、产品品种的增加,产品质量的提高和售后服务的改善。

表 2   企业经营者对企业 14 项自主权落实情况的判断   单位:%

自主权项目 \ 年份	1997	1995	1994	1993	1997 年与 1995 年比较	1997 年与 1994 年比较	1997 年与 1993 年比较
生产经营决策权	98.3	97.3	94.0	88.7	+1.0	+4.3	+9.6
产品定价权	92.0	85.4	73.6	75.9	+6.6	+18.4	+16.1
产品销售权	96.8	95.9	90.5	88.5	+0.9	+6.3	+8.3
物资采购权	98.8	97.8	95.0	90.9	+1.0	+3.8	+7.9
进出口权	54.0	41.3	25.8	15.3	+12.7	+28.2	+38.7
投资决策权	82.5	72.8	61.2	38.9	+9.7	+21.3	+43.6
留用资金支配权	90.6	88.3	73.8	63.7	+2.3	+16.6	+26.9
资产处置权	76.5	68.2	46.6	29.4	+8.3	+29.9	+47.1
联营兼并权	61.4	59.7	61.0	43.5	+9.5	+23.3	+18.0
劳动用工权	84.3	74.8	61.0	43.5	+9.5	+23.3	+28.1
人事管理权	90.3	83.5	73.3	53.7	+6.8	+17.0	+36.6
工资奖金分配权	96.0	93.1	86.0	70.2	+2.9	+10.0	+25.8
内部机构设置权	93.7	94.4	90.5	79.3	+2.9	+6.8	+18.0
拒绝摊派权	35.1	17.4	10.3	7.0	+17.7	+24.8	+28.1

资料来源:根据我国企业家调查系统所作的《我国经营者问卷调查》资料整理。

在肯定企业改革主流和成绩的同时,我们还必须高度重视和认真解决国有企业特别是国有大中型企业存在的困难和问题。经过 20 年的改革,我们已经初步解决了传统计划体制给国有企业造成的许多矛盾和困难。但是目前国有企业面临的问题仍然不少,有的是新形势下出现的新问题,多数仍是没有解决的难度很大的深层次矛盾。如政企不分、所有权和经营权不分、产权关系不明晰、所有者缺位、劳动者不能合理流动、企业社会负担和债务负担重,等等。这些问题已经严重影响到企业的正常生产经营。有些企业产品没有市场,处于停产半停产的状态;有些企业设备老化,产品没有竞争力;有些企业债务负担重,到1996年底,我国32.2万户预算内国有企业的7.29万亿元资产中,负债为5.18万亿元,资本金只有2.11万亿元,负债率为71%。第三次全国工业普查表明,国有工业企业负债为31242.0亿元,资产负债率也达到65.8%。不少企业亏损严重。1996年,按照企业数,预算内国有企业的亏损面达到2.6万个,亏损额达到726.69亿元,亏损面达到37.7%,1997年这种状况还没有有效转变。还有些企业实际已经破产。而且,国有企业还面临着迅速发展的非国有企业的挑战,面临着"入关"的挑战;面临着原材料价格、工资不断上升等的挑战。因此,形势迫使我们要加快深化国有企业改革,建立现代企业制度的步伐。

二 我国国有企业改革的展望

我国的国有企业改革已经发展到建立现代企业制度的阶段。这是国有企业改革的关键阶段,也是整个经济体制改革的一场攻坚战,任务十分艰巨。

国有企业转变成现代企业制度,就是要以理顺和重组企业产权关系为基础,以建立企业法人制度为核心,以股份公司为主体形式,以实现企业自主经营、自我发展、自我约束和自负盈亏为主要目标,以对国有企业进行股份制改革、建立纵向授权的企业领导制度、规范化的企业财务会计制度、合理的分配制度、双向选择的企业用工制度等为主要内容,进行综合、配套改革。因此,在国有企业改革上必须转变观念、转变思路、转变战略,要从单纯的扩权让利转变到转换企业经营机制上来;从实行所有权和经营权的分离转变到重组企业的产权关系上来;从给国有企业某些优惠政策转变到为国有企业减轻债务负担和社会负担,创造平等的竞争环境上来;由消极的维护国有资产的完整和不受损失转变到促进国有资产的流动和保值、增值上来;由国有企业只能生、不能死转变到有生有死、优胜劣汰上来。在具体方法上则应该根据不同的企业采取不同的途径进行。概括起来讲,就是要改组一批;嫁接一批;包、租、卖一批;兼并、合并一批;破产一批。

(一)要把一批有条件的大、中型企业改造成股份公司

单一投资主体的可依法改组成国有独资公司,但这种公司不可能很多,只限于生产某些特殊产品的企业和军工企业;多数大中型企业在改组成股份公司时都要实行投资主体多元化,它们中的多数将被改组成有限责任公司,只有一部分将被改组成股份公司,上市公司更只能是少数。大中型企业改组为股份公司后,国家只对支柱产业和基础产业中的骨干企业实行控股;对一般企业要多吸收非国有资金入股,国家在这些企业只参股、不控股。

大中型国有企业改组成股份制企业还存在不少困难,是一项艰巨而复杂的工作。从试点的情况看,国有企业要进行公司化改造,建立现代企业制度,需要解决以下几个难点问题:

1. 实现所有者(投资者)主体多元化和分散化。从某种意义上说,没有所有者(投资者)主体的多元化,就没有真正规范化的公司。我国的《公司法》虽然规定了可以建立国有独资公司,但是作了较严格的限制,只允许少数特殊行业和生产特殊产品的企业可以组建国有独资公司,但是从试点情况看,中央政府抓的100户试点企业只有17户改造成了投资主体多元化的股份有限公司和有限责任公司,不到试点企业总数的20%,80%以上的企业改造成了国有独资公司。各地的2200户试点企业改造成所有者主体多元化的股份有限公司和有限责任公司的也只占46%(1080户),多数改造成了国有独资公司,国有独资公司很难成为自负盈亏的法人实体,很难达到国有企业的改革目的。所以,在国有企业的公司化改造中如何实现所有者主体的多元化和分散化,还是一个需要进一步解决的问题。

2. 减轻企业的债务负担。在国有企业公司化改造过程中遇到的另一个较大的难题是企业债务负担过重。长期以来,由于体制和政策等方面的原因,我国的国有企业资产负债率平均在70%左右,部分企业甚至资不抵债,这种状况给国有企业的公司化造成了极大的困难。试点企业在减轻企业债务方面已经摸索出了一些办法和经验,但在推广到面上时,这些经验和办法还需要不断改进和完善。

3. 解决企业办社会的问题。国有企业"大而全"、"小而全"、企业办社会,机构臃肿、人浮于事,劳动生产率低、效益差是进行公司化改造的一大难题。要建立现代企业制度,就必须改革我国企业内部组织结构不合理状况,将本来应该由政府举办的事业,如学校、医院、托儿所、幼儿园

等，尽可能转交给地方政府；将为职工生活服务的设施及人员独立出来，组成服务性的经济实体，面向社会，自主经营，逐步做到自负盈亏。但是，这些方案在操作过程中还有许多问题需要解决。

4. 解决企业的冗员问题。据有关调查资料显示，国有企业职工的富余人员在20%左右。在进行公司化改造，建立现代企业制度过程中，这些富余人员要逐步分流出来，由于职工社会保障制度正在建立过程中，要将企业的富余人员分流到社会上去还存在很大困难。试点企业的富余人员除一部分退休后，大量的还是靠企业自己消化。

（二）要继续吸收、利用国外和港、澳、台资金，发展三资企业，对一批国有企业进行嫁接

实践证明，利用国有企业现有的基础设施、厂房、场地、设备等与国外和港、澳、台的投资者发展三资企业，对国有企业进行嫁接，是改组国有企业的较好的途径，对双方都有好处。政府将还会不断完善对三资企业的法规和政策，简化投资手续，为国外和港、澳、台的投资者提供更完善的信息服务。鼓励他们更多地在能源、交通运输、原材料等基础产业进行投资；鼓励他们多在内地投资；鼓励他们多向大企业投资；鼓励他们参与老企业的技术改造。

（三）对大批小企业实行包、租、卖的政策

小型国有企业没有必要采用国有制的形式。因此，小型国有企业特别是服务行业的小型国有企业，有的可以继续实行承包经营、租赁经营，有的可以改组成股份合作制，也可以出售给集体和个人。同时，应该制定法律法规，划定国有企业的投资领域，并严格限制新的小型国有企业的发展。通过这些措施，来收缩国有企业的战线，优化国有资金的投资结构。

（四）促进一大批企业进行兼并、联合和合并，调整产业的组织结构

要进一步完善关于企业兼并、联合和合并的政策法规，鼓励资金雄厚、产品有市场，管理水平高，经营得较好的企业，根据发展的需要，兼并落后的企业；鼓励企业之间发展各种联合关系特别是企业集团；鼓励企业之间的合并。既鼓励国有企业之间的兼并、联合和合并，更鼓励打破地区、部门、所有制界限的兼并、联合和合并。通过这些措施，调整产业的组织

结构，重组企业的生产力，扬长避短，发挥优势。也鼓励城市企业利用级差地租搞好企业的搬迁改造、转产改造。通过产业组织结构的调整、改革，形成一些大企业和大企业集团。国家准备分期分批地选择 500~1000 家大型企业，进行综合改制、改组和改造，使之能够在国民经济和国内外市场上发挥重要作用。

（五）要积极创造条件，促使一批企业破产

近年来我国国有企业的亏损面扩大，这里面有税制改革、财务会计制度改革等方面带来的影响，但是，多数企业并不是由于这些原因引起的亏损，而是由于技术落后，管理混乱，产品质量差，产品不适销对路，消耗高，浪费严重等经营方面的因素引起的。对非经营性亏损的企业，应该积极创造条件，给它们必要支持，限期让他们扭亏为盈；不少经营性亏损的企业，已经债台高筑，有的早就资不抵债了，它们已经病入膏肓，再不可能起死回生，与其让它们靠药物和输血痛苦地活着，还不如让它们"安乐死"。因此，应当对亏损企业进行认真分析、排队。对那些不可救药的亏损企业，要采取切实可行的步骤，坚决让它们破产，并逐步形成有生有死、优胜劣汰的机制。国务院已经制定了企业破产的一些具体政策。

当然，上述改革的实施，必须与其他改革配套进行，特别是国有资产的管理制度、金融制度、投资制度、劳动人事制度和社会保障制度等方面的改革必须与企业制度的改革配套进行，只有这样国有企业改革才能顺利进展，才能在本世纪末初步将传统的国有企业制度转变成适应市场经济要求的现代企业制度。

三　国有企业改革与外商在大陆的投资前景

中国国有企业的改革包含了丰富的内容，会引起中国经济的许多方面的重大变革，将会为中外企业的合作，以及大陆与港、澳、台企业的合作提供更多的机会。

1. 国有企业的公司化改造将会为外商提供更多的投资机会。如上所述，公司制将是中国企业的主体形式，除少数企业需要保留国有独资的形式外，大部分企业将改组成所有者主体（投资主体）多元化的有限责任公司，少部分企业将改组成股权分散化的股份有限公司，有的企业还会改组成上市公司，政府还将逐步批准一些大企业的股票在国外和香港上市。这无疑将增加外国和港、澳、台同胞在大陆的投资渠道。他们可以参与中国的国有企业的公司化改造工作。同时，一些试点企业的做法显示，在国有企业的公司化改组中，必须通过增加国家的资本金、变"拨改贷"为"贷改投"、变非银行单位的债权股权等措施以减轻企业的债务负担；必须通过"剥离辅助，精干主体"等办法将企业的生活服务部门和一些辅助生产部门分离出去，以减轻企业的社会负担；必须通过举办第三产业、鼓励职工提前退休等办法来解决企业的冗员问题。这些问题的缓解和解决又会为外商和港、澳、台同胞参与大陆的国有企业的公司化改造创造良好的条件。

2. 中国的国有企业改革是将改制、改组和改造紧密结合起来进行的。"改制"就是进行制度创新，建立适应社会主义市场经济要求的现代企业制度，为市场经济奠定基础；"改组"就是调整不合理的产业组织结构，促进存量资产优化，重点发展一批大企业和大企业集团，实现规模经济，从整体上提高我国企业的市场竞争力。"改造"就是加大企业技术改造的力度，加快企业技术改造的步伐，提高企业的技术素质，增强后劲，增强实力。今后一个相当长的时期里，政府在对国有企业进行改革的同时，将转变经济增长的方式，适当控制基本建设的投资，把扩大再生产的重点放在技术改造上，加大企业技术改造的力度，提高技术改造投资在全社会投资中的比重。这也为外商特别为港、澳、台同胞到大陆投资提供了一个好的机会。许多地区和企业的经验也证明，引进外资对老企业进行嫁接改造对双方都是有利的。对用资方来说，既可以达到改制的目的，也可以达到改组和改造的目的；对投资方来说，可以使投资尽快见到效益。

3. 中国的国有企业改革是和其他改革配套进行的，这些改革必将进一步改善投资环境，为外资和港、澳、台同胞到大陆来投资创造更好的条件。现代企业制度是社会主义市场经济的基石。建立现代企业制度是经济体制改革的一场攻坚战，它不仅涉及微观经济体制的改革，而且涉及宏观经济体制的改革，因此，它不可能单项推进，必须和相关改革配套进行。实行改革开放政策以来，大陆在计划投资体制、商业体制、物资体制、价格管理体制、外贸体制等方面的改革取得了较大的进展，为把国有企业推入市场起了积极作用，这些方面的改革还有待于完善和深化，以便为企业改革的深化创造更好的条件。1994年，我们已在财政体制、税收体制、金融体制、外汇体制等方面出台了一系列重大的改革措施，初步改变了这些改革长期滞后的状况，使国家对企业进行间接调控的宏观管理体制的基本框架已经形成。但是，这些改革还是方向性的、粗线条的，必须随着现代企业制度的建立而逐步细化和完善。还有一些改革，如劳动人事制度、社会保障制度等方面的改革还刚刚起步，成为深化企业改革、建立现代企业制度的难点，在建立现代企业制度过程中一定会加快步伐。这些改革的深化，一定会进一步改善投资环境，为外商和港、澳、台同胞来大陆投资创造更好的条件。

4. 在对国有企业进行改革的同时，我们将继续发展非国有经济。中国的企业改革是从两个方面展开的，一方面是国有企业自身的改革；另一个方面是发展非国有经济，实行多种经济成分并存，以非国有经济的发展来促进国有经济的改革。近20年来，在这方面已经取得了巨大进展，到1996年末，我国的乡镇企业已经发展到2336万家。职工人数13.508万人；三资企业已达到22.4万多家（到1997年11月底，在进行运作的三资企业24万家，实际投产的14.5万家），投资总额824.18亿美元，外资企业职工约2000万人；私营企业81.9万户，职工1171.12万人，注册资金3752.4亿元。由于非国有经济的发展，国有经济在整个国民经济中的比重已经大大降低。1978年，在工业总产值中，国有企业的比重为80%，集体企业为20%。到1996年底，国有工业的比重已经降到28.5%，集体企业的比重已经上升到39.4%，城乡个体企业为15.5%，股份制企业达到3.3%，外商投资企业达到6.7%，港澳台企业为5.5%。今后，我们在进行国有企业改革的同时，还会允许和鼓励非国有企业的发展，特别是还会鼓励"三资"企业的发展。最近，为了吸引外资，国务院制定了一系列新的政策性措施。适当扩大了地方和部门的审批权限，凡符合国家《指导外商投资方向暂行规定》和《外商投资产业指导目录》，中方投资和建设、生产经营条件以及外汇需求可自行平衡解决的吸收外商直接投资的生产性项目，审批权限由过去的总投资额1000万美元以下提高到3000万美元以下；对符合规定的一些进口设备恢复了减免税的政策；鼓励外商去中西部投资，在中西部投资到高技术产业或其投资符合中国产业政策的所得税可降低到15%；向外商开放一些商业、旅游等服务业项目。

四 小结

　　经过多年和多方面的改革,中国的国有企业改革已经进入建立现代企业制度的新阶段。建立现代企业制度不仅涉及企业制度的根本性改革,也涉及企业管理制度的重大改革;不仅涉及企业自身的改革,而且也涉及整个宏观经济体制的改革。近几年,通过试点已经摸清了建立现代企业制度的重点和难点,并探索出了一些解决这些难点问题的途径,为在更大范围对国有企业推行公司化改造,建立适应社会主义市场经济的现代企业制度提供了宝贵的经验。中国国有企业推行建立现代企业制度的改革必将进一步减轻国有企业的各种负担,增强其活力,并促进投资环境的进一步改善,为外商及港、澳、台同胞提供更多的投资机会。

公有制实现形式的多样化与
国有企业改革[*]

长期以来,一些人将公有制的实现形式绝对化,认为公有制就只有两种形式,即全民所有制和集体所有制,对探索公有制的实现形式不理解、不热心,甚至有抵触情绪。党的"十五大"对探索公有制的实现形式进行了肯定,指出"公有制的实现形式可以而且应当多样化。一切反映社会化生产规律的经营方式和组织形式都可以大胆利用"。并鼓励我们"要努力寻找能够极大促进生产力发展的公有制实现形式。"同时对股份制、股份合作制进行了肯定,这不仅对我们统一思想有重要作用,而且是对公有制理论的重大发展,在理论上和实践上都具有十分重要的意义。

一 公有制的实现形式是在发展的

社会主义制度建立之后,公有制的理论和实现形式也在实践中逐步发展。从总体来考察,这种发展可以划分为以下三个大的阶段。

第一阶段是前苏联建立和建设社会主义的实践。十月革命之后,前苏联实现了生产资料从私有制过渡到公有制的转变。但是,前苏联建立的社会主义公有制和马克思、恩格斯设想的社会主义公有制至少有两点不同:一是前苏联建立了两种公有制,即全民所有制和劳动群众的集体所有制。而按照马克思、恩格斯的设想,无产阶级取得政权以后,要将一切生产资料收归全社会所有,因此,只存在单一的全民所有制;二是就全民所有制本身来说,前苏联建立的是一种以国有制形式出现的全民所有制,实行国有国营。

---

[*] 本文中的一部分发表在《中共中央党校学报》2000年第1期。

建立集体所有制是对社会主义公有制理论的重大发展。长期以来，马克思主义的理论家们正是以在社会主义社会存在两种所有制为理由来解释社会主义商品生产的。从实践看，它为改造农民和城市大批小生产者开辟了一条集体化的道路。在无产阶级取得政权初期对全民所有制企业采取国有国营的形式也是必要的，但是这种所有制形式后来暴露出越来越多的弊病，如政企不分，所有权和经营权不分，企业缺乏必要的经营管理自主权，预算约束软化，"吃大锅饭"，企业缺乏自我发展的动力和能力等。所以全民所有制企业的改革始终成为社会主义国家改革的一个重点和难点问题。

第二阶段是南斯拉夫实行社会所有制的实践。斯大林逝世之后，从1950年起，南斯拉夫把国家行使所有权的全民所有制（国家所有制）转变成了社会所有制。他们认为，社会所有制既不同于国家所有制，又不同于集体所有制。在这种生产关系中，"存在着作为惟一占有方式的以劳动为基础的占有，并且这种占有应当越来越占统治地位。在这样的生产关系中，工人在自己劳动的基础上直接占有，摆脱了对资本所有者或者对作为资本集体所有者、'职务行使者'的国家的各种形式的雇佣关系。但是他们不能自给自足地、无政府主义地或按照所有权进行占有，只能在相互依赖及对别的工人的同等权利充分负责的基础上实行这种占有。这就使公有制不再是工人与国家这个社会资本垄断管理者之间的关系，而成为劳动人民本身之间的关系。"① 他们的具体做法是：赋予联合劳动基层组织（相当于原来的企业或大企业下面的分厂、车间）法人地位，使它们成为自主经营、自主分配、自我发展、自负盈亏的经济实体，国家不再以所有者的身份，对联合劳动基层组织的生产经营活动进行干预，涉及宏观方面的问题，主要由各级联合劳动组织协商制定的社会计划来实现。用社会所有制来代替国家所有制，这是对社会主义公有制实现形式的重大探索。它实现了劳动者与生产资料的直接结合。这对于发挥企业和职工的积极性，克服官僚主义，命令主义和瞎指挥等弊病都有重要作用。但是，南斯拉夫采用的社会所有制也有许多弊病，主要是：（1）社会所有无法落实。社会（或全体劳动者）是一个十分抽象的概念，它无法使所有权得到具体体现。（2）完全否定国家的全民生产资料所有者的身份，也就削弱了国家对整个社会经济实行宏观管理的职能。而在社会主义条件下又不可能建立起比国家更有权威的其

---

① ［南］卡德尔：《公有制在社会主义实践中的矛盾》，中国社会科学出版社1981年版。

他社会经济中心来行使这种宏观管理职能,这就为宏观经济的失调种下了隐患。(3) 国家不再以所有者的身份取得企业的部分纯收入,不仅无法消除由于企业占用资金和拥有技术装备不同而带来的收入差别,而且失掉了社会积累和宏观平衡的重要手段。(4) 只强调劳动的联合,而否认资本的联合,否定了资本的作用,不符合市场经济的一般原则。尽管有这样一些弊病,但是前南斯拉夫实行的社会所有制无疑是对公有制实现形式的重大探索。后来发生的变化并不是这种探索失败引起的,它有更多的原因。

　　第三阶段是我们中国对公有制实现形式的探索。我们党取得政权之后,对公有制实现形式也进行了探索。而且这种探索范围之大、内容之广泛、时间之长久、成效之显著是世界任何社会主义国家都无可比拟的。早在1956年,我党就提出了过渡时期的总路线:"一化三改造",即实现社会主义工业化,对农业、手工业、资本主义工商业进行社会主义改造。这实际上是对公有制实现形式的广泛、深刻的探索。由此,在农村产生了农业合作社,包括初级社、高级社以及后来政社合一的人民公社等公有制实现形式;在城市产生了合作制企业、公私合营企业等形式。1958年之后,在农村开始出现乡镇工业,在城市也有城市集体所有制企业等公有制形式。它们就是人们通常所说的大集体所有制企业,在以后的年代里,这两种公有制实现形式得到了大量发展,在中国经济中起到了非常重要的作用。1978年十一届三中全会前的这些探索,应该说也是很有成效的。特别是对资本主义工商业采用了建立公私合营企业的形式、对手工业的改造采取了合作企业的形式,农村和城市都发展了集体所有制企业。这些都是史无前例的探索,大大丰富了社会主义的公有制实现形式,在实际的经济生活中也很有成效。但是这一时期的探索,也有不少问题,主要是:(1) 在指导思想上是认为公有化程度越高越好,认为全民所有制比集体所有制好,集体所有制比合作制好,合作制比公私合营好。(2) 对建设社会主义的长期性、艰巨性认识不足。产生了急性病,急于过渡。在农村建立高级社、人民公社、在城市取消公私合营企业等等都是急性病的产物。(3) 不敢借鉴资本主义社会那些与社会化大生产相适应的财产组织形式和企业组织形式。

　　党的十一届三中全会,总结了过去的经验教训,纠正了过去错误思想倾向和思想路线,确立了实事求是的思想路线,开创了改革、建设的新局面。在所有制实现形式方面的探索也取得了长足的进展。比如,强调把所有权和经营权分开,推行以承包制为主要形式的多种经营方式;提出对国有企业进行公司化改组,建立现代企业制度;将小型国有企业改组成股份合作制企业;发展合资企业,等等,都是对公有制实现形式的大胆探索。

二 探索公有制实现形式与塑造社会主义市场经济的主体

从上面的分析我们可以看出,探索公有制实现的新形式是社会主义革命和建设实践提出的迫切要求,是发展社会生产力的要求,是发展商品生产和商品经济的客观要求。

前苏联对公有制实现新式的探索,解决了在社会主义还存在商品生产和商品交换问题。马克思主义的经典作家都认为,商品经济的产生有两个必要条件:一是产生了社会分工;二是出现了不同所有者之间的商品交换。据此他们不仅对私有制下商品经济的产生和发展做了详尽的分析,而且对社会主义条件下的商品生产进行了分析。最先对社会主义商品生产做出分析的是马克思和恩格斯,他们认为,在社会主义社会,虽然社会分工还会存在,而且会越来越细,但是,由于社会不再有不同所有者之间的产品交换,所以,商品交换将被消灭。比如,马克思在《哥达纲领批判》中就曾经指出:"在一个集体的,共同占有生产资料为基础的社会里,生产者并不交换自己的产品,耗费在产品生产上的劳动,在这里也不表现为这些产品的价值,不表现为它们所具有的某种物的属性,因为这时和资本主义相反,个人的劳动不再经过迂回曲折的道路,而是直接作为总劳动的构成部分存在着。"[①] 恩格斯在《反杜林论》中也说过:"一旦社会占有了生产资料,商品生产就被废除,而产品对生产者的统治也就随之消除,社会生产内部的无政府状态将为有计划的自觉的组织所代替。"[②] 列宁不仅在理论上主张消灭商品生产,而且还曾经把这种理论付诸实践。十月革命前列宁在《国家与革命》中曾说,在社会主义条件下"整个社会将成为一个管理处,成为一个劳动平等,报酬平等的工厂"。"在这里,全体人民都成了国

---

① 《马克思恩格斯选集》第3卷,人民出版社1972年版,第10页。
② 同上书,第323页。

家（武装工人）的雇员，全体人民都成了一个全民的，国家辛迪加的职员和工人"。① 既然全国都成了一个管理处，一个大工厂，当然就不存在不同所有者之间的交换关系，商品货币也就没有存在的必要了。十月革命后的战时共产主义时期，前苏联就是按照这种理论建设社会主义经济的。比如1919 年 3 月俄共（布）第八次全国代表大会通过的党章就明确规定"苏维埃政权现时的任务，是坚定不移地继续在全国范围内用有计划有组织的产品分配来代替贸易。"② 只是这种做法使经济遭受了巨大损失，遇到重重困难之后才不得不转为实行新经济政策。斯大林根据前苏联社会主义建设的实践，发展了集体所有制，从而也发展了社会主义商品理论。斯大林认为，在社会主义社会，由于存在着全民所有制和集体所有制，因此这两种所有制之间的交换，集体经济内部各个企业之间的交换都是不同所有者之间的交换关系，因而必然还是一种商品交换关系，还必须按照自愿、等价等商品经济的原则进行。至于全民所有制，他认为，它们仍然像马克思、恩格斯和列宁所描绘的那样一个大工厂或"管理处"，基层全民所有制企业则是这个大工厂或管理处的分支机构，它们之间的产品交换关系仍然不是商品交换关系。应该说斯大林根据当时苏联经济体制的状况做出这种理论解释是正确的。问题是按照这种模式来搞社会主义仍不能很好发挥社会主义的优越性，使经济稳定、高效增长。

前南斯拉夫对公有制形式的探索，也是力图要克服国有制的高度集中的弊病，解决全民所有制内部存在商品市场和商品交换问题，发展社会主义商品生产，所以，在过去的一些较权威性的评论中，学者们称前南斯拉夫的社会主义是市场社会主义。但是前南斯拉夫的领导人和理论家们不是从现实生活的实际出发去进行探讨，也没有借鉴资本主义社会的企业财产组织形式，而是企图从马克思主义的经典著作中去找答案。认为马克思的著作讲的是建立社会所有制（我们翻译成全民所有制），而不是前苏联建立的国家所有制，于是进行了建立社会所有制的广泛试验。正如我们前面分析的那样，这种试验出现了许多问题。

中国自 1978 年进行经济体制改革以来也对社会主义商品经济的理论进

---

① 《列宁选集》第 3 卷，人民出版社 1972 年版，第 258 页。
② 《苏联共产党代表大会代表会议和全体会议文件汇编》第 1 分册，人民出版社 1964 年版，第 546～547 页。

行了广泛的讨论，并已把建立社会主义市场经济（市场经济只不过是现代商品经济的另一种说法）作为中国经济体制改革的目标模式。毫无疑问，这是对社会主义商品经济理论的重大发展。但是，回过头来看，前些年建立的社会主义商品经济理论有很大的不彻底性。众所周知，改革初期，我们是把全民所有制企业的商品交换作为主要对象来探讨的。看起来这是符合逻辑的。因为理论和实践都已经证明了全民企业与集体企业以及集体企业与集体企业之间的交换是一种商品交换，只要能证明全民企业之间也是一种商品交换，就自然可以得出整个社会主义经济是商品经济的结论。然而，传统的商品经济理论却不能证明这一点，于是许多人就去寻找新的根据。他们似乎也找到了，这就是经济利益关系。许多人都认为，全民所有制企业之间之所以还存在商品交换关系，除还存在社会分工之外，最根本的原因就是企业之间、职工之间还必须存在经济利益上的差别。正是由于这种利益上的差别要求各企业之间必须进行经济核算，企业之间的交换也必须按照自愿、等价的原则进行。不过这样一来，又产生了一个新的矛盾。这就是说，解释私有制社会的商品交换关系和社会主义条件下全民企业与集体企业，集体企业与集体企业之间的商品交换关系用的是传统的商品经济理论，解释全民所有制企业之间的商品交换关系则要用"利益差别"的理论。这是很难令人信服的。而且，更重要的是，用利益差别来解释全民所有制企业之间也应该存在商品交换是不科学的。因为利益差别的内涵很广泛，用它来说明商品经济关系产生的原因是不确切的。比如中国许多大企业内部都实行了经济责任制，并把各部门、各生产单位的经济利益和它们完成任务的好坏联系了起来，在收入上拉开了差距，但这些部门、生产单位仍然是企业的分支机构，彼此之间并不存在商品交换关系。可见，利益差别的存在就会产生商品交换关系的说法是缺乏科学根据的。那么，为什么会产生这种理论的不彻底性呢？我认为主要原因是人们思想还局限于传统的全民所有制关系之内，认为全民所有制企业只能通过纯国有企业这一种形式实现，没有认识到或者不敢承认不进行所有制和经营方式的变革，不进行企业制度的创新，使企业对其经营的资产和生产的产品具有现实的所有权，纯国有企业是很难成为独立的商品生产者和经营者的，在原来的全民所有制关系内部是很难产生商品经济关系的。现实经济生活中国有企业之间的"三角债"越来越严重，国有企业借国有银行的债不还，其根源就在于它们不是独立的商品生产者和经营者，它们有国家这个共同的所有者。因此，必须进行国有财产组织形式的探索，如采用股份制、股份合作制企业组织形式等，把原来的国有企业改造成能自主经营、自我发展、自我约束、自负盈亏的市场经济的主体。党的"十五大"肯定了对公有制实现形式的探索，肯定公有制实现形式可以而且应当多样化，不仅进一步肯定了国有企业的改革方向，会加快国有企业的改革步伐，而且对完善社会主义市场经济理论具有重要意义。

三 探索公有制实现形式的多样化 推进国有企业改革

如上所述，中国实行改革开放政策以来，不仅对国有企业的经营管理方式进行了多方面的改革，采取了多种经营方式，而且，在公有制的实现形式上也进行了一些可贵的探索。这些探索有的已经得到社会的广泛认可，有的还存在争论。我们应该继续积极推进这种探索。下面对公有制的几种主要形式及其性质做一些简单分析。

（一）国有企业资产是否要实行分级所有

按照现行体制，国家对国有企业资产的管理实行的是国家所有、分级管理、授权经营、分工监督的体制。具体讲，就是所有国有企业的资产都由国务院统一行使所有权，具体的管理监督由各级政府实施，授权企业自主经营，各级政府对其监督管理的资产享有资产收益权、处分权和选派管理者等项权力。这种管理体制实质上是承认各级政府对其监管的国有资产拥有准所有权。这种管理体制的好处是中央对国有资产有较大的权力，减少界定产权的工作量。但是它也存在着产权关系不明晰，不利于发挥地方政府的积极性等缺陷。为了适应国有企业股份制改造的新形势，我的看法是分级监管将来应该发展为分级所有，即根据谁投资，谁管理和谁收益的原则来确定国有产权的归属问题。

从实质上看，中国现有的国有企业和资产不能量化到人的城镇集体所有制企业以及农村的乡镇企业（合作企业另当别论）并不存在性质和公有化程度方面的区别，而只存在公有化范围和管理方法的区别。村办企业的资产属于某一个村的全体村民所有，由村民委员会行使所有权；乡、镇企业的资产属于某一个乡、镇的全体居民所有，由乡、镇政府行使所有权。

同样，根据国外的做法和我们过去的经验，根据谁投资，谁所有和谁受益的原则，我们也应当将国有企业和国有资产公有化范围适当缩小，把它们界定在某一级政府的管辖范围内。按照现行的行政体制，国有资产可以分解为中央、省（自治区、直辖市、计划单列市）、市、县四级所有，并分别由同级政府来行使所有权。由此，各级政府所有的资产也不应该笼统称为国有资产，而应该视为一级政府所有的资产；由各级政府单独投资建立的企业（包括在界定产权时划归它们的企业）以及它们联合投资形成的企业也不应该再笼统称为国有企业，而应该称它们为公共企业（包括乡镇企业）。如果一定要称为国有的话只有中央政府所有的企业有这个资格。

将公有财产落实到一级政府所有是实行市场经济的国家和地区普遍采用的一种公共财产管理制度。在美国，联邦政府有自己的财产，州政府、县政府等地方政府也有自己的财产；在北欧的一些国家，它们都把政府拥有的企业称为公共企业（the Public Enterprises），而不笼统称为国有企业，如瑞典的公共企业就分为"国家所有（中央政府所有）、地区政府所有，以及地方的市镇所有"；在意大利，除国有企业（中央政府所有），如伊里公司、埃尼公司、埃菲姆公司等外，还有地方政府所有的企业，如市镇企业就属于市政府所有；在日本也有公营企业，其资产分别属于中央政府和地方政府所有，如东京的地铁就分属日本政府所有、东京都所有和营团所有（非私有）；中国的台湾省也存在"国营企业"（台湾当局所有的企业），省营企业（台湾当局所有的企业），县、市营企业（县、市政府所有），甚至国民党还有自己的党营企业。将公有财产落实到一级政府所有，有利于明晰产权，解决企业的所有者缺位问题，加强各级政府对自己所有财产的管理。

其实，我们现在所说的分级监管与分级所有并没有实质性的区别。因为按照现行国有资产监管法规，属于地方管理的企业其资产的处分权、收益权以及相应的人事管理权都归地方，这些都是所有权实现的主要内容。中央政府保留的只是所有权的空壳，并没有实质性的内容。与其保留这种所有权的空壳还不如让地方拥有名副其实的所有权，这样更有利于国有企业的股份制改组和国有资产的管理。

实行分级所有后，中国国有企业实行分级所有，并经过产权关系的重组和股份制改造后，中国现行的国有企业将演变单一政府主体投资的企业、多个政府主体投资的企业、政府控股的企业和政府参股的企业等4种基本形式。单一政府主体投资的企业包括中央政府投资的企业和某一级地方政府投资的企业,它们由中央或某一级地方政府分别投资建立;多个政府主体投资的企业由中央政府和地方政府共同投资建立,有的由地方政府与地方政府共同投资形成,有的由政府投资的多个公共企业联合投资形成,但这些企业已经股份化;政府控股的企业包括由中央政府或地方政府投资,且股份份额占50%以上的企业,在这种企业内部已经实现了各种所有制的混合、融合,它们已经成为一种混合所有制企业,但政府股起主导作用;政府参股的企业是指政府只参股,不控股的企业。以上4种企业形式从性质上可以分为公共企业和民营企业。公共企业包括单一政府主体的公共企业、多政府主体的公共企业和政府控股的企业;其他企业则为民营企业。而且混合所有制企业的形式会越来越普遍。企业组织形式及其变化可以用表1示意:

表1　实行分级所有和资产重组后现行国有企业组织形式的变化

	单一政府主体的企业	多政府主体的企业	政府控股的企业	政府参股的企业
单一政府主体的公共企业	多政府主体的公共企业	多政府主体的公共企业	混合所有制企业*	混合所有制企业
多政府主体的公共企业	多政府主体的公共企业	多政府主体的公共企业	混合所有制企业*	混合所有制企业
政府控股的企业	混合所有制企业*	混合所有制企业*	混合所有制企业*	混合所有制企业
政府参股的企业	混合所有制企业	混合所有制企业	混合所有制企业	混合所有制企业

* 表明它们仍然为政府控股企业。

(二) 国有独资企业及其前景

国有独资企业是公有制的一种重要实现形式。国有独资企业仍然会存在,但是企业的组织形态要发生变化,将主要采用国有独资公司的形式,中国的《公司法》也专门用一章来对建立国有独资公司的具体问题进行了规定。但是,国有独资公司的数量以后不可能很多。党的十四届三中全会通过的《中共中央关于建立社会主义市场经济体制若干问题的决定》对此也有规定,指出:"某些特殊产品的公司和军工企业应该由国家独资经营。"此外,主要的商业银行看来也还要由国家独资经营。另外,国有控股公司将是一种新国有独资企业形式,在今后中国国有资产的营运中将扮演重要角色。不过,这些国有独资企业的经营方式也要改革。

(三) 国有企业的公司制改造

有些人对国有企业进行公司化改造是持批评和反对态度的。他们认为,把国有企业变成股份公司就是搞私有化。这种看法显然是非常错误的。

我们知道,企业制度经历了独资企业、合伙企业和公司企业的发展过程。公司制度出现后,西方的一些学者予以高度评价,有的甚至认为它可以与蒸汽机的发明媲美。在当代也有的学者认为,资本主义之所以还有生命力,有两个重要因素:一是科学技术的发展,使社会生产力有了极大提高;二是利用了股份公司这样的财产组织形式,吸收广大民众参股,在一定程度上缓和了阶级矛盾。马克思对股份公司这种企业组织形式是持肯定态度的。他指出:股份公司的成立,使资本主义的生产方式发生了很大变化,其变化之一,就是"那种本身建立在社会生产方式的基础上并以生产资料和劳动力的社会集中为前提的资本,在这里直接取得了社会资本(即那些直接联合起来的个人的资本)的形式,而与私人资本相对立,并且它的企业也表现为社会的企业,而与私人企业相对立。这是作为私人财产的资本在资本主义生产方式本身范围内的扬弃。"[①] 邓小平同志对借鉴资本主义的经营方式也是积极支持的。早在1986年12月,他在关于《企业改革和金融改革》的讲话中就指出过:"用多种形式把所有权和经营权分开,以调动企业积极性,这是改革的一个重要方面。这个问题在我们的一些同志的思想上还没解决,主要是受老框框的束缚。其实,许多经营形式,都属于发展社会生产力的手段、方法,既可以为资本主义所用,也可以为社会主义所用,谁用得好,就为谁服务。"[②] 在1992年南巡讲话中,针对一些人对证券、股票、股票市场的怀疑和责难,他又一次强调了他的这一观点,指出:"必须大胆吸收和借鉴人类社会创造的一切文明成果,吸收和借鉴当今世界各国包括资本主义发达国家的一切反映现代化生产规律的先进经营方式、管理办法。"[③]

[①] 《马克思恩格斯全集》第25卷,人民出版社1975年版,第493页。
[②] 《邓小平文选》第3卷,人民出版社1993年版,第192页。
[③] 同上书,第373页。

对股份公司的性质我们应该进行具体分析。股份公司是现代企业的一种资本组织形式，资本主义可以用，社会主义也可以用。它们的性质主要取决于哪种性质的股本在公司中占主导地位，起支配作用。如果公有股在公司的股本结构占50%以上，毫无疑问，这种股份公司必定是属于公有制企业。在国外和中国的台湾省，它们的公营企业基本上都是采取有限责任公司和股份有限公司的形式组织起来的，而且对多数企业公共机构并没有掌握100%的股份，只是处于绝对的控股地位，所以这些企业仍旧属于公营企业。比较难界定的是公有股降到50%以下的上市公司的性质。由于上市公司的股权很分散，要在这种公司中起支配作用并不需要占有50%以上的股份，比如，在国外的许多大公司中，最大的股东只不过占有3%~5%的股份，但是它们仍旧能在公司中起支配作用。所以，在上市公司中，即便公有股降到了50%以下，只要公有机构仍是最大的股东，这种公司也仍具有公有制企业的性质，不能把这种企业视为私有企业。

（四）合资企业

合资企业实际上是有限责任公司的一种特殊形式。只不过有来自国外或者港、澳、台的股东。这种企业组织形式今后还会有很大发展。而且，我们的国有企业还在国外举办企业。这些企业的性质都应该具体分析，它们中的不少属于公有制的范畴，即便是私人资本占主体的合资企业也有公有成分，不能笼统地将它们说成是私有企业。

（五）股份合作制企业

股份合作制是近些年来中国出现的一种新的公有制形式和企业组织形式，是改革中出现的新事物。它的迅速发展说明这种公有制实现形式比较适合中国某些领域和地区的生产力发展水平，对改善生产关系和发展生产力都有利。首先，它可以使企业职工从过去的名义上的所有者变为实际的所有者，使职工和生产资料实现直接结合。其次，既体现劳动者的劳动联合，又体现劳动者的资本联合，有利于调动职工群众的积极性和创造精神。再次，能够实现共同富裕，防止两极分化。最后，吸收职工的收入用于企业的发展，既可以缓解企业资金投入的不足，又可以为职工开辟新的投资渠道。

股份合作制比较适宜小企业采用。目前许多地区都把它作为国有小企业和集体企业改造的主要形式,有关资料显示,在已经改革的国有小企业和集体所有制企业中,有50%以上采用了这种形式。

同时,我们也应该看到,这种企业组织形式比较复杂,还很不规范,要支持和引导,不断总结经验,使之逐步完善。规范的股份合作制企业必须既体现劳动者的劳动联合,又体现劳动者的资本联合,因此它必须满足两个基本条件:(1)股份只限于本企业的职工所有;(2)各个成员持股的数量不能相差太悬殊。如果满足不了上述两个条件,那它只能是有职工持股的有限责任公司。

(六)要加强对机构持股的股份公司的研究

近些年来,西方发达国家股份公司的股权结构正在发生一些大的变化。个人持股比例逐步下降,养老金、保险金、共同投资基金等各种机构持股的比例大幅度上升。在英国,这些机构所拥有的上市公司的股票份额在1980年代末已经占股票总值的2/3;在日本,由金融机构和企事业法人等所持的股票份额1992年后一直保持在70%以上;在美国,机构投资者在1990年就拥有全部上市公司股权的1/2,并拥有美国1000家最大上市公司的2/3的股权。随着改革的深入,机构投资者在中国也必将成为重要的投资主体,被这些投资机构所控制的企业其性质也必定不同于私人企业,也会不同于传统的公有制企业,我们应当抓紧时间对它们的性质进行研究。

把握好长远目标和阶段攻坚的关系[*]

中央提出,国有企业改革要"把握好长远目标和阶段攻坚的关系"。这一指示,对于我们努力完成当前正在进行的国有企业改革和发展的阶段攻坚任务,并进一步深化改革,实现国有企业改革和发展的长远目标具有十分重要的意义。

一 国有企业改革是一项长期而艰巨的任务

国有企业改革是一项复杂的系统工程,我们既要充分认识推进国有企业改革的重要性和紧迫性,又要清醒地看到这项工作的艰巨性和长期性,有步骤分阶段地进行,而不可能毕其功于一役。这是因为:

把传统的国有企业制度改革成适应社会主义市场经济的现代企业制度,是一项史无前例的工作,在理论上和实践上都还需要进行许多探索。比如,如何才能在保持公有制性质的前提下实现国有企业的自主经营、自负盈亏;如何才能在企业内部建立起规范的法人治理结构,形成健全的高层经理人员的激励与约束机制;如何才能建立起有效的国有资产管理体系,既保证国有资产的安全,又使其得到有效使用,实现保值增值,等等。解决这些问题,既需要进行理论探索,又需要积累实践经验。

国有企业改革面临着许多实际的困难。主要表现为以下几个方面:(1)实现投资主体多元化难度大。从某种意义上说,没有所有者(投资者)主体的多元化,就没有真正规范化的公司。中国的《公司法》虽然规定了国有独资公司的形式,但是同时也规定了只有个别特定行业和生产特殊产品的企业才可以成立国有独资公司。从改革的实践来看,许多国有企业虽

---

[*] 原载《人民日报》2000年4月25日。

然改组成了国有独资公司,但这些公司却很难实现政企分开,很难成为自主经营、自负盈亏的法人实体。这说明,在国有制条件下要实现所有者主体的多元化不是一件容易的事情,既有认识方面的问题,也存在不少实际问题。(2)企业债务负担沉重。很多国有企业资产负债结构不合理,不少企业资产负债率在70%以上,有些甚至已经资不抵债,面临破产清算。这种状况给国有企业改革造成了极大困难,解决这一问题不是短时间能做到的。(3)企业办社会的问题很普遍。多数国有企业都办有学校、医院、托儿所、幼儿园等非经营性的公益性事业,有些企业的辅助生产部门也很庞大,将它们从企业分离出去,以减轻企业办社会的负担,是一项十分艰巨而复杂的工作。(4)富余人员多。据测算,在中国国有企业里,存在30%左右的富余人员,在一些老企业这一比例更高,而要为这些富余人员寻找出路涉及许多方面的问题。

国有企业改革必须与相关改革配套进行。国有企业改革是中国整个经济体制改革的中心环节,它不仅涉及微观经济体制的改革,而且涉及宏观经济体制的改革,因此,它不可能单项推进,必须与其他相关改革配套进行。近几年来,中国在财政体制、税收体制、金融体制、外汇体制、劳动人事制度等方面出台了一系列重大的改革措施,初步改变了这些领域改革长期滞后的状况,国家对企业进行间接调控的宏观管理体制的基本框架已经形成。但是,这些改革还是粗线条的,必须随着国有企业改革的深化和中国经济融入经济全球化的进程逐步细化和完善。还有一些改革,如社会保障制度、银行制度等方面的改革刚刚起步,成了深化企业改革的制约因素,这些方面改革的最终完成,也需要一段较长时期的努力。

国有企业改革需要建立和完善相应的法律法规体系。中国已出台了一系列法律法规,为国有企业改革的深化提供了法律保证,对现代企业制度的建立起到了促进作用。但是,从总体上来看,中国的法律法规体系还很不健全,立法工作还不适应经济体制改革进一步深化的需要,围绕建立现代企业制度还必须制定一系列法律法规,如国有资产经营管理方面的法律、国有企业产权交易(重组)方面的法律、建立国有控股公司的法律、社会保障方面的法律、反垄断方面的法律、拍卖法等,它们都与建立现代企业制度密切相关。必须把建立现代公业制度与建立和完善有关的法律法规结合起来进行,并加强公正执法的力度,规范企业行为,保证市场的正常秩序,保证公平竞争,为国有企业改革创造必要的法制环境。

二 坚定不移地推进建立现代企业制度的改革

国有企业改革的长远目标是使国有企业能与社会主义市场经济相适应，成为自主经营、自负盈亏、自我发展、自我约束的法人实体和市场竞争主体，解放和充分发挥国有企业的生产力，提高国有企业的经济效益和市场竞争力，更好地发挥国有经济在国民经济中的主导作用。为此，必须对国有企业进行公司化改组，建立起"产权清晰、权责明确、政企分开、管理科学"的现代企业制度。这是经过20多年理论探索和改革实践得出的正确结论。这个总目标的确定，对我们统一认识，明确国有企业改革的方向和基本途径具有十分重要的作用。它标志着中国国有企业改革从扩权让利向转换经营机制的转变，从管理体制的变革向制度创新的转变，从单一国有制向国有制实现形式多样化的转变，从单项推进向整体配套推进的转变。

总目标是长远目标。围绕这一目标，还要研究提出中国现代企业制度科学的、规范的标准，明确具体目标。只有既有明确的总目标，又有清晰的具体目标和要求，才能分阶段组织实施。国有企业改革的总目标至少可以分解为以下几个方面：（1）把大多数国有大中型企业改组成股权多元化的有限责任公司或股份有限公司。除极少数必须由国家垄断经营的企业外，绝大部分企业要逐步实现股权多元化。中型企业可以改组成股权多元化的有限责任公司，大型企业可以改组成股权分散化的股份有限公司。（2）建立起规范的法人治理结构。严格按照《公司法》的规定设立股东大会、董事会、监事会，明确各自的权利和责任，处理好董事会和经理层的关系、"新三会"和"老三会"的关系。（3）通过人事制度、分配制度等的改革，建立起有效的高层经理人员的激励与约束机制。（4）全面推行合同制，建立起"双向选择"、职工能进能出的劳动制度和奖勤罚懒、多劳多得的分配制度。同时，配合劳动制度和分配制度的改革，完善社会保障制度，扩大覆盖面，提高保险费征缴率。（5）企业内部建立起科学的、严格的管理制度。不仅要强化各项专业管理，抓好以战略管理为重点的综合性管理，还要根据公司制的要求调整好企业内部的管理组织结构。大型的集团公司必须处理好母子公司的关系、集团内部集权和分权的关系，发挥子公司和各基层经营单位的积极性。外向型企业和外向型集团公司还必须建立起适应国际化经营的管理制度，为参与国际市场竞争创造条件，为向跨国公司发展创造条件。（6）建立科学有效的国有资产管理体系。按照谁投资、谁所有、谁受益的原则，明晰产权，理顺国有资产管理体系，充分发挥中央政府和地方政府的积极性，确保国有资产的安全和有效营运。（7）深化宏观管理体制的改革，完善市场体系，加快中介机构的发展，加强法制建设，为国有企业建立现代企业制度提供良好的外部环境。

实现总目标及其各项具体目标必须分阶段进行，认真打好每一个阶段的攻坚战。我们利用三年时间，已经完成了建立现代企业制度的试点，积累了不少经验；现在又正在进行三年改革和脱困的新战役。这一战役完成后，我们还会提出今后五年、十年的奋斗目标。只要我们不偏离方向，有计划地一个战役一个战役地进行，国有企业改革的总目标就一定能够实现。

三　打好当前的攻坚战具有十分重要的意义

党的"十五"大和十五届一中全会提出，用三年左右的时间，使大多数国有大中型亏损企业摆脱困境，力争到本世纪末大多数国有大中型骨干企业初步建立现代企业制度。这是近三年国有企业改革和发展的两个阶段性攻坚目标。它们是相互联系、相互促进的。实现脱困的目标可以为深化改革创造条件，使建立现代企业制度的工作较顺利地开展；实现改革的目标则可以为企业摆脱困境提供制度保证，减少反复。

两年来，我们在国有企业改革和脱困方面做了大量工作，取得了很大进展，国有企业的经济效益已经明显回升。1999年，大多数工业行业和省、自治区、直辖市的国有企业效益好于上一年。东北三省实现了较大幅度的减亏增盈，辽宁省扭转了国有企业连续57个月净亏损的被动局面，亏损面从1997年的51%下降到了35%。纺织行业尤为突出，到1999年底，压锭906万枚，分流人员116万，已实现全行业扭亏为盈，三年目标提前一年实现。

2000年是实现这两个目标的最后一年，也是决战之年。打好这场攻坚战，实现这两个阶段性目标，具有十分重要的意义。

1. 有利于坚定搞好国有企业的信心。当前，国有企业的体制转换和结构调整进入攻坚阶段，一些深层次矛盾和问题集中暴露出来，一些国有企业出现了困难。有些人据此对国有企业建立现代企业制度的改革方向产生了怀疑。有人认为，国有经济就是"亏损经济"、"补贴经济"，主张要彻底实行私有化；也有人认为国有企业过去运行的很好，是改革使得国有企业日子越来越难过，因此，主张恢复传统的计划经济体制和做法；还有人认为三年时间太短，对实现改革和发展的两个阶段性目标信心不足。这些看法和主张容易搞乱人们的思想，干扰改革的方向。前两种看法和主张显然是错误的，第三种看法也是缺乏根据的。

目前，国有企业出现的困难并不是改革本身造成的，更不是改革的方向有问题，而是改革不到位和改革滞后造成的。国有企业目前的困难除了其经营机制不适应社会主义市场经济外，还与承担过多的改革成本有密切关系，与整个经济体制、经济环境变化有关。不分青红皂白，把国有企业的困难归结为国有企业本身就是"亏损经济"、"补贴经济"，主张消灭国有经济，彻底实行私有化，这种主张是与我们的改革目标和方向背道而驰的，是十分有害的。不顾经济体制、经济环境的变化，坚持过去的那一套也是行不通的。因此，实现国有企业改革和脱困的两个阶段性目标，有利于排除来自"左"和右的干扰，有利于鼓舞士气，坚定实现长远目标的信心。

2. 有利于为实现长远目标打好基础。中国国有企业数量多，覆盖面广，无论是改革和发展都不可能齐步前进，必须突出重点。大中型企业是中国国有经济的骨干力量，抓"两个大多数"就是突出重点。大多数大中型骨干企业初步建立起了现代企业制度，就会带动其他企业的改革；大多数大中型亏损企业摆脱了困境，就会提高国有经济的整体效益。同时，国有企业建立现代企业制度不是一朝一夕就能实现的，也有一个不断完善的过程。大多数国有企业进行了公司制改组，就使这些企业建立起了现代企业制度的基本框架，为这些企业转换经营机制奠定了制度基础，在这个基础上继续努力，就能够建立起完善的现代企业制度。

3. 有利于整个国民经济持续快速健康发展。由于受亚洲金融危机的影响，近两年亚洲和整个世界的经济发展都遇到了一些困难。中国政府采取了以积极的财政政策为主的宏观调控措施，减轻了这场危机对中国经济的冲击，保持了7%以上的增长速度。但是，中国经济仍面临内需乏力、出口增速减缓、民间投资热情不高、引进外资的速度和数量下降、企业开工不足、大批生产能力闲置、工人下岗失业增多等诸多困难。此外，我们还面临国内外经济发展中的一些不确定因素，面临加入WTO的挑战。实现国有企业改革和发展的这两个阶段性目标，无疑会在一定程度上减轻中国经济发展中的一些压力，提高国有企业的素质和竞争力，提高中国企业抵御风险的能力，从而对中国国民经济走出低谷起到促进作用。

中国不同所有制企业治理结构的比较与改善[*]

经过 20 年的渐进式改革探索，中国企业逐渐认识到公司治理结构是现代公司制的核心，要建立现代公司制必须建立规范的公司治理结构。问题还不仅仅表现于此，由于转轨经济背景下中国存在大量的具有各种产权特征的不同所有制企业，这些企业又呈现出不同的动态演进的治理模式。因此，中国企业的治理结构问题具有重要的比较研究价值。

一 公司治理与治理模式：基本观点

尽管公司治理结构这一术语被广泛使用，但迄今为止并没有形成一个统一的定义，甚至可以认为存在有关公司治理结构的"语义丛林"。一个相对普遍的界定是 1999 年 5 月经济合作与发展组织（OECD）理事会在《公司治理结构原则》中给出的："公司治理结构是一种据以对工商公司进行管理和控制的体系。公司治理结构明确规定了公司的各个参与者的责任和权利分布，诸如，董事会、经理层、股东和其他利害相关者。并且清楚地说明了决策公司事务时所应遵循的规则和程序。同时，它还提供了一种结构，使之用以设置公司目标，也提供了达到这些目标和监控运营的手段。"

从理论上分析，两方面原因决定了公司治理结构这种制度性安排十分必要（哈特，1996）。一方面是由于代理问题的存在，尤其是现代公司中存在着所有者和经营者的委托代理关系，公司组织成员间利益有冲突，需要一套解决代理问题的授权和权力制约的制度性安排；另一方面原因是，契约是不完全的，交易费用之大使成员之间的利益冲突（代理问题）不可能

---

[*] 本文为作者与黄群慧同志合写，原载《中国企业经济》2001 年第 7 期。

完全通过契约解决。本文无意对公司治理结构的理论内涵进行深入探讨，只从进一步比较分析研究角度给出关于公司治理和治理模式的以下几个基本观点。

第一，公司治理结构是有关所有者、董事会和高级执行人员即高级经理人员三者之间权力分配和制衡关系的一种制度安排，表现为明确界定股东大会、董事会、监事会和经理人员职责和功能的一种企业组织结构。从本质上讲，公司治理结构是企业所有权安排的具体化，[①] 是有关公司控制权和剩余索取权分配的一整套法律、文化和制度性安排，这些安排决定了公司的目标、行为，决定了在公司的利益相关者中在什么状态下由谁来实施控制、如何控制、风险和收益如何分配等有关公司生存和发展的一系列重大问题（张维迎，1996）。

第二，公司治理存在两类机制，一类是外部治理机制，指来自企业外部主体（如政府、中介机构等）和市场的监督约束机制，尤其是指产品市场、资本市场和劳动市场等市场机制对企业利益相关者的权力和利益的作用和影响，例如兼并、收购和接管等市场机制（被称为公司治理市场、控制权市场等）对高级管理人员控制权的作用；另一类是内部治理机制，是企业内部通过组织程序所明确的所有者、董事会和高级经理人员等利益相关者之间权力分配和制衡关系，具体表现为公司章程、董事会议事规则、决策权力分配等一些企业内部制度安排。

第三，有效的或理想的公司治理结构标准包括：一是应能够给经营管理者以足够的控制权自由经营管理公司，发挥其经营管理者才能，给其创新活动留有足够的空间。二是保证经营管理者从股东利益出发而非只顾个人利益使用这些经营管理公司的控制权。这要求股东有足够的信息去判断他们的利益是否得到保证、期望是否正在得到实现，如果其利益得不到保证、期望难以实现，股东有果断行动的权力。三是能够使股东充分独立于

---

① 这里需进一步引申说明的是，虽然公司治理问题产生于现代公司制的所有权和经营控制权的分离，但本文旨在比较中国不同所有制企业的治理结构，本文已经从"公司治理"的概念扩展到包括现代公司制以外的各种企业形式（如古典企业、国有企业等）在内的"企业治理"的概念。与这里所论述的公司治理结构的本质相对应，企业治理结构是企业所有权安排的具体化，是有关企业控制权和剩余索取权分配的一整套法律、文化和制度性安排，这些安排决定了企业的目标、行为，决定了在公司的利益相关者中在什么状态下由谁来实施控制、如何控制、风险和收益如何分配等有关企业生存和发展的一系列重大问题。实际上，本文在接下去的分析中基本是不加区分地使用公司治理和企业治理的概念。

职业经营管理者，保证股东自由买卖股票，给投资者以流动性的权力，充分发挥开放公司的关键性优势（郑红亮，1998）。

第四，随着世界上许多计划经济体制国家纷纷向市场经济体制转轨，人们的注意力开始集中于市场经济国家的不同模式上，而公司治理结构模式的差异是市场经济模式不同的集中体现。建立什么样的公司治理结构，进而选择何种市场经济模式成为转轨经济国家非常关注的主题。所谓一个国家的公司治理模式是对在该国占主导地位的公司治理结构的主要特征之归纳。

第五，关于世界范围内的公司治理模式，一种典型的分类是莫兰德（Moerland，1995）给出的"二分法"：一是以美、英和加拿大等国家为代表的市场导向型（market-oriented）模式，二是以德、日等国为代表的网络导向型（network—oriented）模式。

市场导向型的特征为存在非常发达的金融市场；公司的所有权结构较为分散，开放型公司大量存在；公司控制权市场非常活跃，对经营管理者的行为起到重要的激励约束作用；外部经营管理者市场和与业绩紧密关联的报酬机制对经营管理者行为发挥着重要作用。其优点是存在一种市场约束机制，能对业绩不良的经营管理者产生持续的替代威胁。这种模式不仅有利于保护股东的利益，而且也有利于以最具生产性方式分配稀缺性资源，促进整个经济的发展。但市场导向型模式的不足也是明显的：易导致经营管理者的短期化行为，过分关注短期有利的财务指标；过分担心来自市场的威胁，不能将注意力集中于有效的经营管理业务上；缺乏内部直接监督约束，经营管理者追求企业规模的过度扩张行为得不到有效制约。

网络导向型模式的特征是公司的股权相对集中，持股集团成员对公司行为具有决定作用；银行在融资和企业监控方面起到重要作用；董事会对经营管理者的监督约束作用相对直接和突出；内部经理人员流动具有独特作用。网络导向型的优点在于，有效的直接控制机制可以在不改变所有权结构的前提下将代理矛盾内部化，管理失误可以通过公司治理结构的内部机制加以纠正。但由于缺乏活跃的控制权市场，无法使某些代理问题从根本上得到解决；金融市场不发达，企业外部筹资条件不利，企业负债率高，这些缺陷是该模式的重要问题所在。

关于这两类模式的业绩，并没有实证数据和理论分析说明哪一类更优。比较这两类模式，取长补短，无疑是改进公司治理结构的必然选择。

莫兰德（Moerland，1995）的研究表明，从长期发展趋势看，由于产品和金融市场的全球化趋势，上述两类模式似乎逐渐趋同。在美国，金融机构作为重要股东的作用正逐渐增强；而在日本，主银行体制的中心作用正在削减。

二 中国企业三类治理模式的比较

中国企业所有制格局已呈明显的多元化趋势，这必然导致不同所有制企业的治理模式的巨大差异。实际上我们甚至很难像莫兰德（Moerland，1995）归纳美国公司治理模式和日本公司治理模式那样，用一种模式来概括中国企业的治理模式。要全面描述中国不同所有制企业治理结构状况，分类比较研究是必然的选择。基于对公司治理结构的基本认识和对中国不同所有制企业状况的基本判断，我们认为中国企业存在3类治理模式，即政府主导型治理模式、家族主导型治理模式和法人主导型治理模式。这3类治理模式构成本文比较分析的对象。关于比较对象的具体比较指标也就是治理结构的描述维度，我们将从股权结构、内部治理机制、外部治理机制3个角度对每类治理模式进行分析。

（一）政府主导型治理模式

1. 企业所有制类型与股权结构

政府主导型治理模式主要存在于未进行公司化改造的国有企业、国有独资公司以及国有控股的股份有限公司和有限责任公司中，其股权结构的特点是高度集中。在国有控股的股份有限公司中，有一定数量的国有上市公司。由于中国上市公司的独特制度，占上市公司总股本一半左右的国有股是不能够流通的，实际上国有控股的上市公司的治理结构仍具有典型的国有企业治理结构的特征，仍属于政府主导型治理模式。

以上市公司为例，国有股股权在公司总股本中占绝对优势，股权高度集中，国有股股东是大多数上市公司的惟一大股东。截至1998年末，中国共有上市公司851家，国家股占总股本比重为34.24%，从单个股东而言，国家股仍然处于第一大股东地位。以1999年5月14日深沪两市全部862家公司为有效样本进行统计，共有541家上市公司设有国家股，占样本总数的62.76%，其国家股所占的比例分布见表1。在541家设置国有股权的上市公司中，其平均持有国家股的比例为45%左右，其国家股比例最高为88.58%，国家股比例最低为1.31%。541家有473家公司的国有股权处于绝对或相对控股地位，占全部设置国有股权上市公司的87.43%。国家股持股主体为国有资产管理局、国有资产经营公司或集团总公司、国有控股公司、企业主管部门和财政局等，这些国家股持股主体行政化色彩很浓（参见表1）。

表1　　上市公司国家股股权所占比重分布（截至1999年5月14日）

区间（%）	0~10	10~20	20~30	30~40	40~50	50~60	60~70	70~80	80~100
国家股在相应区间的公司数（家）	43	38	71	83	78	95	75	52	6
占样本总数比重（%）	7.95	7.23	13.12	15.34	14.42	17.56	13.86	9.81	1.11

资料来源：张宗新、孙晔伟：《股权结构优化与公司治理的改进》，载《经济评论》2001年第1期。

另外，从企业治理角度分析，属于公有制经济重要组成部分的集体企业中的一些企业，其治理结构也呈现政府主导型治理的特征。这其中也包括曾被有的学者描述为"界定模糊的合作企业"的乡镇企业（威茨曼、许成钢，1997）中的一些，只是其"主导政府"为乡镇政府。我们认为，近年来，集体企业的治理结构发展呈现两极分化趋势，一些集体企业随着地方政府对企业的控制加强而呈现政府主导型特征，另一些集体企业则随着企业家族势力的扩张而呈现家族主导型治理特征。实际上，很多私营企业是以集体企业的名义注册的，这被称为"红帽子"现象。

2. 内部治理

从内部治理角度分析，作为大股东代表的政府（包括各级政府及政府所属各类部门、机构和行政色彩浓厚的控股公司、集团公司）并不是一个积极有效的股东。青木昌彦（1995）的"内部人控制（Insider control）"观点可以用于概括政府主导型治理模式内部治理机制的主要特点。青木昌彦认为，在转轨经济中，由于计划经济体制的停滞，计划权力的下放，企业经理人员获得了不可逆转的权威，而经理人员利用计划经济体制解体后对权力监督约束的真空，进一步加强其控制权，"经理人员事实上或依法掌握了控制权，他们的利益在公司的战略决策中得到了充分体现"。一些实证研究表明，政府主导型治理模式的企业的董事会决策职能和经理阶层执行职能并不能真正分离，董事长和总经理一人兼、董事会和经理班子的人员基本重合或大面积交叉的现象十分严重。据1998年一份对百家股份公司的调查，65%的公司采用的是董事长兼任总经理的体制，而董事长与总经理分别由两人担任的公司只有35%（田志龙等，1996）。1997~1998年上市的上市公司董事会和经理班子的人员重合率（董事会中经理班子成员的数量/董事会总人数）为54.8%，1997年以前上市的上市公司董事会和经理班子的人员重合率高达67.0%（陈湘永等，2000）。

政府主导治理模式的另一个相关问题是，在股权高度集中的条件下，中小股东参与公司经营决策的程度相当低，中小股东特别是小股东缺乏监督约束经理人的动力与手段。以1997年沪市387家上市公司为样本，根据上市公司股东代表情况可以看出，出席股东年会的人数在50人以下的公司家数为174家，占有效样本的44.9%；出席股东年会的人数在100人以下的公司家数为250家，占有效样本的64.5%；出席股东年会的人数在200人以下的公司家数为307家，占有效样本的79.3%（张宗新、孙晔伟，2001）。

在政府主导治理模式下，企业经营管理者的报酬制度的激励作用较小。这不仅表现在国有企业经营管理者的总体报酬水平较低，而且报酬结构过于单一，缺少具有长期激励作用的股权激励。据中国企业家调查系统2000年的调查表明，1998年年工资收入在6万元以上的私营、外商及港澳台投资企业、股份有限公司的经营者收入比重分别为50.8%、38.4%和27.3%，而国有企业经营者年收入在6万元以上的比重只有4.5%。从报酬结构看，大约80%左右的国有企业经营者的名义报酬结构还较单一，没有起到报酬机制应该有的激励作用。实际上，在政府主导治理模式下，有效的名义报酬激励机制是"空缺"的，真正起激励作用的是控制权以及由于控制权而产生的过度"在职消费"和隐性收入（黄群慧，2000）。

政府主导型内部治理机制的有效性还有赖于能否正确处理由股东（大）会、董事会、监事会构成的"新三会"和由党委会、职工代表大会、工会构成的"老三会"之间的关系。

3. 外部治理

在政府主导型治理模式中，政府作为大股东代表，其作用更多地表现为外部治理。这种作用并不是通过市场机制体现出来的，而是表现为其对经营管理人员的任命权、对企业重大决策的审批权和对经营管理者的经营活动的外部监督约束权（如外派财务总监、定期和不定期的审计等）。中国企业家调查系统2000年的调查表明，从1979年改革开放到现在，政府指派产生一直是选拔国有企业经营者的主要方式，比重为76%~80%左右。即使已进行公司制改造的国有公司也是如此，国家体改委试点办公室对30家公司制试点企业的调查表明，由董事会起决定作用而产生的总经理占30%，由政府或主管部门起主导作用产生的总经理占70%（邹东涛等，1998）。中国企业家调查系统（2000）的调查还表明，对于国有和集体企业而言，最能有效监督约束企业经营者行为的部门是上级政府部门和财务审计部门。

与政府从外部对企业直接监管相对应，兼并、收购和接管等市场机制在政府主导治理模式中较少发挥监督约束作用。实证研究表明，国有绝对控股的上市公司较少涉及并购之类的市场行为，即使发生控制权转移，也主要是通过国有股的协议转让和划拨方式，而非二级市场的收购方式。如果根据股权结构特征将上市公司分为3类，第一大股东所占股份比例低于20%的公司（Ⅰ类公司），第一大股东所占股份比例20%~50%的公司（Ⅱ类公司），第一股东所占股份比例超过50%的公司（Ⅲ类公司），选择1993年底以前上市的174家公司为样本（其中Ⅰ类公司22家，Ⅱ类公司为83家，Ⅲ类公司69家，Ⅲ类公司中国家股为最大股东的公司有61家），计算其1994~1998年5年间发生的购并交易次数。结果表明，股权分散的Ⅰ类公司收购兼并发生的平均总次数（0.64次）远远高于股权集中的Ⅱ类公司（0.30次），为Ⅱ类公司的2.1倍，更高于Ⅲ类公司的平均兼并次数（0.22次），为Ⅲ类公司的2.9倍，Ⅱ类公司收购兼并发生的平均总次数也为Ⅲ类公司的1.4倍（孙永祥、黄相辉，1999）。

（二）家族主导型治理模式

1. 企业所有制类型与股权结构

与家族主导型治理模式相适应的企业所有制类型是私营企业和相当数量的集体企业。私营企业的具体组织形式主要是独资企业、合伙企业和有限责任公司。近年来，私营企业中的有限责任公司增长最快。1992年，私营企业总户数中独资企业、合伙企业和有限责任公司的比重分别为55.3%、32.0%和12.7%。到1997、1998年，私营企业总户数中独资企业比重分别下降到40.3%、36.8%，合伙企业的比重分别下降到13.6%、11.5%，而有限责任公司的比重上升到46.1%、51.8%（中国社会科学院工业经济研究所，2000）。

据1999年一份对私营企业治理结构的调查表明，私营企业股权结构基本情况是：私人股份所占比例在92%，企业主个人股份比例高达66%，同姓弟兄（2～3人）股份比例为14%，异姓弟兄（2～3人）股份比例为3%，企业业主和其亲友股份所占比例之和达83%；技术人员、管理人员和其他人员各占3%的股份，集体股份约占3%，其他法人股份约占2%，乡镇政府约有2%的股份。这一切都表明，私营企业具典型的家族制企业特征（郭朝先，2000）。

需要说明的是，截至1998年底，上市公司中有53家属于非国有企业，第一大股东平均持股比例为33.03%，虽然明显低于整体上市公司40%以上的第一大股东平均持股水平（陈湘永，2000），但对于上市公众公司而言，其股权集中程度仍较高。我们推测这53家非国有上市公司中可能有一定比例的公司治理具有家族主导型治理模式的特征。

2. 内部治理

家族主导型治理模式的内部治理机制是以血缘为纽带的家族成员内的权力分配和制衡为核心的。虽然很多大型私营企业都建立了股东大会、董事会、监事会和总经理办公会等组织和相应制度，逐渐向规范的现代公司制靠拢，但家族控制特征仍很突出。一是董事会成员、经营管理人员的来源具有封闭性和家族化的特征。据1998年第三次全国私营企业普查资料，私营企业中已婚企业主的配偶50.5%在本企业中从事管理工作，9.8%负责购销，企业主的已成年子女20.3%在本企业中从事管理工作，13.8%负责购销。二是企业决策以企业业主个人决策为主。虽然存在董事会、股东会、经理办公会，但家族主导型治理模式的重要决策仍是以企业家个人决策方式为主（见表2），私营企业企业主大权独揽，董事会决策功能并没有得到很好的发挥。

家族主导型内部治理在一定程度上解决了管理阶层的激励问题。这不仅是因为管理阶层成员中有相当比例的家族成员，剩余索取权和控制权匹配程度大，还在于对管理阶层成员的高工资水平以及通过实施股权赠与等长期激励报酬制度的较为普遍的实施。

表 2　1997 年被调查私营企业的重要决策和一般管理决定的产生方式

决策主体	经营决策	一般管理决定	决策主体	经营决策	一般管理决定
业主本人	58.8	54.7	董事会	11.0	10.0
业主和主要管理者	29.7	34.5	其他人	0.2	0.4
业主和其他人	0.3	0.4	合　计	100.0	100.0

资料来源:《中国私营企业发展报告（1978~1998）》，社科文献出版社 1999 年版。

3. 外部治理

从家族控制角度而言，家族主导型治理基本不依靠外部市场机制来激励约束经理人员。但对于整个家族企业而言，产品市场、资本市场和劳动市场的激烈竞争时刻威胁着企业的生存，破产、兼并、收购和重组等市场机制给家族企业的企业家和管理阶层提供生存压力，这将对企业主和管理人员的行为产生一定的激励和约束作用。

（三）法人主导型治理模式

1. 企业所有制类型与股权结构

这里所谓的法人包括各类企业法人、投资机构、基金和银行等。由于中国现在各类基金和投资机构发展相对较慢，再加之各种原因这类机构参与公司治理的积极性也较低，因而中国公司治理中还缺少类似于近些年在美国公司崛起的积极参与公司治理的机构投资者。又由于在中国，银行不能作为投资者成为企业的股东，类似于日本的主银行体制也不可能在中国形成。但在中国，企业法人作为股东的各类公司却大量存在，如联营企业、中外合资经营企业、法人控股的各类股份有限公司和有限责任公司。这些"法人所有"的公司中可能会产生不同于政府主导型和家族主导型的法人主导型治理模式。[1]

在中国上市公司中，法人股股权占有相当高的比重，并有逐步上升并超过国家股的趋势，1992 年底法人股在总股本中的比重为 18.34%，到

---

[1] 应该说明的是，虽然"法人所有"在经济学和法律方面还缺少深刻的理论根据，但这并不妨碍法人主导型治理模式的独立存在，因为在公司治理中，法人股东参与公司治理的积极性和表现是不同于政府股东和私人股东的，这一点在接下去的法人主导型内部治理问题的分析中将得到说明。

1998年底则上升到28.33%。由于中国国家股不能上市流通，国家股只能通过协议受让的方式转让给法人股东。同时在上市公司资源相对稀缺的情况下，许多企业通过购买国有股权"借壳上市"，导致法人股比重呈上升趋势。① 一份针对1999年440家沪市上市公司的研究表明，股权较为分散的公司有102家，法人控股型公司有105家，国家控股型公司有233家（施东晖，2000）。

2. 内部治理

与国有股股东相比，法人股股东在公司内部治理方面是积极有效的。一般地说，法人进行股权投资的基本动机是获得投资收益，再加之法人股不能上市流通，法人股的持有者不以追求市场短期价差为目的，因而更有积极性参与董事会的决策。实际上，对于很多上市公司而言，在国有股股东缺位、流通股股东难以参与企业决策的情况下，法人股股东成为最有积极性参与上市公司治理的一方。即使是法人股的根本产权属性是国有，与国有股相比，法人股也更具有"经济人"人格化特征，法人股的股东代表也将比国有股股东代表——政府官员更能够承担参与决策的风险。因此，在法人主导型治理模式中，其内部治理机制一般是有效的。实证研究也表明，在竞争性领域中，法人控股型上市公司的绩效要优于国家控股型上市公司（陈晓、江东，2000；施东晖，2000；许小年、王燕，2000）。

法人主导型治理模式一般也较重视对经营管理者的激励。统计表明，上市公司中法人控股型公司的董事会成员的薪金平均水平和持有本公司股票的平均数量要高于国家控股型公司的相应水平。如1995年上海证券交易所16家法人控股型公司的董事会成员薪金年度平均水平为40618元，36家国家控股型公司的董事会成员薪金年度平均水平为24242元（许小年、王燕，2000）。在法人主导型治理模式下，法人股东的内部直接控制机制还表现为大法人股东通过其董事会的相应席位而拥有撤换经营管理者的权力。

3. 外部治理

法人主导型治理模式较少地依靠并购之类的外部市场治理机制，这一方面是因为法人股东通过董事会直接监控比较有效，利用外部市场监控的

---

① 虽然没有具体的资料说明中国上市公司中法人股股东进一步的产权属性（国家所有还是私人所有），但就经验观察和一些不规则的统计分析可以看出，法人股股东中的国有产权占控制地位的比例很高。

必要性减少；另一方面是因为中国缺少一个真正规范的并购市场，虽然国有股和法人股可以通过协议进行转让，但审批手续复杂，交易费用高。与政府主导型治理模式相比，法人主导型治理模式对外部市场机制的依靠程度要大。

归结上述三种治理模式，可用表3描述各自的典型特征。

表3　　　　　　中国企业三类治理模式的典型特征描述

模式 项目	政府主导型治理模式	家族主导型治理模式	法人主导型治理模式
企业所有制类型与股权结构	·主要是国有及国有控股企业，也包括少量集体企业 ·股权结构的特别是高度集中控制	·主要存在于私营企业和部分集体企业中 ·股权主要集中于家族成员手中	·主要存在于法人控股的公司制企业中 ·股权相对集中
内部治理	·以内部人控制为特征 ·董事会的决策职能与经理的执行职能不能分离 ·中小股东决策参与程度低 ·有效的经营管理者的激励约束机制欠缺 ·企业各权力组织之间关系复杂	·企业主个人决策或家族成员内部决策为主 ·经营管理人员的来源具有封闭性的家族化的特征 ·重视对管理人员的报酬激励	·法人股东积极参与董事会决策 ·内部治理机制比较有效 ·比较重视对管理人员的报酬激励 ·通过其董事会的相应席位而拥有撤换经营管理者的权力
外部治理	·经营管理人员的任命权 ·对企业重大决策的审批权 ·对经营管理者的外部监督约束权 ·兼并、收购和接管等市场机制很少发挥作用	·很少依靠外部市场机制的作用 ·产品市场、资本市场和劳动力市场的竞争对整个家族企业的巨大压力	·较少依靠外部市场机制的作用，但比政府主导型治理模式对外部市场机制的依靠程度要大

资料来源：作者自己整理。

三　结论：中国企业治理结构的规范

第一，中国不同所有制企业的三类治理模式是在中国经济市场化改革的背景下逐渐演进形成的,而且随着市场化改革的深入这些治理模式会逐渐得到进一步改善。从发展趋势看,政府主导型模式将随着国有企业改革的深化将逐步减少;家族主导型在中小型私营企业还将长期存在;法人主导型将主要存在于大集团公司、上市公司以及合资企业中,它将成为中国企业的一种典型治理结构,起到十分重要的作用。

第二,建立和完善各类外部市场机制,在提高内部治理有效性的同时建立有效的外部治理机制。目前,无论是政府主导型、家族主导型,还是法人主导型,都没有充分利用兼并、收购、重组、破产等市场机制来改善公司治理效率。这显然与中国产品市场、资本市场和经理市场的不完善有关。随着中国市场机制的建立与完善,通过有效率的公司价值评定和公司控制权转移的资本市场以及其他一些制度安排将实现对公司经理人员的有效约束。

第三,重视对董事和经营管理人员的激励,设计多元化、激励性的报酬制度来调动经营管理者的积极性。制定合理的报酬和激励计划,是公司能保持良性发展的重要前提,是有效治理模式中的重要内容,同时也是维护股东利益的重要保障。一般而言,现代公司经营管理者的报酬结构是多元化的,既包括固定收入(如基薪),也包括不固定或风险收入(如奖金、股票等);既含有现期收入,也含有远期收入(如股票、股票期权、退休金计划等)。而且风险收入应该占有相当的比例,以保证经营管理者的积极性。设计这种收入形式多元化、激励性的报酬方案的必要性在于不同形式的收入对经营管理者行为具有不同的激励约束作用,保证经营管理者行为的长期化、规范化。最近中国正在一些国有企业中试行这种多元化、激励性报酬制度。

第四,借鉴国际经验,结合中国国情,既制定对治理结构有强制性的法律规定,又制定与市场环境变化相适应的、具有非约束性和灵活性的公司治理原则。现在中国的理论界正呼吁建立《中国上市公司治理原则》,中国证券监督管理委员会正在制定有关上市公司独立董事制度。可以相信,在不远的将来,中国企业将有自己的治理结构规范。

认真贯彻公司法,完善企业的法人治理结构[*]

一 法人治理结构的概念与特点

有限责任公司和股份有限公司是以股东出资形成的法人企业。由于股东很多,特别是股份有限公司,实现了股权的分散化,拥有成千上万甚至几百万个股东,因而公司不能由所有股东来经营管理,而是通过一系列的制度安排,在贯彻股东意志、维护股东利益的条件下,由少数人来经营管理,这一系列制度安排,就是公司的法人治理结构(Corporate Governance)。具体地说,法人治理结构是由股东大会、董事会、监事会以及由高级经理人员组成的执行机构,用通俗的话说,就是公司的领导制度。

由于各个国家的法律、文化背景等的不同,在法人治理结构上也有一些各自的特点。比如,德国公司实行的是"双委员会"制度和"职工参与决定"制度。德国股份有限公司实行监事会和理事会"双委员会"制度。它的监事会权力大,相当于英美国家公司的董事会,其主要职责包括:决定公司的基本政策,任免公司理事会成员,监督理事会工作,决定理事会成员的报酬等。而理事会则相当于英美国家公司的执行机构。监事会不参与公司的具体管理,一般也不对外代表公司进行活动,公司的日常经营由理事会负责。理事会要定期向监事会汇报公司的经营情况,监事会还可以随时向理事会了解公司事务,也可以随时审查公司的账目。德国公司权力机构的另一个特征是实行"职工参与制度"。德国法律对不同规模的企业监事会中的职工代表有具体规定,少的也要占监事会成员的30%,高的达到50%,1988年,在德国100家大股份有限公司的1496名监事中,职工代表

---

[*] 原载《中国工业发展报告》(1998),经济管理出版社1998年版。

占 729 名，职工代表监事平均占 48.9%。因此，职工对企业的决策有相当大的发言权，尤其关系职工切身利益的决定没有职工代表的同意是很难获得通过的，这在一定程度上弱化了股东对企业的直接支配权，又比如，在美国，由于美国股份有限公司的股票大部分掌握在居民个人手中，股权非常分散，它们不可能联合起来对公司的经营者施加影响。法人股东虽然也掌握美国股份有限公司的一部分股票，但是它们主要是机构投资者，它们购买股票的目的是为了股息和红利，因此，也不是稳定的投资者，对企业的决策并不感兴趣，也不可能对公司施加有效的影响。这两方面的原因决定了股东对公司经营者的约束力很弱，董事会的权限很大。一些经营者甚至利用这种权限为自己牟私利，所以美国的企业家的收入在全世界都是最高的，以致前几年某些企业发生了股东联合起来迫使经营者下台的事情，有的学者把这种现象称之为"所有者"的觉醒。再比如，日本股份有限公司的股份虽然多数为法人股东所掌握，但是法人股东持股的目的主要是与企业保持长期的生产经营或其他业务上的联系，而不是为了短期的红利，没有必要干预和控制企业的经营活动，再加上法人企业之间相互持股，因此，大股东之间的对企业的影响力因企业之间的相互依存而抵消，企业的经营者的权力很大。经营管理的大政方针基本上不受股东影响而由经营者独立制定。对企业经营活动的经常性监督也由公司的监事会来承担。但是，企业如果经营不善，或者发生亏损，法人持股者特别是主银行会利用它们所处的特殊地位，及时发现，并进行干预。它们或给企业发出警告，或联合起来通过股东大会撤换公司的高层领导人，通过这些措施对公司进行有效的监督。

从总体考察，现代企业的法人治理结构与我国传统国有企业比较，有以下特点：

1. 在公司企业中，法人治理结构可以全面行使各种企业管理的权限，在传统的国有企业领导制度中，所有者或者所有者的代表没有进入到企业之内，企业内部没有行使所有权的组织机构。企业的主要领导人都要由党和国家有关机构任命。由他们来管理企业。他们的身份不明确。有些人认为他们应该代表所有者（国家、集体）；有些人认为他们应该代表企业；有些人认为他们既应该代表所有者，又应该代表企业。使企业的领导人处于一种十分尴尬的地位。在股份公司里，所有者进入了企业之内，企业是独立的商品生产者，其法人治理结构可以全面行使财产管理权、经营决策权、生产经营的指挥权和监督权。比如，在股份有限公司中，财产管理权是由股东大会行使的，股东大会是企业的最高权力机构。其职能包括批准公司的年度报告、资产负债表、损益表和其他会计报表；决定公司股息和红利的分配方案；决定董事、监事的任免和报酬；修改公司章程；决定公司合并和解散等重大问题。董事会作为股东大会直接选举产生的领导和决策机构，代表股东对公司实施管理，因而拥有广泛的权力。主要包括：根据股东大会决议制定公司的经营目标、战略；任免公司高层经理人员并决定它们的报酬和奖惩，协调公司股东关系等。高层经理人员，特别是总经理的主要职责是：执行董事会的决议；主持公司的日常业务活动；经董事会授权对外签订合同或处理业务；按照规定权限任免和奖惩职员；向董事会报告公司的业务情况；提出公司的年度报告，等等。监督机构的主要职能是对董事会和经理的工作进行监督，向股东大会提供报告。

2. 公司企业实行的是纵向授权制度。传统的国有企业采用的是一种横向分权的领导制度。这种企业领导制度的特征是：国家把企业的统一经营管理权分别让企业的经营管理机构、党组织和职工代表大会行使，形成了以厂长（经理）为首的生产经营指挥系统；以党委书记为首的政治工作系统和以工会主席为首的民主管理系统。这种企业领导制度造成管理权限分散，职责不清，多头领导，工作效率低等弊病。公司法人治理结构实行的是纵向授权制。股东大会给董事会和监事会授权，董事会给经理授权。换句话说，经理对董事会负责；董事会、监事会对股东大会负责，它们的权责是明确的。

3. 在公司法人治理结构中形成了健全的激励约束机制。在传统的国有企业中，经营者的利益很难与企业的经营成果联系，对经营者的约束也主要是来自企业的外部，所以激励与约束机制都不健全。在公司企业的法人治理结构中，股东能取得红利，企业资产的增值最终也属股东所有；董事长、董事、监事的工资或补贴是由股东大会决定；经理人员的工资由董事会决定。高层经理人员的收入由年薪、股票或股票期权和奖金三部分组成，能够较好地将其收入和公司的经营效益挂钩。由于它们的利益都能得到很好体现，产生了较好的激励机制。这种约束来自四个方面：① 权力约束。由于采用的授权制，董事会、执行机构的权力是受到授权机构约束的，这种约束的检查监督由其授权机构和监事会执行。② 利益约束。股东、经营者、劳动者的利益都要得到很好体现。③ 市场约束。经营者要受到商品市场、资本市场和经理人员劳动力市场的约束。如果经营管理失误，致使企业经营不善或亏损，他们很可能失去工作。④ 财务的硬预算约束。公司必须自负盈亏，资不抵债就要破产。

4. 企业民主管理的范围扩大了，而且更具有实质性的内容。过去，由于企业只是单纯的生产单位，本身的权限小，这就限制了民主管理的范围，使企业的民主管理主要在解决生产技术性问题中实行。我国过去常说的"两参一改三结合"就是这方面的经验总结，扩大企业自主权后，职工民主管理的范围虽然有所扩大，但是，由于企业尚未成为独立的商品生产者和经营者，职工民主管理的范围仍然比较小。在现代企业的领导制度中，由于企业成为了独立商品生产者和经营者，这就为扩大民主管理的权限和范围创造了条件。比如，在股份制企业中，职工可以购买本企业的股票，履行股东的权责；职工可以根据国家立法或企业的章程选举出自己的代表参加董事会和监事会，行使经营决策权和监督权。这样，在公司的财产管理机构、经营决策机构和监督机构都可以有一定数量的本公司职工参加，工会作为一个群众组织，还可以通过适当的方式对企业的经营决策及企业的一些重大问题提出建议，根据国家的法律维护工人的合法权益，这样做既可以克服横向分权带来的各种弊病，提高管理效率，又可以实现全面的民主管理。

二　国有企业的公司化改造中必须完善法人治理结构

截至1994年底，我国已有股份公司13000多家，其中股份有限公司4000多家，股本总额达到3000多亿元人民币；在上海、深圳上市的上市公司有140多家。从这些公司的情况来看，他们的经营机制比传统的国有企业有了很大的转变。但是，他们在建立法人治理结构时也出现了不少问题，主要是：① 国有股由谁来代表的问题仍未解决。在公司化改组的试点中，政府的财政部门，国有资产管理部门、工业主管部门以及行业公司等都认为自己应该是国有资产的所有者代表，都有权行使所有者的职能。因此，都争着派代表到公司去任职。把各个部门之间的矛盾引到了企业内部，影响企业的经营。② 公司的高层经理人员不是按照法定程序产生，而是由有关部门任命。中国企业家调查系统提供的资料表明，在已经改造成股份公司的企业中，仍有39.5%的董事长和34.4%的总经理的产生受制于"主管部门"。③ 在公司内部的关系没有理顺。出现了"新三会"（股东大会、董事会和监事会）和"老三会"（经营管理委员会、党委会、职代会）之间的矛盾。

下面对如何在公司化改造中建立健全的法人治理结构谈谈自己的看法。

1. 完善法人治理结构应该以《公司法》为准绳。在这个问题上有些同志还有一些糊涂观念。比如，有的同志就说，《企业法》规定实行厂长负责制我们还要不要执行。这些同志忽视了《企业法》的全称是《全民所有制工业企业法》，十分明显它适用的范围是全民所有制企业，《公司法》颁布以后，股份公司已经成为一种独立的企业法律形式，因此，公司的治理结构必须以《公司法》为准绳。《公司法》已经对股份制企业的法人治理结构做出了一些原则性的规定，比如对股东会、董事会和监事会的职能就规定得比较清楚了。当然，有些问题则只规定了某些原则，具体做法还要在实践中探索，以后再变成《公司法》的实施细则。

2. 应该明确国有资产的代表。在我国的股份公司中，国家参股、控股的现象将很普遍。因此，必须明确哪个机构来代表国家对国有资产行使所有者的职能，从改革的趋势来看，今后将形成三个层次的国有资产管理体系，第一个层次是政府的国有资产管理部门，它们在对国有资产的管理上，主要行使政府行政管理部门的作用，同时也是国有资产经营组织的直接主管部门。第二个层次是经营国有资产的控股公司，包括国有投资公司、资产经营公司和大型企业集团的集团公司，它们的主要职能是对国有资产进行经营，对生产经营性企业进行参股、控股。第三个层次是生产经营性企业中国有资产的代表者。

与此相适应，国有资产控股公司中的董事会成员就应该由政府的国有资产管理部门来派遣。但是考虑到这些公司的资产多、规模大、对国家经济有重大影响和现行的国有大企业的领导干部的管理办法，这些公司的董事会成员应该由相应级别的组织部门考察推荐，然后由政府的国有资产管理部门任命；生产经营性企业的国有资产代表则应该由国有资产的控股公司来任命。

3. 要根据公司的不同类型来建立和完善法人治理结构。按照我国的《公司法》的规定，我国的公司有三种形式：即国有独资公司、有限责任公司和股份有限公司，由于公司类型不同，它们的法人治理结构也有所区别。

比如，国有独资公司的法人治理结构，就不设股东大会，由董事会行使股东大会的部分权力；董事会成员中，也必须有一定数量的职工代表参加；对公司的监督也主要由国家授权投资的机构或者国家授权投资的部门来承担。又比如，由两个以上的国有企业或其他两个以上的国有投资主体投资设立的有限责任公司与一般的有限责任公司的法人治理结构也有所不同，在这种公司的董事会和监事会中，都必须要有一定数量的职工代表参加，而对其他有限责任公司，《公司法》并没有做出规定。需要我们在实践中探索。

4. 董事、监事和经理人员都应该按照德才兼备的原则来选拔、配备，进入法人治理结构的董事、监事和经理人员在政治思想、道德品质、文化程度、业务等方面必须具备一定的条件，以保证它们有较高的素质。董事应当具有良好的思想道德品质、熟悉本公司的生产技术，具有经营管理企业的实践经验和理论知识，以及大专以上文化程度。其中常务董事需要具有本行业工作的经历。监事一般也要求具有大专文化程度，具有会计、审计或法律等某个方面的知识，监事还必须公正廉明，不徇私情，能够严格按照国家法规和公司章程办事。经理应该具有良好的思想道德品质、熟悉生产技术、有较高的经营管理能力，尤其是需要具有风险意识、创新能力和组织能力；经理一般应该具有大专学历，有5年以上经营管理企业的资历；受过专业培训，跨国公司和大型企业集团公司的总经理还应当具有海外业务的实践经验，对不具备大专文化程度而又具有某些特殊才能的人，经过专门委员会的认可，也可以聘为董事、经理和监事。

5. 必须处理好他们与党委会的关系。党组织作为一个政治组织，在以公有制为基础的股份制企业中，处于政治核心的地位，发挥政治核心作用。党组织要围绕生产经营开展工作，其主要任务是：① 贯彻执行党的基本路线，保证监督党和国家的方针政策在企业得到贯彻执行。② 对企业的生产经营、技术开发、行政管理、人事管理等方面的重大问题提出意见和建议，参与企业重大问题的决策。③ 加强党组织的思想、组织、作风建设，在企业的改革和发展中充分发挥基层党组织的战斗堡垒作用和党员的先锋模范作用。④ 领导企业的思想政治工作和精神文明建设，培育适应现代企业制度和企业发展的有理想、有道德、有文化、有纪律的职工队伍。⑤ 支持股东会（股东大会）、董事会、监事会和经理（总经理）依法行使职权。⑥ 领导工会、共青团等群众组织，协调企业内部各方面的关系，引导、保护和发挥各方面的积极性，同心同德办好企业。

为了参与企业的重大决策，党组织主要成员应具备能做好党务工作与经济工作的双重素质，党组织的负责人可与董事会、监事会负责人或经理、副经理适当交叉任职。条件具备的，党委书记和董事长或者党委书记和总经理可由一人担任，规模较大、职工和党员人数较多的企业应设专职党委副书记。党委书记与董事长、总经理分设的，董事长或总经理具备条件的可以兼任党委副书记。党委成员进入董事会、监事会，董事、监事、经理、副经理进入党委的领导班子，要严格按照《党章》、《公司法》和其他有关规定办理。

党组织在人事管理中的责任主要应该是：① 监督、保证党的干部队伍"四化"方针和德才兼备原则的贯彻执行。② 管理党群系统领导班子和工作人员。③ 按照人事管理权限，协助上级党组织和有关机构对公司董事会、监事会组成人选提出意见和建议；对公司经理和中层管理人员的聘任、解聘提出意见和建议。④ 负责公司领导班子的思想作风建设，会同有关方面抓好公司管理人员日常的培养、教育、考察、监督工作。

在工作方法上，公司党组织应该注意对企业生产经营方面的重大问题认真调查研究，向董事会、经理提出意见和建议，而不应该直接决策指挥。要善于通过发挥董事会、监事会和企业经理人员中的党员的作用，发挥党支部、党小组和党员在各自岗位上的作用，通过加强对工会、共青团等群众组织的领导，体现党组织的政治核心作用。

在工作内容上，要结合公司改革、生产经营和党员的思想实际，着眼于提高党员的政治、技术业务素质，把思想政治工作与培育企业精神、建设企业文化结合起来，把思想教育与加强管理结合起来，把解决思想问题与解决实际问题结合起来，增强工作的实效性。

在活动方式上，要适应公司的实际，灵活多样，讲究实效，把相对集中与适当分散结合起来。

在活动时间上，要根据公司的实际把脱产与业余结合起来，使业务工作和党的自身建设两相兼顾。

6. 必须处理好法人治理结构与职代会和工会的关系。国有独资公司、两个以上的国有企业或两个以上国有投资主体组成的有限责任公司，必须健全职工代表大会制度。在这些公司里，职代会也不是起领导和决策作用，它们的职权应该是：① 听取和讨论公司发展和生产经营重大决策方案的报告,并提出意见和建议。② 审议通过有关职工工资奖金分配方案、安全生产和劳动保护措施方案、重要规章制度等重大问题。③ 评议监督董事会、监事会成员及其他高级管理人员,对它们的奖惩提出建议。④ 依法选举和更换董事会和监事会中的职工代表。

除上述两种公司外,其他有限责任公司和股份有限公司中,一般不应该再设职工代表大会,但在董事会和监事会成员中,应该有一定比例的职工代表。同时要发挥工会的作用。在职工持股的公司,工会可以组织职工组成"职工持股会"。并按照国家的有关法规和公司章程,选举代表参加股东大会和董事会。职工持股会享有股东权利,履行股东义务。工会还可以代表职工与公司董事会授权的代表签订集体合同。公司在研究决定有关职工工资、福利、安全生产以及劳动保护、劳动保险等涉及职工切身利益的问题,应当事先听取公司工会和职工的意见,并邀请工会或者职工代表列席有关会议;公司研究决定生产经营的重大问题,制定重要的规章制度时应当听取公司工会和职工的意见和建议。工会应该在党组织领导下,在参加企业的民主管理,维护工人的正当权益,活跃职工的业余文化生活等方面积极开展工作。

进一步推进我国的国有企业改革[*]

国有企业改革是中国经济体制改革的重要组成部分,国有企业的改革和发展对促进中国的经济体制向社会主义市场经济转变起到了很大的作用。目前中国国有企业的改革已经进入了攻坚阶段,必须排除各种干扰,按照中央的既定方针,坚定不移地推进国有企业的改革。

一 推进国有企业的布局调整和国有企业的改组重组

继续推进国有经济的战略调整、布局调整。坚持有进有退、有所为有所不为的方针,推动国有资本更多地集中到关系国家安全的行业、自然垄断行业、提供重要的公共产品和服务的行业,重要资源行业以及支柱产业和高新技术产业中的骨干企业。优化国有资本的布局,更好地发挥国有经济的主导作用。

通过兼并、联合、资产划拨等形式培育和发展一批跨地区、跨行业、跨所有制和跨国经营的大企业集团。深化改革,明晰产权,促进集团理顺与子公司、分公司之间的资产关系、人事关系和财务关系;处理好集团内部集权与分权的关系。使集团公司真正成为有效运转的利润与投资中心、研究与开发中心、战略研究制定中心、人才培训中心、市场开拓中心;推进体制创新、技术创新和管理创新,培育集团的核心竞争力。

加大国有企业政策性破产的力度,加速资不抵债,长期严重亏损扭亏无望的企业和资源枯竭矿山退出市场的步伐,提高国有资产的质量。深化社会保障制度的改革,完善积极的就业政策,妥善解决好破产企业的职工

---

[*] 原载《世界2005年鉴》,中国财经出版社2005年版。

安置和社会保障问题。

二 继续推进国有企业的公司制改造

对国有企业进行公司制改造是中国国有企业改革的经验总结，是推进社会主义市场经济发展的重大举措。要大力发展国有资本，集体资本和非公有资本等参股的混合所有制经济，使股份制成为公有制实现的主要形式。

继续推进股权多元化、社会化的公司制改革。中国国有企业的公司制改革虽然已经取得了很大进展，但是到目前为止，仍有40%的国有大中型企业还没有改制，这些企业包括：① 大型的集团公司。其下属企业已经改制，但是集团公司本身仍是国有独资企业，它们的改革涉及国有资产管理体制改革的深化；② 少数自然垄断行业的企业，如邮政，铁路等；③ 银行等金融行业的企业；④ 存在某些特殊困难的企业；⑤ 生产某些特殊产品的公司和军工企业。除上述最后一种类型的企业外，其他类型的企业都应该积极推进改制工作。这些企业虽然改制难度大，涉及面广，但是不改革也不行，有些可以改制成有限责任公司，有些可以改制成股份有限公司，条件具备的也可以在国内外市场上公开发行股票。2005年重点是要推进银行和垄断行业的改革。除已经进行改制的中国银行、中国建设银行外，中国工商银行、中国农业银行也要积极做好改制的准备。同时，铁路、邮电等垄断行业的企业改制工作也要纳入改革的进程，逐步推进。

对已经改制，但是国有股的比重还很大的国有控股企业，也要区分不同情况，采取不同的方法降低国有股的比重。支柱产业和基础产业中的某些骨干企业，国家还要坚持控股；多数企业则要采取国有股股权协议转让等办法降低国有股的比重，逐步做到只参股，不控股；以便改善股权结构，改善企业机制和规范企业行为。有些企业的国有股则可以全部退出，以优化国有资产的配置，促进国有经济布局和结构的调整。

要进一步规范公司治理结构。大多数已经改制的公司，由于仍然是国有股"一股独大"，政府行政色彩很浓。政府不仅任命董事会的主要负责人，而且直接任命高层经理，目前由董事会任命高层经理的企业只占30%左右，多数企业的董事长和总经理一人兼，董事会和经理班子的人员基本重合或大面积重合的现象十分普遍，由此造成公司治理结构不规范和决策缺乏科学性，治理成本高，效率低，董事会成员和高级经理人员的激励机制不健全，也缺乏有效的约束机制，目前大约80%左右的国有企业经营者的名义报酬结构单一，很难起到报酬机制应有的激励机制的作用，起激励作用的是控制权以及由它产生的过度"职务消费"和隐性收入，由此产生很大的弊病，解决这些问题，一方面需要降低国有股的比重，改变国有股"一股独大"的股权结构，为建立规范的公司治理结构创造条件；另一方面要深化干部人事制度改革，充分发挥股东大会的作用，规范董事会和经理层的职能。同时要推行和规范年薪制，探索股票期权等其他激励方式，在公司内部建立有效的激励和约束机制。

要进一步推进主辅分离工作。主辅分离对国有企业的公司制改造具有重大影响，特别要重视集团公司、有限责任公司的主辅分离工作。在总结中石油和东风汽车公司等3家试点企业经验的基础上，全面推进集团公司的主辅分离工作，彻底解决企业办社会问题。学校、医院等本应该由政府举办的事业，要移交给当地政府；对既为企业服务，又可以为社会服务的机构，要从企业分离出来，变成企业的子公司进行独立经营，有的也可以将资产出售给经营者或职工，由他们成立独立的公司进行经营；对只对企业内部提供服务的机构，也要有专门部门进行管理，加强经济核算。

在推进主辅分离的过程中要十分认真对待国有企业过去办的大集体企业问题。这种企业通常被称为"二全民"或准国有企业，在当时它们对解决职工子弟的就业问题起了积极的作用，这些企业中的绝大多数都是为大型国有企业的生产经营和职工生活服务的，在公司制改革时属于应该从主体企业剥离出去的对象，但是多数已经资不抵债，不少已经濒临破产，剥离这类企业政策性强，涉及面广，关系到社会的稳定，因此，要加快出台针对这些企业的具体政策。

三 完善国有企业和国有资产的管理体制

为了解决国有企业多头领导和出资人缺位的问题，中共"十六大"决定对国有资产管理体制进行改革，要求在坚持国家所有的前提下，由中央政府，省（直辖市、自治区）和地级市政府分别代表国家履行出资人职责，享受所有者权益，根据这一原则，国有资产监督管理体制的改革正在向前推进。中央和省、自治区、直辖市的国有资产监督管理机构已经基本建立，地市级的监督管理机构还刚刚起步，必须加快地级市建立国有资产管理机构的步伐。已经建立国有资产管理机构的，各种关系还没有理顺，职能还不完善。下一步要理顺以下 4 个关系：一是同级政府不同出资人的关系。仅从中央政府来看，它拥有 1000 多家国有企业，国务院国有资产监督管理委员会所属的企业只有 186 家，换句话说它只对这 186 家企业具有出资人的资格，其他企业仍分散在多个部门管理，目前由它们扮演出资人的角色。地方也存在类似情况。这些出资人的关系必须理顺。二是各级政府国有资产监督管理机构的关系。在政府序列里，国有资产监督管理机构与其他的职能部门不同，它是一种特殊机构，上下级政府的国有资产监督管理机构也不同于上下级政府的其他职能部门的关系。三是政府出资人与其投资企业的关系。一方面，要明确出资人的地位与职能，不能把出资人混同过去的企业主管部门，对企业的大事小事都要管，这也是目前企业和许多关注国有资产管理机构改革的人非常担心的一个问题；另一方面要明确政府出资人与其投资企业作为出资人的关系，特别是集团公司的子公司，它的出资人应当是集团公司和其他股东，政府的国有资产监督管理机构只是间接的出资人，不能以直接出资人的身份去干预集团公司子公司的活动。四是各级国有资产监督管理机构内部的关系。要明确分工和职责，提高工作效率。

国有资产监督管理机构要认真履行出资人的职责，加快解决监管不到位，管资产和管人相脱离，责、权、利不统一等问题。在改制过程中严把审计评估、资产出让、产权交易、运行监督、民主参与关，有效防止国有资产流失。

四　完善国有企业和国有资产管理的法律法规

《企业破产法》已经实施多年，对国有经济的战略调整和国有企业的重组起到了一定作用，但是已经不能适应形势的变化，迫切需要修改。这部法律的修订已经启动，全国人大常委会已进行了两次讨论，目前正根据各方面的意见进行修改，预计 2005 年可以获得通过。全国人大已经把《国有资产法》列入了立法计划，目前已经成立领导小组和起草小组，他们正在组织调查研究，有望 2005 年完成初稿，交全国人大常委会讨论。为了建立国有资本的经营预算制度，保证国有和国家控股企业的正常经营和国有资产的保值增值，还必须制定这方面的法规。为了防止国有资产的流失，还必须完善国有资产评估、产权转让等法律法规。

在完善各种法律法规的同时,还必须解决有法不依的问题。加强对已有法律法规的执法检查,纠正国有企业改制中的违规行为,对各种违法案件特别是对借国有企业改制,转移、侵吞国有资产的重大案件进行查处,减少国有资产的流失。

中国国有企业改革的做法和特点[*]

改革开放以来,在中国特色社会主义理论的指导下,我国企业改革取得了重大进展和伟大成就。国有企业普遍进行了公司制改革,初步建立起了现代企业制度;我国国有经济的战略调整成绩显著,国有资产的配置逐步优化,形成了一批在国际竞争中发挥重要作用的大企业集团,国有经济的主导作用得到了更好的发挥;我国的民营企业得到了史无前例的发展,已成为国民经济的重要组成部分,在经济发展中发挥了重要作用,并在成长中进行转型升级。我国企业已经成为市场经济的主体,为我国社会主义市场经济体制的形成和国民经济的持续快速发展做出了巨大贡献,为我国的工业化、信息化、城市化、市场化、国际化做出了巨大贡献。

回顾我国企业改革30年的历程,总结企业改革和发展的经验,我认为以下几个方面值得肯定和重视。

第一,将改革的目标确定为使企业成为独立的商品生产者和经营者,成为市场经济的主体。

在计划经济体制下,我国的国有企业和集体企业都是国家指令性计划的执行者,是单纯的生产单位。从1978年开始的我国经济体制改革一直坚持的是市场取向的改革,就企业改革来说,就是逐步减少国家对企业的直接控制,特别是减少对企业下达指令性计划,扩大企业的经营自主权,并把对企业的扩权让利和转变企业经营机制结合起来,逐步使企业成为市场的主体,特别是党的十四大明确了把发展社会主义市场经济作为我国经济体制改革的总体目标,十四届三中全会又通过了《关于建立社会主义市场经济体制若干问题的决定》,明确指出我国国有企业改革的方向是建立"产权明晰、责权明确、政企分开、管理科学"的现代企业制度以后。我国国

---

[*] 原载《光明日报》2008年9月23日。

有企业的改革目标也就更加清晰,就是通过公司化改造,建立现代企业制度,不仅使企业成为市场的主体,而且成为市场经济的主体,成为市场竞争的主体,国家不再对企业进行直接控制,企业根据市场的需要和变化,自主经营、自我发展、自我约束和自负盈亏,成为独立的商品生产者和经营者。

第二,实行渐进式改革模式,统筹规划,逐步推进。

我国企业改革采取的是渐进式改革模式。企业改革既有短期目标又有长远目标。在改革过程中,注意统筹规划,使短期目标和长远目标紧密衔接起来。对于把握不大的改革,先进行试点,在总结试点经验的基础上再逐步推广。无论是扩权让利、建立经济责任制、实行利税分开、推行承包经营责任制,还是三年脱困、建立现代企业制度,采取的都是从点到面,"点"、"面"紧密结合,逐步推进的渐进式改革道路。例如,扩权让利的改革就是1978年10月在重庆钢铁公司、成都无缝钢管厂等六家企业率先进行的。在此基础上,1979年5月,国家经贸委等六个部门在京、津、沪三地选择首都钢铁公司、天津自行车厂等8家企业进行扩大企业自主权的试点。后来这一改革逐步在全国推开。再如承包制,也是先在企业试点成功的基础上,逐步推向全国的。现代企业制度的改革也是如此,国家先是选择了100户不同类型的国有大中型企业进行建立现代企业制度的试点,然后总结经验,不断扩大范围,最终在全国推行。沿着这种路径、采取这种方法进行改革,保证了改革稳步前进,避免了出现大的失误和挫折,减少了社会的震荡,降低了改革的成本。

第三,处理好企业改革和其他改革的关系,以企业改革和增强企业活力为中心环节。

在相当长一段时间里,我国的城市改革是以推进企业改革,增强企业活力为中心环节来展开的,但是企业改革不可能孤军突进,需要其他改革配套。为了适应和推动国有企业改革,我国逐步进行了计划体制改革、财政体制改革、金融体制改革、投资体制改革、劳动和社会保障制度等体制的改革,这些体制不断发生变革、更新,并与企业制度一起,形成了社会主义市场经济体制的基本框架。包括建立"产权清晰、责权明确、政企分开、管理科学"的现代企业制度;形成全国统一开放、竞争有序的市场体系;建立以间接手段为主的宏观调控体系;建立以按劳分配为主体,多种分配形式并存的收入分配制度;建立多层次的社会保障制度等;并在改革中使这些制度不断完善。

第四，把国有企业改革和加强国有资产管理紧密结合起来。

长期以来，我国国有企业的产期产权关系不明晰，所有者代表缺位。在计划经济时期，企业虽然有主管部门，但是它们集行业管理和所有者的职能于一身，出资人代表的身份不明显。随着多种所有制成分的形成，行业管理的职能必须分离出来，行使行业管理职能的机构要求打破所有制的界限。出资人代表的身份也必须明确，因此，建立国有资产的管理机构是深化国有企业改革的必然要求。虽然建立国有资产管理机构的改革经历过波折，国有资产管理机构的职能也还面临着进一步完善的问题，但是建立国有资产管理机构，明确出资人的代表、加强国有资产的管理和监督的决策还是正确的。

第五，把企业改革与加强和改善企业管理紧密结合起来进行。

企业改革的中心任务是转换企业的经营机制、提高经济效益。但是企业改革只能为转换企业经营机制提供前提条件，企业是否能建立起规范的现代企业制度，形成健全的企业经营机制，还必须依靠企业自身加强管理，提高企业管理水平，形成一套科学的管理制度。决不是一进行公司制改革，就万事大吉了。实际上，在中国企业改革推进过程中，除了进行公司制改革，完善公司治理结构外，企业管理工作也需要不断加强和完善。例如，调整好企业内部组织结构，处理好母子公司关系，实现有控制的分权；加强核心竞争力培育，加强战略管理；加强人力资源和营销管理工作；加快信息化和国际化进程；加强管理的基础工作；引进国外的先进管理方法和手段，等等。只有在企业改制的同时，把这些管理工作认认真真做好，才能达到改革的目的，提高企业的竞争力和经济效益。

第六，既依靠中央政府的权威，又尊重地方政府和企业的首创精神，发挥理论界的作用。

中国企业改革既是一个"自上而下"过程，即由中央政府明确改革方向，地方政府贯彻执行的过程；同时又是一个"自下而上"的过程，即地方政府、企业进行因地制宜的制度创新和试点，得到中央政府的肯定后，再逐步推广到全国。在"上下互动"的过程中，地方政府和企业的积极性、创造性和首创精神对中国企业改革起到了重要的推动作用。例如，扩权让利的试点首先就是由当时四川省6家企业开始的，放开搞活小型企业的改革经验，少数企业实行股份制改革的经验，也都是先由地方和企业创造的。

这些改革的经验都对中国企业改革起到了很好的"示范"和"推动"作用。

在企业改革和企业制度创新的过程中企业家发挥了特殊的作用。他们不少人是改革的先行者，对改革做出了重要贡献，并在改革过程中实现了自己的角色转换，从过去单纯的生产管理者转变成了名副其实的企业家。企业家推进了改革，改革又培养造就了大批企业家。他们既是推进我国企业改革、建立和完善社会主义市场经济制度、促进我国经济持续快速发展的骨干力量，又是改革开放的巨大成绩的重要体现。

在总结企业改革30年经验和成就的时候，我们还应该充分肯定我国理论工作者做出的贡献。他们提出理论见解、政策建议，对推动企业改革的开展和不断深化起到了很重要的指导和参考作用。

第七，不断完善法律法规，巩固和发展企业改革的成果。

企业改革的基本立足点是确立企业作为民事法律的主体地位和市场经济的主体地位，这就要求国家认真总结改革开放的经验，借鉴国外的一般做法，把他们上升为法律、法规，从法律上明确企业的权力、义务和责任，规范企业的行为。为此，国家相继出台了《公司法》、《中外合资企业法》、《合伙企业法》、《企业破产法》、《证券法》、《反不正当竞争法》、《反垄断法》、《劳动合同法》、《企业国有资产管理法》等一系列法律，并适时进行了修订。政府也相继出台了许多行政性法规，这些法律、法规巩固了改革的成果，促进了改革的深化。

第八，把国有企业改革和发展非国有企业紧密结合起来，使它们齐头并进。

我国的企业改革是在两条战线上展开的：一条是国有企业改革，即将单纯作为国家计划的执行者和生产单位的国有国营企业，逐步改革成为市场经济的主体，其中包括对国有经济进行战略调整；另一条是鼓励非国有企业的发展，即鼓励集体、私营、股份制企业和外资企业的发展。这两者是相互促进的。国有企业改革和国有经济的战略调整，不仅缩短了国有经济战线，优化了国有经济布局，提高了国有经济的素质，而且为非国有企业的发展让出了空间和创造了条件，促进了非国有经济的发展。非国有企业的发展，不仅繁荣了经济，为社会提供了大量的就业岗位，也对国有企业形成强大压力，促进了国有企业的改革。国有企业和非国有企业的发展，为在我国形成"以公有制为主体，多种所有制经济共同发展的基本经济制度"打下了良好的基础。

经过30年的改革,我国国有企业的改革和国有经济的战略调整取得了很大成效。一方面,国有经济布局和国有资产的配置更加优化,国有企业的数量大大减少,但是经济总量不断扩大,国有经济的活力得到了显著提升。以工业领域的国有企业为例,2006年同1978年相比,虽然国有企业数量仅为1978年的29.8%,但是总产值增长了29.1倍,全员劳动生产率提高了48.3倍;另一方面国有经济的控制力和影响力得到显著增强,以中央企业为例,目前,中央企业承担着中国几乎全部的原油、天然气和乙烯生产,提供了全部的基础电信服务和大部分增值服务,发电量约占全国的55%,民航运输总周转量占全国的82%,水运货物周转量占全国的89%,汽车产量占全国的48%,生产的高附加值钢材约占全国的60%,生产的水电设备占全国的70%,火电设备占全国的75%。

就非国有企业的改革而言,改革开放30年来,中国非国有经济中的私营企业、股份制企业、外商投资企业从无到有、从小到大,已经成为中国经济重要组成部分。目前,非国有经济已经占GDP的65%,占城镇就业人数比重的77.3%,占全部税收的78.6%,[①] 成为中国经济发展的重要力量。

从总量上看,目前中国经济已经形成了国有企业、集体企业和私营企业以及股份制企业、外资企业"三足鼎立"的基本格局。2006年,全部工业总产值为31.66万亿元人民币,其中国有工业企业占31.2%,集体、私人、股份制企业占37.2%,外资企业占31.6%。

中国企业改革已经取得了很大成绩,但是改革的目标还没有完全实现,改革的任务还很重。我国国有企业的公司制改革的任务还没有完成,不少企业的治理结构还不规范,分配制度也还不科学、合理,企业的自主创新机制还没有真正形成,企业的核心技术还很少,企业的国际化经营还刚刚起步,国际竞争力还很弱;国有经济的战略调整的任务仍很艰巨,垄断行业的改革尚未取得重大进展;我国民营经济的发展也面临严峻挑战,它们的升级转型还刚刚开始。对我国30年的企业改革进行总结,这一方面坚定了我们改革的决心和信心,但也更应该认识到我国今后深化企业改革的任务依然很重,继续深化企业改革依然是摆在我们面前的一项重要任务。我们必须加倍努力,决不能有任何松懈。

---

① 这里选用的数据采取的是广义口径,即除国有经济之外都为民营经济。

第二部分

企业管理与管理现代化

浅谈商品信用问题[*]

商品信用指的是商品价值与其使用价值相适应的一种保证。它的物资承担者是商品的质量，表现形式是商标。

自从有了商品生产，就出现了商品的信用问题。我们知道，某种商品的价值是由生产该种商品的社会必要劳动量决定的。商品交换实质上是等量劳动的交换。在实际交换时，商品生产者需要的是商品的价值，而消费者需要的是商品的使用价值，这就使商品交换出现了不少矛盾。

比如，商品交换时商品的使用价值具有一定的不确定性或难以确定性。一方面，就同一类型的商品，例如洗衣机来说，总的效用是洗衣。但有的产品省时间，有的省洗衣粉，有的耗电少，有的操作方便，有的外观漂亮，因此很难说哪种洗衣机的使用价值大；另一方面，交换行为总是先于使用的，就是说，消费者在未验证对方产品的使用价值之前，购买行为已经发生，而在购买行为发生时，许多产品的使用价值是无法具体了解的。即便产品的使用价值可以了解，但对这种产品应付出多少价值，在个别交换中也是难以确定的，因为价格偏离价值的现象是经常发生的。

如果以上矛盾不解决，等价交换的原则就要遭受破坏，交换行为就必然会受到影响。不过商品交换自己为自己开辟了解决问题的途径。这种个别交换中使用价值和价值的不确定性或难以确定性，人们通过千百次重复的交换行为，不断地验证，终于找到了克服这些矛盾的方法。商品信用就是解决这些矛盾的方法之一。

个别商品购买行为的发生显然先于其使用价值的验证。但是，如果该种商品的交换不断地进行，第一次消费实践就成为第二次购买的判断依据。对同一个消费者来说，第二次购买的判断依据不仅是对第二个商品的直接

---

[*] 原载《商业研究》1981 年第 1 期。

判断，而且也有上次购买和消费的经验判断，也就是有信用的作用，信用成为解决这个矛盾的一种手段，对商品效用和价值的评价也是这样。虽然个别消费者对某种商品的效用和价值很难做出全面正确的评价，但是千百万人的消费行为会对这种商品的效用和价值做出社会的综合评价。个别消费者的个别评价是社会综合评价的一个组成部分，而它又借助社会一般评价作为购买时的依据，这种依据就是信用。尽管信用不是推动商品交换的唯一因素，但是交换需要等价，交换越是接近于等价，交换就进行得越顺利。信用从等价的不确定性中产生，又帮助等价的确立，因而无疑推动了交换和商品生产的发展。

从上面的分析我们可以看到，如果交换是零星的、偶然的、一次性的，信用也不容易建立起来。相反，交换越是频繁，越是复杂，就越需要信用，信用也就越容易建立起来。所以信用在大生产条件下比在小生产条件下更加发达，也更加重要。

首先，在大生产条件下，企业的生产目的完全是为了交换，它生产的一切产品都是商品。因此商品的销路对商品生产者是至关重要的问题。正如马克思在《资本论》中指的那样，商品能否于商品体跳到金体上，即能否实现交换价值，是"惊险的跳跃"，"这个跳跃如果不成功，摔坏的不是商品，但一定是商品所有者"（《资本论》第1卷，第124页），而商品信用在实现这个跳跃中具有特殊的作用。

其次，在大生产条件，企业都是大批量地连续生产。即是说，商品在市场上的交换是大量的、反复的行为，这就给消费者建立信用创造了有利的条件。

再次，在大生产条件下市场扩大，生产同类商品的企业很多，竞争激烈，消费者在购买商品时，有选择的余地，可以对不同的商品进行比较。

因此，迫使商品生产者不能用弄虚作假的办法来欺骗消费者，因为欺骗是不能持久的，一旦商品的信用垮掉，商品就销售不出去，企业就有破产的危险，所以在资本主义社会里资本家都比较重视自己的产品的信用，努力提高产品的质量，千方百计满足用户的要求。

以上谈的是商品信用产生、发展的原因，下面就谈谈信用的价值问题。

我们认为商品信用是有价值的。这里不是从它对商品生产者有意义这个角度说它有价值，而是说它有实在的商品价值。商品价值是指凝结在商品中的社会必要劳动。

第一，要提高商品的信用，必须加强产品的设计工作。如增加设计人员，加大设计工作量，为产品设计付出更多的劳动。

第二，为提高商品的信用，有时还不得不改善生产条件，增添一些精密的设备或对一些老设备进行改造。

第三，商品信用的高低与原材料的使用也有关，信用高的产品一般使用的原材料的质量都比较好，或者经过特殊的处理。

第四，制造信用高的产品要求工人具有较高的操作技术水平，这就必须为职工的技术教育和培训付出更多的费用。

第五，为了提高商品的信用，保证质量，检验工作必须加强，因为任何一个不合格的产品卖到用户手里都会影响商品的信用。

第六，为了创造信用，企业还必须采用各种办法把自己的产品性能、特点、使用及维护方法等介绍给消费者。

第七，企业为了提高自己产品的信用，还必须加强销售后的服务工作，如实行"三包"，设立修理站，组织服务队，替用户培训操作人员等等。

所有这些提高商品信用的方法都需要付出劳动（物化劳动和活劳动），而且这些劳动都是必要的，能得到社会承认的。因此我们说信用确实是具有价值的。

最后，谈谈信用对商品生产者有哪些好处。

一、信用能使企业获得更多的盈利。一般说来，消费者为了避免风险，愿意为信用高的产品付出优惠的价格，尤其是对于价值昂贵的产品更是如此。这就使商品信用高的企业比一般企业能获得更多的盈利。

二、信用高的商品销路好，可以进行连续的大批量生产，在市场竞争中使自己处于有利的地位。

三、信用高的产品会减少花在推销、广告等方面的费用，当然在创造信用时这些费用是必不可少的，有时甚至比别的企业还花得多。一旦信用建立起来，花在这方面的费用必然会大量减少，有利于降低成本。

四、生产信用好的商品的企业往往会得到社会的好评，消费者的支持，因而社会也往往对这类企业提供方便。企业遇到困难也容易得到群众的同情和支持，一般不容易倒闭。

五、生产出高信用的名牌产品对本企业的职工也是一种激励，他们会产生一种自豪感和责任心，有利于把企业办得更好。

由此看来信用无论对商品生产者或消费者都是非常重要的。我们社会主义生产也是一种商品生产，各企业生产的商品也同样有个信用问题，而且由于社会主义的生产目的是最大限度地满足社会不断增长的物质和文化的需要，这就要求我们必须对用户负责，注意商品信用对我们社会主义企业来说更是义不容辞的责任。但遗憾的是现在我们还有不少企业很不重视自己产品的信用问题。他们有的粗制滥造，对用户极不负责任；有的一个商标用垮了又换一个，用不断更换商标的办法欺骗消费者；有的企业的产品甚至不贴商标，使人无法找它的制造者追究责任。这些做法不仅违反一般的经营道德，而且和我们社会主义企业的经营目的极不相容。我们一方面要加强这方面的宣传教育工作；另一方面也要健全经济法，加强对市场的管理，逐步树立起社会主义经营的新风尚。

实行厂长负责制
必须建立任期目标责任制[*]

目前，我国企业正在推行厂长（经理）负责制。实行厂长（经理）负责制，可以使厂长（经理）对企业的生产经营活动实行集中统一指挥，对解决党政不分、权责脱节、无人负责等问题有十分重要的作用。但在实践中也暴露出以下一些问题。

第一，一些厂长（经理）把厂长（经理）负责制误认为是"一长制"，不重视职工的民主管理。社会主义企业的生产是一种社会化大生产，必须按照大生产的客观要求实行高度集中的领导和统一指挥，实行厂长（经理）负责制。同时，社会主义企业的公有制性质又要求必须充分体现职工的主人翁地位，实行职工民主管理。因此，《中共中央关于经济体制改革的决定》明确指出："现代企业必须有集中统一的领导和生产指挥，必须有高度严格的劳动纪律。因为我们的企业是社会主义的，在实行这种集中领导和严格纪律的时候，又必须坚决保证广大职工和他们选出的代表参加企业民主管理的权力。"但一些厂长（经理）并没有深刻领会这些精神，把厂长负责制和"一长制"完全等同起来，只强调集中统一指挥，不尊重职工的主人翁地位。企业的重大经营决策、重要的规章制度、劳动成果的分配等问题不交职工大会或职工代表大会讨论、审议，有的甚至滥用厂长（经理）的权力，任意给自己提工资、发奖金和补贴，对给自己提意见的职工进行打击、报复。这些做法严重挫伤了职工的主动性、积极性。

第二，一些厂长（经理）只顾企业、职工的利益，本位主义严重。在社会主义条件下，国家、企业、职工三者的利益既有一致性，又存在着矛盾。作为全民所有制企业的厂长（经理）应该正确处理这三者的利益关系，

---

[*] 原载《经济管理》1985年第11期。

做到三者兼顾。但目前，一些厂长（经理）本位主义严重，完全站在企业和职工方面向国家争利，以至于出现了不完成国家的指令性生产、收购计划，随便提高产品的价格、乱摊成本、乱长工资、滥发奖金补贴，甚至偷税漏税等严重违法乱纪的问题，损害了国家利益和消费者的利益。

第三，只顾当前，不考虑企业的长远发展。尤其是实行厂长任期制以后，规定一届只能任期四年。一些厂长（经理）就只考虑在自己任期内如何给企业职工增加些收入，以取得职工的好感。因此一些企业的税后留利首先被用来给职工升级和发奖金。对企业的技术改造和新产品研制或者不管，或者只是向银行申请贷款，不考虑企业有无偿还能力，反正任期满后就与他无关了。在其他工作上，也只注意当前的问题，企业的发展规划、发展战略、新产品开发、人才培养等长远性的工作提不到议事日程上。

第四，对厂长（经理）的工作没有考核标准。有些厂长（经理）就任前，为了争取职工投自己的信任票，许了不少愿，甚至发表"天方夜谭"式的演说。但这些许诺并没有经过深思熟虑，也没有打算认真去执行，同时也没有人对他们的这些许诺是否实现进行考核。厂长（经理）工作的好坏无法与其经济收入挂钩。

厂长（经理）负责制还处在试验推广阶段，还有一个不断改进不断完善的过程，出现以上问题也是可以理解的。但我们对这些问题决不可等闲视之，否则就会影响这一制度的进一步推广。因此我主张在实行厂长（经理）负责制的同时，必须建立厂长（经理）的任期责任制，以防止和解决上述问题。

（一）要建立厂长（经理）对国家的任期责任制

在全民所有制企业的所有权和经营权适当分开以后，将产生两个方面的要求：一方面要求企业成为自主经营、自我发展，自负盈亏的商品生产者和经营者，成为具有一定权力和义务的法人。另一方面，又要求企业对所有者承担必要的责任，只有这样，国家的所有权才能得到实现。

那么，企业对国家的责任由谁来承担呢？我们知道，在全民所有制企业里，职工是所有者的一部分，并且不断用自己的劳动来扩大企业的资产。因此，全民企业的职工对本企业的资产，实际上具有相对的所有权。同时，职工又是本企业生产资料的实际占有、使用和支配者。因此，从理论上来说，企业对国家的责任应当由全体职工来承担。但是，在经济生活中，要求把这种责任落实到个人。从法律上看，企业是法人，厂长（经理）是法人的代表，企业对国家的经济责任自然应该由厂长（经理）承担。因此，必须建立厂长（经理）对国家的任期责任制。

厂长（经理）对国家的任期责任主要应包括以下几个方面的内容：

1. 要明确规定任期内企业生产发展方面的目标，包括产品品种、产量、质量、原材料消耗等指标。

2. 明确规定任期内对国家贡献方面的目标，包括实现利润，上缴税款等指标。

3. 要明确规定任期内企业技术改造方面的目标，包括固定资产更新资金的数量、项目、进度、经济效果等指标。

4. 要明确规定任期内企业新产品开发方面的目标，包括新产品开发的资金、项目、进度等指标。

5. 要明确规定任期内职工人数和劳动生产率等方面的指标。

（二）要建立厂长（经理）对职工的任期责任制

全民所有制企业不仅存在所有权和经营权的适当分离，而且还存在经营权和管理权的适当分离。就是说，为了充分发挥企业的积极性，国家把全民所有的生产资料交给企业经营后，企业的生产经营活动并不都由职工来直接进行管理。由于现代企业分工精细，协作密切，生产连续性强，与社会联系广泛，这就决定了企业的生产经营活动必须由厂长（经理）实行高度集中统一指挥。因此，在全民所有制企业里，除重大的经营决策，如企业的长期规划、产品发展方向，重大技术改造项目、留成基金的分配与使用、重要规章制度的修订等需经企业的职工大会或职工代表大会审议外，企业的一般经营决策和日常的经营管理，都要由厂长（经理）决定和实施。企业职工把这些权力交给厂长（经理），厂长（经理）就应当对职工承担必要的责任。因此，必须建立厂长（经理）对职工的任期责任制，明确规定任期内对职工承担的责任。

厂长（经理）对职工的任期责任制应包括以下几个方面的内容：

1. 必须明确规定任期内职工集体福利事业的发展目标，包括职工住宅、浴池、医院、俱乐部、食堂、托儿所、幼儿园等的发展计划。

2. 必须明确规定任期内职工收入提高目标，包括工资，奖金的增长幅度或增长额。

3. 必须明确规定任期内企业后备基金的增长幅度或增长额。

4. 必须明确规定任期内职工技术培训的目标，包括技术，设计和专业管理人员的增加数量，工人技术文化水平的提高程度等指标。

5. 必须明确规定任期内改善企业劳动条件，减轻劳动强度，美化环境等目标。

为了保证各届厂长任期目标责任制的连续性，要把厂长任期内实现的目标和企业的中长期计划衔接起来。为此，企业必须根据国家的方针政策和长期计划的要求，在主管部门的具体指导下，编制一个科学的长期发展计划，对本企业的长远发展方向、方针、目标、战略等重大问题做出一些原则性的规定。长期计划经职工代表大会或全体职工大会审议，上级主管部门批准后，就应成为各届厂长（经理）的行动纲领。厂长（经理）改选时，其候选人要根据企业长期发展计划的要求拟定自己在任期内对国家和企业职工必须承担的责任，然后由企业主管部门和职工代表大会进行审议，被双方认可者才能当厂长（经理）。因此，厂长（经理）的目标责任应是企业五年计划的要点。厂长（经理）上任后再组织人对目标责任制的内容进行补充、完善，并制定完成目标的各项具体措施，以作为企业的正式五年计划。这样，就要求把厂长（经理）的任期由现在的四年改为五年，并使它和国家五年计划的起止时间一致起来。

为了维护厂长（经理）任期目标责任制的严肃性，确实保证厂长（经理）履行对国家和企业职工所承担的责任，必须使任期目标责任制具有法律的效力。因此，厂长（经理）上任前，要和代表国家的企业主管部门，和代表企业全体职工的职工代表大会分别正式签定任期目标责任制合同。合同除规定厂长（经理）对国家和企业职工承担的责任以外，还应规定国家和职工对厂长（经理）的相应责任，和规定对厂长（经理）的奖惩办法。厂长（经理）只有完成和超额完成了目标责任制规定的指标，才能连选连任。

深化企业改革与加强企业管理[*]

在企业改革中必须十分重视企业管理问题

我国很多企业经营管理落后,实行新的经营方式以后,企业管理的落后状况和新形势很不适应。这是一个极其尖锐的矛盾。这个矛盾如何解决,在一定意义上决定着企业改革的深化及其前途。为了解决好这个矛盾,必须加强和改进企业管理,把它作为重要的问题来抓。

目前,我国已拥有 40 多万个企业,但企业的潜力远没有很好发挥。许多企业开工不足,设备利用率、运转率和工时利用率都很低,潜力很大,实行多种经营方式后,企业的自主权扩大了,并有了相对独立的经济利益,为挖掘这些潜力创造了条件,但企业潜力是否能发挥出来,最终还得靠企业自身努力,特别要靠加强经营管理工作。因此,抓好企业管理工作是发挥企业潜力的关键。

加强企业管理也是提高经济效益的要求。我们的经济建设要走一条以提高经济效益为中心的新路子,而提高整个国民经济的效益必须以提高企业的经济效益为基础。实行多种经营方式的优越性应该主要体现在有利于提高企业经济效益上,而企业管理落后是绝难迅速提高企业经济效益的。现在我国绝大多数企业仍处于一种粗放经营状态,主要靠廉价的原材料和劳动力来维持生存和发展。即使这样,企业的经济效益也很低,还有许多企业亏损。据统计,1986 年,全民所有制预算内工业企业的亏损面高达 14.16%,亏损额达到 44.20 亿元;盈利企业也有很多产品亏损,其亏损额甚至大大超过亏损企业的亏损额。这都和经营管理落后很有关系,随着改革、开放的进行,原材料提价、工资增长将是一种必然趋势。但是企业既

---

[*] 原载《经济体制改革》1988 年第 6 期。

不应该减少对国家的财政上缴任务,也不应该任意涨价,把原材料提价和工资增加的负担转嫁给用户和消费者。唯一可行的办法是加强企业的经营管理,增强企业内部的消化能力,在提高经济效益的基础上保证国家、企业和职工都增加收入。

加强企业管理也才能培养出大批社会主义企业家。企业家对企业的成败兴衰常常起着决定性的作用。日本著名企业家松下幸之助认为,一个企业的兴衰,70%的责任应由经营者来负。一个国外研究机构提供的资料表明,在现代化企业里,每增加一名合格的体力劳动者,可取得1:1.5的经济效果;每增加一名合格的技术人员,可取得1:2.5的经济效果;而每增加一名"有效的管理者",可取得1:6的经济效果。企业家的产生需要选拔和培训,而最主要的是要在企业经营管理的实践中锻炼和培养。也就是说,只有在加强企业管理工作中才能培养出真正合格的企业家。

加强企业管理也才能为进一步深化改革创造有利的条件。例如,我们面临着价格改革的任务。而只有加强企业管理,把企业潜力发挥出来,努力提高经济效益,才能缓解当前经济中的矛盾和困难,进一步改善国家的财政经济状况,为今后进行全面的价格改革创造比较好的环境。深化改革意味着市场体系的进一步发展和完善,意味着市场调节范围的扩大和市场机制作用的加强,只有加强企业管理,提高企业的管理水平和应变能力,才能使企业适应这种情况,减少深化改革的困难和阻力。

加强企业管理才能形成健全的企业经营机制

国有企业实行多种经营方式是为了在企业中形成一种适应于发展商品经济要求的新的经营机制,包括企业的动力机制、决策机制、信息机制、积累机制等等。这种新的企业经营机制在传统体制下是不存在也不可能存在的,它们需要通过改革才能建立起来。但是,形成新的企业经营机制不仅要靠改革,而且要靠管理。因为,企业经营机制不仅决定于企业的外部关系,而且决定于企业的内部关系,包括企业内部的各种管理制度和管理方法。企业改制后如果不加强和改进企业管理,也是难以形成新的企业经营机制的。

以企业动力机制来说,形成新的企业动力机制需要明确国家与企业的责权利关系。改变传统体制下企业不是利益主体的状况,使企业逐步走上自主经营、自负盈亏的道路。这些是实行企业承包制和其他经营方式需要解决的问题。但除此以外，还要在企业内部加强生产管理和分配管理等工作，建立起各种必要的责任制度。再以企业决策机制来说，形成新的企业决策机制需要实行所有权和经营权分离的原则，改变传统体制下政企职责不分的状况，保证企业的自主经营权利。这些是实行多种经营方式需要解决的问题。但除此以外，还要在企业内部实行厂长（经理）负责制，并明确企业党组织的地位作用，以及进一步健全职工代表大会制度和各项民主管理制度，等等。

形成新的企业经营机制才能保证实现企业对国家承担的各项经济任务。为此，要特别强调应该在企业内部建立起严格的经济责任制度，就是把企业对国家承担的各项任务层层分解，落实到各个单位、部门、岗位以至个人，并把完成任务的好坏同经济利益紧密结合起来。因此，实行多种经营方式以后，企业管理要围绕着建立和加强企业内部经济责任制来进行。当前，尤其要重视以下几项管理工作：

1. 劳动管理。在实行多种经营方式的过程中，必须改进和加强劳动管理，搞好定额、定员工作，并在此基础上，完善"岗位经济责任制"，并把它与各种分配制度，如计件工资制、定额工资制结合起来，充分发挥它们的积极作用。还要研究多余人员的出路问题，做好他们的安置工作。例如，有的可以培训，有的可以开辟新的生产和服务领域，有的可以在厂内待业，有的可以提前退休。

2. 物资管理。在我国工业产品成本中，能源和原材料消耗占70%左右。因此，降低成本必须十分重视物资管理，努力降低能源和原材料的消耗。这方面企业的潜力很大。据统计，全国大约2/3的物资消耗指标没有达到历史最好水平，其中，能源利用率比"一五"时期下降55%左右，如果恢复到"一五"时期的水平，仅靠目前的能源产量就能使工农业生产增长50%以上。与国外比较差距就更大。我国单位产值的能耗不仅大大高于美国和日本，而且比印度也高2.6倍。为了降低物资消耗，要制订并严格执行合理的物资消耗定额，加强生产管理和工艺管理，开展修旧利废、节约代用活动，并要加强物资的储备管理工作。

3. 质量管理。近年来，我国工业产品质量有所提高，但从总的来看，产品质量还是较低，而且波动较大。特别是一些短线产品，"萝卜快了不洗泥"的现象相当严重。"假、冒、次、劣"产品时有发生，企业承包后，一定要加强质量管理，在提高工作质量、零部件质量和半成品质量的基础上，使产品质量有大幅度提高，力争多创优质名牌产品。

4. 销售管理。现在销售工作的概念和内容已经发生了很大变化。它不再是产品生产出来之后开张调拨单就了事，而是在生产之前就要了解用户的需要，根据用户的需要来设计、制造产品。生产数量也要根据市场需要来确定。产品售出以后还要承担技术服务工作，并要搜集用户对产品的反映，根据反馈回来的信息修改设计和调整生产计划。因此，销售工作正由过去的"龙尾"变为"龙头"，其作用越来越大。不重视销售工作，企业就不会有出路。加强销售管理也是健全企业经营机制的一项重要任务。

企业管理本身也是生产力

对于企业管理的重要性我们还需要提高认识。一是要认识企业管理本身也是生产力，二是要认识企业管理对于调整和完善生产关系的作用。

在现代经济中，管理和科学技术一样，本身也是一种生产力。但是，过去对于企业管理是生产力却认识不够或缺少认识。经济理论界曾经有过生产力"二因素论"和"三因素论"的争论。前者只把劳动者和劳动工具看做生产力，后者还加上劳动对象。它们的争论在劳动对象是否属于生产力上。却没有把管理看成生产力。其实，无论是马克思还是现代西方经济学家早就认为管理也是生产力。过去我们只强调生产关系把劳动者和生产资料结合起来的作用。而事实上，把劳动者和生产资料结合起来是离不开管理的。管理对生产力的三个物质要素——劳动者、劳动工具和劳动对象起着一种全局性的组织作用。换句话说，管理是联结各种生产要素的纽带。没有管理就没有生产劳动，尤其不会出现现代化的生产劳动，从而也就形不成生产力。从这种意义上说，管理是比劳动者、生产资料层次更高的生产力要素。

据一些外国企业家的测算，对一个企业经营实绩的贡献来说，如果投资占1分，科技占3分，管理则占6分。因此，在经济发达的国家，现在无不把管理放在非常重要的地位。西方经济学家有的把管理、科学和技术看成是现代文明的"三鼎足"，是企业能否生存和发展的"三根支柱"；有的把科学管理和现代技术比作经济高速增长的"两个车轮"；有的把管理比作电子计算机系统中的"软件"；还有的把管理看做是一种与有形的物质资源并存的无形的物质资源。认为用于开发管理资源的投资是一种投入少产出多的高效益投资。现在我国科学技术落后，管理更加落后。这是生产力落后的表现，也是生产力落后的原因。在这种情况下，把企业管理作为战略问题来抓，道理是显而易见的。

企业管理还直接对生产关系的发展和经济体制的完善起着重要作用。这种作用从资本主义经济发展史看得很清楚。进步的经济学家早就根据生产社会化和私人占有这一资本主义基本矛盾，认为资本主义制度即将灭亡。但资本主义制度并未如他们设想那样很快灭亡。原因何在呢？是不是资本主义不存在生产社会化和私人占有的矛盾呢？我们认为，这些经济学家对资本主义基本矛盾的分析是符合当时的实际情况的。问题在于，后来情况有了变化，出现了很多新的因素，缓解了资本主义的基本矛盾，改变了它的进程。在这诸多的新因素中，泰罗的科学管理（及其以后的发展）有着非常重要的地位。由于推行科学管理等制度，资本主义企业通过加强和改进企业管理，不仅大大提高了生产力水平，而且不断地解决着生产关系中的种种具体矛盾，从而使资本主义基本矛盾得到缓解。例如，一些资本主义发达国家中企业实行高工资、高福利，实行"资本民主化"和各种形式的职工参与管理制度，这些做法在不同程度上弥补了资本主义生产关系的缺陷，和缓了资产阶级和无产阶级的矛盾。可以肯定地说，如果没有泰罗的科学管理，资本主义社会是不会出现后来的所谓"奇迹"的。

实行多种经营方式后，有些弊端也还是存在的。这些弊端要靠深化改革才能彻底消除。但如何通过加强和改进企业管理来解决一系列具体问题，弥补旧体制的缺陷，充实和完善体制，还大有可为。例如，现在理论界谈论较多的全民所有制企业"所有者缺位"或"所有权模糊"的问题，在很大程度上也是一个管理问题，如果不改进和加强企业管理，这个问题是难以解决的。我们要通过加强和改进管理，调整企业内部的各种经济关系和人际关系，把企业和劳动者的积极性和创造性充分发挥出来。

加强企业管理的有利条件和困难

有些同志认为，目前我国经济体制正处在由传统体制向新体制转变的时期，企业的外部条件还很不规范，企业机制也很不健全，在这种情况下抓企业管理，很难取得好的效果。我们认为这种看法至少是不够全面的。

既然企业管理本身就是生产力，为了发展生产，在任何情况下都应该认真抓企业管理，这是不言而喻的。改制后很多企业更加重视管理，说明现在抓企业管理不仅是必要的，而且具备着有利条件。

1. 通过多年的改革，企业的自主权都有了不同程度的扩大。特别是实行多种经营方式以后，企业加强和改进内部管理的压力和动力都增强了。企业有了长期打算，更需要加强内部管理。改制以后，主管部门对企业既要改进领导，又要加强领导；既不能像过去那样过多地干预企业的经营管理又要督促和帮助企业改进管理，这也有利于企业加强和改进管理。

2. 经过前几年的整顿和改革，企业的各项规章制度基本建立起来了，管理基础工作也有所加强，一些企业还引进了国外的先进管理方法和管理手段，一批先进企业正在进行管理现代化的试点。

3. 经过培训和管理实践，企业已经有了一定数量的管理人才。高等学校已为企业培养了一批管理人员，各部门、企业也通过各种形式对在职管理人员进行了培训，他们的业务水平有了提高，企业的厂长、经理经过调整和培训，基本上实现了"三化"。现在大中型骨干企业的领导班子平均年龄在45岁左右，大专以上文化程度的成员占班子总人数的74%，95%的厂长、经理通过了全国厂长、经理统考。

4. 很多企业已经面临着市场的竞争压力。随着改革的深化，企业与市场的关系越来越密切，企业之间的竞争也激烈起来。不仅国有企业之间开展竞争，而且它们还面临着蓬勃发展的乡镇企业的激烈竞争，一些进入国际市场的企业还面临着国外企业的激烈竞争。市场上竞争的压力正在促使企业加强经营管理。

当然，现在要抓好企业管理工作确实还有许多困难。例如，企业还没有完全做到政企职责分开，没有完全实行自主经营、自负盈亏，因此，企业的软预算约束问题仍难以完全解决，这是极不利于加强企业管理的。再如，现在还没有形成发达的市场体系，因而市场机制难以充分发挥作用，企业所受市场的竞争压力总的来说还有限。这也影响企业改进经营管理的动力。又如，我国劳动力富余，在现行体制下，企业改进管理后多余下来的劳动力，在安置上也有困难。其他小企业原来的管理水平低，人们对企业管理的重要性还缺乏足够的认识等等，也都是困难。我们要充分估计改进企业管理的艰巨性，但不能借口存在困难而不抓企业管理，而是应该努力创造条件，克服各种困难，把这项工作作为战略任务来抓。

从历史经验看，使改进企业管理成为一种潮流是很必要而又是需要条件的。有人分析，泰罗的科学管理所以曾经成为美国一个时代的潮流和标志，是有着经济方面、社会方面、政治方面的深刻根源的。"科学管理是文化的产儿，反过来又使其文明成为一个在工业、社会和政治方面充满活力的成人"，[①] 我们面临着形成中国式企业管理并使它成为时代潮流的任务。为了完成这项任务，一方面要求深化改革来为此创造条件；另一方面要下决心扎扎实实地抓企业管理，使改革和管理结合起来，相互促进。

[①] 《管理思想的演变》，第 298 页。

关于企业家精神的探讨[*]

发展经济，振兴中华，需要成千上万的企业家，更需要发扬企业家的精神。本文拟专门对企业家精神做初步探讨。

一　企业家精神的内涵及表现

企业家是经营管理企业的专家，是人类社会中的一个特殊阶层，在经营管理企业的特殊环境中，企业家产生了一种体现自己职业特点的思想意识、思维活动和心理状态，这就是人们通常所说的企业家精神。

企业家精神与企业家素质虽有一定联系，但并不相同。企业家素质有广义和狭义两种概念。广义的企业家素质是指企业家的各种素养，即不仅包括企业家的文化素质、技术业务素质和身体素质，而且包括企业家思想和心理方面的素质。所以，在这种概念中，企业家素质包括了企业家精神。但它也仅仅是企业家素质的一个方面，而不是全部。狭义的企业家素质则是专指企业家的那些可以度量的素养，即主要是企业家的文化素质，技术业务素质和身体素质等。在这种概念中就不包括企业家精神。本文以下涉及企业家素质这一概念时，是指狭义的企业家素质。

企业家精神与企业家能力也有区别。企业家的能力是指企业家解决各种问题的本领，它是企业家素质的外在表现，在一般情况下，企业家的素质高，解决各种问题的能力就强。企业家精神只对企业家素质产生直接影响，对企业家能力只产生间接影响。换句话说，企业家精神可以促进企业家素质的提高，从而使企业家提高自己解决各种问题的能力；但是，企业家精神并不与企业家能力成正相关。某些厂长、经理可能都具有企业家精

---

[*]　原载《中国工业经济研究》1989年第2期。

神，但由于他们的素质不同，在能力上可能有很大差别。企业家精神与企业家素质、企业家能力的关系可以用图1来表示。

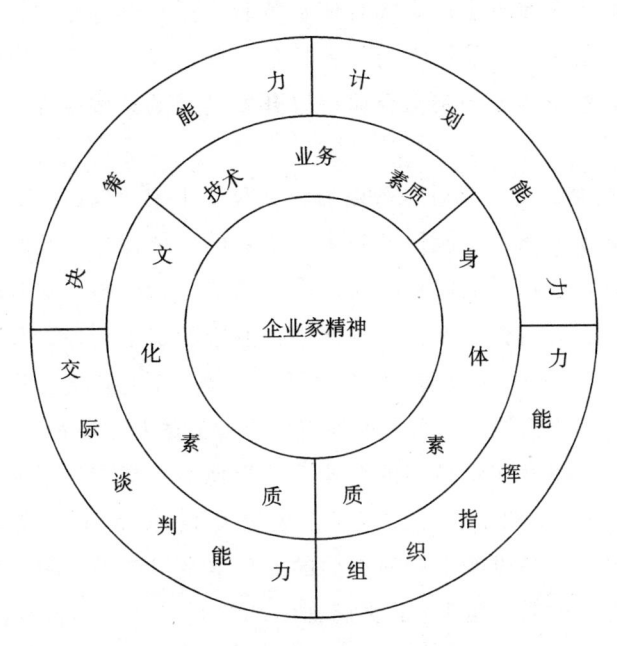

图1 企业家精神与企业家素质、企业家能力的关系

与企业家素质、企业家能力一样，企业家精神也可以具体化。在经营管理中，企业家精神至少可以表现为以下五种精神：

1. 创新精神。纵观国内外成功的企业家，虽然成功之路不尽相同，取得的业绩各有千秋，但他们都有一个共同的特点：具有强烈的创新精神。正是这种创新精神，推动企业家在经营活动中动脑筋、创新意，不断采用新的科研成果和新的技术，不断开发新产品，不断开发新的服务领域，不断改革经营组织和经营方法，结果才使企业不断发展，永远立于不败之地。所以，不少学者和企业家都把创新精神看做是企业家精神的集中表现，看成是衡量经理人员是否是企业家的重要标志。比如，美国著名经济学家约瑟夫·阿曼·熊比德就认为，经理不是都有资格称为企业家的。企业家是不墨守成规的，他常常创造性地变更其轨道。因此，只有那些具有创新精神，对经济环境做出创造性反应，推进企业不断发展的经理才称得上企业家。熊比德指出，企业家的特点和职能就是在创新精神的推动下，"通过利用一种新发明，或更一般地，利用一种生产新商品或新方法生产老商品的没有试过的技术可能性，通过开辟原料供应的新来源或产品的新销路，通过重组产业等等来改革生产模式或使它革命化。"① 他还指出：企业的创新与发明者的创新不同。发明者的创新只是一种发现；企业家的创新"主要不在于发明某些东西或创制出企业得以开发利用的某些条件，而在于把事情付诸实行。"②

2. 实干精神。企业家既是战略家，又是实干家。他们的成功不仅在于他们具有战略家的眼光，能预见到未来市场的发展变化，及时地制定出企业发展的战略，还在于他们具有实现战略的勇气、决心和吃苦耐劳的实干精神。所以许多著名企业家都十分强调企业家的实干精神，香港著名企业家霍英东认为："一个企业家，要从经验中成熟，其中刻苦耐劳占95%。"③香港著名企业家李嘉诚也把实干精神作为企业家的基本特征之一。实际上，他自己就是一个很有实干精神的企业家。当他年轻尚未结婚前，每天都工作16小时，一个星期工作7天。现在年纪大了，也只有星期天才休息。④许多日本企业家也是以实干精神著称的。日本本田汽车厂的领导人久米先生认为，企业家的成功是1%的灵感加上99%的汗水。而他自己99%的时间都是在工作。⑤日本著名企业家土光敏夫也认为："经营管理者和领导干部，应该是真正能吃苦的人。如果不能做到这一点，这个人就不具备掌管企业的资格。"⑥

3. 开拓精神。企业家与一般的厂长、经理不同。一般的厂长、经理多属于守业型人才，他们或对未来的社会、经济和技术的重大变化缺乏预见，丧失企业发展机会；或虽有预见，但不愿或不敢冒风险；或思想保守，满足于已取得的成绩。他们虽然可能是很好的管理者，能把现有企业管理得井井有条，但不能开拓新局面，发展新事业。因此，他们只能是一般的经营管理者，而不能成为企业家。与他们相反，企业家则是开拓型人才，具

---

① 熊比德：《资本主义、社会主义和民主主义》，中文本，第164页。
② 同上书，第165页。
③ 转引自侃平《爱国爱乡的香港企业家——霍东英》，《赣江经济》1985年第12期。
④ [新加坡]《联合早报》1988年10月30日。
⑤ [法]弗朗索瓦·戈尔、荷兰·热曼：《本田汽车厂的秘诀》，《法国经济学家》杂志，第657期。
⑥ 转引自谢琼：《企业家是战略家与实干家的统一》，《经营管理者》1987年第10期。

有强烈的开拓进取精神。在企业初建时，他们能克服资金少、人才缺乏等困难，使企业很快得到社会承认，迅速获得发展。事业成功后，他们又不满足于已取得的成绩，具有追求更高、更远发展目标的强烈愿望，并能审时度势，抓住企业成长的机会，使企业不断发展壮大。在企业陷入困境时，他们也能临危不惧，使企业迅速摆脱"山重水复"的处境，迎来"柳暗花明"的新天地。

4. 拼搏精神。企业的成长不可能是一帆风顺的，往往会遇到各种意想不到的困难，会遇到强大的竞争对手，甚至遭受挫折和失败。这就要求企业家具有百折不挠的拼搏精神。面对各种困难，他们能不回避、不退缩，敢于藐视困难、战胜困难；面对强手如林的竞争局面，他们能不畏惧、不逃避，敢于竞争、善于竞争；面对各种挫折和失败，他们能不灰心、不气馁，善于从挫折和失败中吸取经验教训，继续前进。我们从许多著名企业家身上都能看到这种百折不挠的拼搏精神。我国近代著名企业家刘国钧信奉的座右铭是，"心之所至，无坚不入；意之所至，无远不届。""日日行，不怕千万里，常常做，不怕千万事。"① 正是凭着这种拼搏精神，他白手起家，十来年时间，就从一个商店学徒成为纺织行业的著名企业家，建成了大成一厂、二厂、三厂三个纺织厂，并与汉口震环纱厂合作，开办了大成四厂。著名经济学家马寅初认为，大成的迅速发展是中国近代纺织工业上"罕见的奇迹"。我国台湾著名企业家王永庆也是以具有百折不挠的拼搏精神而著称的。王永庆出身贫寒，念小学时还边念书、边给人家看牛，兼做喂鹅、喂猪、喂鸡等家务，靠半工半读也只念到小学毕业。以后从做学徒走上经营企业的道路，凭着他"临苦务须不惧，临难务须不缩"的拼搏精神和良好的管理，成了国内外闻名的"塑胶大王"，被人们誉为"东方经营之神"，"台湾的松下幸之助"。②

5. 奉献精神。企业是以营利为目的的经济组织。企业家作为企业的领导者，当然应该千方百计使企业获得更多的利润。但是，如果把追逐利润当成办企业的唯一目的，甚至为了获得更多的利润而不择手段，损人利己，坑害国家和人民，这种人就算不上真正的企业家。我们从许多企业家身上都可以看到他们具有一种服务于社会、造福于人民的奉献精神。这种奉献

---

① 转引自张金喜《创造奇迹的人——著名实业家刘国钧》，《中国工商》1988 年第 2 期。
② 见《中外企业家成功的经营秘诀》，《技术经济管理》1986 年第 1 期。

精神首先表现为办企业有崇高的宗旨。比如，我国近代著名企业家卢作孚先生为他创办的民生轮船公司规定的宗旨是："服务于社会，便利群众，开发产业，富强国家。"这就充分表达了他的奉献精神。其次，这种奉献精神也表现为对事业的执著追求。许多企业家一心扑在事业上，为了企业的发展而牺牲了个人爱好、家庭生活。如我国近代著名企业家张謇，虽身为清末状元，但他没有像一般封建文人那样，沉溺于功名利禄，而是走上了"实业救国"、"教育救国"的道路。经过多年艰苦奋斗，他建成了一个以大生纱厂为轴心的大生资本集团。他的事业后来虽遭失败，但他的奉献精神却为世人所称道。一位历史学家在评论他时说："张謇这种举办实业的狂热，不能单纯以利润追逐来解释，它也体现了一个爱国者渴望祖国早日臻于富强的真挚心愿。"[1] 再次，这种奉献精神还表现为富了不忘国家、人民，有为国家和人民排忧解难的心愿和行动。这种精神在一些香港企业家身上表现得也很明显。

以上这五种精神是就企业家整体而言的。具体到每个企业家，虽然从他们身上也能发现这五种精神，但由于他们各自的经历不同，所受的影响不同，表现的侧重点是不一样的，在有些企业家身上可能创新精神表现得特别突出，在另一些企业家身上则可能是开拓精神、拼搏精神表现得突出一些。

二　企业家精神的形成

企业家精神不是先天具有的，而是企业家通过参加各种活动逐步树立起来的。影响企业家精神形成的因素很多，最主要的有五种，即文化、时代特征、社会政治经济制度、家庭和企业家自身的情况（如图2所示）。

为了使大家对这五种因素如何影响企业家精神的形成有比较具体的了解，下面我们将做一些简单的分析。

1. 文化的影响。文化本身就是社会的一种精神财富，它对企业家精神的形成自然要发生深刻的影响。文化背景不同，企业家精神必定会有差异。比如，中国文化就培养出了中国企业家和海外华人企业家的吃苦耐劳、艰苦奋斗的精神，克己奉公、任劳任怨的精神和爱国爱乡的精神。同样，我

---

[1] 寿乐英：《从清末状元到近代实业家——记张謇》，《中国工商》1988年第4期。

```
┌─────────────┐
│   文  化    │──┐
└─────────────┘  │
┌─────────────┐  │
│  时 代 特 征 │──┤
└─────────────┘  │
┌─────────────┐  │   ┌─────────┐
│社会政治经济制度│──┼──▶│ 企业家  │
└─────────────┘  │   │ 精  神  │
┌─────────────┐  │   └─────────┘
│   家   庭   │──┤
└─────────────┘  │
┌─────────────┐  │
│企业家自身的情况│─┘
└─────────────┘
```

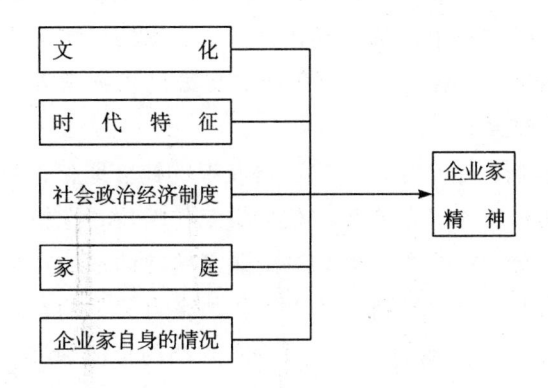

图 2　影响企业家精神形成的因素

们从西方企业家所具有的强烈的拼搏精神、竞争精神和兼收并蓄的开放精神上，也可以看到西方文化的影响。

　　2. 时代精神的影响。企业家的精神无不打上时代的印记。比如在旧中国，由于国家政治腐败，经济落后，许多产业都为帝国主义列强所控制，他们千方百计排斥、打击中国弱小的民族工业，对中国进行侵略、掠夺。反对帝国主义的侵略、振兴国家，就成了当时最主要的社会矛盾和时代特征。这一时代特征无疑对当时的企业家产生了强烈的影响。我国近代著名的企业家，无一不是抱着"实业救国"的态度走上经营企业的道路的。他们都具有强烈的反帝、爱国的精神。又比如，中国大陆现在实行了改革、开放政策，改革已经成了一种社会潮流和时代特征。这种特征对中国大陆的企业家也产生了强烈的影响。现在中国大陆著名的企业家，如首都钢铁公司的周冠五、沈阳金杯汽车股份有限公司的赵希友、杭州万向节厂的鲁冠球等，无一不是以改革而出名的，他们都具有很强的改革开拓精神。

　　3. 政治经济制度的影响。不同的政治经济制度也会对企业家精神的形成产生不同的影响。比如，大陆过去实行的是高度集中的计划经济。在这种制度下，企业不是独立的商品生产者和经营者，在人财物、产供销和企业发展等方面权限都很小，企业的活动也无须通过市场进行，因此，企业家就不可能具有竞争精神。近几年，通过改革，企业的权限扩大了，但由于企业还没有成为相对独立的商品生产者，市场对企业的作用还较小，企业家的竞争精神仍比较差。相反，实行市场经济的国家或地区，由于企业都是独立的商品生产者，企业的一切活动都要通过市场来进行，市场竞争很激烈,企业家就具有很强的拼搏竞争精神。又例如,在社会主义制度下,企业一般都实行民主集中制的领导体制,企业家的民主意识、集体主义精神都比较强。相反,在资本主义制度下,更鼓励发挥个人的作用,企业家个人奋斗精神比较强。

4. 家庭的影响。企业家的家庭经济状况、社会地位、和谐程度、家庭成员、尤其是父母受教育的程度、信仰、工作性质、性格、对事业所抱的态度以及教育子女的方式等,也会对企业家精神的形成产生重大影响。比如,麦克兰就认为,企业家精神的培养往往来自父母的影响。成功的父母应该具有三种条件:① 他们首先要有毫不含糊的价值标准,这些标准总是明确而且容易达到的。② 他们不应该干涉子女的成就需求,一切让他们自己去寻求。③ 必要时,在感情上父母子女之间共享成就的好处,让他们培养进取态度。又比如,另一些学者通过实证研究发现,美国的企业家当中有一半是孤儿或父亲早死的;菲律宾企业家中,也大约有 1/4 的企业家在孩童时代已经没有了父亲。于是他们得出结论:若是家庭存在着过分强烈的父亲崇拜的话,企业家的风格就有可能被埋没。① 总之,家庭对企业家精神的形成具有很大影响,而且这种影响是长久的、深刻的和潜移默化的。

5. 企业家自身的状况。包括企业家受教育的程度、成长道路、性格等,这些因素也会影响企业家精神的形成。比如,受过高等教育的企业家,特别是从大学、科研机构"跳槽"出来的企业家,由于他们的知识面广,对现代科技发展动态比较清楚,又具有一定的研究开发能力和强烈的发展欲望,因此,他们的创新精神往往特别强。相反,学徒、工人出身的企业家,由于他们的成长道路艰难曲折、坎坷不平,因此他们的艰苦奋斗精神、吃苦耐劳精神和坚韧不拔的开拓精神特别强。

如果我们把以上五种因素合并,就会看出,企业家精神的形成实际上是受社会因素(文化、政治经济制度和时代特征)和个人因素(家庭、自身条件)这两类因素的影响。在这两类因素中,一些学者如麦克兰及海根所代表的心理学派主要强调企业家自身的因素,并认为在个人的地位遭遇到退缩或打击的情况下更能产生企业家精神;另一些学者则强调社会因素特别是社会结构的变化,认为只有在某种急剧变化的社会形态中,企业家

---

① 李文朗:《台湾企业风格与社会发展》,《中国式企业管理的探讨》,经济管理出版社 1985 年版,第 246~247 页。

的风格才会形成和显露出来。① 我认为，这两种观点都有片面性。实际情况是，在不同的情况下，影响企业家成长的主要因素也是不同的。比如，当社会政治经济制度阻碍了企业家的成长和企业家精神的形成时，社会的因素就成了最主要的方面，不改革政治经济制度企业家精神就很难形成；但当形成了企业家成长的合适社会环境后，个人的因素则会起决定性的作用。另外，这两种因素的作用也是不同的；社会因素一般促使企业家形成一些具有共性的精神风貌；个人方面的因素则促使单个企业家形成一些具有个人特色的精神风貌。

三 企业家精神的作用

企业家精神是一种宝贵的社会精神财富，它对社会精神文明和物质文明建设都有极其重要的作用。

1. 企业家精神是企业获得成功和发展的精神支柱。企业的发展，除要有一定的物质基础外，还必须有精神支柱，即企业精神。因为在企业里有成千上万名职工，他们在年龄、受教育程度、经历、待遇、地位、性格、爱好和信仰等方面都存在差别，不可能自然地形成共同的价值观和行为规范，但是，这种共同的价值观和行为规范对社会化大生产来说又是必不可少的。没有这种共同的价值观和行为规范，企业内部各部门、各环节以及职工相互之间就很难保持高度的协调一致，企业的生产就很难有效地进行。而且，企业是在一个经常变化的环境中生存的，企业在发展过程中必定会碰到许多困难、挫折甚至失败，没有一种强大的精神力量，就不可能使职工紧密地团结起来，齐心协力去对付各种险恶的环境，使企业逢凶化吉，转危为安，长盛不衰。所以，许多学者和企业家都很重视企业精神，有的甚至把企业精神看成是企业成功和发展的关键。比如我国近代著名企业家荣德生就指出，荣家企业之所以能从白手起家发展到一个颇具规模的大型企业集团，"非持有充实之资本，乃持有充实之精神，精神为立业之本。"②

企业精神不是自然而然地形成的，而是企业在长期的生产经营过程中

---

① 李文朗：《台湾企业风格与社会发展》，《中国式企业管理的探讨》，经济管理出版社1985年版，第248~249页。
② 转引自黄汉民《荣宗敬荣德生两兄弟的"立业之本"》，《上海经济研究》1985年第1期。

逐步树立起来的。在企业精神的形成过程中，企业家精神具有决定性的影响。① 企业家总是按照自己的经营哲学和精神风貌去教育职工，并把他们融化到厂歌、厂训和各种规章制度中，同时对那些在培养企业精神中的先进职工进行表扬、奖励、提升，这样，经过长期的努力，企业家的精神风貌就会在企业中得到发扬光大，成为企业精神的核心。② 企业家的精神风貌是企业职工学习的榜样。俗话说，"身教重于言教"，"火车跑得快，全凭车头带"。如果企业领导人自己缺乏良好的精神风貌，而又对职工提出很高的要求，其效果一定很差。相反，如果企业家自己具有良好的精神风貌，他在职工中就一定会有很高的威信，他对职工的要求也就容易被接受，而且，企业家的良好精神风貌本身就是一种最好的教材，是一种无形的精神力量，会给企业职工以深刻的影响。所以，企业家的精神风貌是企业精神的缩影，企业精神则是企业家精神的具体反映。

2. 企业家精神是推动整个社会经济发展的强大动力。许多有见识的经济学家都充分肯定企业家和企业家精神对社会经济发展所起的作用。比如，熊比德就把企业家尊奉为经济增长的"国王"。他指出，在以往的经济学中，对企业家的作用未予充分肯定。在以分析资本主义经济为己任的经济学中理应成为舞台主角的企业家却不出场，这就跟演出《王子复仇记》而王子不登场一样可笑，雷福（Na thanl Leff）也认为："企业家精神的缺乏，是经济发展最大的绊脚石。企业家的风格是促进经济形态转变最重要的因素，它可以化腐朽为神奇，动员种种经济的供给面，推动整个社会，踏入开发的境界。"①

企业家和企业家精神对社会经济发展的推动，可以从直接作用和间接作用两个方面进行考察。

从直接作用看，企业家能把创新精神与实干精神相结合，把握住时机，迅速把创造发明运用于生产，以谋求旧产品的改造，新产品的开发，生产条件和生产方式的改变，新的原材料的开发运用，新的服务领域和新的产业的开拓以及整个产业结构的重组等效果。毫无疑问，以上任何一个方面的成功，都会或多或少地直接促进社会经济的发展。

从间接作用看，企业家和企业家精神对社会经济的推动主要表现在以下两个方面：① 企业家的成功为其他人特别是一般的厂长、经理树立了好

---

① 蒋一苇、闵建蜀等著：《中国式企业管理的探讨》，经济管理出版社1985年版，第283页。

的榜样,他们必然要学习企业家的精神和事迹,从而不仅可以使企业家精神在社会上发扬光大,推动其他事业的发展,还会产生更多的企业家,并逐步形成一个强大的企业家阶层。② 随着企业家数量的增加和力量的加强,企业家的社会地位也随之提高,在国家制定各项方针政策时,他们也将发挥自己的影响,从而对推动社会经济的发展起积极作用。比如,据美国学者托马斯·戴伊在《谁掌管美国——卡特年代》一书中提供的资料,在美国掌权阶层的最上层的 5000 人中,企业家阶层就占据了 3572 个席位。他们无疑会对美国的政治经济政策发挥巨大影响。

加速建立健全企业家的
激励与约束机制[*]

建立健全企业家的激励与约束机制已刻不容缓

有材料表明：一个人要是没有受到激励，仅能发挥其自身能力的20%～30%；如果受到充分而正确的激励，则能发挥其能力的80%～90%。对企业家也不例外。企业能否经营得好，在很大程度上取决于企业家的素质、事业心和努力程度，而且，企业家还要承担很大的经营风险，如果对他们没有合理的激励机制，就会影响他们的积极性和承担风险的意愿，企业自然很难经营得好。当然，要使企业家的积极性得到很好的发挥，把企业经营管理好，光有激励机制还不够，还必须要有健全的约束机制。实践证明，对企业家的权力不进行约束，一些人就会滥用手中的权力，企业也经营不好。

从我国企业的情况看，企业家既缺乏有效的激励机制，也缺乏健全的约束机制。缺乏激励机制的主要表现是：① 企业家的收入决定方式不科学。过去是国家统一确定企业家的工资形式和等级，无论是大企业或小企业，经营好的企业或经营差的企业，大家干好干坏一个样。改革以后，国家逐步放松了对企业工资的控制，但是企业内部还没有形成决定企业家工资的科学方式和程序，在一些企业里企业家自己给自己确定工资收入。② 企业家还没有成为一个独立的利益主体，收入偏低。除沿海地区的部分企业家外，我国企业家的收入仍偏低。据中国企业家调查系统1993年对我国企业家现状的调查，国有企业厂长（经理）的月平均收入在 300 元以下的占 30.8%，301～500 元的占 53.6%，501～700 元的占 11.9%，701～1000 元

---

[*] 原载《光明日报》1996 年 1 月 25 日。

的占3.1%，1000元以上的只占0.6%。这个调查提供的数字还表明：与1988年相比，厂长、经理认为自己的经济地位没有变化的占51.9%，认为自己的经济地位下降的占13.8%，认为上升的只占34.3%。在有些企业里，厂长经理的工资比部分职工的工资还低，多数企业家对自己的经济地位不满意。③ 收入构成不合理。在有些企业里，企业家的名誉工资低，不合理的灰色收入多，政府有关的管理部门很难对他们的收入进行监管。

缺乏约束机制的主要表现是：① 独断专行，个人说了算。有些人对企业习惯于家长式统治，无论企业变成什么形态，实行什么治理结构，都是他个人说了算。企业没有形成科学的决策体系和程序。② 任人唯亲。有些人利用职权排除异己，把自己的亲属和亲信安插在重要岗位上，把企业变成为他们的家天下。③ 利用职权损公肥私。有些人在与外方合资时，故意压低国有资产的价值以换取外方给自己的好处；有些人擅自变卖国有资产，甚至将其所得转化为小集团或个人所有。④ 贪赃枉法，有些人利用职权贪污受贿；有些人用企业的资金在国内或国外给自己注册公司；有的卷款外逃。

出现这些问题的原因之一是一些人对建立企业家的激励与约束机制的重要性认识不足，特别是对建立健全企业家的约束机制存在着错误认识。有的人认为，在现代企业中，实行的是法人负责制，因此，理所当然应该是厂长（经理）个人说了算。有的媒体还向大家推荐这种经验，并美其名曰为国外现代企业的通行做法。这种看法缺乏基本的管理知识，这种宣传完全是一种误导。① 实行法人负责制并不是个人说了算。法人是指企业，对企业的经营管理职能是由法人治理结构来承担的。厂长（经理）只是法人代表，而不是法人，他们只是受法人治理结构的委托在规定的权限内处理日常的经营管理工作。重大问题必须经过股东大会或董事会集体讨论，做出决策之后才能实施，决不能个人说了算。② 国外现代企业的管理制度都比较健全，法人治理结构都比较规范，高层经理人员的职责都比较明确，特别是在现代大企业中，决不存在个人说了算的企业。我们有的人总企图把个别企业的成功做法作为典型经验去推广。实际上个别企业的成功有许多具体条件，如产品、技术、资金、机遇、大环境等，如果不全面地看这些因素，而只把它们的成功说成是个人说了算，这是非常有害的。公司企业不建立起规范化的法人治理结构，建立健全激励与约束机制，短时期可以个人说了算，甚至也可能取得成功，但总是经不起实践考验的，时间一长，没有不出问题的，这样的例子已经屡见不鲜，我们应当认真吸取这些教训。

出现这些问题的另一个重要原因是我国的国有企业正处在体制转轨时期，原有的国有企业制度下的企业家激励和约束机制受到了很大冲击，管理上出现了一些盲点和空白。在已经改为股份公司的企业里，企业家的激励机制和约束机制还很不完善。因此，我们必须根据变化了的新形势，加快建立健全企业家激励与约束机制的步伐。

以利益激励机制为核心建立健全企业家的激励机制

企业家的激励机制主要包括利益激励机制、晋升激励机制和荣誉激励机制。

利益激励机制是企业家激励机制的核心部分。在我国企业中，建立健全企业家的利益激励机制，① 应当把企业家作为企业的一个独立的利益主体对待，把他们的利益和一般职工的利益区别开来，适当拉开他们之间的收入差距，逐步提高他们的收入。② 必须改变企业家收入形成的方式。在股份制企业中，董事长、总经理和董事的工资标准和奖励办法应该由董事会提出方案，由股东大会批准；其他经理人员的工资标准和奖励办法，应该由董事长、总经理提出方案，由董事会批准。国有资产经营公司和其他国有独资公司由于没有股东大会，其董事长、总经理和董事的工资标准和奖励办法应该由有关的政府部门决定，其他经理人员的工资标准和奖励办法应该由董事长、总经理提出方案；由董事会批准。企业家应该是职业经理，他们的职责是经营企业，使企业获得盈利，经营企业就得冒风险，因此，他们的工资也应该包括风险收入。企业家的收入可以由三个部分组成：一是工资。工资形式可以多种多样，既可以实行月薪制，也可以实行年薪制。工资要进入成本。二是奖金。它要与企业家的经营绩效挂钩。奖金只能从企业的利润中开支，没有利润不能发给奖金。三是股份收入。通过一定方式，企业家可以持有企业的一定量的股份或股票，而且在企业扩股时可以有优先认股权。他们可以通过股份或股票的升值获得收入。上述的第一项是企业家的基本收入，这部分收入不能太高，以能保证企业家的基本生活需要为前提；第二、三两项是风险收入。它们取决于企业经营的好坏，风险收入能激励企业家努力工作。

建立健全企业家的激励机制离不开正常的考核晋升制度。对企业家的考核晋升是一件既困难而又很重要的工作。过去,这种考核晋升工作是由企业的主管部门和组织部门承担的。国有企业进行公司化改组后,已变成了无主管的企业,但是无主管并不意味着无老板。公司的投资者必然要对经营者进行考核。按公司企业的特征和法规,这种考核工作通常应该由资产经营公司和公司的监事会来承担。资产经营公司应该定期对所控股企业的经理人员的业绩做出评价,并作为确定他们工资等级、奖惩、任免的重要依据;监事会除对公司的经营活动进行经常性的监督外,有责任对经理人员的业绩做出评价,向股东大会或投资机构提出对经理人员进行奖惩、升迁、罢免的建议。

经理人员还须有荣誉激励机制。虽然利益激励机制是激励机制的核心部分,但对许多真正的企业家来说,强烈的成就欲也是激励他们搞好企业的重要因素。换句话说,这些人在很大程度上是由于强烈的事业心的驱使而拼命工作的。而且对这些人来说,支配他们行为的主要因素不是占有金钱的动机,而是事业心、社会地位、个人荣誉等非金钱的东西。所以美国著名的心理学家马斯洛(A. B. Maslow)在他的人的需求层次理论里,将受人尊重的需要和自我实现的需要看做是人的高层次需要。既然如此,企业家也需要社会对自己成就的肯定,获得荣誉。这种荣誉既可以来自国家,也可以来自行业;既可以来自各种媒体,也可以来自其他社会组织。总之,企业家也必须有合理的荣誉激励机制。

以监督机制为核心建立健全企业家的约束机制

建立健全企业家的约束机制首先要根据《公司法》的规定和公司的不同类型建立规范的法人治理结构,形成健全的权力约束机制。按照我国的《公司法》的规定,我国的公司有三种形式:即国有独资公司、有限责任公司和股份有限公司。由于公司类型不同,它们的法人治理结构也有所区别。比如,国有独资公司就不设股东大会,由董事会行使股东大会的部分权力;董事会成员中,也必须有一定数量的职工代表参加;对公司的监督也主要由国家授权投资的机构或者国家授权投资的部门来承担。又比如,由两个以上的国有企业或其他两个以上的国有投资主体投资设立的有限责任公与一般的有限责任公司的法人治理结构也有所不同,在这种公司的董事会和监事会中,都必须要有一定数量的职工代表参加。我国的《公司法》还规定,大型的股份有限公司的董事长和总经理原则上要分开,不由一人兼任。尽管有这些区别,但是它们的共同特点都是实行纵向授权制。董事长、总经理的权力必须受到授权机构约束。

建立健全企业家的约束机制还要形成健全的制度约束机制。管理理论和实践都证明,规章制度不健全,不仅会造成管理机构和管理人员之间职责不清、相互扯皮、管理混乱、工作效率低等弊端,而且会发生滥用职权、以权谋私、损公肥私、徇私舞弊等现象。因此,必须健全规章制度,特别是严格的财务和人事管理制度,并认真按照规章制度办事。要明确规定各级管理职能机构和高层经理人员在财务方面的权限范围和限额,对超范围和限额的支出,必须由集体讨论决定,不能一个人说了算。董事长、副董事长、总经理、副总经理必须按照法定程序产生,其他高层管理人员和重要岗位的人事任免必须坚持由人事部门进行考核,由集体讨论决定的制度。建立健全企业家的约束机制还必须有严格的监督体系,形成监督体系的约束机制。对企业家的监督体系应该由以下四个部分组成:① 股东的监督。它的日常工作是由监事会来承担的。监事会的权力来自股东大会的授权,在没有股东大会的国有独资公司它的权力则来自有关的政府管理部门或投资机构,所以监事会是代表股东对企业和经理人员的生产经营活动进行监督,包括随时调查公司的业务与财务情况;随时要求董事和经理人员报告业务情况;发现董事和经理人员有违法违章行为可以提出劝告,必要时可以要求召开股东大会和董事会,向它们报告情况;在公司结算期时,提出监察报告;如果发现董事和经理人员有严重违法行为可以代表公司对他们提起诉讼。② 公司职工的民主监督。它可以通过多种途径实现:一是通过进入董事会的职工代表进行监督。他们既参与公司重大问题的决策,又对公司的经营活动进行监督;二是通过职工代表大会对公司的经营活动进行监督。国有独资公司、两个以上的国有企业或两个以上国有投资主体组成的有限责任公司,必须健全职工代表大会制度。在这些公司里,职代会不是起领导和决策作用,而是实行民主管理和监督作用,包括听取和讨论公司发展和生产经营重大决策方案的报告,并提出意见和建议;审议通过有关职工工资奖金分配方案、安全生产和劳动保护措施方案、重要规章制度等重大问题;评议监督董事会、监事会成员及其他高级管理人员,对它们的奖惩提出建议,等等。三是通过工会对企业和企业家的经营活动监督。公司在研究决定有关职工工资、福利、安全生产以及劳动保护、劳动保险等涉及职工切身利益的问题时,应当事先听取公司工会和职工的意见,并邀请工会或者职工代表列席有关会议;公司研究决定生产经营的重大问题,制定重要的规章制度时应当听取公司工会和职工的意见和建议;工会还要在党组织领导下,在参加企业的民主管理,维护工人的正当权益等方面积极开展工作。③ 党组织对党员企业家的纪律监督。在以公有制为基础的股份制企业中,党组织除搞好自身建设,参与企业的重大决策外,还必须发挥其保证监督作用。特别是监督党员高层经理人员贯彻执行党的基本路线和各项方针政策,遵守党纪党规,遵守国家的各种法律法规,加强廉政建设。④ 国家法律法规的监督。国家和政府要进一步完善有关的法律法规,规范企业和企业家的行为,并加强执法机关的工作,做到有法必依,违法必究。

市场体系产生的约束机制对企业家的约束也是必不可少的。企业家必须受三重市场竞争的约束,即商品市场竞争的约束、资本市场竞争的约束和经理人员劳动力市场竞争的约束。能否在前两种市场的竞争中取得有利地位决定着企业的效益,也是对企业家经营管理公司能力的检验,后一种市场决定他们晋升的机会和被取代的压力。在这三重市场竞争的激励和鞭策下,高层经理人员才有可能兢兢业业地工作。

建立现代企业制度必须改善与加强企业管理[*]

建立现代企业制度可以为转换企业的经营机制提供体制保证。但是,企业是否能经营好,还要依靠自身的努力,特别要依靠企业良好的管理和正确的发展战略。本文将对建立现代企业制度与改善和加强企业管理的关系、我国企业管理的现状、改善和加强企业管理途径做一些探讨。

一 建立现代企业制度与改善和加强企业管理的关系

建立现代企业制度与改善和加强企业管理是相互促进、相辅相成、相互保证的关系。

1. 建立现代企业制度与改善和加强企业管理的最终目的都是为了发展生产力,促进企业的发展。任何企业制度的演进都是为了解放和发展生产力,国有企业向现代企业制度转变也不例外。我国传统的国有企业制度是适应高度集中的计划体制而建立起来的,它们只具有与这种经济体制相适应的经营机制,而缺乏适应社会主义市场经济的经营机制。因此,我国企业改革的头等大事,就是要改革传统的企业制度,建立一种适应社会主义市场经济的新的企业制度,以转换国有企业的经营机制,促进生产力的发展。企业管理是对企业各项工作的计划、组织、控制和指挥。企业管理的目的是有效地组织企业的生产经营活动,合理地配置企业的各种资源,使人、财、物等资源得到充分运用,达到企业效益的最大化和促进企业的发展。换句话说,改善和加强管理也是为了发展生产力。

---

[*] 原载《城市金融论坛》1996 年第 7 期。

2. 建立现代企业制度能促进企业改善和加强企业管理。建立现代企业制度既包括企业法律形态的改革，又包括企业管理制度、管理方法和管理手段等方面的改革。企业法律形态的变化，必然要引起企业的某些基本制度的改变，比如，进行公司化改造，就要求建立与此相适应的公司法人治理结构、建立与国际接轨的财务会计制度、建立多元主体的利益分配制度，等等，同时，建立现代企业制度还会引起企业的一些具体的管理制度、管理方法、管理手段的变革。这些变革措施无疑都会促进企业管理工作的加强和管理水平的提高。

3. 企业管理能巩固、改善和发展建立现代企业制度的成果。由于企业改革是企业法律制度、企业管理制度、管理方法和管理手段等方面的重大的革命性的变革，因此改革总是具有创造性、试验性、冒险性、阶段性等特征，而企业管理则是艰苦细致的经常性的工作。任何改革措施都必须变为具体的管理制度、管理方法在实践中去贯彻落实。而且，新的企业制度的建立，并不意味着改革的完结。企业在新的企业制度下发展，还会出现许多新的问题，比如，企业规模扩大了，就要相应改革企业的组织结构，处理好集权和分权的关系；随着企业在国外业务的增加，企业会由一个国内公司向跨国公司发展，必须建立与这种公司形式相适应的管理体制。企业在发展过程中也还会对管理方法和管理手段等进行不断改革，这些都能使新的企业制度得到完善、巩固和发展。

二　我国企业管理的变化和问题

实行改革开放政策以来，我国企业的内外部环境发生了巨大变化。从企业内部来看，至少在以下几个方面发生了较大的变化：

1. 随着改革的深入企业自主权扩大了。通过扩大企业自主权试点、实行以承包制为主的多种经营方式、转换经营机制等阶段的改革，国家给企业下放了14项自主权，包括生产经营决策权、产品定价权、产品销售权、物资采购权、进出口权、投资决策权、留用资金支配权、资产处置权、联营兼并权、劳动用工权、人事管理权、工资奖金分配权、内部机构设置权、拒绝摊派权等。据1993年和1994年的两次调查，这些权限在相当多的企业里特别是在股份制企业里得到了较好落实。

企业自主权的扩大既给企业搞好经营管理创造了较好的条件，也给企业搞好经营管理带来许多新的课题和增加了搞好企业管理的压力和难度。

2. 职工队伍发生了很大变化。从企业领导人来看，他们的文化水平、知识化、专业化程度提高了。据统计，在我国企业的厂长、经理中具有大学及大专以上学历的已经占70%以上，近年来我国企业厂长、经理从技术专业出身的也在增加，1992年我国从技术专业出身的经理人员已经达到36%，国有大中型企业达到38%以上。从一般管理人员来看，学经济管理学的人数的比重也增加了。从工人队伍来看，"文化大革命"中和"文化大革命"后成长起来的职工已经成为企业工人的主体，他们和"文化大革命"之前成长起来的工人在经历、所受的教育、阶级觉悟、思想素质等都有很大的不同。

3. 企业技术装备水平更加复杂。经过多年的努力，无论是新企业或者是老企业，都通过技术引进和技术改造，使许多新技术、新工艺和新设备得到了采用。这一方面改善了企业的技术装备水平；另一方面也增加了使用和管理它们的难度。

企业的外部环境也发生了不少变化：

1. 企业与国家的关系发生了较大的变化。国家对企业的指令性计划大大减少。1978年之前，指令性计划占95%以上，现在已减少到5%；国家统一分配的生产资料和计划收购的商品也大大减少；80%以上的生产资料价格、85%以上的农副产品价格和95%以上的工业消费品价格已经放开，生产要素价格正处在市场化过程中；商业和物质体制也实行了多种所有制形式、多种流通渠道、多种流通方式和减少流通环节的改革。这些改革措施的实施，使国有企业的经营机制有了一定程度的改善。同时，把国有企业推入了市场，和非国有企业开展竞争，也促进了国有企业领导者观念的转变，企业产品种类及产品品种的增加、产品质量的提高和售后服务的改善。总之，随着自主权的扩大，企业正在由国家行政机构附属物的地位朝独立的商品生产者和经营者转变。

2. 企业之间的关系发生了变化。在高度集中的计划经济体制下，企业和企业之间不发生直接联系，它们之间的联系要通过行政机关安排，而且这种间接联系是一种合作关系，不存在竞争。现在企业之间不仅有合作关系，而且存在着激烈的竞争。随着非国有经济的发展，企业面对的竞争对手也不仅仅是国有企业，而且有城市集体企业、乡镇企业、外资企业和私人企业。

3. 企业面临的是一个供大于求的充满激烈竞争的市场。改革开放之前，物质匮乏，商品供不应求，企业的产品只要生产出来，不愁没有销路，近些年来，这种情况发生了很大的变化，绝大多数商品都供大于求，企业面对的是充满激烈竞争的市场，产品适销对路成了企业首先要考虑的问题。

上述变化，对我国企业管理产生了重大影响，在某些方面取得了历史性的进步。其主要表现是：

（1）经营观念正在逐步树立起来。在计划经济体制下，企业只是单纯的生产单位，只管生产，不讲经营。随着企业自主权的扩大，企业不仅要管生产，更重要的是要根据市场的需要进行生产，使自己的产品适销对路。因此，企业必须进行市场调查和预测，必须为扩大企业产品的销路做宣传，必须做好售后服务，必须讲究营销策略和发展战略等等，在这些方面我国企业已经做了大量的工作。

（2）一些管理制度发生了重大变化。国有企业普遍实行了厂长、经理负责制，突出了厂长、经理在领导企业生产经营工作的中心地位，扩大了厂长、经理的管理权限，加强了企业生产经营的集中统一指挥；有些企业还通过民主推荐、公开招聘等措施来选择厂长、经理，提高了厂长、经理的素质；从1995年起，国家陆续对国有企业派出监事和监事会，加强对厂长、经理的监督，加强国有资产的管理；股份制企业，也按照法律、法规的要求，建立了由股东大会、董事会、监事会和经理层组成的法人治理结构，对改善股份制企业的管理起到了积极作用。国有企业还建立职工代表大会制，改善和加强了企业的民主管理。我国从1993年7月1日起已经开始实行新的财务会计制度，这种新的财务会计制度已经吸收了现代企业财务会计制度的一些主要优点。它们对各种所有制企业都适用，而且向国际惯例靠近；它们不仅可以为国家提供财务会计信息，而且可以为所有者、有投资意愿的法人组织和居民等提供必要的财务会计信息；它们能够较全面地反映企业长期的经营状况，特别是企业的资产负债状况；在会计科目的设置、成本计算方法、会计报表体系上也有了较大改进，这些改进对促进企业改善经营管理和方便企业财会人员的工作都有好处。在用工制度、人事制度和分配制度等方面也进行了重大改革，产生了较好的成效。

（3）企业的内部管理结构有所改善。许多企业都根据企业内外部环境的变化调整了内部组织结构。一些企业根据自身的需要引进了事业部制、矩阵制等内部管理结构。一些大型企业逐步向集团化的方向发展。到1995

年底，全国冠以企业集团名称的经济联合体已经有 14000 多家，列入国家试点的企业集团也有 57 家。国家还对 41 家大型企业集团实行了计划单列的试点，对东风汽车集团、东方电气集团、中国重型汽车集团、第一汽车集团、中国五矿集团、天津渤海化工集团、贵州航空工业集团和中国纺织机械集团等 8 家集团实行了国有资产授权经营，少数企业集团的核心企业进行了股份制改造，有些企业集团的集团公司变成了控股公司，正向母子公司的体制发展。通过这些措施，不少企业集团的资金、生产经营、人事等联系纽带增多了，向心力增强了；不少企业集团进行了内部改组，实行了多样化经营；少数大型企业集团正在向外向型的方向发展，有的已经具备跨国公司的雏形。

（4）某些专业管理得到改善和加强。由于企业计划管理的客观要求、制定计划的依据、企业工作的任务都发生了变化，企业计划管理得到了改善和加强。制定计划必须体现以提高经济效益为中心，在制定计划时，不仅要考虑企业的内部条件，更需要考虑市场的需要和变化，市场调查、市场预测等成了计划工作的重要内容；为了使计划能得到实现和具有弹性，制定滚动计划、应变计划、战略计划等在不少企业得到采纳。企业的销售管理得到加强。企业都结合自己产品特点设立销售机构，有些企业还在全国各地建立了销售网点，形成了销售网络；销售人员得到充实，特别是一些懂技术的人员加入了销售队伍；企业普遍重视公共工作，通过各种广告媒体宣传、推销自己的产品；企业售后服务也已经成为销售工作的一个重要组成部分。

（5）引进了一些国外的比较科学的管理方法。全面质量管理已引进到我国企业中来，企业普遍建立了 TQC 小组，一些企业通过了 ISO9000 的验收；不少企业将行为科学和我国传统的思想政治工作相结合，使企业的思想政治工作更具有时代的气息；不少企业还重视企业文化的建设，注意培养企业精神；近几年，企业形象设计也传入我国，并由南向北逐步展开。据统计，1993 年我国深圳市的企业全面导入 CI 的大企业有 20 家，部分导入 CI 的大中型企业有几百家。太阳神、柳工、四川长虹彩色电视机股份有限公司等企业运用 CI 设计以后，都树立起了良好的企业形象。

（6）管理手段的现代化水平有了较大的提高。许多企业把计算机等先进设备用于企业管理，提高了企业管理水平。

在充分肯定这些进步时，我们也应该对我国企业管理的滑坡方面给予高度重视。机械工业部 1995 年组织的调查表明：机械工业有 55% 的企业基础管理出现了滑坡现象，其中 20% 的企业大幅度下滑。① 许多事实表明，企业管理的滑坡已经成为我国企业经济效益下降、亏损面和亏损额增加的重要原因之一。据有关部门对亏损国有企业的调查，政策性亏损和宏观经济变动引起的亏损约各占 10%，而因经营管理不善引起的亏损占 80% 左右。在产品质量方面，1993 年国家抽查的产品平均合格率下降到历史最低水平，多数中小企业产品质量都大幅度下降。据有关部门对 92 个主要物资消耗指标统计，1992 年比 1985 年上升的指标有 44 个，占 47.8%，持平的 2 个，占 2.2%。② 据某省的调查，有 40% 的国家级企业的质量消耗、效益等指标达不到评定时的水平。③ 另据对山东省历年被授予省级以上先进称号的 404 户企业的调查发现，1993 年资金利税率、人均创利税、劳动生产率和能源、原材料单耗四项与管理密切相关的指标中，分别有 53.5%、23.7%、13.4% 和 96.7% 的企业低于省级年度标准。④

企业管理的滑坡主要表现在以下几个方面：

（1）人的思想素质下降。一些人对市场经济缺乏正确的了解，滋长了"一切向钱看"的思想，对工作缺乏认真负责的态度，缺乏必要的职业道德、敬业精神和事业心。不少企业缺乏一支思想、技术业务、作风等方面都过得硬的职工队伍。

（2）在一些企业中存在"以包代管"，"以改代管"的倾向。有些企业的领导人认为，只要通过租赁、股份制改造、承包等方式的改革，转变了企业的经营方式，企业的管理工作就会自然得到加强，因而放松了管理；也有些企业的领导人认为，目前体制还没有理顺，还不具备抓管理的条件，他们还在等着改革，等改好后再集中精力抓管理。

（3）企业管理的基础工作放松了。据上海市前几年对 1771 个工业企业的调查，有比较健全的原材料消耗定额的企业只占 61%；有比较健全的劳动工时定额的企业只占 74.4%；有比较完整的原始记录的企业只占 37%；有比较健全的计量验收制度的企业仅占 26.8%；实行全面经济核算的企业

---

① 积介：《管理：企业永恒的话题——全国继续工业企业管理浅谈》，《工人日报》1995 年 6 月 21 日。
② 陈清泰：《改善和加强企业管理的几个问题》，《当代企业》1995 年第 12 期。
③ 王忠禹：《企业管理是永恒的主题》，《现代企业导刊》1995 年第 7 期。
④ 杨占辉：《关于体制转换时期加强企业管理的探讨》，《管理现代化》1995 年第 5 期。

仅占 17.6％。据辽宁省前几年对本省 1521 个工业企业的调查，能源消耗定额不健全或者没有建立的企业占 44％；原材料消耗定额不健全或者没有建立的企业占 24％；劳动工时定额不健全的企业占 44％；原始记录不健全的企业占 53％。据北京市对 31 个工业企业的调查，90％的企业核算基础工作不健全，原材料消耗定额不完善，计量仪器不准确，领料与退料无严格的制度，报废与停工损失无记录，车间和企业的盘点不符合实际；80％的企业工时定额的制定采取的是经验估计法；38％的企业产品质量失去控制；30％的企业生产的产品单一，没有储备产品；50％的企业生产的产品老化，创利产品比重很小。

（4）某些专业管理水平下降了。在劳动管理上，这些年虽然重视了职工培训等工作，但是偏重于提高职工的文化知识，忽略了专业技能的培训；一些企业管理不严，劳动纪律松弛；一些企业既有不少富余人员，有些工作又没有人干，要从农村招收大批合同工来顶岗。在财务成本管理方面，虽然推行了新的财务会计制度，但是在资金、成本管理方面制度不严，出现了许多漏洞和浪费；有意乱摊成本、截留利润、做假账的现象也比较严重。这些问题光靠改革是解决不了的，必须通过加强企业管理来解决。

三 在建立现代企业制度中改善和加强企业管理

在建立现代企业制度过程中，在改善和加强企业管理工作方面要做的事情很多，从整体上来看，以下几个方面的工作值得特别重视：

1. 为了适应社会主义市场经济的要求，企业必须树立正确的经营思想。经营思想，是指企业怎样根据市场需求及其变化，协调企业的内部和外部活动，决策和组织实现企业的方针和目标，以求得企业生存和发展的指导思想。经营思想是企业的灵魂，它贯穿企业经营管理的全过程，企业的一切经营管理活动都受它支配，它的正确与否对企业的生存和发展起着决定性的作用。

企业要树立正确的经营思想，就是要树立起八个具体观念和一个总观念。八个具体观念是：用户观念、质量观念、服务观念、价值观念、竞争观念、创新观念、时间观念、发展观念以及战略观念。总观念是：战略观念。八个具体观念从不同侧面反映了企业的经营思想。它们既有区别又有联系。用户观念强调了企业必须要有明确的生产目的；质量观念、服务观念和价值观念则主要从使用价值和价值的统一上强调了企业在从事经营管理时必须讲求经济效益；竞争观念是强调经营手段问题；创新观念和时间观念则是竞争观念派生出来的，为竞争观念服务的；发展观念是讲企业自身的建设，企业只有生产目的明确，经济效益好，经营手段正确，才能不断发展；反过来，只有企业不断发展，才能更好地为用户服务，才有较强的竞争力和较高的经济效益。但是，有了这八个观念还不算树立了完整的经营思想，因为还缺少一个统率全局的总观念，即战略观念。战略观念是企业经营思想的核心。它既寓于八个具体观念之中，又居于它们之上，处于统率的地位。因此，企业应该在树立八个具体观念的同时树立起自己的战略观念。

2. 必须做好扎实的企业管理基础工作。做好基础工作是提高企业管理水平的重要保证，必须高度重视。

原始记录、会计凭证、统计资料等基本数据必须完整、准确，能及时、全面、准确地反映生产经营活动的全过程和各个方面各个环节的基本情况。经济信息、市场信息、科技信息能准确、及时满足企业各种决策的需要。

劳动定额、物质消耗定额、资金占用定额、费用定额等要健全、合理，能充分利用企业的资源，最大限度地调动各个方面的积极性。

各项产品质量、原材料、半成品、零部件、工艺、工装、检验、包装、运输、储藏等，凡有国家标准或部颁标准的，要严格执行，没有国家标准或部颁标准的，应有企业标准，并保证标准的先进性，积极采用国际标准和国外先进标准。

计量、检测手段要齐备、准确，原材料、燃料，工艺过程和产品性能凡能计量、检测的都应该计量、检测。

企业的各种基础制度和专项制度必须健全，并认真贯彻执行。

3. 尽可能多地采用现代管理方法、手段，管理方法是解决管理问题时使用的各种技术的总称。为适应社会化大生产经济技术发展的需要，企业要尽快改变靠个人权威、靠经验，靠"拍脑袋"管理的方法，应该逐步采用决策论、信息论、控制论、价值工程、目标管理、网络技术、经济预测学、运筹学、优选法、行为科学等管理方法来进行管理。与此相适应，管理手段也必须向电子技术的管理工具方面发展，特别是要把计算机广泛运用于管理上，以提高效率。

4. 企业内部管理组织结构要与生产力发展水平和经营方式相适应。现代企业管理组织结构的模式很多，如制能制结构、生产区域制结构、直线职能制结构、事业部制结构、矩阵式结构、联邦制结构、多维结构等。企业应该根据自己的规模、行业特点、生产经营特点等，选择适当的形式。在改革企业内部管理组织结构时，要立足于发挥基层经营单位的积极性，权力的划分要与赋予的职能相对应，企业内部的管理组织结构要与集权、分权的程度相适应，应根据情况的变化适时调整管理权限的划分。我国的企业正在进行股份制改造，因此，要把建立公司的法人治理结构和内部组织结构调整结合起来。大型企业还要向集团化方面发展，建立起母子公司的结构。

5. 加强企业管理的系统性。企业管理是一个复杂的系统。从专业管理来看，可以分为计划管理、技术管理、设备管理、生产管理、劳动人事管理、工资管理、财务管理、成本管理、物质管理、销售管理等等，这些管理既有联系，又有区别。所谓系统性，就是不把这些专业管理分割开来，各抓各的，而是找出一些综合性的管理，抓住这些综合性管理就可以把其他专业管理带动起来，使企业管理形成科学体系。根据我国企业管理的特点和建立现代企业制度的需要，我们应该抓好"四全"管理：即以实现企业的发展战略为目标的全面计划管理；以提高产品使用价值和价值为目标的全面质量管理；以提高资金使用效果为目标的全面经济核算和以提高劳动生产率为目标的全面人事劳动管理。

跨国公司的集权与分权[*]

跨国公司在经营管理方面面临的许多问题中,最重要最关键的是处理好集权和分权的关系。近年来,美国大型的跨国公司采取的许多改革措施和新的管理办法在很大程度上都与这个问题有关。

一　处理集权与分权的原则

(一) 处理集权与分权关系考虑的主要因素

美国的跨国公司在处理集权与分权关系时主要考虑以下四种因素:

1. 公司规模。公司规模小,决策和经营管理的重要权力都集中在公司总部,中下层管理机构和生产经营单位只有执行权。但是,随着公司规模的扩大,公司经营单位和管理组织的数量会大大增加,公司的管理层次也会增加,管理链会延长,公司仍把大量权限集中在总部就必然会出现一些弊病,如总部在获取决策信息方面会遇到某些困难,影响决策质量;贯彻总部的决策需要经过许多中间环节,由于中间环节过多,这些中间环节对总部的决策的领会上的偏差或处于本身利益方面的考虑而对这些决策的执行采取消极态度,也影响执行决策的速度和质量。因此,大公司更多会采取适度分权模式或分权模式。

2. 公司产品种类。公司在权力的划分上采取什么模式还要看产品的多少。如果是专业化生产的企业,如汽车制造、钢铁冶炼等,尽管企业的规模很大,集权模式对它们仍是实用的。如果公司生产的产品种类很多,即采用的是多样化经营战略,公司规模不太大,也要采用适度分权或分权的模式。公司的多样化经营和分权模式是一对孪生姐妹,公司产品多样化的

---

[*] 本文为作者与丁敬平合写,原载《经济管理》1996年第3、4、5期。

发展产生了具有分权特征的事业部制；事业部制的出现，又加速了企业向产品多样化发展。

3. 公司经营单位的数量、区域分布和产品的市场范围。公司的分公司、子公司的数量少、而且集中在某一区域或某几个区域，就有可能采取集权模式管理；公司的经营单位数量多，分布的区域较广，特别是在国外设有许多分支机构或子公司，为了使这些分支机构、子公司适应当地的情况，根据所在国的法律、习惯采取灵活的措施经营，就应该采取适当分权的模式。同样，企业产品的市场范围小，公司对产品的销售比较容易管理，总部集中的权限就可以多些；相反，公司产品的市场范围大，在许多国家生产和销售，它们就采用分权的模式。

4. 公司发展战略。公司的发展战略与企业所采取的管理模式也有很大的关系。一般来说，采取向多种经营领域扩张战略的企业更多的趋向于采用分权的模式。

（二）处理集权和分权的一般原则

严格说，在美国跨国公司的管理中，不存在绝对集权型的管理或绝对分权型的管理，都是采取集权和分权相结合的办法。但这并不是一半对一半的关系，在实际的管理过程中，不同企业各有偏重。从发展趋势看，分权管理模式已经成为主流。在处理集权和分权关系时，它们都遵循一些基本原则：

1. 立足于发挥基层经营单位的积极性。在跨国公司的经营管理中，既存在集权过多，基层经营单位缺乏积极性的问题，也存在总部对基层经营单位失控的问题。但是，前者是主要趋向，而且失控与集权过多也有关系。因此在处理集权和分权关系时，它们都立足于能发挥基层企业的积极性。一般来说，公司总部的主要职能是：

（1）确定公司的发展方向和长远发展计划。公司虽然也要制定自己的年度计划，但是更重要的是要确定公司的长远发展方向和制定公司的长远发展计划，使全公司及各个经营单位能够明确自己的奋斗目标。

（2）制定公司的重大决策。在一个大公司里，总部和各个经营单位都需要对某些重大经营问题做出决策，但是管理层次不同，决策的类型和内容也不同。一般来说，战略性决策、结构调整决策都应由公司总部来做出；一般经营性的决策则应该由基层经营单位做出。

（3）组织重大项目的实施。有些重大新项目的建设，也要由公司直接来组织实施，项目竣工后再交经营单位管理。

（4）掌握重要人员的任免权。公司总部职能部门的重要人员，经营单位的重要领导人员，应该由公司总部任免；经营单位财务部门的领导人员要由公司总部和经营单位的领导人共同决定。

（5）承担需要由公司总部承担的其他事务性工作。如法律、纳税、技术和产品开发、技术和质量标准、设计人员和高级管理人员的培训等。

除上述职能外，其他经营管理权限都应交基层经营单位，让它们自主经营。

2. 权力的划分与赋予的职能相对应。权责应该是对称的、统一的。有什么样的权限就应该承担与此相适应的责任。权限大于责任，会使上级给予的权限得不到很好的发挥，甚至产生滥用权力现象；权限小于责任，基层单位就不具备履行其责任的基本条件，形成小马拉大车的局面。公司总部在与经营单位分权时，特别注意处理好这个问题。

3. 企业内部的管理组织结构要与集权、分权的程度相适应。企业的内部管理组织结构是指企业各构成部分以及各部分之间的相互关系。部门化、管理幅度和委员会是企业管理组织结构的三个基本要素。部门化对企业进行纵向切割，形成了组织的水平差异，产生了不同管理职能的组织；管理幅度要求对组织进行横向分割，形成了组织的垂直差异，产生了不同的管理层次。这种纵向与横向的分割，便构成了企业内部组织结构的基本"框架"。纵向与横向之间的协调则由委员会来承担。但是，部门化、管理幅度和委员会只是构成企业内部管理组织结构的基本要素，由于集权和分权的程度不同，可以形成不同模式或类型的内部管理组织结构。如实行集权方式，管理层次就要减少，管理部门就要增多；采取分权方式，管理层次就要相应增加，管理部门则可以减少。

4. 根据情况的变化适时调整管理权限的划分。管理权限的划分不是一劳永逸的，企业的情况如发生了重大的变化，管理权限也要作适当调整。但是，这种变化不应该过于频繁，权限的划分应该保持相对稳定；否则，会引起混乱。企业管理权限的重大调整最好与组织结构的变化结合进行。

二 管理组织结构的变革

(一) 变革管理组织结构的原因

近年来,美国的跨国公司都在变革自己的管理组织结构,出现这种现象有以下三个主要原因:

1. 跨国公司管理组织结构的外部环境发生了很大的变化。

(1) 由于东欧和前苏联的政治方面的变化和欧共体、北美自由贸易区的形成,使许多大公司有了更多的发展自己的机会,公司的市场扩大了,同时也面临更激烈的竞争。

(2) 全球资本进出路径的改善,人们对环境关心的意识加强以及股东压力的增加,使资本供给、产品供给和服务供给方面的情况发生了很大的变化。

(3) 由于信息和电讯联络技术的改进,也对组织结构的调整产生了新的要求。

2. 跨国公司向多国、多样化经营发展,成了多国多样化经营的综合体。一方面,许多大公司都实现了多样化经营,有些超级大公司提供的产品和服务达几十种,甚至上百种;另一方面,大公司的业务一般都涉及许多国家和地区,所以它们被称为 M&M 综合体。这就要求有相应的管理组织形式来保证它们的正常营运。产品(事业)多样化和企业的多国经营也就构成了企业管理组织的最基本的要素和潜在的组织单元。公司的产品(事业)和所跨的国家越多,潜在的管理单元也可能越多,结构也就越复杂。

3. 跨国公司的内部管理复杂,容易出现大公司病。许多跨国公司由于其规模大,管理机构庞大,管理层次增多,管理链延长,容易出现许多弊病,包括:

(1) 决策和执行决策的质量下降。比如,由于职权不清楚而引起矛盾或者相互推诿、扯皮造成缺少权威;缺少清晰的可以量度的工作标准;相关的信息得不到及时交流,等等。

(2) 决策和执行成本上升。协调上下级之间、各部门之间的关系,信息的收集和沟通等都会使决策和执行的成本上升。

(3) 决策和执行的速度下降。需要召开许多会议、经过各个部门的讨论来制定决策,观测贯彻决策也需要经过许多中间环节,所有权和相应的义务缺乏，致使决策和执行的速度下降。

(二) 跨国公司组织结构变化的一些主要特点

1. 坚持稳定性与动态性的统一。企业组织结构是使企业保持有效运行的组织保证。为了保持企业的有效运行，一方面，要求企业的组织结构保持稳定。许多事实说明，企业组织结构变动频繁，难以建立起正常的高效率的工作秩序；另一方面，企业的内部情况和外部环境又在不断变化，企业组织结构如果不进行相应的调整，就会缺乏创造力、应变力和活力。最好的办法就是保持稳定性和动态性的统一。美国管理学家提出要把两者很好地结合起来，必须建立"三根支柱"以满足"三种需要"，即建立一种稳定性支柱，以满足基本业务方面的高效率的需要；建立一种企业家精神的支柱，以满足经常性创新的需要；建立一种革除积习的支柱，保证具有中等程度的反应能力以避免僵化的需要。这样就会使企业组织结构保持一种"动态平衡"。

2. 处理好多样化经营和管理复杂化之间的矛盾。现代大公司的组织结构要解决的一个重要问题是处理好多样化经营和由此带来的管理复杂化之间的矛盾。而对策之一就是要使协调、规模和技能所带来的效益最大化，而使复杂化所带来的成本降低到最小。实现前一个目标的方式有：以最大的共同性来使产品集中生产，获取规模效益和协调效益；明确划分业务的自然地理界限，例如，以国际化的方式来管理国际业务，以地方化的方式来管理地方业务；逐渐拉平地方与世界的技术水平，等等。实现后一个目标的方式则包括：把决策权置于决策技能和质量最高的地点而不要管它与公司总部的距离；鼓励业务部门之间的直接联系以减少协调的复杂性；只设立能创造附加价值的工作岗位，尽量减少鼓励层次。

3. 由单一决策中心向多决策中心发展。由于大公司是多国经营和多样化经营，管理复杂，合理确定决策中心及其位置极为重要。以前，许多大公司采用的是集中的单一决策中心，这种传统的组织有许多弱点。包括：容易产生官僚主义和低效率；雇佣大量人员及管理的多层次，组织结构比较僵化；产品及信息主要是由总部流向下属单位，容易脱离实际需要；统一地控制产品和经营方式，容易脱离市场的实际需要，等等。目前，许多美国的大公司都在逐步将过去集中的单一决策中心组织改变为适当分散的多中心的决策组织。这种多中心的决策组织能够减少决策层次，使基层经营单位有很大的自主权，能充分发挥它们的积极性。

从传统的单一决策中心的组织结构发展到多个决策中心的组织结构有一个过程。一般要分两步走：① 将一般的经营管理权力下放给分散在全球的经营单位，而将某些重要权限和需要总部来办的事情仍保留在总部，形成相对集中决策的组织结构模式。② 有条件的企业再根据自己的实际情况将更多的权限下放给基层单位，实行多中心的分权管理模式。

在多中心的分权的管理模式中，管理组织系统是由多个合理自治业务单位（如分部、子公司等）形成的网络。它的上层只有总部这一个层次，没有其他的中间层次。各个业务单位直属于总部，但是又是自我决策、自负盈亏的。其所在地必须是在地理位置上有吸引力的城市，而且这些业务单位的业务扩散范围也不局限于某一个国家之内。这些业务单位可以根据自己的情况做出决策，在某些方面它们也可以采取一些协调的措施。

4. 公司组织结构的形式向多样化发展。大公司组织结构的变化趋势是朝分权化的方向发展，但是，它们所采取的组织结构形式并不是千篇一律的，而是朝多样化发展，事业部制、超事业部制、矩阵制、联邦制以及多维组织结构等被广泛采纳。这是因为：① 各个大公司的生产技术和业务范围千差万别。② 企业产品销售方式和销售渠道不同。③ 采用的战略不同。

5. 强调公司组织结构不断自我更新。在过去，许多大型的跨国公司每5～10年就要重新调整一次组织结构，这种做法往往引起大的震动，造成混乱，带来交易中的一些困难。如果不进行调整，也会因老的组织结构的僵化引起许多问题。为了克服上述矛盾，现在更多的公司主张采取自我更新的办法，公司根据内部发展的需要和外部环境的变化及时对企业的组织结构进行调整。

促进公司自我更新的因素很多。① 要有一个鼓励更新的环境。比如，高层管理方式的不断变化；在公司内部鼓励学习，并保持一个开放的环境；通过轮换工作，从外部招聘人员等办法从人事制度上支持变化。② 帮助下属单位提高应变的意识和能力。③ 设立必要的组织或人员专门研究组织更新问题。包括研究业务的地理边界、分类等，指导下属单位的业务活动。

三 划小经营单位

划小经营单位和我们通常所说的划小核算单位既有共性，又有区别。

共性是：其目的都是为了调动基层单位的积极性，确定核算单位的和经营单位的基本原则、方法，总部对核心企业的管理等。区别是，划小核算单位往往是在一个企业内进行的，换句话说，划小经济核算单位是把本属于企业的一个不具备法人地位的基层单位，如分厂、车间等，变为一个个相对独立的核算单位，在扩大它们的权限的同时，要求它们对公司总部承担更大的责任；而划小经营单位则是在大的跨国公司和集团公司里进行的，它的对象不仅包括不具备法人地位的单位，也包括具备法人地位的全资子公司、控股子公司等独立的企业。从总公司的角度来讲，成立一些准企业形式的中间层次的组织对这些子公司进行管理，就是划小经营单位。

（一）经营单位的特征和类型

大公司的组织结构变革是和划小经营单位紧密联系在一起的。然而，由于各个经营单位的具体情况不同，它们的规模和自治程度也有较大的差别。比如，从规模来讲，它们可以是一个法人企业或模拟法人企业，也可以包括一些法人企业；从自治程度来讲，它们既可以是成本中心，也可以是利润中心和投资中心。其总的目标是，使它们能够充分发挥自己的经营积极性，在自己拥有的市场上能够保持竞争力，同时也要便于管理和保持较大的灵活性。

1. 经营单位的基本特征。各个经营单位之间存在着一些共同的基本特征，主要是：① 在生产、技术、管理上有相对的独立性。② 有清晰确定的市场定位，包括明确的一组产品，明确的区域，明确的竞争对象。③ 总部对它们进行授权，使其拥有与其经营责任相适应的管理权限。④ 既作为相对独立的经营单位，在生产、技术等方面又能与公司的相关单位保持紧密的联系，不因为成为一个相对独立的经营单位而损害与公司其他单位的原有的联系。⑤ 经营单位内有健全的联系机制。⑥ 对经营单位的责任能够进行考核，并有有效的激励机制。

2. 经营单位的类型。由于划分标准不同，经营单位可以有不同的类型。按照经济独立的程度将经营单位可以划分投资中心、利润中心和成本中心。

投资权是一个独立企业最广泛、最重要的权力。这种权力是由企业的主要负责人或高级管理人员集体行使。所以，在一般情况下，一个企业只有一个投资中心，即企业总部。但是，由于许多大企业规模很大，不少大企业还有一些子公司，所以它们也可以有多个投资中心。一个有效的投资中心的业务范围应该是广义的，而不是狭义的。如劳动力质量、技术诀窍等无形资产都应该列入其业务范围。因此，在管理文献中，考虑到企业的许多重要战略决策往往与实物投资无关，"投资中心"经常被称为"战略责任中心"。评价投资中心实绩的标准是资产利用收益（利润/资产）。

利润中心不是独立的企业，它没有投资权，因此，它也不对所使用的资产负全责。其主要任务是购买和使用投入，如劳动力、原材料、资金技术等，以为市场生产和销售产品或提供劳务，获取盈利，利润中心的评价标准应该是销售收益（利润/产出）或者总部下达的盈利计划。

成本中心只对购买和使用投入（如劳动力、原料、资金和技术等）负责。它不产生利润，也不对此负责。评价成本中心实绩的办法是将实际成本和标准成本（计划成本）进行比较。

从上面的分析可以看出，投资中心必须对其成本、利润和资产承担全部责任，所以它必定又是利润中心和成本中心；利润中心必须对其盈利和成本负责，因此它必定又是成本中心。

按照产品（服务）、区域、管理职能可以将经营单位划分为产品集团（产品组）、区域集团（区域分部）和专业公司。

产品集团（产品组）有以下两种类型：① 把原来属于企业的某些生产环节或服务分离出来，变成独立的法人单位或使它们具有委托法人地位，进行独立经营。② 在企业采用多样化经营战略时将在技术、制造、市场等方面具有某些共性的产品组成一个事业部（产品组），事业部也就成为独立的经营单位。但是，事业部本身并不是法人，而且在事业部下面还有生产单位，有些事业部还拥有独资子公司和控股子公司，它们也是独立的经营单位。

区域集团（地区分部）是一种按照区域来划分的经营单位。一般来说，如果企业的产品种类不多，而产品的市场又非常大，涉及的地区和国家多，完全由总部来对这些分布在全世界的分支机构和企业进行管理难度很大，在这样的情况下，按照主要区域来划分成一些小的经营单位，有利于提高管理效率和很好发挥基层单位的积极性。当然，在按照区域划分经营单位时，如果存在两个层次的话，只有一个层次是独立的经营单位，另一个层次是总部的或者是区域经营单位的派出机构。

专业性公司是把部分管理职能分离出来组成的经营单位。最常见的是将公司的销售部门分离出来，成立独立的销售公司。那些产品产量大、产品的价值又较高、需要厂商直接与用户见面的公司就常常采用这种办法来划小经营单位。

将产品、区域和管理职能紧密结合起来可以将经营单位划分为全球性经营单位、区域性经营单位。产品集团、区域集团和专业性公司都是以一个因素为基准来确定的。最新的方法是把产品、区域和职能这三者紧密结合起来考虑。结合不是简单的板块式的拼凑。不是在一个公司内，有的经营单位按照产品来划分；有的经营单位按照区域来划分；也有的经营单位按照管理职能来划分。这里所说的结合是指把三者紧密结合在一起作为划分经营单位的基准。用这种方法划分经营单位，可以形成全球型经营单位和区域型经营单位。

全球型经营单位，其特征是关键业务系统的功能实行全球性管理；这种经营单位对广泛的管理活动负责。

区域型的经营单位，根据职责不同它又可以分为四种不同的类型：① 领导型。关键功能实行区域管理；作为技术诀窍的领导，它对被指导的区域经营单位的技术活动负有直接管理的责任。② 被指导型。关键功能实行区域性管理；一般自己没有技术诀窍，所需的技术诀窍要从领导型区域性经营单位获得。③ 独立型。关键功能实行区域性管理；它有一个技术诀窍的平衡层次，一般能够独立地进行管理。④ 专业型。关键功能实行区域性管理，但是，在某一种特殊的功能方面和将技术诀窍转移给别的经营单位时，专业性经营单位又是领导。

（二）划小经营单位的方法和步骤

在划分经营单位时，采用不同的标准或参照因素不同，其方法步骤也有区别。把产品区域和管理职能紧密结合起来确定经营单位，是最复杂，也最有代表性的一种确定经营单位的方法。它可以分为以下四步进行：

1. 确定核心业务。这一步的主要任务是：

（1）将现有的单位划分成产品组。在进行这一步时，要把公司原有的业务单位变成比较小的产品组。在某些情况下，这些业务单位可能变成某单个产品的一个组合层次，在另一些情况下，可能是将整个产品系列放在一起。在拿不准的时候，最好是把现在的组变成低层次的组。

（2）分析产品组之间的共同性事务。如果被分析的产品组之间不存在任何关系，就不要再去进行分析。保留的产品组应该在业务系统的各种因素范围内进行分析。在许多情况下，业务系统的某些因素，如研究、发展等，可能需要划分成更小的次级组成部分。

（3）将存在紧密联系的产品组重新紧密地联结成经营单位。对于各个产品组来说，必须将它们的一些共同的关键性的因素一一列举出来，并加以证明。对某些有关联的产品应归纳到哪个产品组如有争议是很正常的，也是很重要的。在这种情况下，要考虑的是战略方面的最重要的联系，它在决定将某些产品组联结成经营单位时往往起决定性的作用。

2. 确定区域的延伸。这一步的主要任务是：① 分析资产、销售的区域分布。② 分析从全球、区域联合中衍生出的利益。③ 确定经营单位的区域延伸。这一步的重点是分析每一种核心业务应当被作为全球业务来管理或是划分成一系列区域单位来进行管理。在大多数情况下，这将取决于所考虑业务的特征。

但是，在某些情况下也取决于它现在的组织结构。这种分析必须对业务系统的各种因素分开来进行。具体可以分为以下几种情况：在某些情况下，业务系统的所有功能（销售可能除外）可能能够实行全球性管理。这意味着那种特殊的核心业务能够作为一种全球性的经营单位来进行管理；在另外一些情况下，业务系统的全部或多数因素最好是按照一个区域或者以一个国家为基础来进行管理。在这种情况下，核心业务应当被划分成几个独立的区域经营单位；在一些重要功能需要进行全球性管理，另外一些重要功能需要按照区域或国家来管理的情况下，核心业务也应当被划分成几个区域单位。然而，当我们进一步考察时就会发现，这将更多地取决于这些单位之间的相互影响。

3. 考虑技能的分布。这一步的主要任务是：① 在现在的框架内分析技能的分布。② 确定技术诀窍的领导。③ 确定经营单位的类型。

虽然经营单位可以被划分为较大的自治的企业性质的单位，但是，它们的自治程度是各不相同的。一般来说，领导型经营单位包含所有主要功能和为指导型及专业型经营单位提供技术诀窍，有时它们还为指导型和专业型经营单位提供产品；指导型和专业型经营单位则只有少数几种功能；专业型经营单位为另一些专业型经营单位、指导型经营单位、有时甚至为领导型经营单位提供它们的专门技术诀窍。当然对它们的考核也不一样。

4. 明确经营单位的地位与作用。

（1）经营单位的职能。当经营单位是公司的典型的企业性质的单位时，它们必须是利润中心。这就决定了其他层次的管理组织不能是利润中心，否则就会导致严重的冲突。

经营单位经理的主要职能是：制定和执行经营单位的产品开发和市场开发战略；与公司中心协商经营单位的目标；管理经营单位的日常事务，包括技术开发、产品开发、制定产品销售计划、制定价格政策、制定销售政策；制定广告和促销政策等等；负责人力资源的开发；调整经营单位的组织；与另外的一些经营单位建立网络以分享资源和技术诀窍，等等。

（2）公司总部的职能。公司总部的主要职能是：管理日常的业务，包括聚集和分配资本；审议经营单位的战略；与经营单位谈判某些需要共同解决的问题；建立整体战略指导；获得经营单位交叉协调效益；促进管理组织的自我更新；创造和传播具有共同目标的观念；建立国际管理发展的准则；管理成本和可利用的金融；管理外延的客户。总之，公司总部应该起一种教练的作用，它应该着重在战略、财政计划、控制和保证经营单位之间的交叉协调性的实现等方面起作用。

公司总部的不同部分也可以联合成某种决策类型，如赋有战略指导或其他使命的委员会；公司总部也可以变成专业化的，即每一个部分对某一种特殊职能实行全球性的领导。在其他职能方面，如作为区域经营单位的战略控制，公司总部的不同部分也可能相对独立的履行职能。

（3）"国家公司"和区域中心。国家公司，是指在一个国家建立一个公司，以管理总公司在这个国家的其他经营单位的业务；区域中心，是指按照区域设立的管理机构。在多数情况下，由于下述原因，在经营单位与公司总部之间将只能有一个追加层，或者是区域中心，或者是"国家公司"：① 每一个层次必须创造比其成本更多的价值才有存在的价值。② 在跨国多角化经营的公司中，追加的合作价值的取得的先决条件是交叉业务的协调；③ 多数业务的协调已经在经营单位内进行，不需要增加更多的管理层次。建立什么样的中间层次，需要根据具体情况来确定：在一个国家里，如果现在的业务存在大量的协调性事务，建立一个小的"国家公司"来处理诸如法律、税收、债券等业务或行使"大使"式功能仍是需要的；在某些情况下，建立在一个国家的经营单位对建立在其他国家的一些经营单位起领导作用，这就需要建立一种区域中心来协调上下的关系。

在需要建立"国家公司"时，必须明确"国家公司"的性质、规模和

"国家公司"经理的作用是很重要的。"国家公司"经理的作用应该是对经营单位提供有限的支持和协助,而不能包揽一切。"国家公司"经理的作用主要是:对外代表公司;对他负责的业务的正常运行提供一个基础结构;统一缴税;负责法律方面的事务;负责人力资源和劳资关系;负责所在国的交叉业务的协调;通过给予一些特别的投入以帮助经营单位实现它们的潜力;为协调中心提供一个全国性的总体看法。

如上所述,除"国家公司"外,有时还设立区域中心来协调有关经营单位的业务。但在许多情况下,在设立区域中心时实际上是将公司中心的职能分解为几个区域中心来行使。

设计"国家公司"和区域中心时,除考虑规模和功能外,还要考虑战略重点和技能水平,在那些战略重点突出、技能水平高的地方可考虑建立区域中心。这些区域能够履行公司总部起的传统的协调作用,因而它们成为公司总部组成部分。如果不是这样,区域中心就是作为公司中心和国家公司之间的一个追加层而存在。

在那些非常重要而没有与它们的重要性相匹配的技能的国家,应当去发展某种技能。在某些情况下,技能甚至资源能够从那些拥有高技能水平而不是战略重点的国家转移出来。这种情况通常发生在那些小的高度发达的国家,如瑞士、瑞典等国家。

在那些既不具有战略的重要性,又没有拥有协调技能的国家可以考虑给予它们的相对独立的活动一种协调指导,公司总部不必把更多的注意力花在它们身上。

5. 建立紧密联系的机制。这一步的主要任务是在各个经营单位之间建立起一个直接联系的网络。

这个网络将取代公司总部的某些协调任务,包括协调经营单位之间、经营单位与国家公司之间的关系;解决一些经营单位之间的特殊的、临时出现的问题;交流经营单位之间的经验,传播知识;进行专门指导,保证专门知识、技能等容易理解。

这个网络必须包含一个灵活的评价和补偿系统。在建立评价和补偿系统时,如何处理经营单位之间的经济往来关系是关键。一般来说,有两种处理办法:① 凡是有市场价格的产品、劳务和技术转让,原则上都应该利用市场价格来结算。但是,在实际的经济交往中,这种产品、劳务和技术是有限的。只有当这些产品、劳务和技术既提供给本公司的经营单位使用,又在市场上提供给其他用户和消费者使用时，采用这种办法才是可能的。
② 利用内部价格结算。对那些只供公司内部使用的产品、服务和技术等，无法用市场价格进行结算，只能用公司制定的内部价格结算。这种内部价格必须公平合理，才能真实地反映各个经营单位的业绩。

现代企业管理理论与实践的新进展[*]

邓小平同志生前十分强调吸收、借鉴国外先进的管理思想和管理方法。他在 1992 年南巡时指出:"必须大胆吸收和借鉴人类社会创造的一切文明成果,吸收和借鉴当今世界各国包括资本主义发达国家的一切反映现代化生产规律的先进经营方式、管理办法。"要学习、借鉴国外的先进管理思想和方法,我们必须对它们进行了解和研究。我想谈谈近些年来,国外企业在管理思想、管理方法、管理手段和管理组织结构等方面变化的一些新情况。同时,也对我国企业如何学习和借鉴这些新的管理思想、方法发表一些意见。

一 国外企业经营管理理论和实践的新发展

(一) 企业经营管理思想的变化

经营管理思想(或者说经营管理理念)是企业的灵魂,它贯穿企业经营管理的全过程,企业的一切生产经营活动都受它支配。它的正确与否,对企业的生存和发展起着决定性的作用。近些年来,国外企业经营管理思想在发生深刻的变化,主要表现是:

1. 对人的管理更加重视,提出了"人本管理"的新思想。重视人在生产经营中的作用并不是今天才提出来的。眼光远大的企业家、专家、学者历来都强调人的重要作用。不过,如果我们仔细加以分析,在不同的时代,企业家、专家、学者对人在生产经营活动中的地位、作用等的认识是有很大差别的。在传统的管理思想中,是把人作为和土地、资本一样重要的生产要素看待的,认为它们都能创造价值;在泰勒的"科学管理"理论中,

---

[*] 原载《中国工业经济》1997 年第 4 期。

也只是把人当做"经济人"对待的，因此，片面强调金钱的刺激作用，运用严厉的控制手段来管理工人，以达到高的生产率。随着科学技术的发展，人类文明程度的提高，民主化的普及，企业家、专家、学者对人在生产经营活动中的地位和作用也有了新的认识，他们把企业职工不再仅仅看成是一种生产要素，不仅仅是看成一种"经济人"，而是看成"社会人"和"文化人"，把他们看成企业的主体，于是就提出了"人本管理"的新思想。

"人本管理"是与"以物为中心"的管理相对应的概念，它要求理解人、尊重人、充分发挥人的主动性和积极性。有的学者将人本管理概括为"3P"管理，即 of the people（企业是由人组成的）；by the people（企业要依靠人进行管理）；for the people（办企业是为了满足人的需要）。也有的学者将"人本管理"分为五个层次：情感管理、民主管理、自主管理、人才管理和文化管理。尽管人们对"人本管理"的认识还有一些分歧，但是多数人都认为，"人本管理"包括这样一些主要内容：运用行为科学，重新塑造人际关系；增加人力资本，提高劳动力质量；改善劳动管理，充分利用劳动力资源；推行民主管理，提高劳动者的参与意识；建设企业文化，培育企业精神，等等。

2. 对生产经营系统和管理组织结构更加强调革命性的变革，提出了"企业再造"的新思路。长期以来，人们对生产经营系统、管理组织结构的变革都持一种比较慎重的态度，主张用改良、完善的办法来改善和加强企业管理，对管理组织结构也是要求保持稳定性和灵活性的统一，避免出现大的震动，造成工作秩序的混乱。近年来，有的专家对传统的思想提出了挑战，提出了"企业再造"的理论（"再造"英文为 Re-engineering，有的译为企业重建、企业流程重建等等），主张对企业的生产工艺流程、管理组织系统进行重组、再造。

"企业再造"是美国麻省理工学院的电脑教授迈克尔·哈默（M. Hammer）提出来的，他对再造工程下的定义是："将组织的作业流程，作根本的重新思考与彻底翻新，以便在成本、品质、服务与速度上获得戏剧化的改善。"其中新思想是美国企业必须采取激烈的手段，彻底改变工作方法。因此，他强调企业流程要"一切重新开始"，摆脱以往陈旧的流程框架。迈克尔·哈默认为，企业再造工程必须组成团队来进行，要使信息在各个部门得到充分运用。再造工程一旦推行，就会带来以下一些根本性的变化：①工作单位划分的基础，从职能变成以流程为基础。②工作内容从单一变成丰富。③ 人员的角色，从被控制转变为有决策权。④ 获得工作能力的方法，从没有系统的训练，变成有全盘计划的教育。⑤ 绩效评核与奖励方面，从观察单一活动，转变为观察其整体活动的结果。⑥ 决定晋升的因素，由以绩效为主转变为兼顾绩效与技能。⑦ 在价值观方面，将为主管而工作变成为顾客而工作。⑧ 生产线上的管理人员由监督者变为教练。⑨ 组织结构由层级式变为扁平式。⑩ 高层主管由事后评分变为对员工主动引导。

3. 对管理的整体性、系统性更加重视，提出了建立学习型组织，进行五项修炼的新理论。《第五项修炼》(The Fifth Discipline Fieldbook) 出台的背景是：① 工业革命后，强调大量生产，追求经济规模，降低成本，以提高企业的竞争力，因此在出现大量的中小企业的同时，一部分企业的规模越来越大，但是大企业也有对市场和外界变化反应慢等缺点，如何解决这两者之间的矛盾，是一大挑战，许多很知名的企业由于不能很好地解决这一问题而由盛变衰，甚至倒闭。② 科技的发展越来越复杂。以前的企业领导人，一般自己都是这一行业的专家中的佼佼者，在管理上也很内行，未来的企业领导人，要想自己一个人扮演这两个角色就不那么容易了，这就是为什么像 IBM 这样的大公司这几年都出了问题，而且许多大企业也面临类似的挑战。③ 在现代社会，马斯洛所说的需求的低层次：温饱、安全等问题已经基本解决，个人强调的是自我实现、成就感，单靠提高工资、晋升职务已经很难满足新一代年轻人的需要，必须有新的办法。

基于这样一些因素，麻省理工学院教授彼得·圣吉 (Peter M. Senge) 在他的著作《第五项修炼》中提出了企业的领导者和全体职工都要进行五项修炼的主张。这五项修炼是：① 锻炼系统思考能力。彼得·圣吉认为系统思考是一种"见树又见林的艺术"，因此，强调要把企业看成一个系统，并把它融入社会这个大系统中，考虑问题既要看到局部又要看到整体，既要看到当前又要看到长远。他举例说：企业"成长最快的时候，也正是为困境未雨绸缪的最佳时机；最有效的政策，可能正是消耗资源最快的政策。要把这样的系统原则融入行为之中，必须能从广角镜观察世界。"② 追求自我超越。就是鼓励人们做事要精益求精，努力实现心灵深处的热望，彼得·圣吉举例说："对于想改变组织，但是又觉得自己人微言轻、成就不了什么大事的人而言，自我超越提供了一个选择——你永远可以努力发展自我，超越自我。"③ 改善心智模式。这项修炼要求企业的领导者和职工要用新的眼光看世界。彼得·圣吉认为："心智模式是深植于我们心灵的各种图像、假设和故事。就好像一块玻璃微妙地扭曲了我们的视野一样，心智模式也决定了我们对世界的看法。这项修炼的核心任务，就是要帮助我们看见挡在眼前的玻璃，创造出适合我们的新心智模式。" ④ 建立共同远景目标。进行这一项修炼的目的是建立生命共同体。它包括远景（企业将来要实现的蓝图）、价值观（实现蓝图应该遵循的一些基本原则）、目的和使命（组织存在的理由）、目标（在短期内达到的里程碑）等内容。⑤ 开展团队学习。其目的是为了激发群体的智慧。彼得·圣吉认为，形成"整体配合"是开展团队学习的精髓，也就是说，开展团队学习后，由于团队成员理解彼此的感觉和想法，因此能凭借完善的协调和一体的感觉，发挥出综合效率。有些学者认为，在这五项修炼中，改善心智模式、开展团队学习和锻炼系统思考能力是为了提高应变能力；超越自我和建立共同远景目标，是为了提高向心力和创造力。

要进行这五项修炼，必须建立学习型组织。所谓学习型组织（Organization learning），是指更适合人性的组织模式。这种组织由一些学习团队形成社群，它有崇高而正确的核心价值、信心和使命，具有强韧的生命力与实现共同目标的动力，不断创新，持续蜕变。在这种学习型组织中，人们胸怀大志，心手相连，相互反省求真，脚踏实地，勇于挑战极限及过去的成功模式，不为眼前近利所诱惑，同时以令成员振奋的远大共同愿望，以及与整体动态搭配的政策与行动，充分发挥生命的潜能，创造超乎寻常的成果，从而由真正的学习中体悟工作的真义，追求心灵的满足与自我实现，并与周围的世界产生一体感。彼得·圣吉认为，判断一个组织是否是学习型的组织，有以下四条基本标准：① 人们能不能不断检验自己的经验。② 人们有没有生产知识。③ 大家能否分享组织中的知识。④ 组织中的学习是否和组织的目标息息相关。

《第五项修炼》出版后，受到了管理学界和企业家们的广泛关注，于1992年荣获世界企业学会最高荣誉的开拓者奖。美国《财星》杂志（Fortune）称彼得·圣吉为改造企业的"十字军"和"学习型组织"先生。他的理论已经用于一些企业的实践。最近这本书的续篇《第五项修炼Ⅱ实践篇》（上、下）也已经出版。

4. 对无形资产的管理更加重视，保护知识产权成了企业管理的主要内容之一。长期以来，企业管理的重点是在企业内部，因此，减少费用，降低成本，增加产量，一直是管理者关注的主要问题。产品丰富后，竞争日趋激烈，企业生产出的产品是否能卖得出去成了企业经营管理的主要问题，由此营销地位突出了。但是，这种变化，仍然是将有形资产作为管理对象，所以，对原材料采购、储存、使用的管理，在制品的管理、产成品的管理、产品销售的管理，以及对机器设备的管理等一直是企业管理的一些主要内容。但是，随着科学技术的发展，产品中的技术含量逐渐增加，知识的地位和作用突出了。在一些发达国家，技术对经济增长的贡献率达到50%以上，近些年还出现了知识经济的提法。技术、知识既可以转化为有形资产，也可以是无形资产，如专利权、非专利权、商标、计算机软件、著作权、秘密制作方法、技术诀窍、配方，等等。它们成了企业在激烈竞争中取胜的秘密武器和获取利润的基础和主要手段，具有极高的价值，比如，据权威研究机构的评估：可口可乐的商标值359亿美元，万宝路的商标值330亿美元，雀巢咖啡为115亿美元，柯达为100亿美元。其他一些驰名商标也具有极高的价值。正因为如此，企业对创造自己的品牌、树立企业形象等也更加重视，因为它们也具有极高的无形价值。据国际设计协会的分析，在企业形象上投资1美元，可产出227美元。

总之，体现知识产权的无形资产不仅成了企业管理的重要内容，甚至成了国家之间进行经贸战的武器。比如，这些年中美贸易摩擦在很大程度上都是围绕保护知识产权而展开的。

对企业无形资产（资本）的经营管理至少包括以下一些内容：① 加强对无形资产管理的基础工作，如对无形资产进行成本核算、无形资产信息收集，管理制度的制定和执行等。② 无形资产中的知识产权保护工作，如专利申请、商标注册、追究侵权者的法律责任等。③ 对无形资产进行确认、评估。④ 无形资产的投资、获取与发展，这是无形资产经营的核心工作，企业尤其要重视对人力资本、企业形象、品牌等无形资产的投资。⑤ 无形资产的使用和转让，利用无形资产取得收益。⑥ 无形资产的收益分配。

5. 随着信息社会的到来，信息化成了企业和社会普遍追求的目标。一些学者认为，西方发达国家已经发展到后工业社会，后工业社会也可称为信息社会或信息时代，其主要特点是信息量越来越大，信息在社会经济中的作用越来越重要，信息的处理、储存、传输和使用都用计算机完成，并形成了网络，企业和社会的信息化的程度发展到了很高的水平。所以信息化是80年代以来企业技术发展和设备投资的重点。比如，在80年代，美国用于信息化设备的投资达 1 万亿美元；1990 年以来，美国经济增长部分的 38% 来自企业和消费者对信息设备的购买；1995 年美国企业更新设备的投资为 5220 亿美元，比 1994 年增长 17.6%，其中信息设备的投资达 2493 亿美元，占设备投资额的 40%，增长幅度为 24.1%，比设备投资总额高出 6.5 个百分点。1994 年，美国商务部要求 10 人以下的小公司的财务系统也要实现计算机信息网络化管理，这样，1995 年美国公司财务管理方面的信息化联网率将达到 90%，2000 年前全部企业要实现联网。其他管理方面的信息化也发展很快，有些学者估计，到 2000 年，在经营管理方面美国公司将全面实现信息化。

信息化给企业管理带来的变化是革命性的。著名学者莫顿（Morton M. s. scott）的研究表明，这种变化至少可以归纳为 6 个方面：① 信息化给企业生产、管理活动的方式带来了根本性的变革。② 信息技术将企业组织内外的各种经营管理职能、机制有机地结合起来。③ 信息化将在许多方面改变产业竞争格局和态势。④ 信息化给企业带来了新的、战略性的机遇，促使企业对其使命和活动进行反思。⑤ 为了成功地运用信息技术，必须进行组织结构和管理方法的变革。⑥ 对企业管理的重大挑战是如何改造企业，使其有效地运用信息技术，适应信息社会，在全球竞争中立于不败之地。

（二）管理方法的创新

随着管理学、经济学、数学、社会学、心理学、计算机等在企业管理中的广泛采用，新的管理方法层出不穷。在经营决策方面，由于"运筹学"（Operation Research）、"博弈论"（Game Theory）等的采用，大大提高了企业家的决策水平。在生产管理方面，由于"准时制"（Just in Time）在生产和物资管理中的运用，大大降低了零部件和其他物资的库存，降低了产品成本；由于"成组技术"（Group Technology）的采用，实现了用大批量的生产技术进行多品种、小批量生产；由于"柔性制造系统"（Flexible Manufacturing System）的采用，生产过程实现了高度自动化，不仅适用多品种、小批量生产的市场需求，而且提高了生产能力，提高了产品质量；由于采用了"最优化生产技术"（Optimized Production Technology），最大限度地减少了"瓶颈"现象，达到了取得最佳经济效益的目的；由于采用了"灵捷制造"（Agile Manufacturing）技术，不仅使制造系统发生了革命性的变化，而且产生出了新的企业形式——虚拟公司。在营销方面，由于"企业形象塑造"（Corporate Identity System）的运用，不仅能使企业在消费者心中留下强烈的长久的印象，而且能够使企业形成良好的经营理念。

由于篇幅的限制，我们不可能对这些新的管理办法一一列举和解释。但是，我们可以分析一下这些新的管理方法的一些基本特点：① 在新的管理方法中，决策管理占了很大的比重。这说明决策在企业管理中的地位越来越重要。在市场经济条件下，企业要能够满足市场的需要和适应市场的变化，在激烈的竞争中立于不败之地，决策是否正确是关系企业生死存亡的大事，所以，企业、大学和研究机构都加强了对决策理论和决策方法的研究，在管理学院开设的课程中，"博弈论"等决策管理理论和方法占了很大的比重，也正因为如此，新的决策管理理论和方法层出不穷。② 许多新的方法都与计算机的运用紧密联系在一起。计算机的运用已经不仅仅是一种管理手段，它常常和管理方法的创新相联系，形成一个个系统，以至于人们很难分清它们是一种管理手段或管理方法。在本文中，我们只是为了便于分析才将它们分开了，但这种划分并不一定妥当。③ 解决综合性问题的方法增多了。在信息社会，由于强调知识的"整合"、"集成"，所以，许多新的方法的出现，都不是为了解决某一个专业管理的问题，而是为了解决企业生产经营过程中的一系列问题或一些综合性的问题。

（三）管理手段的更新

管理手段的方面最大的变化莫过于计算机在企业管理中的广泛运用。由于计算机的运用给企业经营管理带来了革命性的变化。60年代，企业利用计算机来进行物资管理，计算机运用和管理专家维特（W. Wight）和普劳士（W. Ploshi）设计出了物资需求计划管理系统（Material Requirements Planning），70年代，这种系统又将生产过程的一些环节包括进来，使该系统得到了发展，80年代又把财务、供销、技术等环节包括进来，形成了以物流为主干线，包括若干子系统的大系统，即制造资源计划管理系统（Manufacturing Resource Planning）。与此同时，计算机进入设计环节，形成了计算机辅助设计系统（Computer Aided Design），计算机进入制造环节，形成了计算机辅助制造系统（Computer Aided Manufacturing），用计算机处理信息，形成了管理信息系统（Management Information System）。

计算机在各项专业管理中的运用，大大地减少了工作量，提高了工作效率，使企业管理发生了根本性的变化。但是，在相当长的时期里，计算机在管理中的运用存在相互分割、各自为战的局面。进入80年代后，出现了把这些系统联合起来的想法和呼声。于是出现了计算机集成制造系统，简称 CIMS（Computer Integrated Manufacturing Systems）。CIMS 的中心概念是"集成"，它把一些成熟的管理办法和技术转化为数学模型和软件包，形成4大方面的系统，即计算机管理信息系统，计算机设计与开发信息系统，生产自动化信息系统和质量控制系统，CIMS 对这4个系统实现了"集成"和一体化，从而大大提高了工作效率。据美国科学院调查，一些大企业采用 CIMS 后，产品质量提高 200%～500%；生产率提高 40%～70%；设备利用率提高 200%～300%，生产周期缩短 30%～50%；在制品减少 30%～60%；工程费用减少 15%～30%；人工费减少 15%～20%；提高工程师的工作效率 300%～350%。

谈到管理手段的变化，还必须说一说信息网络化的问题。为了充分发挥计算机在企业经营管理中的作用，除集成化之外，还在向信息网络化方向发展。不仅在企业内部形成网络，做到信息共享，而且企业还与外部网络沟通，形成互联网络。Internet 网络的建立和使用，为建立全球性的信息网络创造了条件，它使网络内的用户彼此很容易沟通，从而为企业方便、快速地获得充分的信息，改善企业与用户的联系，提高工作效率创造了良好的条件。

（四）管理组织结构的变化趋势

近年来，国外的不少企业正在变革自己的管理组织结构，出现了一些新趋势：

1. 金字塔型的组织结构正在逐步被网络型的组织结构取代。长期以来，企业都是按照职能设立管理部门，按照管理幅度划分管理层，形成了金字塔型的管理组织结构。这种组织结构越来越不适应信息社会的要求，减少管理层次和管理职能部门已经成为一种新的趋势，其结果是管理组织结构正在变"扁"，变"瘦"，综合性管理部门的地位和作用更加突出，网络性的组织结构正在发展起来。

2. 由单一决策中心向多决策中心发展。以前，许多企业采用的是高度集中的单一决策中心，这种传统的单一决策中心的组织结构有许多弱点。包括容易产生官僚主义和低效率；雇用大量人员及管理的多层次，组织结构比较僵化；决策及信息主要是由总部流向下属单位，容易脱离基层实际需要；统一地控制产品和经营方式，容易脱离市场的实际需要，等等。目前，许多国外的大公司都在逐步将过去高度集中的单一决策中心组织改变为适当分散的多中心的决策组织。这种多中心的决策组织能够减少决策层次，使基层经营单位有很大的自主权，能充分发挥它们的积极性。

3. 公司组织结构形式向多样化发展。现代企业采取的组织结构形式并不是千篇一律的，而是朝多样化发展。事业部制、超级事业部制、矩阵制、联邦制、多维结构等被广泛采用。组织结构朝单一化发展的原因是：① 各企业的生产技术和业务范围千差万别。比如钢铁企业和计算机企业，它们的生产技术是很不相同的。② 企业产品销售方式和销售渠道的不同。由于各个企业的产品特征不同，其销售方式和销售渠道也大不相同。轿车、家用电器、微机等产品面对的是数量众多的消费者，需要庞大的销售机构；而生产飞机、大型机床、发电设备的企业面对的用户则要少得多，与前者比较，销售机构就要小得多。③ 采用的战略不同。钱德勒通过对美国70家大型公司，特别是通用汽车公司、杜邦公司、美孚石油、西而斯—罗布克公司发展史的考察，得出了"结构跟着战略变"的著名结论。因为企业为了实现自己的战略目标，必须要有组织上的保证，所以公司采用的战略不同，就会有不同的组织结构。

4. 强调公司组织结构不断自我更新。在过去，许多大型的跨国公司每5～10年就要重新调整一次组织的结构，这种做法往往引起大的震动，造成混乱，带来交易中的一些困难。但是，如果不进行调整，也会因老的组织结构的僵化引起许多问题。为了克服上述矛盾，现在更多的公司主张采取自我更新的办法，公司根据内部发展的需要和外部环境的变化及时对企业的组织结构进行调整。使公司的组织结构能经常适应内外部变化的需要，并减少由于管理组织的变化而引起摩擦。

二　近年来，我国企业学习、借鉴国外新的管理思想和方法的情况

（一）改革开放后我国企业在学习、借鉴国外新的管理思想和方法方面条件和环境的变化

1. 人们的思想解放了，不再笼统地把西方国家企业的管理思想和方法当做资本主义的东西加以批判，能以比较客观的、实事求是的态度对待

它们。

2. 由于企业改革的深化，企业自主权的扩大，企业独立的商品生产者和经营者地位的逐步确立，为学习、借鉴国外新的管理思想和方法创造了体制条件。

3. 实行改革开放政策后，经济管理部门、教育部门、企业和学术界的国际交流频繁，各种新的管理思想、管理理论和管理方法都能及时地通过各种渠道介绍到国内来。特别是引进外资工作的顺利开展，我国建立了不少合资企业，外方不仅带来了数额巨大的资金、先进的技术，而且也带来了新的管理思想和管理方法。

4. 近年来，上上下下都比较强调学习管理知识，除正规的管理学位教育外，大专院校、各种培训中心还开办了不少学习班、研讨班，它们对传授管理的基本知识和传播国外新的管理思想和方法都起了很好的作用。

（二）近年来我国企业学习国外新的管理思想和方法出现的新特点

由于上述条件和环境的改变，使我国企业在学习、借鉴国外新的管理思想和管理方法方面也出现了一些新的特点，主要是：

1. 自觉性提高。由于企业改革的深化，企业自主权逐步扩大，企业经营机制也发生了重大变化，企业正逐步由单纯的行政机构的附属物变为自主经营、自我发展、自我约束、自负盈亏的市场主体和独立的商品生产者。借鉴、学习国外新管理思想和方法已经变为企业自身发展的内在需要，是提高企业的竞争力和经济效益的重要措施，它们的积极性和自觉性空前高涨。因此，学习借鉴国外的新管理思想和管理方法已经不再是为完成行政管理部门布置的任务，而变为了企业的自觉行动。

2. 行动快。由于新的通信技术的广泛运用，各种新的传媒的出现，教育和出版事业的发展，企业了解国外新管理思想和管理方法的渠道增多，速度加快，国外一出现某种新的管理思想、管理方法很快就会传到我国来；由于学习、借鉴国外的新管理思想和管理方法不再由政府行政管理部门统一布置、推行，而变成了企业的自主活动，所以大大减少了许多中间环节，企业感到某种管理思想和管理方法对自己有用，就会马上学习、推广。

3. 全方位学习。一方面，由于改革开放使人们的思想大解放，不再把西方企业的一些管理思想、管理理念、管理理论和管理方法当做资本主义的东西而加以拒绝；另一方面在市场经济条件下，企业不仅要搞好内部管理而且要进入市场,要直接与用户和消费者打交道,学习、借鉴企业在营销、经营决策等方面的一些新思想和新方法也势在必行。因此,我国企业在学习、借鉴国外新管理思想和管理方法不再仅仅局限某一个方面,而是全方位地学习。从借鉴行为科学到推崇人本管理;从学习全面质量管理到推行 ISO9000 等质量认证体系;从推广信息管理系统到计算机集成制造系统的试验;从运用广告策划的新方法到提倡进行企业形象塑造,都充分体现出了这种特点。

4. 发展不平衡。从企业来看,合资企业、股份公司、进入市场较早的国有企业和集体所有制企业对学习、借鉴国外的新管理思想和管理方法态度比较积极,成果也比较显著,改革比较滞后的国有大中型企业要差一些;大中型企业进行得好一些,小型企业进行得差一些。从地区看,沿海地区的企业特别是经济特区的企业进行得好些,内地的企业特别是中西部地区的企业要差些。

三 需要注意的几个问题

(一) 处理好建立现代企业制度与学习、借鉴国外新的管理思想和管理方法的关系

企业改革的方向是建立"产权明晰、权责明确、政企分开、管理科学"的现代企业制度。股份制改造只能为转换企业经营机制提供前提条件。是否能建立起规范化的现代企业制度,形成健全的企业经营机制,还必须依靠企业自身继续努力,形成一套科学的管理制度,加强企业管理,提高企业的管理水平。因此,在进行公司化改组的过程中,还必须学习、借鉴国外新的管理思想和管理方法,改革现行企业管理制度中与社会主义市场经济不相适应的管理制度和管理结构,除要建立起科学的高效率的法人治理结构外,还必须根据现代企业制度的要求调整好企业内部的管理组织结构,特别是大型的集团公司必须处理好母子公司的关系,公司内部集权和分权的关系,发挥子公司和各基层组织的积极性。要加强管理的基础性工作,严格各种责任制,搞好各项专业管理工作,特别要搞好职工培训,提高职工素质。要加强企业的精神文明建设,培养职业道德,树立敬业爱厂、遵法守信、开拓创新的精神。外向型企业和外向型企业集团,还必须使自己的管理组织、管理制度、经营方式等向国际规范靠拢,建立起一套适应国

际市场、符合国际规范、遵循国际惯例的经营管理制度，为参与国际市场的竞争创造条件，为向跨国公司发展创造条件。这些都不是仅仅把企业的名称改为公司就可以实现的，需要企业结合公司化改造做大量的扎扎实实的工作，并持之以恒地坚持下去，才能见到成效。

（二）要讲求实效，不搞形式主义

学习、借鉴国外新的管理思想和管理方法的目的是提高我国企业的管理水平，改善企业的经营管理，提高经济效益，而不是为了赶时髦，为了追求轰动效应。应该说，自改革开放以来，由于实事求是的思想路线的逐步贯彻，搞形式主义的做法已经不得人心，这种不良风气也已有所好转，但是我们也应该看到，这种风气仍有一定市场。在学习、借鉴国外新的管理思想和管理方法的过程中，也存在只学了形式和皮毛，没有领会其精神实质，只图虚名，不讲实效的现象，这样做既浪费人力物力，又造成很坏的影响，我们应该坚决反对。

（三）处理好学习借鉴和创新的关系

对国外出现的许多新的管理思想、管理方法我们应该进行了解，开展研究，有选择性地学习和借鉴，但是绝不能盲目照搬。这是因为：① 我们的企业和国外的企业在许多方面都存在着差距，我们的社会主义市场经济还没有完全建立起来，我国企业正处在转换机制，构造市场经济主体的时候，而国外的企业是完全自主经营的经济实体，在成熟的市场经济环境中经营和发展。② 有一些管理理论还不成熟，有些管理方法还不完善，还有待实践考验。比如企业再造，据美国欧洲一些企业的试验看，成功的仅为30%，大多数是失败的。有如第五项修炼，这涉及管理的各个方面、各个领域，推行起来有相当大的难度。③ 各个国家的文化背景不同。管理与自然科学不同，自然科学中的一项发明、一个定理都可以通用，管理本身具有二重性，既涉及生产力的管理，又涉及生产关系的管理。后者受体制、文化的影响很大，必须与本国的国情相结合。因此，必须处理好学习、借鉴和创新的关系，把国外的新管理思想、管理方法与我国企业的实际情况结合起来，与我们各个企业的实际情况结合起来，创造适合我国国情的新管理方法。

（四）处理好引进新的管理思想、方法、手段和加强企业管理基础工作的关系

任何新的管理思想的贯彻、管理方法和管理手段的采用，都要求有良好的管理基础工作，特别是当前许多企业对管理基础工作有所忽视，我国企业管理基础工作有所滑坡的情况下，更要处理好学习新管理思想、管理方法和加强管理基础工作的关系，狠抓企业管理基础工作。原始记录、会计凭证、统计资料等基本数据必须完整、准确，能及时、全面、准确反映生产经营活动的全过程和各个方面各个环节的基本情况；经济信息、市场信息、科技信息能准确、及时满足企业各种决策的需要；劳动定额、物质消耗定额、资金占用定额、费用定额等要健全、合理，能充分利用企业的资源，最大限度地调动各个方面的积极性；各项产品质量、原材料、半成品、零部件、工艺、工装、检验、包装、运输、储藏等，凡有国家标准或部颁标准的，要严格执行，没有国家标准或部颁标准的，应有企业标准，并保证标准的新颖性，积极采用国际标准和国外新标准；计量、检测手段要齐备、准确，原材料、燃料、工艺过程和产品性能凡能计量、检测的都应该计量、检测；企业的各种基础制度和专项制度必须健全，并认真贯彻执行。

无形资产管理及其对我国企业改革与发展的意义*

美国著名经济学家、制度经济学派主要代表人物凡勃伦（Thorstein Veblen）在1904年发表了其早期主要著作《企业论》。他在该书中分析现代企业资本时认为："企业家是通过对工业资产的保有借以控制企业局势的，在这类保有物中关系最重大的是无形资产，这类资产是以普通股、商誉等等来体现的。"[①]（凡勃伦，1959，第99页）虽然当时作者所理解的无形资产并不完全等同于现在一般意义的无形资产，但是作者对商誉等无形资产在企业中的地位，尤其是企业无形资产对企业家的作用，在本世纪初就给予了足够的重视。现代企业发展到本世纪90年代，对品牌、企业形象等无形资产更加重视，无形资产价值之大超乎想象。据纽约《金融世界》1995年评出的世界商业品牌排行榜所列，"可口可乐"、"万宝路"、"IBM"等商标的价值分别高达390亿、387亿、171亿美元。这种重视反映到企业管理思想的新发展上，就是无形资产管理构成了现代企业管理的重要内容，而且随着社会向信息化发展，无形资产管理会成为企业经营管理的核心。企业管理重心由有形资产管理向无形资产管理的转移是现代企业管理发展的必然趋势。现在我国企业正处于改革与发展的关键时期，正确处理企业管理、改革与发展的关系，把握企业管理的这种发展趋势，加强无形资产管理，对我国企业改革与发展具有特别重要的意义。

---

* 本文与黄群慧同志合写，原载《管理世界双月刊》1998年第6期。

① 《企业论》一书中，作者对我们现在所热衷讨论的所有权与经营权分离、生产经营与资本经营的区别等问题进行了深刻地论述。

一　无形资产与无形资产管理

无形资产显然是相对于有形资产而言的。"资产是指投资者所拥有的或投资者控制的资源,可以合理预计未来可获取的经济利益。某项资产的所有权本身是一项无形资产,但所拥有的资产则既可能是有形的,也可能是无形的"。[①] 资产按其实体内容可以被划分为有形资产和无形资产,有形资产包括流动资产和固定资产,无形资产则包括专利权、商标权、土地使用权、版权、非专利技术、特许权和商誉等。从资产确认和计量角度而言,会计学上很少涉及诸如企业形象、员工素质、公共关系、人力资本等广范围的无形资产的内容。然而,经济学和管理学上对无形资产的理解则是广义的,只要是一种可用以获利的由企业拥有或控制的资源,并且,它不具有实体性,则都属于无形资产的范畴。但一般认为,无形资产还应是能较长期地、并与物质实体相结合才发挥作用,能产生连续经济效益的资产。基于上述对无形资产的理解,企业无形资产的构成一定是多元的,其基本内容相当丰富,而且各有其特点,这就需要进行分类研究。现在通常把企业无形资产分为四类,即知识产权类、契约权利类、关系类和综合类(张明龙,1996)。所谓知识产权类无形资产,指人类智力发明创造的成果在一定条件下形成的企业无形资产,具有在一定期限内、在一定区域内法律赋予知识产权资产所有人对其权利客体享有占有、使用、收益和处置权利的特点,即具有专有性、地域性、时间性的特点。一般知识产权类资产在企业无形资产中往往占有较大比重。知识产权类无形资产通常包括专利权、非专利技术、商标、计算机软件、著作权等。[②] 契约权利类无形资产是指企业通过签订契约有权获得优越产销地位而形成的无形资产,主要包括优惠合同、特许经营权、土地使用权等。关系类无形资产则是指企业在长期经营活动中与企业内外人员、机构之间形成的有助于企业经营与发展的良好关系,与不具备这种良好关系的企业相比,企业具有某种竞争优势。关系类无形资产主要包括良好的公共关系、高素质(人力资本)员工队伍的凝

[①]《国际资产评估准则》第3、4款,(转引自吕建永,1996年版,第1页)。

[②] 其中非专利技术又称为专有技术、技术诀窍等,一般是非公开的,不具有知识产权的一般特性,但可以通过合同形式进行有偿转让,因而也归为知识产权类无形资产。

聚力、营销网络、政府给予的优惠政策等。综合类无形资产指诸如商誉、企业形象、企业文化、企业综合人力资本等不能脱离企业整体而独立存在，关系企业竞争力和企业整体形象的无形资源。从有利于对无形资产进行分别管理角度，有的学者还把无形资产分为知识权利类、对外关系类、自我内涵类（苏东水、何志毅，1996）。其中自我内涵类包括上述综合类和内部关系类如员工凝聚力等因素。

所谓无形资产管理是指为达到企业目标而对企业无形资产所进行的计划、组织、协调和控制活动，包括对专利、商标、专有技术、软件、著作权、合同及各类契约、商誉、公共关系、人力资本、企业形象等各类知识、智力、权利和信息的管理。无形资产构成的多元性决定了无形资产管理为综合性管理，它涉及企业技术管理、知识产权法律保护、人力资源管理、营销管理、公共关系、信息管理等诸多专业管理领域，并以这些专业管理及企业整体管理为基础形成了无形资产的综合性管理能力。虽然无形资产与上述专业管理密不可分，而且综合类无形资产还不能脱离企业整体而存在，但无形资产管理仍有独立性，这一方面表现在专利、商标等知识产权类无形资产和若干契约类资产可以单独进行转让或出售，需要进行专门管理，以获取较高资产收益、谋求资源最佳配置和资产最大增值，从而达到企业生存和发展的目的；另一方面，激烈的市场竞争也促使企业必须以其无形资产整体为运筹、谋划和控制对象，对其进行专门的经营管理，增加企业整体竞争力，谋求企业最大发展。概括地说，企业无形资产管理至少应包括以下内容：① 无形资产管理的基础工作，如对无形资产进行成本核算、无形资产信息收集和相应管理制度的制定和执行等日常管理工作。② 无形资产中的知识产权保护工作，如及时申请法律保护权、追究侵权者的法律责任等。③ 定期或不定期对无形资产进行确认、评估，包括制订评估原则、方法、程序，选择评估机构等工作。④ 无形资产的投资、获取与发展，这是无形资产经营的核心工作，属于企业发展战略的重要内容，企业应尤其注意对人力资本、企业形象、品牌等无形资产的投资，制定正确的人力资源的管理与开发战略、品牌战略、形象战略。⑤ 无形资产的使用和转让，这是利用无形资产获取收益的工作过程，也是无形资产管理的核心内容。⑥ 无形资产的收益分配、考核评比等。

应该说明的是，这里所归纳的无形资产管理的内容包括了无形资产经营的内容，与管理概念相比，一般理解经营更具有企业为适应外部环境而制订战略、寻求发展的含义,但这里通称为无形资产管理。

二 现代企业管理重心转向无形资产管理的必然性

在泰罗(F. W. Taylor)的科学管理时代,甚至到本世纪 70 年代管理理论"丛林"时期,无形资产管理并没有引起管理学的重视。在西方主流经济学中,无形资产也只是在本世纪 80 年代罗默(P. Romer)、卢卡斯(R. Lucas)等人开创新增长理论之后,才确立了相应的位置。然而,随着科学技术和经济的发展,企业规模的增长和制度的演变,企业间竞争的日益激烈,人们对无形资产及其管理认识的深入,无形资产管理成为现代企业管理的重要内容。企业管理重心由有形资产管理向无形资产管理的转移是现代企业管理发展必然趋势。

1. 随着人类社会的进步,科学技术的不断发展,尤其是现代信息技术的日新月异,使世界各国的经济增长越来越依靠知识、技能、人力资本和信息等无形资产的产生和应用,这使得每个国家都把加快科技进步、发展教育、保护知识产权、加强无形资产管理放在国民经济发展的重要位置。

据统计,在过去 10 年中,经济合作与发展组织(OECD)成员国国家投入的研究与发展(R&D)费用已占 GDP 的 2.3%,教育经费平均占政府支出 12%,用于职业培训方面的投入估计占 GDP 的 2.5%,相应地 OECD 成员国的 GDP 的 50% 以上是以知识为基础的(刘东,1997)。这些实际数据的背后,是经济理论的发展、解释和指导。第二次世界大战以后,面对西方经济的迅速增长,传统经济理论无法解释许多现象。美国经济学家舒尔茨(T. W. Schultz)提出了人力资本的理论体系(1990),他认为,研究经济增长问题,不仅仅要考虑有形的物质资本,更有必要考虑人力资本,而且,人力资本的投资收益率要高于物质资本的投资收益率。他进而指出,人们会对投资收益率的差异做出合理的反应,正确选择自己的经济行为,结果就会使社会经济迅速增长,提高国民收入。80 年代中期以后,以罗默为代表的新增长理论突破了传统的新古典增长理论的分析框架,在技术内生和收益递增的假定下研究了经济增长的原因以及增长率国际差异等问题。他们强调生产的规模收益递增和知识的外部性对经济增长的影响,着重分析技术创新引起的产品多样化对经济的推动作用,认为各国人力资本水平的差异是导致经济增长率国际差异的主要原因。他们的贡献确立了知识、人力资本等无形资产在主流经济学中的地位（朱勇，1997）。

2. 随着经济的发展，企业间的竞争日趋激烈，竞争制胜的关键已不仅取决于先进的设备、厂房等有形资产，更多的是依靠知识产权、商誉等无形资产。因此，无形资产管理成为现代企业管理的重要内容也就理所当然。

加拿大帝国商业银行是北美第七大银行，拥有1070亿美元的资产，在经历了80年代末的存贷危机和不动产价格崩溃双重灾难后，认识到在新兴的着重知识的经济中，"软"资产（如微软公司的编程技术诀窍）的信贷风险比"硬"资产（如一个大型购物中心的各种建筑物）的风险要小得多，更令人放心。其原因在于，如其高级副总经理所指出，"有形资产的价值是可以一夜之间消失的"（斯图尔特，1997）。这一语也从另一方面道出了无形资产是现代企业真正竞争优势所在的原因。在现代经济中，由于企业有形资产既可以一夜消失，也可以在短时间内获得，一个企业所具有的有形资产优势，其他企业一般也可以很快地获得，这样基于有形资产建立的优势是不能长时间保持的。因而，企业有形资产方面的优势一般是暂时的，是不可以长期保有的，也就不能成为构成企业长期竞争战略基础的竞争优势。相比之下，诸如品牌、商誉、专有技术、企业形象、营销网络等无形资产则是企业长期努力形成的，并可以长期保有和专有的，是企业真正的竞争优势所在。这至少可以得出以下两方面的理论分析支持。

第一，基于著名的战略学家波特（M. E. Porter）开创的竞争优势和竞争战略理论（1996），可以说明企业无形资产是如何构成企业竞争优势、成为企业重要战略环节的。波特认为，每个企业的生产经营活动过程都可以分为一系列互不相同但又相互关联的价值增值的经济活动环节，一个企业的这些活动可以涉及从原材料开采与供应、产品开发、生产制造、产品运输、到市场营销和售后服务等行业价值增值的全过程，也可以只从事某些环节活动。但是，对于一个企业来说，并不是它所从事的每个环节都创造价值，企业所创造的价值实际上来自于某个或某些特定的价值环节。这些真正创造价值的生产经营环节，就是企业的战略环节。企业在竞争中的优势，尤其是能长期保持的优势，实质上是企业某些特定战略环节上的优势。而现代企业能否具有这些特定战略环节上的长期优势，则取决于企业在相应的环节上是否占有独特的无形资产。例如，在产品开发、生产制造环节上是否具有专利、专有技术，决定了企业是否在开发制造环节上长期保持竞争优势,并使之成为企业战略环节;在营销环节上是否形成了自己强大的网络、著名的品牌、良好的公共关系等,决定了企业能否确定营销为自己的战略环节、在该环节上保持竞争优势。在国际分工高度发达的今天,企业既不可能也不必要一定把行业价值环节的所有活动都纳入企业内部来,关键是抓住战略环节,培养战略环节上的无形资产优势。如美国最著名的运动鞋公司——耐克公司,基于长期培养的世界著名品牌"耐克"和优秀设计人员的才能这两项无形资产,控制住产品设计和广告营销两个战略环节,而把生产制造环节委托给其他公司（梁能,1995,第58页）。应该说,1964年成立的耐克公司能迅速发展为世界著名的跨国公司,无疑得益于其长期投资于无形资产、培养竞争优势和制定科学的发展战略。

第二,现代企业理论的最新发展——企业知识理论,则在知识特性的基础上,从企业的性质、企业的结构和行为角度,以经济理论的形式说明了是企业无形资产而非有形资产构成了企业的长期竞争优势基础。主流的企业理论（主要有交易成本理论、契约理论、委托代理理论、不完全契约理论等）主要强调产权、信息不对称等因素,较好地解释了企业存在的内在合理性。[1] 但是这些理论不能很好地解释为什么企业之间各不相同,为什么在相似的激励安排下,有的企业在竞争中成功而有的企业则失败等问题。而90年代中期方成雏形的企业知识理论则从知识的特性出发对上述问题进行了分析。企业知识理论认为,企业最关键的投入和最有价值的因素是知识,所有的人类生产都是知识依存的,而机器仅是知识的载体。知识按其跨时空在个人之间的可转移程度分为隐含的知识和外显的知识两类,外显的知识只需沟通即可转移,而隐含的知识则难以通过语言进行表达、沟通和转移,它只能通过应用和实践才可外现并获得。因而,隐含的知识的转移是缓慢的、成本昂贵的、不确定的。而企业所拥有的许多知识恰恰是隐含的。企业在长期的生产经营过程中形成和积聚了各自的知识,每个企业之间的知识具有差异性。而这种差异性决定了企业的异质性,进而决定了企业的竞争优势所在。由于企业的差异性知识大多是隐含的,使企业间模仿隐含知识的成本非常高。这种高模仿成本构成了其他企业的进入壁垒,使企业一旦形成竞争优势就可以保持相当长的时间。企业知识理论表明,企业有形资产也许是最初竞争优势的来源,但这种优势是不能长期维系的,

---

[1] 有关企业理论的经典综述,可参阅［法］泰勒尔（1997年版,第20~61页）。

因为大多有形资产可以进入要素市场,并通过交易而得以迅速扩散。而由企业的无形资产所形成的企业竞争优势,却由于其隐含性和较高的模仿成本,成为企业长期的根本优势(顾乃康,1997)。因此,企业在竞争中制胜的根本途径是对无形资产的积累。加强无形资产管理也就成为现代企业发展的必然要求。

3. 现代企业制度的建立、所有权和经营管理权的进一步分离,使得企业开始注重资本经营,而资本经营必然要求更加重视无形资产的管理。在以有限责任公司和股份有限公司为主要表现形式的现代企业制度成为企业制度的主流之前,企业主要从事生产经营活动。随着现代企业制度的建立,所有权和经营管理权的分离,资本市场和产权市场的发展和完善,资本经营日益重要,成为重组市场要素的基本手段。所谓生产经营一般是指以物化资本为基础,以生产和经营商品为手段,通过产品市场和服务市场获取最大利润的商品生产经营活动;而资本经营则是以追求资本的最大限度增值为目标,以价值形态为特征,利用各种形式对企业可支配的资源和生产要素进行运筹、谋划和优化配置的活动。一般的说,对于生产经营而言,机器设备、工艺装备具有重要意义。而对于资本经营而言,更为关注资本的收益和企业整体资产的市场价值,强调企业资产转让权、收益权、控制权的运作。而在无形资产价值日益升高、一个著名品牌价值高达上百亿美元的今天,进行资本经营必须重视无形资产,只有加强无形资产的管理,才能最大限度地保证企业整体资产价值的保值增值。本文开始提到,凡勃伦认为企业家是通过保有无形资产来控制企业的,就是以所有权与经营管理权分离、企业家只从事资本经营为前提的。

4. 随着世界经济的发展,国际贸易愈加发达,而其中有关专利、技术服务方面的贸易所占比重日益增加,国际技术收支情况显示,1985~1993年间专利和技术服务的贸易增加了20%。这使得企业更加重视知识产权类无形资产的管理。各国也加强了对知识产权的贸易立法保护。重视无形资产管理、加强对知识产权的保护,已成为世界各国从企业到政府的共识。

5. 经济合作与发展组织《以知识为基础的经济》(1996)的报告认为,越来越多的现象表明,人类社会正处于从工业化时代向知识经济时代过渡的重要时期:在过去10年中,计算机、电子和航空等知识密集的高科技产业是所有产业中发展最快的;伴随着柔性制造系统时代的到来,产品制造模式已转向知识密集型;网络经济和软件产业发展迅猛,1995年全球软件产品销售额已达 914 亿美元；世界投资正流向以信息、通信技术为代表的高科技商品和服务部门（柳卸林，1997）。如果 OECD 的判断是正确的，由于以信息、通信技术为代表的知识经济的发展是与人力资本和技能等无形资产的投资相联系的，这必然导致对无形资产的大量投资，因而在未来知识经济中，无形资产及无形资产管理占据重要地位也就成为必然。

三 加强无形资产管理促进我国企业改革和发展

我国经济正处于由计划经济体制向市场经济体制转变、由粗放增长向集约增长转变时期，这不仅要求我国企业要提高科学管理水平促进企业的发展，而且还要进行企业制度创新、以改革促发展。而重视企业无形资产、加强无形资产管理一方面可以提高企业管理现代化水平、增强企业竞争力，通过企业资本经营促进企业超常规发展；另一方面，重视无形资产，尤其是发挥无形资产中人力资本的作用，还可以促进我国的企业改革和制度创新。因而，重视企业无形资产、加强无形资产管理作为现代企业管理的发展趋势，对于现阶段我国企业的改革与发展具有特别重要的意义。

1. 加强无形资产管理，重新认识企业人力资本，重视人力资本投资，开发人力资源，促进我国企业改革与发展。

（1）建立现代企业制度，进行国有企业产权制度改革，需要重视企业的人力资本产权。现代企业理论认为，企业是人力资本与非人力资本的特别合约（周其仁，1996）。人力资本是财产的一种特殊形式，与物质资本一样，也存在产权问题。只是人力资本的所有权只能属于个人，是一种不可转让的财产权利。古典企业制度向现代企业制度的发展过程，是人力资产商品化的不断扬弃过程（李鸣、刘小腊，1997），也是人力资本的产权地位不断上升过程（钱勇，1997）。在古典企业中，企业家既是物质资本的所有者，又是作为企业经营管理者的人力资本的所有者。随着以有限责任公司和股份有限公司为主要形式的现代企业制度的建立，企业制度发展史经历了一场"经理革命"，所有权和经营管理权发生了分离，管理者的人力资本也就从合二为一的古典企业家的资本中独立出来，人力资本的产权地位随之上升。由于信息不对称，普遍存在"道德风险"和"逆向选择"，企业管理者的人力资本具有可激励而不可压榨的特征，企业所有者为了激励经营管理者，不仅仅要按期给高层管理者固定的工薪收入，往往还要让渡一部分企业利润。也就是说，企业高层管理者凭借其人力资本的所有权取得了剩余索取权，参与了企业利润分配。现在国外企业流行的分配给企业经营管理者股票、股票期权的制度正说明了这一点。对于企业一般职工而言，美国、英国、日本等国的企业从 70 年代开始推行的职工持股计划（the Employee Stock Ownership Plan），虽然是作为一项推行民主管理的激励制度提出的，但可以认为是对一般职工人力资本产权的认可。其中英国一些企业用分享利润的办法给职工购买股票，则表现得更为直接。据估计，至 1991 年，美国已有 1.1 万家公司推行职工持股计划，拥有股票的职工达 1200 万人（陈佳贵，1997）[①]。应该说，上述现代企业理论的分析与国外企业的实践，对我国建立现代企业制度是非常具有启迪意义的。重视企业人力资本产权，改革和完善企业产权制度，是建立现代企业制度应有之意。我国以往的企业产权制度改革基本上是关注政府和企业对物质财产权利的分享，没有认识到人力资本，尤其是企业家的人力资本的重要性，没有认识到企业家人力资本只可激励的特性。企业改革推进了十几年，我国还没有形成一个完善的企业家市场，还没有建立起一套有效的对企业家的激励约束机制，即一直存在所谓的国有企业代理阶层有效"激励空缺"[②]。我国国有企业效率低下问题至今没有得到根本解决，与没有重视企业人力资本产权，企业人力资本产权没有得到应有的收益，企业管理者和一般职工没有得到有效的激励直接相关。

（2）重视人力资本投资，开发人力资源，促进我国企业改革与发展，实现国民经济的高速增长。据一份对 10 多个城市 40 余家国有企业人力资本状况的调查表明（赵曙明，1997），国有企业人力资本现状令人堪忧：

[①] 有关国外企业推行职工持股计划的详细内容可参阅（陈佳贵：《现代大中型企业的经营与发展》，第 122~125 页）。应该说，国外企业推行的职工持股计划与我国现在许多企业进行的股份合作制改革类似，但国外是作为推行民主管理的激励制度而进行的，我国则更多的是把其作为一种企业制度创新。

[②] 日本著名经济学家青木昌彦（1995）认为，在转轨经济中的公司治理结构中存在着"内部人控制"。他用该词描述转轨时期国有企业缺乏有效的监督约束机制的现象，旨在强调转轨时期银行作为企业的有效监督者的作用。按照行为科学人的行为模式理论，对人的行为而言，激励和约束是不可分的，都是规范人们如何行为，只是激励强调通过各种措施满足人的需要，诱导其动机，使其按激励者的要求去行为。这也是对人的行为的约束。但不具有强行的含义。因而，可以认为，有效的"激励空缺"和"内部人控制"描述的是同一种现象。但是，用"激励空缺"更符合人力资本可"激励"不可压榨的"特性"。

国有企业人力资本的投资大幅度减少，30%左右的企业只是象征性地拨一点教育、培训费，年人均在10元以下；约有20%企业的员工的人力资本存量低于"临界点"；一方面企业冗员严重，另一方面人才奇缺；管理和技术人员层的人力资本含量低等。造成这种状况的原因无疑是多方面的，其中对人力资本的特性和本质没有科学认识、对人力资本的作用重视不够是主要的。而人力资本不足又与国有企业亏损直接相关。其实，自舒尔茨开创人力资本理论以来，经济学早已证明人力资本投资，具体包括用于教育、保健、劳动力再培训与国内外流动等方面的投资，对企业发展、国民经济的高速增长具有重要作用。日本的一份研究资料表明：工人教育水平每提高一个年级，新技术革新者平均增加6%，而技术革新的建议能降低成本5%；经过专门训练的技术人员的建议能降低成本10%~15%，受过良好教育和培训的管理人员创造和推广的先进管理技术可降低成本30%以上（陈佳贵，1997）。世界银行的一份研究表明，劳动力受三年教育与不受三年教育相比，能使GDP提高27%，也就是说，在劳动力受教育的头三年中，受教育的平均时间每增加一年，GDP就会增加9%。而在其后劳动力所受的教育年限中，受教育的平均时间每增加一年，使GDP提高的幅度会衰减，但仍可达4%，也就是说，其后再受三年教育可使GDP提高12%（刘迎秋，1997）。因此，面对我国国有企业的人力资本现状，为了促进国有企业的发展，加速国民经济的增长，我国一定要树立人力资本意识，重视人力资本投资，制定正确的人力资源管理与开发战略，培养企业的人力资本竞争优势，充分发挥人力资本在企业发展和经济增长中的作用。

2. 加强无形资产管理，重视和发挥无形资产在企业资产重组和资本经营中的作用，加快国有企业改革，促进企业的迅速发展。

面对战线过长、布局过散的国有经济，我国国有企业改革的推进应是在建立现代企业制度同时，进行国有企业资产重组，使有限的国有资本集中于高效的优势企业，从整体上搞活国有经济。然而，这种重组显然已不能通过计划方式来实现，必须依托已有的或日后发展的优势企业，通过股权转让、收购、兼并、破产等企业资本经营活动，实现对国有经济的战略性改组（国务院发展研究中心课题组，1997）。那么，作为依托的优势企业的优势何在呢？仅仅是资金优势么？青岛海信集团的"高起点成长，低成本扩张"的资产重组和资本经营案例很说明问题（刘世锦，1997）。青岛海信集团的前身是1969年成立的青岛电视机厂,到1993年也只有年产38万台彩电的生产能力。1994年青岛海信集团成立,经过4年多股市融资、收购、兼并、合资等资本经营活动,以及历年赢利积累、长期投资收益,净资产已从1993年6月末的8913万元增长到现在的14亿元。1994年到1997年,它仅以不到3亿元的出资就达到了支配20多亿元资产的效果。海信凭借什么进行资本经营,成功地实现了低成本迅速扩张呢?案例分析认为,海信以及类似的"新国企"成功的基本要素是:能够提供必要激励和约束的体制条件;具有一批优秀而稳定的经营者;完备的作为"龙头"的营销体系;一套严格的内部管理制度;立足领先的科技开发体系;一支有战斗力的队伍和有特色的企业文化;重视产品和企业品牌这种无形资产的培养和运用等。如果我们归结一下上述诸因素,我们可以看出,除了必要的体制条件和科技开发实力外,海信成功的重要原因是在资本经营中重视培育和运用诸如人力资本、营销体系、企业文化、产品和企业品牌等无形资产。如果说,资本经营是"立体经营",支撑企业超常规发展,走向大企业、大集团,那么,无形资产则是资本经营的重要"支柱"。

3. 加强无形资产管理,注重企业形象、商誉和品牌,科学制定企业形象战略及品牌战略,树立企业的长期竞争优势,促进企业发展。

企业形象、品牌和商誉作为企业无形资产的核心内容之一,是决定企业竞争力、工业品国际竞争力乃至国家竞争力的重要因素。我国诸多企业已经认识到这一点,开始实施名牌战略。愈来愈多的企业重视自己的企业形象,发达国家企业采用的CIS(Corporate Identify System),即企业识别系统,日益受到我国企业界的关注。太阳神、健力宝、四通、长虹、今日集团、安徽古井集团、浙江雅戈尔、杉杉集团等企业相继导入CIS,极大地促进了企业的发展。我国也开始进行品牌价值的比较研究,北京名牌资产评估事务所已经于1996、1997连续两年提出1995、1996年中国最有价值品牌研究报告。据北京名牌资产评估事务所最新的研究报告,1996年"红塔山"、"长虹"、"海尔"三大品牌价值分别是332亿、122.08亿和77.36亿(中国社科院工经所课题组,1996)。中法合营王朝葡萄酿酒有限公司还提出了以"创中华名牌"为核心战略的"全方位品牌管理"(魏大鹏、宋春艳,1996)。然而,我国还有大量的企业对企业形象、品牌和商誉没有清楚地认识,没有制定科学的形象战略和品牌战略,面对国外著名跨国公司和著名品牌的强大竞争压力处境危艰。在某些行业，国外著名跨国公司和著名品牌的产品所占的我国国内市场份额日益扩大。如在饮料市场，可口可乐、百事可乐在中国的市场占有率已连续几年名列前茅，南京市场的外国名牌饮料市场占有率为84.7%，天津市场外国饮料的市场占有率则高达90%。在自行车市场，我国原有的9大名牌已有4家由于"大兵压境"而倒闭，其余厂家也度日如年；在洗涤品市场，我国原有的十余家主要民用洗涤企业，除4家目前尚未合资外，其余全被国际民用洗涤业的四大著名跨国公司——美国"P&G"、英国"利华"、德国"汉高"、日本"花王"所收购或控股；在医药市场，市场上最畅销的50种药品中有40种是"洋"药。这一切表明，不树立名牌意识，不注重知识产权保护，面临激烈的市场竞争，尤其是国外企业的巨大压力，我国企业就会丧失竞争优势，对外开放的最终结果可能不是利用外资，而是外资利用了我们。更有甚者，有些企业视距（Horizon）极短，缺乏远见，不仅不愿花费成本建立信誉，反而为追求一次性交易利益去损害自己的信誉。当然，这里还有更深的制度原因，需要从加速建立现代企业制度、加强财产保护等方面解决。① 但这一切都表明了我国企业加强无形资产管理，通过培养企业形象、商誉和品牌树立企业长期竞争优势，促进企业发展的必要性和紧迫性。

4. 加强无形资产管理，防止企业无形资产流失，保证企业整体资产的保值增值，促进企业的发展。

由于无形资产的无形、价值不易确定等特性，在加之我国经济正处于转轨时期，很多企业无形资产产权主体不明确、产权边界不清晰，法律也不健全，造成企业无形资产流失严重。为了加强企业无形资产的管理，我们认为有必要把无形资产的流失分为三类，第一类是由于日常管理不善而造成的无形资产价值损失，如企业内部无形资产管理制度存在漏洞而造成专有技术流失、商业秘密泄漏，法律保护不当而使商标、专利等无形资产价值贬值，某些不当经营行为或方式使企业商誉、企业形象受损等；第二类是在企业制度创新、资本经营过程中，由于人为地或无意地低估漏估无形资产的价值而造成的损失，现在我国国有企业无形资产的流失多属此类。如在中外合资组建企业时，低价批租土地，不计算专利、商标和商誉价值，以及虽无意但由于未能正确估算无形资产的潜在发展价值而低价入股等，

---

① 这是翁君奕（1996）利用博弈方法对企业信誉问题进行详细的经济学分析后得到的结论。

有关这方面的报道多到似乎已司空见惯的程度;第三类是在无形资产管理与经营活动中,由于决策失误而造成的无形资产价值的机会损失,这类损失并不表现为现有无形资产价值的减少,而表现为其应有的未来收益及价值增值的减少。例如,"嘉陵"牌摩托车在申请国际商标注册时,发现该商标已被智利某厂商抢先注册,给该厂进入国际市场设置了障碍,有可能损失巨大的国际市场(重庆工业管理学院《国有资产保值增值》课题组,1996)。针对上述三类无形资产的损失,应该从以下几方面加强无形资产的管理。

(1) 加快企业产权制度改革,建立现代企业制度,形成必要的有关企业无形资产保护的激励和约束机制。

(2) 强化法律意识,健全法律体系,确保无形资产产权得到法律保护。

(3) 加强对无形资产评估的研究和管理,制定科学规范化的无形资产评估方法和指标体系,建立信誉良好、操作规范的无形资产评估机构。

(4) 在企业内建立专职的无形资产管理部门,对企业无形资产管理提供组织机构上的保证。随着企业对无形资产的日益重视,无形资产管理经历了最初由企业家(业主)负责、后由一些管理职能部门兼管、到现在由专门的无形资产管理机构管理的发展过程。对于高科技企业,专职的无形资产管理机构更是必要。如在微软公司中,仅专门从事知识产权保护的律师就有140多人,在西雅图的微软公司分公司就设有专门的知识产权保护机构——法务部(田永宏,1997)。

(5) 为了避免无形资产经营决策失误,要制定科学的无形资产管理和决策程序。首先,确定自己的无形资产在企业总体战略和职能战略中的地位和作用;其次,评价竞争对手的战略和无形资产;第三,对企业资产的组合情况进行分类,研究自己拥有的无形资产的特性;第四,在准确评估企业现有无形资产价值基础上,基于企业的战略目标,构造各种无形资产投资方案,预测其收益和成本;第五,选择科学的无形资产投资方案进行投资;第六,集合企业的各类无形资产,不停地重复上述整个过程。

参考文献

[1] 蔡受百译:《企业论》,商务印书馆。
[2] 吕建永:《国有资产管理学教程》,上海三联书店1996年版。

［3］张明龙：《企业无形资产的分类考察》，《长白学刊》1996 年第 3 期。

［4］苏东水、何志毅：《论无形资产的管理》，《复旦学报》1996 年第 4 期。

［5］刘东：《知识经济与新增长理论》，《经济学消息报》1997 年 9 月 26 日。

［6］吴珠华等译：《论人力资本投资》，北京经济学院出版社。

［7］朱勇：《罗默的新增长理论述评》，《中国人民大学学报》1997 年第 5 期。

［8］托马斯·A. 斯图尔特：《公司中最有价值的资产：智力资本》，吴建康译，《经济资料译丛》1997 年第 2 期。

［9］Porter, Michael E, *Competitionin Globalln-dustries*, Boston, Mass：Harvard Business School Press, 1986.

［10］梁能：《跨国经营概论》，上海人民出版社 1995 年 11 月版。

［11］顾乃康：《现代企业理论的新发展：企业知识理论》，《经济学动态》1997 年第 11 期。

［12］《产业组织理论》，张维迎总译校，中国人民大学出版社。

［13］柳卸林：《知识经济带给我们的挑战》，《光明日报》，1997 年 12 月 8 日。

［14］周其仁：《市场里的企业：一个人力资本与非人力资本的特别合约》，《经济研究》1996 年第 6 期。

［15］李鸣、刘小腊：《"人力资产"的三次扬弃》，《经济学消息报》，1997 年 10 月 31 日。

［16］钱勇：《人力资本与产权制度改革》，《经济学消息报》，1997 年 10 月 31 日。

［17］陈佳贵：《现代大中型企业的经营与发展》，经济管理出版社 1996 年版。

［18］黄群慧、张艳丽：《国有企业代理阶层的"激励空缺"问题初探》，《经济研究》1995 年第 8 期。

［19］青木昌彦、钱颖一：《转轨经济中的公司治理结构——内部人控制和银行的作用》，中国经济出版社 1995 年版。

［20］赵曙明：《论国有企业发展与人力资本投资》，《光明日报》，1997 年 12 月 12 日。

［21］刘迎秋：《论人力资本投资及其对中国经济成长的意义》，《管理世界》1997 年第 3 期。

［22］国务院发展研究中心《国有经济的战略性改组》课题组：《实现国有经济的战略性改组》，《管理世界》1997 年第 5 期。

［23］刘世锦等：《国有企业集团资产重组和资本经营案例研究》，《经济研究》1997 年第 11 期。

［24］中国社科院工经所《俄国工业品国际竞争力比较研究》课题组：《论工业品国际竞争力》，《中国工业经济》1996 年第 4 期。

［25］魏大鹏、宋春艳：《全方位品牌管理》，《中国工业经济》1996 年第 5 期。

[26] 翁君奕:《企业信誉体系的动态博弈分析》,《经济学家》1996 年第 1 期。

[27] 重庆工业管理学院《国有资产保值增值》课题组:《对重庆市部分企业国有资产流失情况的调查》,《经济研究资料》1996 年第 12 期。

[28] 田永宏:《美国企业对知识产权的管理》,《管理现代化》1997 年第 2 期。

企业经济学的形成与发展[*]

一 企业经济学的概念与研究范畴

企业经济学,又称管理经济学(Managerial Economics)、公司经济学(Corporate Economics)、经营经济学。它是60年代发展起来,70年代在西方管理学教学中开始盛行的一门重要学科。一般地说,企业经济学属于应用经济学科的范畴。对于什么是企业经济学,有各种各样的定义和解释。

詹姆斯·R. 迈格根(James R. Mcguigan)和R. 查尔斯·莫耶(R. Charles Moyer)认为:"管理经济学是经济学的一个应用分支。其主旨是提供分析和解决对厂商和社会有重要经济影响的问题所必不可少的理论和工具。""管理经济学与私人经济部门、公共经济部门和非盈利经济部门的企业管理者所做的资源分配决策相关。管理经济学家追求以最有效的方式实现组织的目标,同时考虑实现目标所遇到的各种显性的和隐性的约束条件。此外,管理的效率宗旨为在所有企业中进行资源分配决策提供了一个共同基础。"[①]

我国学术界有人认为,"管理经济学是一门研究如何把传统经济的理论和经济分析方法应用于企业管理决策实践的学科"。[②]

也有人认为,企业经济学是有关企业经营管理决策的经济理论,即用经济理论来解释和分析有关企业经营管理决策的技术和企业环境。企业经济学侧重于经济理论中与企业管理决策最有直接关系的那些部分。因此,

---

[*] 本文与杜莹芬合写,原载《首都经贸大学学报》1999年第12期。
[①] 詹姆斯·R. 迈格根(James R. Mcguigan), R. 查尔斯·莫耶(R. Charles Moyer):《管理经济学(Managerial Economics)》第五版,1989 by West Publishing Company。
[②] 吴德庆、马月才编著:《管理经济学》,中国人民大学出版社1996年11月第2版,第1页。

他们认为,从这一意义上说,企业经济学可以说是传统经济学与企业管理决策两者之间的一座桥梁。

关于企业经济中"经济"一词,奥地利经济学家米歇尔·霍夫曼(M. Hofmann)认为,"经济"是一个团体构成的概念,即"由人组成的团体中的成员的相互服务性"。经济性就是在经济过程中运用经济要素的收益,包括:① 生产率,即投入劳动这一生产要素的"经济性",它是产量与所需劳动力之间的比例;② 赢利性,即投入资本这一生产要素的"经济性",它是资本的投入与赢利之间的比例;③ 经济性,即作为企业行为合理性原则的狭义上的经济性。其宗旨是,按照最大或最佳原则,利用给定的资源尽可能达到最大的效率,或根据最小或节省原则,为了达到某一特定效率而投入尽量少的资源。这也就是我们今天普遍理解的"经济企业"或"经济行为"的概念。当然,"企业经济"概念与"经济企业"概念不同,它是对认识对象的描述,这里的认识对象一般是理想对象,在这一对象中,我们把企业中人的行为属于经济的那部分的内在逻辑加以理论化,人作为经济行为的实施者,除了具有目的性的劳动职能(即为了经济工作的开展而组织起来的,从属于经济原则的行为)外,还具有自我目的性的不劳动行为(如休息消遣、休养睡眠等不从属于经济原则的行为)。因此,霍夫曼对企业经济中"经济"的解释是:个人通常不会单独完成目标,而是在企业组织形式中,以个人与企业之间的相互服务方式,为满足第三者的需要而进行劳动。在这样的劳动中,目的性和自我目的性两个因素不可分割地融洽在一起。通常是,在企业内有组织的相互性服务劳动中,在运用资源达到目的的过程中保持一种生产率经济性和赢利性的行为方式。因此,经营构成了企业行为的专门的方式,换句话说,经营等于劳动,并且一般说来,是企业组织的劳动。

根据上述分析,我们认为,企业经济学是从经济性角度来研究企业运行规律的科学,是对企业运行过程中的各种经济关系的描述。

二 企业经济学学科的形成和发展

企业是现代社会的经济主体,是社会政治、经济和文化生活的基本单元。企业不仅是社会财富的创造者,也是社会财产的消费者;不仅是生产经营活动的执行者,而且是社会政治、文化生活的组织者和参与者。如果说古代社会是以自然人为主宰的个人社会的话，那么，现代社会无疑是以企业为主宰的团体社会。因此有人惊呼：企业和企业家主宰世界的历史已经到来。

伴随企业迅猛发展的是企业理论研究的兴起。然而，与古老的经济理论相比，企业经济理论的研究可以说是姗姗来迟。至本世纪30年代，几乎没有经济学家对企业的起源、本质及成长进行论述。

企业经济学作为一门学科在德国、法国等欧洲国家的发展较为成熟。所以，关于企业经济学学科的发展史，我们主要介绍德国和法国的情况。

企业经济学的发展过程可以说是由如何作为商人的科学——商业学发展而来。1675年法国人萨瓦里（J. Savary 1622—1690）写出有关商业交易的知识《完全的商人》一书，流行于欧洲。而后，法国人路德维希（C. G. Ludovici, 1707—1778）开始把商业科学作为官房学范围的独立学科来发展。他根据萨瓦里的著作写了《商人的入门知识或完全的商人的百科全书》（共5集，1752—1756），试图取代萨瓦里的实践体系，建立起商业学的理论基础。1804年勒克斯（J. M. Leuchs）出版了《商业交易体系》一书，该书将商业知识从商业交易学中排除出去。

第一次产业革命的发生使商业逐渐退居次要的地位。由于工厂制度的兴起，商业科学在19世纪衰落。由于政府管理的需要，出现了赢利经济学（英文为Cameralistics，德文为Kameralismus，日文为官房学[①]），后来逐渐发展成为国民经济学，并与商业经营学结合在一起，于1898年开始出现经营经济学或称商业经营学。

为了使商业经济学与国民经济学课程区别开来，成为一个独立的学科，冈伯格（E. Guanberg）1903年发表了《企业经营学与个体经济学》一书。该书是以个体经济的经营过程为对象，以核算制度为中心而展开研究。1910年，赫劳尔（J. Hellauer）发表《世界商业体系》的第一卷《普通世界商业学》。可以说，19世纪末20世纪初是企业经济学的创建时期。

20世纪初到二次大战结束是企业经济学的发展时期。作为规范倾向的研究，1911年，舍尔（J. F. Schar）发表了《普通商业经营学》；1912年，尼克利会（E. Nicklisch）发表了《作为商业和工业的私营经济学的普通商

[①] 即以官房式的核算将公共盈利经济与公共家政区别开来。官房学与商业交易学的起源尽管不同，但基本命题是相似的，都将对最大可能利润的追求作为行为准则。

业经营学》，1913 年发表了《企业经济学：经济性的企业学》。作为实证主义技术论倾向的研究，即作为实践研究和应用科学，1919 年，施马伦巴赫（E. Schmalenbach）发表了《动态平衡表和成本核算》。这门这科研究"经济性"，而不同于美国研究"盈利性"技术。企业经济学不以高利润为目的，而以高度的经济性为目的，即以最小的投入取得最大的产出。企业经济学的"经济性"是经济上的理性。京特·沃尔（Guter Wohe）说过，注重经济性原则的原因可能多种多样，而该原则的本身与经济活动的动机无关，而仅仅是经济活动开展的方式和方法，因此是纯粹形式上的原则。因此企业经济学产生之初就考虑到外部因素，而美国起初则采用封闭性的管理。早期的企业经济学观点认为，除了"经济性"问题外，企业还需要有社会、法律、政治、心理方面的知识，而这些是不能纳入管理学科中的。但京特·沃尔后来的《普通企业经营学》中也吸收了美国实证主义的观点。

企业经济学究竟是不是一门科学？1912 年和 1928 年围绕传统的演绎方法（规范性科学）与归纳方法（描述性科学）展开了论战，结果迎来了先驱施马伦巴赫的全盛时期。认为不是一门科学的人认为，企业经济学是研究如何以最小的投入获得最大的产出的具体办法，没有什么公理、体系，因此不成其为一门科学。但施马伦巴赫认为实际研究应该算为一门科学，只不过它是应用科学而不是理论科学。1928 年，里格尔（W. Riegel）的《私营经济学入门》提出"科学"不能直接成为实践行为的向导，私营经济学是描述性科学而不是赚钱术。后来，莫克斯特提出应用科学的观点，结束了经营学方法的论战，而使后来的研究方法趋向综合的体系。

随着企业经济学的体系化，企业经济学科的内容主要包括：① 筹资理论，主要是施马伦巴赫的平衡表（1920 年前后到 1928 年）；② 成本理论，主要是 1919 年施马伦巴赫的《成本核算》，1925 年莱曼（M. R. Lehmann）发表的《工业核算》；③ 市场研究或销售研究，主要是 1925～1930 年前后芬德森（F. Findeison）发表的《名牌货》，沙费尔（M. R. Schafer）发表的《市场观察原理》；④ 人事管理与组织管理。1930 年以后，为了弄清组织论与经营经济学的关系，尼克利什 1933 年发表了《经营经济学：经济性的经营学》，它包括：筹措（资金，人员等）、生产、销售、利润分配（公正分配利润的伦理要求）四个领域，前三个领域皆为广义的生产过程。

1947 年，康皮翁（F. Conpeevon）写出《私营企业论》（上下卷）。日本的山本安次郎认为这是把经济理论〔瓦尔拉斯（J. Valras）的均衡理论〕、管理理论〔泰罗（F. W. Taylor）和法约尔（H. Fayor）的科学管理〕和社会学〔韦伯（M. Weber）的人际关系〕三者统一起来的尝试（里程碑）。该书第一卷：组织与理财，相当于美国的管理学（与日本的"制度派管理学"稍有不同），相当于制度经济学（Institution）加上财务；第二卷：业务开拓，包括采购、生产、市场和营销，相当于德国的企业经济学，既从微观的角度来研究，又从宏观的角度对组织进行研究。《私营企业论》一书的特色是：① 研究对象具体。不同于美国管理学是对"一般组织"展开抽象的研究。康皮翁是有针对性地研究企业（entreprise）。他把企业形式一分为二：一是同业务开拓的性质相对立的经济形式（事业）；二是同资本的结合方式相对应的法律形式（公司）。他将两者结合和协调起来，并把重点放在由广义的事业管理产生的有关内容。② 研究内容广泛。是从"广义的组织"角度理解经营管理职能，认为既要从主体方面研究一般意义上的组织（狭义的）和指挥，同时还要从客体方面来研究业务开拓。这样就通过"组织论"的媒介作用，将法约尔（及美国）的管理学和瓦尔拉斯（及德国）的经济学统一了起来。③ 观察角度动态。不是孤立地静止地看待企业，而是在经济的发展和增长中作为谋求自我维持和发展的经营组织，动态地加以理解。即不是把它看做静止的不动的东西（结构）来进行观察分析，而是作为真正的组织（运行着的企业 going concern）或事业的经营过程来认识。④ 研究方法多样。不满足于提出单纯的技术问题，而是把这些问题纳入所谓企业结构、企业成长和企业形式变化的框架之内，将经济理论和管理理论和社会学统一起来，进而在宏观经济思考与微观经济思考之间进行架桥的尝试。

　　第二次世界大战以后至今，是企业经济学的理论化时期。50 年代形成了两大理论体系：古腾伯格（E. Gutenberg）的《企业经济学原理》，包括生产论（1951 年）、销售论（1955 年）、财务论三卷（1969 年出版，包括筹资投资的内容）。这三大领域的研究后来得到了大发展。首先，研究对象为企业的经营过程，即生产各要素的结合过程，包括结合的行为和结合的结果。有基本要素（人、财、物）、处理要素（含业务管理、计划、组织等）；其次，其研究的特点是并不以经济性作为唯一的研究内容，除了经济原因之外，也讲"盈利原则"和"技术原则"等，以求得这些原则之间的平衡；第三，吸纳国家经济学的有关理论（成本理论、价格理论、平均形态理论等）和分析工具〔如利用国家经济学确定的盈利函数（数学关系）和成本函数来说明企业经营过程〕；第四，1951年第三次方法论战：实证主义的纯粹理论倾向——理论研究、纯粹科学，既有强调技术方法，更重视理论体系，后者甚至更为重要。古腾伯格的框架体系为后来吸收美国管理学的那套研究方法创造了条件，并促进了筹资与投资两大问题的分开。

1957年，莫克斯特（A. Moxter）发表了《企业经济学方法论的基本问题》，从不同于古腾伯格的观点出发，对具有与企业实践直接联系的经营经济学的本质做了更加根本性的分析，使施马伦巴赫的技术论经营经济学发展为以共同经济观点来选择处理原则和以核算制为中心的应用企业经济学。

康皮翁之后有关企业经济方面的研究有1963年塞厄特（R. M. Cyert）和马奇（J. G. March）的《企业行为理论》（*A Behavioral Theory of the Firm*），将企业管理主体和管理客体的研究结合起来。此外，还有迪安（J. Dean）1951年发表的《管理经济学》。

60年代企业经济学走向理论的统一和方法的一体化。因此，从企业经济学的发展我们可以看出，企业经济学是经济学的一个分支，它不包括企业中的其他方面，从一开始就把企业的外部环境看得很重要，后来才逐渐转到研究企业内部经营管理问题，进行整体的理论性研究。

三　企业经济学在中国的发展

中国经济学界对企业理论的研究是伴随着经济体制的改革而开展的。长期以来，在高度集中的计划经济体制下，我国企业只是政府机构的附属物，国家运用行政手段直接管理企业，直接参与企业的经营活动。企业的组建和发展由政府决定，企业生产经营计划由国家下达，企业所需原材料由国家统一调配，产品由国家统购包销，职工由国家分配和调动，工资由国家统一确定和调整，财政由国家统收统支。国家就像一个大工厂，而企业作为国家的一个车间只要完成国家计划就行了。在企业经营管理上，企业也只限于对本企业内部生产要素存量的调配和管理，根本用不着考虑企业的经济效益。因此，在传统体制下，只有宏观经济、国民经济、部门经济的概念，而没有企业经济的概念。

经济体制改革以来，我国企业的自主权逐步扩大，尤其是随着我国社会主义市场经济体制的确立，企业主体地位逐渐增强。作为市场经济的主体、作为国民经济的基本单位，企业必须恢复其本来面目，即以盈利性为目的的经济组织，自主经营、自负盈亏、自我约束和自我发展的实体。我国企业最终将彻底走向市场。市场经济的基本特征就是竞争。随着我国加入世界贸易组织步伐的加快以及国内国际两个市场的对接，我国企业面临的市场竞争将愈益激烈。在竞争激烈的市场环境下，企业要生存和发展就必须在竞争中赢得优势。因此，研究市场经济条件下，企业的运行和发展规律以及企业内部的经济关系，就具有十分重要的意义。只有深刻认识了企业经济运行的客观规律，才能寻求竞争的优势，合理配置企业的生产要素，从而达到提高企业运营效率和企业经济效益的目的。

　　企业改革的现实需要，使中国的企业理论自始就具有相当的广泛性和贴近实践的实用性。早在80年代初，在我国和美国、欧洲举办的一些培训中心里外国老师已开始给学员讲授企业经济学课程，个别出版社也翻译出版了这方面的著作，但是那时中国经济的市场化程度还不高，企业还没有走入市场，并没有引起人们的足够重视。随着我国经济体制改革特别是企业改革的深化，我国学者对企业在市场条件下经济运行和发展规律方面的研究逐步多起来。特别是在高校的管理学院里，为适应工商管理硕士教育的需要都相继开设了企业经济学课程，相关教材陆续出版。比较有影响的有吴德庆编著的《管理经济学》（中国人民大学出版社1987年版），毛蕴诗编著的《公司经济学》（中山大学出版社1994年版），陈章武编著的《管理经济学》（清华大学出版社1996年版）等。它们在传播西方企业经济学的知识方面起到了积极作用。但如何把企业经济学的一般原理和中国企业的具体运行实践结合起来，逐步形成具有中国自己特色的企业经济学或管理经济学的内容和结构，是需要我们进行认真研究解决的问题和努力的方向。1998年陈佳贵等编著出版了《企业经济学》（经济科学出版社1998年版）一书，该书广泛吸收、借鉴了企业经济学已有的研究成果，介绍了有关企业基本理论、企业组织形态及其演变、企业经营理论、企业成长理论以及企业与环境的关系等内容，并结合我国经济体制改革和经济发展的实践进行了探讨。理论界对企业经济学的学科体系、内容和相关理论的研究也正在逐步开展起来。企业经济学阐述的原理和方法正被越来越多的企业用于经营管理的实践。

参考文献

[1] 米歇尔·霍夫曼（M. Hofmam）：《普通管理学入门：历史、主要概念和体系、德语地区的企业经济学》，李欧译，北京大学出版社 1989 年中文版。

[2] 京特·沃尔：《普通企业经济学导论》，1950 年第一版。

重视企业管理创新迎接 21 世纪的挑战[*]

人类即将进入 21 世纪，在新的世纪中国企业将面临许多严峻挑战。为迎接这些挑战，我们除要解放思想，转变观念，进行制度创新、技术创新外，还必须进行管理创新。没有管理创新，制度创新的成果难以巩固和发展；没有管理创新和制度创新，技术创新难以形成有效的机制，技术创新的成果难以很快转化为现实生产力。因此，我们不仅要重视制度创新和技术创新，还必须十分重视和强化管理创新，把它作为一项重大的战略措施来抓。

一　管理本身也是生产力

在现代经济中，管理和科学技术一样，本身也是生产力。但是，我们过去对企业管理是生产力认识不够或缺乏认识。经济理论界曾有过生产力"二因素"和"三因素"的争论，前者只把劳动者和劳动工具看做生产力，后者加上了劳动对象。他们的争论集中在劳动对象是否是生产力上，却没有把管理看成生产力。

其实，马克思早就认为管理也是生产力。他指出："不论生产的社会形式如何，劳动者和生产资料始终是生产的因素。但是二者在彼此分离的情况下只在可能性上是生产的因素。凡要进行生产，就必须使他们结合起来。"① 马克思还指出："一切规模较大的社会劳动或共同劳动，都或多或少地需要指挥，以协调个人的活动，并执行生产总体运动——不同于这一总

---

*　原载《经济管理》2000 年第 1 期。
①　《马克思恩格斯全集》第 24 卷，人民出版社 1972 年版，第 44 页。

体的独立器官的运行——所产生的各种职能。"① 过去我们只强调生产关系把劳动者和生产资料结合起来的作用，忽视了管理在两者中的作用。而事实上，把劳动者和生产资料结合起来是离不开管理的。管理对生产力的3个物质要素——劳动者、劳动对象和劳动工具起着一种全局性的组织作用。换句话说，管理是连结各种生产要素的纽带。没有管理就没有生产劳动，尤其不会出现现代化的生产劳动，从而也就形成不了生产力。从这种意义上说，管理是比劳动者、生产资料层次更高的生产力要素。

西方现代的一些经济学家也把管理看成与科学技术一样重要的生产力要素。他们有的把管理、科学和技术看成是现代文明的"三鼎足"，是企业能否生存和发展的"三根支柱"；有的把科学管理和现代技术比作经济高速增长的"两个车轮"；有的把管理比作计算机的软件；还有的把管理看做一种与有形物质资源并存的无形物质资源，认为用于管理创新的投资是一种投入少、产出多的高效益投资。据他们测算，对一个企业经营业绩的贡献来说，如果投资占1分，科技占3分，管理则占6分。因此，在经济发达国家，现在无不把管理放在非常重要的地位。中国科学技术落后、管理更加落后。这是生产力落后的表现，也是生产力落后的原因。在这种情况下，把企业管理创新作为战略问题来抓，是非常必要的。

企业管理还直接对生产关系的发展和经济体制的完善有重要作用。这种作用从资本主义经济发展史可以看得很清楚。马克思恩格斯早就根据生产社会化和生产资料的私人占有这一资本主义基本矛盾得出过资本主义即将灭亡的结论，但是资本主义制度并没有像他们预计的那样很快灭亡，而仍然保持着较强盛的生命力。原因何在呢？是不是资本主义制度不存在这一基本矛盾呢？当然不是。马克思恩格斯对资本主义基本矛盾的分析是符合当时的实际情况的。问题在于，后来情况发生了许多变化，出现了许多新的因素，缓解了资本主义的基本矛盾，延缓了它走向衰亡的进程。其中管理制度和方法的创新就是这些诸多因素中的重要因素之一。由于在管理方面的不断创新，改进和加强了企业管理，不仅大大提高了劳动生产率，而且还不断解决了生产关系中的种种矛盾。例如，发展股权分散化的股份有限公司，采取"资本民主化"和各种形式的职工参与管理的制度，采用"分享制度"、行为科学、人本管理等，不同程度弥补了资本主义生产关系

---

① 《马克思恩格斯全集》第23卷，人民出版社1972年版，第367页。

的缺陷，缓和了资产阶级和工人阶级的矛盾。所以，可以毫不夸地说，如果不采取这些制度和方法，资本主义是不可能出现"奇迹"的。

二　中国的企业管理需要创新

改革开放以来，中国企业在管理创新方面已经做了不少工作，特别是在引进国外先进管理思想、管理方法和管理手段方面取得了长足的进展。但是，从总体看这方面的工作还远远不适应形势发展的要求，企业管理需要进一步创新。

（一）重视企业管理创新，是建立社会主义市场经济的要求

长期以来，中国实行的是高度集中的计划经济体制，并形成了与此相适应的一整套企业管理制度和方法。实行改革开放政策以后，中国经济体制进行了市场取向的改革，取得了很大的成绩。党的十四届三中全会肯定了这些成绩和改革方向，确立了建立社会主义市场经济体制改革的目标、方针和基本框架，从而加快了改革的进程。宏观体制进行了许多重大改革，国家管理企业的方式发生了巨大变化，国民经济市场化的进程取得了重大进展。国有企业逐步被推入了市场，正在朝自主经营、自负盈亏、自我发展和自我约束的法人实体和市场竞争主体转变；国有企业建立现代企业制度的工作取得了进展，一大批企业进行了公司制改造；股权分散化的股份公司、合资企业、私营企业正在不断涌现。商品市场和各种要素市场已经发生巨大变化，市场化程度提高，市场体系正在发育完善，市场机制的作用大大加强。毫无疑问，这些变化要求企业管理体制和管理方法也要变革和创新。事实上，中国企业在这方面已做了不少工作，取得了一定的进展。但是，总体来看，还存在很大的差距。不少企业领导人受计划经济体制的影响，经营观念还比较陈旧；企业的管理制度和管理机构还不适应社会主义市场经济的要求，公有制特别是国有企业如何才能有机地与市场经济相结合，还需要我们从制度上和管理上努力探索；如何把所有者对企业的有效监督和发挥经营者的积极性有效结合起来的问题还远没有解决；已经进行公司化改造的企业，法人治理结构还很不规范，"老三会"、"新三会"的关系还没有理顺；与市场相适应的劳动人事制度还没有建立起来；企业内部有效的激励机制特别是企业高层经理人员的激励与约束机制还没有形成；

大企业和大企业集团的集权和分权关系还没有处理好，还普遍实行的是直线职能制的企业管理组织结构；管理手段也还比较落后。中国企业面临的这些问题，只有在建立现代企业制度中通过制度创新和管理创新才能逐步加以解决。

（二）重视企业管理创新，是转变经济增长方式的要求

在高度集中的计划经济体制下，由于长期商品短缺，供不应求，产品只要生产出来就有人要，企业追求的是大投入、高速度、规模扩张和数量扩张，经济发展沿用的是一种粗放经营模式；在这种情况下，管理也只能是粗放的，观念落后、机构臃肿、层次多、效益低。现在中国经济已经由短缺走向相对过剩，由此，经济的增长方式也正由粗放型向集约型转变，必须把提高质量、增加品种、改善服务、提高附加值和经济效益等放在十分重要的位置，经济增长方式的转变要求企业管理也必须创新。

在转变经济增长方式、实现产业升级的过程中，高技术产业中的一大批新型企业应运而生，这些企业在产品开发、生产、营销等方面都与传统产业有重大差别；职工的构成与传统产业也大不一样，高学历职工占很大的比重。这些企业的劳动人事制度、分配制度也要有自己的特点，沿袭传统的办法管理是不可能取得成功的。中国高技术产业中的某些明星企业出现的重大失误和危机，已经给我们敲响了警钟。我们必须借鉴国外高新技术企业的管理方法和管理经验，结合中国的国情创造出适合这类企业健康发展的新的管理模式、管理制度和管理方法。

（三）重视企业管理创新，是信息技术飞速发展的要求

现代信息技术应用于企业管理，使企业管理发生了革命性的变化。现代信息技术的发展打破了以往生产场所和地域对企业的限制，缩短了客户或合作伙伴与企业之间的距离，使企业能够依据自身的情况合理地利用世界各地的资金、技术、劳动力和原材料等组织生产，并通过国际互联网络和其他新形式销售产品、进行售后服务。在新产品研制与开发方面，信息技术的应用能够将新产品开发成本降低 15%～30%，将新产品开发周期缩短 30%～60%，极大地提高企业的技术创新能力，同时也使企业之间围绕新产品开发而争夺市场的竞争更加激烈。在生产管理方面，由于计算机集成制造系统、灵捷制造、虚拟制造等的成功推广和运用，使生产过程和管

理发生了革命性的变革。在库存管理方面，信息技术的发展使零仓储管理在欧美国家得以迅速推广，通过实时销售系统、电子数据交换系统等，生产厂商可根据客户的要求随时安排生产，并在最短的时间内组织供货，不仅能够保证工作的效率，降低劳动成本，而且可以减少库存，缩短生产周期，加速资金周转。信息技术在产品售后服务中的应用，有助于提高售后服务的质量，实现产品差别化，增强企业产品的竞争力。此外，信息技术在企业中的应用，还有助于减少信息传递的层次、扩大信息传输的渠道和范围，改变传统企业生产作业的内容、方式和企业内部的组织结构，使得传统企业的"金字塔"型组织结构趋于"扁平化"，大幅度地缩减企业的工作人员，使企业的生产效率大大提高。

信息技术的发展对当前中国的企业管理提出了严峻的挑战。主要表现在以下方面：一是在管理思想上，要从重视物的管理转向以人为本位的管理。二是在企业管理组织方面，要求减少企业管理层次，加快信息传递和反馈的速度，提高管理效率。三是在管理手段和队伍建设上，企业要加大对信息技术的投入，培养能够掌握和运用现代信息技术的职工队伍，尽快缩小与工业发达国家的企业之间的差距。四是要求管理人员尽快转变思维方式，更新知识结构，以适应时代的变化。五是在企业经营决策方面，要注重掌握和运用决策支持系统，提高企业管理者的决策水平和工作效率，提高决策的科学性、可靠性。六是加速推进企业的再造工程，对公司的作业流程进行重新安排或彻底更新。总之，信息技术在企业中的广泛应用，必然要促进企业管理在方方面面发生相应的变化。

（四）重视企业管理创新，是经济全球化的要求

进入20世纪90年代，世界经济全球化已经达到了前所未有的水平，并将继续成为21世纪世界经济发展的主流。经济全球化的深入发展，对企业管理提出了严峻的挑战。随着企业生产规模的逐步扩大，其生产经营活动的范围也相应拓展，从主要面向国内市场生产和销售转向置身于全球化市场、面向世界生产和销售；企业的生产协作关系也不再局限于国内，而是要在全球范围内寻求合作伙伴，形成全球性的生产协作网络；企业不再仅仅是利用国内资源来发展，而是广泛地利用世界各国的资金、技术、劳动力等生产要素发展自己，以求实现资源的最佳配置；企业的发展不仅受国内经济形势、资源等因素的影响，而且受国际经济形势、资源、环境等因素的制约。上述这些变化，使企业的合作伙伴、客户群和竞争对手遍及全球，经营机构也可能分散于世界各地，这些都要求企业适应形势发展的要求，对传统的企业管理制度、方式、方法和手段进行相应的变革，以便在瞬息万变的全球市场环境中，能够及时、迅速、完整、准确地掌握市场信息并及时做出相应决策，保证企业在经济全球化形势下的运作能力。

世界经济全球化的发展趋势，对21世纪的企业管理提出了新的要求，中国的企业管理者必须牢固地树立起全球意识，要从全球化的角度强化企业的战略管理，建立起专业化协作、市场营销的国际网络，实现对世界范围内生产要素的合理利用，以获取全球化的最大利益。

对于中国的企业来说，具体面临着以下几个方面的挑战：一是日益增大的国际竞争的压力。近些年，世界最大500家工业企业中已有半数以上进入中国，它们不仅在中国境内设立商务机构，大规模地销售其产品，还直接投资建厂，进行就地生产和销售。中国企业的产品不用走出国门便会感受到国际竞争的压力，这种压力正是经济全球化所带来的，随着21世纪的到来，这种压力还将不断增大。二是企业生产经营活动在地域上的延伸和扩大。目前，对于中国的绝大多数企业来说，企业的生产经营活动还限于国内，能够从事跨国经营的企业只是极少数。而随着经济全球化的深入，将有更多的企业参与国际分工与合作、开展国际贸易，有条件的企业还将向跨国公司的方向发展，这就要求原来生产经营活动只局限于国内的企业将其活动拓展和延伸到其他国家。三是企业全球化网络的建立。为适应经济全球化的需要，企业管理也必须依靠高效、便捷、可靠的全球化要素传输流动网络，其中包括对信息、物资、资金和人员等要素的快速传输流动。与此相应，现代企业必须采用各种先进的要素传输手段，特别是信息传输手段，否则的话，就无法适应国际竞争的要求。四是企业管理组织的变革。在经济全球化的推动下，国外企业管理领域也掀起了革新的浪潮。从美国发起并在日本和欧洲广泛传播的"企业再造工程"是这次企业管理革命的核心，其主要内容是将传统的金字塔型企业组织改造成为网络型组织，从而达到精简机构和人员，提高组织效率，增强企业国际竞争力的目的。对于中国的企业来说，传统的企业组织无疑已难以适应新形势发展的需要，借鉴国外的先进管理经验，并结合中国的国情和自身的条件，建立高效率的企业管理组织，也是中国广大企业面临的一个重要课题。

三 企业管理创新需要重点处理好的几个关系

企业管理创新涉及企业各个方面的工作，需要协调进行，特别要针对薄弱环节，围绕新形势提出的要求进行。在当前特别要处理好以下几个方面的关系。

（一）企业管理创新和企业制度创新的关系

企业制度有广义和狭义之分，广义的企业制度不仅包括了企业法律制度，而且也应该包括企业的管理制度，如领导制度、劳动制度、人事制度、分配制度以及管理机构、管理组织结构等；狭义的企业制度则仅指以财产组织形式为主要特征的企业法律制度，如个人独资企业、合伙企业、有限责任公司、股份有限公司等。毫无疑问，企业的法律制度不同，也要求有与此相适应的一些特殊的管理制度。因此，无论从广义讲还是从狭义讲，企业制度创新和管理创新都存在密切的联系，两者是相互促进、相辅相成、相互保证的关系，不能把两者割裂开来，更不能对立起来。特别是在相当长时期里，对国有企业进行改革，建立现代企业制度是中国经济体制改革的中心环节。我们必须把建立现代企业制度与强化管理创新有机地结合起来，大力提高中国的企业管理水平。当然，管理创新又不仅仅与制度创新有关，它还涉及管理思想、管理方法、管理手段等的变革问题，对这些方面的问题，无论是否要进行制度创新，我们都必须充分重视，大胆探索。

（二）企业管理创新与引进国外先进管理思想和方法的关系

引进国外先进管理技术和方法，对于推动中国企业管理水平的提高，缩小中国与发达国家企业管理的差距，具有重要的现实意义和战略意义，也是加强和改善中国企业管理工作的一项重要内容。自20世纪80年代以来，中国在引进和推广现代化管理方法和手段方面做了许多工作。譬如，把全面质量管理引进到中国企业中来，不少企业建立了TQC小组，通过了质量认证体系，加强了质量管理；有些企业将行为科学和中国传统的思想政治工作相结合，使企业的思想政治工作更具有时代的气息；有些企业还加强了企业文化的建设，注意培养企业精神；近几年企业形象设计也传入中国，起到了较好的作用。为适应社会化大生产发展的需要，改变靠个人权威、靠经验、靠"拍脑袋"管理的方法，一些企业逐步采用了决策论、信息论、控制论、价值工程、目标管理、网络技术、经济预测学、运筹学、优选法、行为科学等管理方法来进行管理。与此相适应，管理手段也在逐步现代化，特别是将计算机及其网络用于企业管理。随着市场经济的深入发展，中国企业面对国内外市场的竞争日趋激烈，更加迫切要求学习和加快引进国外先进的现代化管理方法和手段的步伐。

但是，现代企业管理并没有一个固定的模式。目前，世界范围的企业管理正在经历着一次巨大的变革，不同文化背景，不同社会制度下的企业都在寻找新的企业管理模式。中国的企业管理应该坚持"以我为主、博采众长、融合提炼、自成一家"的原则，在学习、引进、借鉴别的国家先进的管理方法和手段的基础上，根据中国的实际情况和企业自身的特点，形成具有中国特色的现代企业管理模式和方法。

（三）企业管理创新与加强企业管理基础工作的关系

中国企业的计划、生产、销售、技术、设备、质量、劳动人事、财务、会计等各项专业管理都有待提高，但是相当长时间以来，管理基础工作被大大忽视了，因而在不少企业里管理基础工做出现了严重滑坡的现象。有些企业无章可循，有些企业有章不循，甚至弄虚作假。管理基础工作是企业搞好各项专业管理的基础，是进行各项重大决策的重要依据，是推行现代化管理方法和手段的重要条件。企业管理基础工作薄弱，要提高企业的管理素质和水平是不可能的。因此，必须把企业管理创新和加强管理基础工作结合起来。原始记录、会计凭证、统计资料等基本数据必须完整、准确，能及时、全面、准确反映生产经营活动的全过程和各个方面各个环节的基本情况。经济信息、市场信息、科技信息要能准确、及时满足企业各种决策的需要。企业劳动定额、物资消耗定额、资金占用定额、费用定额等要健全、合理，能充分利用企业的资源，最大限度地调动各个方面的积极性。要切实加强企业班组建设，选配好班组长，建立健全以岗位责任制为主的班组规章制度，充实班组管理内容。要搞好工序管理、物流管理和环境管理，建立健全现场管理体系，完善现场管理方法。在此基础上，把各项专业管理系统化，形成既适应现代化大生产要求，又适应现代市场经济要求的新的企业管理模式和体系。

管理现代化要讲实效[*]

中国正在加快工业化和工业现代化的进程，实现企业管理现代化是这个进程中的重要任务之一。管理现代化可以概括为管理思想或理念的现代化、管理方法的现代化、管理手段的现代化和管理组织的现代化。

在经营管理思想方面，近些年来，国外提出了人本管理、第5项修炼、建立学习型组织、企业再造、知识管理等全新的管理思想和理念。

在管理方法方面，随着管理学、经济学、数学、社会学、心理学、计算机等在企业管理中的广泛采用，新的管理方法层出不穷。如"准时制"、"柔性制造系统"、"最优化生产技术"、"灵捷制造"、"企业形象设计"等在企业生产经营过程得到了广泛运用，大大提高了管理水平和生产效率。

在管理手段方面的最大成就是计算机在企业管理中的广泛运用，计算机在各项专业管理中的运用，大大减少了工作量，提高了工作效率，使企业管理发生了根本性的变化。

在企业组织结构方面，金字塔型的组织结构正在逐步被网络型的组织结构取代，大型企业集团正在由单一决策中心向多决策中心发展，公司组织结构形式由单一化向多样化方向发展，更加强调公司组织结构不断自我更新。

本文不打算就这些问题展开论述，下面想重点谈一下在实现管理现代化方面应该注意的几个问题。

（一）处理好建立现代企业制度与学习、借鉴国外新的管理思想和管理方法的关系

企业改革的方向是建立"产权明晰、权责明确、政企分开、管理科学"

---

[*] 原载《经济日报》，2004年10月18日。

的现代企业制度。股份制改造只能为转换企业经营机制提供前提条件。是否能建立起规范化的现代企业制度，形成健全的企业经营机制，还必须依靠企业自身继续努力，形成一套科学的管理制度，加强企业管理，提高企业的管理水平。因此，在进行公司化改造的过程中，还必须学习、借鉴国外新的管理思想和管理方法，改革现行企业管理制度中与社会主义市场经济不相适应的管理制度和管理结构，除要建立起科学的高效率的法人治理结构外，还必须根据现代企业制度的要求调整好企业内部的管理组织结构，特别是大型的集团公司必须处理好母子公司的关系，公司内部集权和分权的关系，发挥子公司和各基层组织的积极性。要加强管理制度的建设，严格各种责任制，搞好各项专业管理工作，特别要搞好职工培训，提高职工素质。要加强企业的精神文明建设，培养职业道德，树立敬业爱厂、遵法守信、开拓创新的精神。外向型企业和外向型企业集团，还必须使自己的管理组织、管理制度、经营方式等向国际规范靠拢，建立起一套适应国际市场、符合国际规范、遵循国际惯例的经营管理制度，为参与国际市场的竞争创造条件，为向跨国公司发展创造条件。这些都不是仅仅把企业的名称改为公司就可以实现的，需要企业结合公司化改造做大量的扎扎实实的工作，并持之以恒地坚持下去，才能见到成效。

（二）要讲求实效，不搞形式主义

学习、借鉴国外新的管理思想和管理方法，实现管理现代化的目的是提高中国企业的管理水平，改善企业的经营管理，提高经济效益，而不是为了赶时髦，为了追求轰动效应。应该说，自改革开放以来，由于实事求是的思想路线的逐步贯彻，搞形式主义的做法已经不得人心，这种不良风气也已有所好转，但是我们也应该看到，这种风气仍有一定市场。在学习、借鉴国外新的管理思想和管理方法的过程中，也存在只学了形式和皮毛，没有领会其精神实质，只图虚名，不讲实效的现象，这样做既浪费人力物力，又造成很坏的影响，我们应该坚决反对。

（三）处理好学习借鉴和创新的关系

对国外出现了许多新的管理思想、管理方法我们应该进行了解，开展研究，有选择性地学习和借鉴，但是绝不能盲目照搬。这是因为：① 我们的企业和国外的企业在许多方面都存在着差距，我们的社会主义市场经济还没有完全建立起来,中国企业正处在转换机制,构造市场经济主体的时候,而国外的企业是完全自主经营的经济实体,在成熟的市场经济环境中经营和发展。② 有一些管理理论还不成熟,有些管理方法还不完善,还有待实践考验。比如企业再造,据美国、欧洲一些企业的试验看,成功的仅为30%,大多数是失败的。又如第5项修炼,这涉及管理的各个方面、各个领域,推行起来有相当大的难度。③ 各个国家的文化背景不同。管理科学与自然科学不同,自然科学中的一项发明、一个定理都可以通用,管理科学本身具有二重性,既涉及生产力的管理,又涉及生产关系的管理。后者受体制、文化的影响很大,必须与本国的国情相结合。因此,必须处理好学习、借鉴和创新的关系,把国外的新管理思想、管理方法与中国企业的实际情况结合起来,与我们各个企业的实际情况结合起来,创造适合中国国情的新管理方法。

(四) 处理好引进新的管理思想、方法、手段和加强企业管理基础工作的关系

任何新的管理思想的贯彻、管理方法和管理手段的采用,都要求有良好的管理基础工作,特别是当前许多企业对管理基础工作有所忽视,在中国企业管理基础工作有所滑坡的情况下,更要处理好学习新管理思想、管理方法和加强管理基础工作的关系,狠抓企业管理基础工作。原始记录、会计凭证、统计资料等基本数据必须完整、准确,能及时、全面、准确地反映生产经营活动的全过程和各个方面各个环节的基本情况;经济信息、市场信息、科技信息能准确、及时地满足企业各种决策的需要;劳动定额、物质消耗定额、资金占用定额、费用定额等要健全、合理,能充分利用企业的资源,最大限度地调动各个方面的积极性;各项产品质量、原材料、半成品、零部件、工艺、工装、检验、包装、运输、储藏等,凡是有国家标准的,要严格执行,没有国家标准的,应有企业标准,并保证标准的先进性,积极采用国际标准和国外新标准,同时要建立质量保证体系;计量、检测手段要齐备、准确,原材料、燃料、工艺过程和产品性能凡能计量、检测的都应该计量、检测;企业的各种基础制度和专项制度必须健全,并认真贯彻执行。

建立中国企业持续发展的文化基础[*]

文化在经济增长和企业发展中的作用越来越被人们所认识。现在,无论是理论界,还是企业界,都形成了一个共识:企业是一个社会经济系统,企业的行为绝不仅仅是一种经济行为,文化对企业经营活动具有至关重要的影响。有人甚至认为,优秀而独到的企业文化,是企业发展壮大、立于不败之地的沃土,21世纪企业之间的竞争,归根到底是企业文化的竞争。在我看来,这种对于企业文化作用的强调无疑是正确的,但还过于泛泛。由于文化的形成和演变具有长期性等特征,企业文化对于那些追求持续经营、长期发展的企业更有价值。优秀的企业文化本身就是企业持久经营和发展的力量源泉。虽然我们不能说,缺少优秀文化力量源泉的企业,一定不能够取得成功,但我们可以断言,没有优秀文化力量源泉的企业会缺少持久发展的动力,因而注定不会永葆青春与活力,注定不能够持续成长和发展。

经过20多年的改革开放,中国企业日益发展壮大,涌现出许许多多的颇具竞争力的现代化的大型企业,中国企业进一步发展的目标不仅仅是"做大、做强",还要"做久",追求持续发展。企业要做到持续发展并不容易。有的西方学者通过对一大批企业的长期跟踪分析,得出的结论是企业的平均寿命为30年左右。中国台湾一位研究企业寿命的学者认为:无论在东方或西方,大多数企业只有与人一般的短暂生命。他指出,70年前美国和日本的50家最大公司,现在所剩已经寥寥无几,而中国则可能一个都没有。最近公布的中国500强企业的资料也显示,2003年与2002年相比,有112家老企业挤出了排名榜,而2004年与2003年相比,又有101家老企业被挤出排名榜,出现了很高的换榜率。这种排名虽然有它的许多缺陷,但

---

[*] 本文为作者在广州召开的"中国企业文化国际论坛"上的发言(2004年12月)。

是从一个侧面也可以看出,在激烈的市场竞争中,企业不进则退,经营得不好,甚至被淘汰;有的企业在某一段时间虽然也创造了辉煌的成就,但是经不起时间的考验,只是昙花一现,原因自然很多,但是缺少好的企业文化肯定是最重要的原因之一。因此,对于那些追求持续发展的中国企业而言,培育自己优秀的企业文化乃是一项十分关键的任务。我认为,培育有利于中国企业持续发展的企业文化,应该注意以下三方面问题。

第一,树立正确的利润观,是企业持续发展的精神文化基础。对于企业而言,追求赢利是其天然本性,没有利润,也就没有企业的成长壮大,也就没有企业的持久经营和发展。然而,企业追求利润是否就是企业惟一目标呢?虽然在正统经济学理论中,利润最大化一直被作为企业追求的目标,但在实际中,不同的企业对企业的利润目标具有不同的观点,利润观的差异在很大程度上决定了企业能否持续发展。一份实证研究表明,能够持续发展、长盛不衰的企业具有的一个共同的特征,就是树立了超越利润的社会目标,不以利润为惟一追求目标。这具体包括3条原则,一是人的价值高于物的价值,二是共同的价值高于个人的价值;三是客户价值和社会价值高于企业的生产价值和利润价值。这表明,那些能够持续成长的公司,尽管它们的经营战略和实践活动总是不断地适应着变化的外部世界,却始终保持着稳定不变的超越利润最大化的核心价值观和基本目标。因而,树立超越利润最大化的价值观是企业持续发展的精神文化基础。从这个意义上说,中国企业要持续发展,必须将"以人为本"、"以顾客为中心"、"努力服务社会"、"平等对待员工"、"平衡企业利益相关者的利益"、"提倡团队精神"等这些看似非常"虚"的口号落到实处,实实在在地将其作为企业的行为准则。

第二,企业持续发展的制度文化要求超越企业家的生命周期。由于无论是企业制度建设还是企业制度文化培育,往往都是由企业家和少数精英主导推进的,因而很难避免在企业制度文化中留下企业家个人的痕迹,尤其是一个企业的企业家越是英明和伟大,该企业的制度文化就会受企业家个人影响程度越大,于是掉进魅力型领袖陷阱的可能性就更大,经常是一个人的生命周期被复制成了一个企业的生命周期,出现人亡政息的现象。企业家个人寿命是有限的,而企业经营是要持续的,对于追求持续发展的"百年企业"而言,其制度文化只有能够超越企业家的个人文化,从而使企业生命周期超越企业家个人的自然寿命,才能保证企业持续经营与发展。

第三，在继承的基础上创新发展企业文化。虽然文化的培育和形成是一个逐渐、长期的过程，但这并不意味着文化是静止的。对于企业文化而言，虽然企业的基本价值观要在相当长的时期内保持不变，但一个企业的整体文化还是随着企业内外环境的变化而不断发展变化的。事实上，没有与时俱进的企业文化创新，企业持续经营的文化力量源泉就可能逐渐枯竭。当然，任何一种企业文化模式都不可能是凭空全新产生的，一方面企业文化的形成有其历史渊源和路径依赖性，另一方面还会受到外界环境和文化的影响。因此，企业文化创新有其特殊性，在创新过程中要注意以下三方面原则，一是要重视对本企业文化中优秀内容的继承和发扬，尤其是要继承和发扬企业文化中被证明正确的核心的价值观，这些观念被认为是保证企业长期稳定经营的基础，应该继承下来并保持下去；二是要学习吸收其他企业先进的企业文化。在学习和移植先进的企业文化过程中，一定要结合企业的具体情况学习，要开展研究，有选择性地学习和借鉴，但是绝不能盲目照搬，要在消化吸收基础上进行创新，学习—消化—吸收—创新是企业文化发展的必然过程；三是要注意将历史文化传统与当今社会经济现实背景有机地结合起来。既要注意继承和发扬中国博大精深的传统文化中的优秀部分，从中吸取有效的营养成分，同时要将中华传统文化的精华部分与中国当今的社会主义市场经济结合起来，从而为中国企业进行文化创新奠定坚实的基础。

知名品牌和企业核心竞争力[*]

不久前闭幕的中共中央十六届五中全会通过了《关于制定国民经济和社会发展第十一个五年计划的建议》，《建议》指出，要"坚持以信息化带动工业化，广泛应用高技术和先进适用技术改造提升制造业，形成更多拥有自主知识产权的知名品牌"。这是对中国所有企业的要求，也是中国企业面临的一项十分重要而艰巨的任务。实践证明，没有自主知识产权和核心技术，没有自己的品牌，不仅企业在激烈的市场竞争中难以求得生存和发展，中国也难免处于"世界加工厂"的被动地位。大家都知道，改革开放以来，世界上许多拥有知名品牌的企业选择中国作为制造基地，实行贴牌生产，这说明中国不少企业已经具备世界水平的制造能力，但却因为没有自己知名的品牌，而只能成为别人的加工厂。以服装为例，中国是一个服装大国，服装加工生产能力位居全球第一，纺织服装出口额全球第一，2002年达到600多亿美元，但是中国8万个纺织企业中至今还没有一个世界级的服装品牌。中国平均每一件出口服装的售价为3美元，但这些服装到了国外打上了外国品牌便身价倍增，甚至可卖到数百美元。而许多中国产品在国外屡次遭受反倾销指控，一方面确实有中国产品制造成本低的因素，但另一方面更多的是因为中国产品技术含量低，大多没有品牌或品牌知名度差，被迫以数量对质量。又比如，中国是一个DVD的生产大国，一年生产6000万台DVD播放机，出口占80%左右。在该种产品的200多项专利中，中国企业拥有的自主知识产权只有20多项。中国每出口一台DVD机要向外国公司交3~5美元的专利费。外资品牌获得高额利润，而我们得到的只是少量的加工费。微波炉等产品的情况也是如此。

要改变这种局面和处境，惟一的选择就是进行自主知识产权创新，大

---

[*] 本文是作者在杭州召开的"第三届民营企业峰会"上的发言（2005年10月）。

力开发和发展核心技术，形成自己的核心竞争力，铸造自己的品牌。只有这样，才能使中国从"世界加工厂"成长为"世界制造业大国"，并进一步发展成为"世界品牌大国和创新型国家"。这个过程既是产业大升级的过程，也是品牌大培育与大发展的过程。

品牌是企业竞争力得以展现的载体，也是企业竞争力大小的标志之一。因此，它和企业竞争力，特别是与企业核心竞争力存在着密切的关系。

首先，品牌的创立过程也是核心竞争力培育和应用的过程。创品牌最主要的是树立企业的产品和服务在顾客心目中的知名度、信誉度和美誉度，最终形成顾客对名牌的忠诚度。创品牌实质也就是要获得顾客对企业产品和服务的知晓、信任、喜爱和忠诚。相对而言在某一个时期扩大企业产品的知名度比较容易，通过大量的广告宣传就可做到。在现实生活中，我们也看到有些企业为了提高知名度，一味地不惜重金大做广告、聘请"明星"做形象代言人，而不注重企业核心竞争力培育，不注重产品内在质量管理、到头来即使做了"标王"、一时轰动全国，终究也逃脱不了被兼并，被淘汰的命运。而要让广大顾客长久地、持续地认同、支持、购买自己的产品就很难，它需要该产品和服务能不断地去实现顾客看重的价值需要，使顾客获得物质上和精神上的极大满足，从内心产生对该品牌的好感和信赖。而要做到这一点，必须依靠核心竞争力。

第二，保持品牌需要核心竞争力的及时跟进。品牌经营的实质是通过品牌的应用为企业创造更大的价值，并同时实现品牌自身的不断增值。品牌应用主要包括品牌内部延伸、特许经营、企业并购、品牌衍生等几种形式，品牌内部延伸是指将企业品牌用于本企业新的产品种类中；特许经营则是以品牌"租用"的方式允许别的企业在其产品中有偿使用企业品牌，此种情况下通常限制特许经营企业品牌的使用仅限于企业品牌涵盖的原有产品种类；企业并购中品牌的应用主要指将品牌作为无形资产投入被并购企业允许其产品使用；品牌的衍生也可以称为品牌的外部延伸，即为了利用企业原品牌的影响力，在新产品中仍沿袭原品牌的使用，但为了彰显出不同产品种类的个性，又在产品品牌下增加个性化的子品牌。也就是说，品牌延伸已不局限于向同一企业不同产品种类的延伸，还包括品牌向不同企业产品的延伸。

第三，品牌的发展需要核心竞争力的不断创新强化。品牌的创立不是一劳永逸的，品牌的知名度、信誉度、美誉度、忠诚度本身就是个相对的概念，无论在地域上还是深度上均存在持续发展的空间；同时，竞争者也时时会对本企业品牌的顾客占有率构成威胁和挑战；而随着经济和社会的发展，顾客需求的层次和内涵会不断提升和变化，企业也需要不断推出新的产品和服务来满足顾客的新需求。因此，品牌创立是阶段性的，但品牌发展则是持续性的，伴随着企业整个的存续经营期间。在这个过程中，显然需要核心竞争力的不断强化和发展，以不断地提供有别于竞争对手、更高质量、档次、能够满足顾客更高价值需求的新的产品和服务，以确保品牌能够牢牢维系老顾客，并不断吸引新顾客。如果将品牌比作树，核心竞争力则犹如养分，品牌之树要不断长大，需要核心竞争力不断提供新的养分。

正因为如此，国外成功的公司无一不重视培育自己的核心竞争力、靠核心竞争力塑造知名品牌、靠知名品牌提升自己的竞争优势和无形资产，使自己能够在不断变化的市场和环境之中立于不败之地。我希望中国企业特别是民营企业能够更加重视研究和开发，拥有自己的核心技术，形成自己的知名品牌。

《管理科学化与管理学方法论》评介[*]

近些年来,在管理学的理论研究、教育培训和管理实践创新等方面,我国取得了巨大的进展,不仅出现了大量的关于科学化和现代化管理思想、组织、方法和技术的论文、著作和教材,而且企业管理实践的科学水平得到了很大的提高:战略管理、营销管理受到越来越多企业的重视,基础管理日益规范,运用现代信息技术改进管理手段已经为许多企业所关注,许多企业注重学习借鉴国际企业管理新思想和方法,学习型组织、业务流程重组、战略联盟、企业资源计划、供应链管理、知识管理、客户关系管理、核心能力理论等现代管理知识在企业中得到广泛传播,其中一些现代管理理论与方法开始在一些企业中得到应用。但是,有关管理学基础理论和方法论问题的研究,我国还较少有文献涉及。黄速建、黄群慧等同志的《管理科学化与管理学方法论》(经济管理出版社 2005 年版)一书则在这方面进行了十分有益的尝试。

该书是中国社会科学院重大课题"企业管理科学化及其方法论问题研究"的最终成果。该书重点研究了管理科学化问题的基础概念与理论、企业管理科学发展的方法论问题、中国企业科学化管理实践三方面问题。这体现在本书的结构体系上,这三方面问题按照上、中、下三篇的顺序依次展开,符合"理论—方法—实践"的基本思维逻辑;同时,从研究对象的范围看,也体现出"管理—企业管理—中国企业管理"的逐步具体化的研究过程。在管理的科学化问题的基础研究方面,该书对管理科学性、管理科学化、管理学科的学科属性、管理科学方法论等问题进行理论界定,明确管理科学性与科学化的基本内涵,进一步从"科学性"维度梳理了管理学发展历史,归纳了管理科学化的历史逻辑,总结出管理科学化进程的影

---

[*] 原载《中国工业经济》2005 年第 11 期。

响因素；在企业管理学科发展的方法论方面，该书提出了一个推进管理科学化进程的新方法论体系——"多元学科方法论"或者"多元学科研究范式"，并具体研究分析哲学、数学、经济学、社会学、心理学、历史学和系统科学等学科方法与企业管理科学的发展关系，研究这些学科方法如何有效地应用到管理学问题的研究中；在中国企业科学化管理实践方面，该书对中国企业管理实践的科学化的历程进行回顾，整体上分析中国企业科学管理实践的状况和科学化水平，研究我国企业科学管理实践过程中存在问题、差距及其相应的原因，并通过对获得历届国家级企业管理现代化创新成果奖的企业管理创新成果进行统计分析，在全面把握我国企业管理创新状况的基础上分析我国企业管理创新的规律、方法论特征和问题，指明我国未来企业管理创新应有的发展方向。最后，该书还针对我国企业管理实践科学化的热点问题，提供了三个专题分析报告，一是关于民营企业的科学管理创新的个案分析，二是关于中国上市公司经济增加值的专题分析报告，三是有关我国制造企业管理模式科学化问题的研究报告。

该书最大的特点在于既具有理论创新性又具有实践指导性。在理论创新方面，该书提出了许多具有原创性的理论观点和分析内容。例如，管理学"多元学科研究范式"观点、管理科学化进程影响因素的"钻石模型"、企业成长的"三维模型"、关于管理学的学科属性的分析、关于各学科对企业管理学发展的具体影响分析等，都具有很大的原创性。这些观点和论述对于理解管理学性质、借鉴其他学科知识促进管理学科的发展，以及推进管理科学化进程都有重要的意义。在实践指导方面，该书创造性地通过对第一届到十一届国家级企业管理创新成果的统计分析来反映我国企业管理创新实践的现状和水平等，进一步指明我国管理创新存在的问题，提出推进管理创新的建议，这对提高我国企业管理实践科学化水平极富指导意义。另外，本书提供的三个专题报告对我国民营企业管理科学化、我国上市公司价值管理和中国制造企业管理模式创新具有重要的参考价值。

如果从我国大的社会经济背景下来审阅本书，我认为更能够说明本书的重要现实价值。经过20余年持续成功地推进市场化改革和高速工业化进程，中国现代化进程已进入到工业化中期阶段，中国的基本经济国情也已经从农业大国转变为工业大国，接下来面临的任务是继续推进工业化进程、使中国这个工业大国发展成为工业强国，最终实现工业化。世界各国的现代化进程表明，在工业化的实现过程中，尤其是在工业化的中后期阶段，工业化的推进不仅仅取决于技术创新和技术进步，还取决于管理创新和科学化的程度。随着工业化进程的推进，企业规模日益增大，所面临的管理问题变得逐渐复杂起来，对管理的科学化、规范化的要求日益增强，企业管理创新和科学化成为企业生存和发展的基础。实际上，没有泰罗的科学管理，没有福特的流水生产模式，没有丰田的精益生产体制，很难想象有今天的工业化世界。现在，这个过程在进入工业中期阶段的中国正在重演。一方面，长期处于垄断地位的我国大型国有企业，面临国外大型跨国公司的激烈竞争，需要建立符合市场经济体制要求的科学的管理体系；另一方面，我国很多中小民营企业逐渐成长为大型企业集团，对管理科学化和规范化提出了要求。如何建立科学化的管理模式，成为中国企业面临的重大问题，而这个问题的解决与否，又直接对中国工业化进程有着重要的影响。因此，现阶段提高企业管理科学化水平对中国的经济发展和现代化进程具有重要的现实意义。可以相信，当中国实现了工业化，人们在注解经济发展的"中国经验"和"中国模式"的时候，中国企业推进管理科学化进程的经验将成为"中国管理经验"和"中国管理模式"的重要内容。

  当然，该书也有不足之处，如由于该书是多个作者集体合作的结果，因而各章写作的风格存在较明显的差异，还有一些重要的问题有必要进一步深入展开论述。但这只是白璧微瑕，不影响该书成为一部我国近些年少有的、高质量的管理学学术著作。

关于中国企业社会责任问题的几点看法*

企业是社会经济的细胞,是国民经济的基层组织。据最近公布的第一次全国经济普查公布的数据,截止到 2004 年底,中国登记注册的法人企业有 325 万个。其中,国有及国有独资公司 18.9 万个,占 5.8%,集体企业和股份合作企业 45 万个,占 13.8%,有限责任公司 34.5 万个,占 10.6%,股份有限公司 6.1 万个,占 1.9%,私营企业 198.2 万个,占 61%,港澳台商企业 7.4 万个,占 2.3%,外商投资企业 7.8 万个,占 2.4%。它们在中国经济社会发展中起着十分重要的作用。

中国正处在工业化和城市化快速发展时期。伴随着中国工业化和现代化进程的不断推进,中国经济发展取得了举世瞩目的成绩,但同时在社会和环境等方面也面临许多问题和挑战。国际经验表明,当一个国家人均 GDP 进入 1000~3000 美元的时期,既是黄金发展期,也是经济、社会和环境等方面问题的凸显期。目前,中国已进入人均 GDP1000 美元这一关键时期。中共十六届五中全会,以及《中共中央关于制定国民经济和社会发展第十一个五年规划的建议》都明确提出,推进经济、社会和环境的和谐发展,构建社会主义和谐社会,是我们推进经济社会发展的重要目标。

企业是营利性的组织,但不应该成为损人利己,唯利是图的组织。在新的时代背景下,中国企业被赋予了新的历史使命。企业已经不仅仅是作为经济活动的基本组织出现在人们的面前,而且还是社会活动的基本组织,更是一个维持人类可持续发展环境的重要组织。从频频发生的矿难到阜阳毒奶粉事件,再到近日哈尔滨市发生的停水事件,可以说,"企业社会责任"问题已经引起了社会各界的广泛关注。

---

* 本文是作者在"中国企业管理研究会 2005 年年会"上的发言。

"企业社会责任"运动源于欧美国家,与国际劳工运动、消费者运动、环保运动、女权运动有着密切的联系,是在一系列社会问题日趋严重背景下发展起来的。世界银行定义企业社会责任为:企业与关键利益相关者的关系、价值观、遵纪守法以及尊重人、社区和环境有关的政策和实践的集合。它是企业为改善利益相关者的生活质量而贡献于可持续发展的一种承诺。目前国际上普遍认同的社会责任理念是:企业在创造利润、对股东利益负责的同时,还要承担对员工、对社会和环境的社会责任,包括遵守商业道德、生产安全、职业健康、保护劳动者的合法权益、节约资源等。我们在探讨中国企业社会责任问题时,不仅要考虑到上述一般意义的社会责任问题,还要考虑其特殊性,那就是必须将中国企业社会责任问题同中国国情的变化相结合,同改革开放相结合,同经济和社会转型相结合。在这里,我想谈几点不成熟的看法。

第一,强化企业社会责任是构建和谐社会的重要内容。改革开放以来,中国的企业得到很大的发展,为社会、为人民群众提供了丰富的产品和服务,为市场繁荣、经济增长和人民生活显著改善做出了巨大贡献,并通过税收等形式履行着社会责任。但同时,我们也应该看到一些企业,不讲社会责任,急功近利、过度开发、污染环境、逃避税收、财务欺诈、拖欠工资、忽视安全、坑害顾客,如此等等。事实上,这些行为不仅造成了企业与员工之间、企业与消费者之间、企业与投资者之间、企业与自然环境之间的不和谐,更为我们构建和谐社会设置了重重障碍。因此,有必要采取政府引导、法律保障、社会监督、企业自身规范相结合的办法,通过建立企业履行社会责任激励约束机制,来实现构建和谐社会这一重要目标。同时,还需要特别指出的是,强化企业履行社会责任不是新的"企业办社会",也不能等同于公益事业和社会捐赠,同时也是不可能"一蹴而就"的。

第二,强化企业社会责任是中国企业走向世界的必要环节。面对全球化的浪潮,中国企业在积极参与全球生产体系的同时,也必须遵守国际准则和全球协定,这是我们在进入国际市场中无法回避的。事实上,跨国公司的"生产守则"运动,目前已经来到了中国。一批著名跨国公司,包括麦当劳、耐克、迪斯尼、沃尔玛等公司在内,都相继对中国供应商和分包商,实施以劳工标准检查为内容的社会责任运动,相应的认证和监督工作也都在展开。另外,一些国家也要求中国的纺织、成衣、玩具、鞋类生产企业，必须事先通过 SA8000 标准认证，否则就要联合抵制进口。可以说，企业社会责任问题已经同国际贸易问题紧密地交织在一起，成为中国企业进入世界市场的必要环节。

第三，强化企业社会责任是实现自身可持续发展的有效途径。从理论上讲，企业可以被看成一个能动的生命体。早在 20 世纪 80 年代末，我就对企业生命周期问题进行过研究，并将企业生命周期划分为孕育期、求生存期、高速发展期、成熟期、衰退期和蜕变期等阶段。实际上，追求"基业常青"、"永续经营"和"可持续发展"是所有企业的愿望。而这个愿望背后的含义，就是企业自身同外部社会适应和匹配的过程，企业不断得到外部社会认同的过程。归结起来讲，就是企业从自身能力出发持续履行社会责任的过程。

具体而言，企业在不同阶段，所拥有的资源和能力条件不同，自然，履行企业社会责任的方式和内容也不同。在孕育期和求生存期，由于所掌握资源较少，能力较弱，社会压力较大，企业就更应该从树立社会责任理念做起，遵守法律框架下的社会责任；在高速成长期，伴随着自身实力的增强，企业在遵守法律框架下的社会责任的同时，更应从企业战略发展的角度，思考更广泛利益层面的社会责任，包括对消费者、员工、供应商利益满足的问题。当进入成熟期，企业已经积累了相当资源，并拥有了一定的能力，企业也就更应该承担起资源节约、社区责任、慈善和公益事业等道义层面的社会责任，塑造良好的社会形象。当进入衰退期，企业必须思考和面对的一个问题就是，如何真正有效地履行社会责任，换言之，如果企业失去了社会意义，那么就必然会走向生命的终结。当进入蜕变期，如何进行企业社会责任理念的升华就成为企业必须思考的问题。

智能化管理:中国企业管理现代化的一次机遇[*]

近年来,我国已有1500多家企业采用了智能化管理技术,像中国国际航空公司、中国石化股份公司、大红鹰集团、首钢这样的大企业财务部,也先后采用了这项技术。这一事实表明,只要是一项成功的、适用的管理技术,只要能够为企业带来实实在在的收益,就能够被企业接受,很快推广传播开来。下面,我想就信息化、商务智能和智能化管理,谈谈自己的看法。

一 中国企业信息化已进入整体信息化阶段

近几年,中国企业在信息化管理方面获得了快速发展。许多上规模的企业已使用了财务管理软件和办公软件。有接近50%的大企业,实施了ERP系统。可以说,中国企业的信息化已发展到了整体信息化阶段。但是,目前大多数实施ERP系统的企业实施效果不太理想。甚至一些企业,花上千万、上亿元资金实施的ERP系统,仅仅实现了财务管理信息化和人力资源管理信息化、在使用灵活性和实用性方面,有时甚至不如专业的财务软件和人事管理软件。

现在来看,信息化应用比较好的领域仍然是财务管理信息化。为什么财务领域信息化做得好,一个重要原因,是财务领域信息化主要是依靠土生土长的中国软件企业。相反,许多大企业实施的ERP系统,采用的是国际软件厂商提供的ERP。而国际软件厂商提供的ERP实施效果不太理想的一个重要原因,我认为是由于国际厂商提供的ERP系统,与中国企业的实

---

[*] 原载《经济管理》2006年第1期。

际情况、与中国企业的应用环境，还有一定距离。

信息化是一个长期的、艰巨的过程。企业管理的信息化，又和人的行为习惯、企业文化、管理风格等因素相关，如果不能结合中国企业的这些实际情况，ERP在中国的实施效果就很难有大的改观。在上个世纪90年代，中国有几个大的从事与ERP相关的MRP软件企业，像利玛软件、开思软件等，当时均是超过用友、金碟的软件企业，他们在中国发展了多年，有许多实施MRP、CIMS的经验。只可惜，在世纪之交，这些企业和资本结合起来之后，就再也没有大的作为了。

尽管目前我们在信息化道路上遇到了困难，但是，我坚信，信息化的前进方向是挡不住的，企业管理信息化已经进入整体信息化阶段。有需求就有供给。用不了多少年，提供适合中国企业使用的ERP系统，能够将中国企业信息化水平推进到一个新高度的软件企业，一定能够产生。

二 商务智能已成为新的热点

什么是商务智能？有人下了这样一个定义："商务智能是企业利用现代信息技术，收集、管理和分析结构化和非结构化的商务数据信息，创造和积累商务知识和见解，提高商务决策水平。"现在，信息化的发展为我们提供了大量数据，对这些数据如何处理、如何应用，已变成一个很大的问题。于是，以充分利用现有数据为目的，进行数据挖掘、数据处理、数据分析的商务智能软件，在国外时兴起来。据美国Palo Alto公司1999年的统计，在被调查的欧洲，北美和日本375家大中型企业中，有70%的金融企业、50%的销售型企业已经使用了商务智能技术，这从一个侧面说明，数据的充分利用，已经受到了越来越多的企业重视。

尽管商务智能软件在国外受到广泛重视，但在国内，商务智能软件的应用前景仍然不容乐观。一个重要的原因是，这些软件均要求使用者自己建立分析模型，进行数据分析处理，这就要求使用者有建立分析模型的能力，有应用分析模型解决实际问题的能力，这可能是限制商务智能软件在国内及国外大发展的主要原因。另外一个原因是，商务智能软件提供的仅仅是一种数据处理辅助工作，而这些工作中的一大部分，在EXECI等报表软件和数据库软件的帮助下也能够实现。商务智能软件本身存在的这些问题。是限制它进一步推广应用的主要障碍。

但是，信息化技术在电信、金融、证券、税务、商业零售等领域的广泛应用，已积累了大量数据，这些领域对数据处理、数据挖掘技术的要求求非常迫切。在中国个别企业，已经试探性地使用了商务智能软件。但我个人认为，让中国企业大面积应用商务智能软件目前还为时尚早。一方面，中国企业管理信息化的历史还比较短，数据的积累、数据库的建设还需要一个过程；另一方面，商务智能软件本身对使用者提出的专业水平要求，是制约商务智能软件推广应用的主要障碍。中国企业要重视和关注商务智能软件的发展，但又不要和 ERP 软件一样，重犯盲目推广和应用国外软件的错误，要分析企业的现实状况和实际需求，建立适合企业的信息管理系统。

三 智能化管理是中国企业的一次机遇

一个国家的复兴，背后总会有众多企业的复兴和发展壮大来支撑。而一个企业的发展壮大，背后又总会有一整套先进的管理思想、管理技术和管理手段来支持。人们一直期望通过信息技术的应用，在企业管理领域创造出一种像过去的流水生产技术、全面质量管理技术一样的技术，来普遍提高企业的管理水平和竞争能力。但现在来看，无论是 ERP 软件还是商务智能软件，均难以担起这一重任。希望通过这些软件的广泛应用，大幅度提高管理效率目前还难以做到。

从企业管理信息化发展的历史来看，我们总是跟在外国人后面学习。学习国外先进的东西固然重要，但学习之后的创新更加重要。只有创新，才能超过他人，也只有创新才能找到新的管理技术。北京智泽华软件公司和中国社会科学院工业经济研究所的专家学者一起，经过长期的研究和实践探索，提出了今天被称之为智能化管理技术的理论和方法，为中国企业在管理信息化方面进行自主创新，创造了一个非常良好的开局。这项被称之为智能化管理的技术，把专家学者分析和思考经营管理和决策问题的方式、方法，用计算机软件的形式固化下来，变成了一种可以普遍推广使用的管理工具，确实为企业管理的信息化探索出了一条新的道路。应当说，这是一项有可能对企业管理理论和方法带来重大影响的技术创新，它的发展应用前景有可能非常广阔。

智能管理软件与商务智能软件不同之处在于，智能管理软件把分析问题的思路、方法、模型、经验和结论，固化到了计算机软件之中，像计算器一样，只要使用者输入自己想要分析问题的情况、数据，就可以得出分析结论。而商务智能软件并不提供分析问题的思路、模型，分析思路、模型均需要使用者自己建立；商务智能软件也不提供分析结论，结论需分析者自己做出。很显然，智能管理软件应用起来更加方便，更加适合中国企业的实际情况。

让机器来代替人类从事繁重的、复杂的体力劳动大家已非常熟悉；让计算机来代替人类从事复杂的、繁重的脑力劳动，这个过程才刚刚开始，大家接受起来可能还需要一个过程。这并不要紧，人的认识是随着事物的发展一步一步发展和转化的，重要的是我们要真正把智能化管理技术开发好、完善好，让企业真正能够在使用过程中获得技术进步的收益。专家学者和企业的软件工程师们应该继续努力，充分吸收和借鉴国外商业智能软件的先进之处，继续完善和提高智能化管理软件的问题分析能力和数据处理能力，真正把企业管理的先进理论、先进方法和企业经营管理的具体实践结合起来，把理论研究的最新成果和企业的实际需求结合起来，真正创造像"流水生产技术"、"全面质量管理技术"一样，能够普遍推广应用的智能化管理技术。我相信，未来智能化管理技术一定能够在中国大地传播开来，为中国企业实现跨越式发展做出重大贡献。智能化管理技术的发展将成为中国企业快速提高管理水平的一次机遇。

中华民族是一个勤劳的民族，也是一个富有创造力的民族。中央政府已经提出，用信息化带动工业化，实现中国社会的跨越式发展。我相信，在中国的工业化道路上，用信息化促进工业化，走智能化道路，就一定能够推动中国经济的跨越式发展。

实体企业应是网络经济的主角[*]

正确认识网络经济

网络经济的发展,特别是作为网络经济核心内容之一的电子商务的发展,意味着企业在战略思想、管理理念、运行方式、组织结构等各个方面都面临某种变革。从企业运行的角度,应当这样定义网络经济:网络经济建立在国民经济信息化基础之上,是各类企业利用信息和网络技术整合各式各样的信息资源,并依托企业内部和外部的信息网络进行动态的商务和管理所产生的经济。从总体上看,网络经济动摇了一切经济角色之间的关系,对经济的运行产生了巨大的影响。

按照上述定义,网络经济绝对不是网站经济,也并不等同于网络公司经济,在网络经济中唱主角的,恰恰是应用信息和网络技术整合信息资源而进行研发、制造、销售和管理活动的各类实体企业,自然也包括一切传统产业中的各类企业,它们才是推动网络经济发展的主体。而"火爆"一时的各类网站企业或网络公司只不过是为各类实体企业提供各种各样的网络服务而已,它们的不景气正是市场经济规律发挥作用的结果,并不意味着新兴企业的破产。当前,曾一度高速扩张的网络经济进入阵痛期,我们应当借此难得的机会,转变思维方式,调整战略决策。

我国企业存在的问题

首先,对网络经济的影响认识不够。当前中国不少企业家或企业经营者往往认为,网络经济只会对高科技的新兴产业产生影响,而传统产业中

---

[*] 原载《企业天地》,2001年4月。

的企业可以置身其外。许多企业并没有理解网络经济的真正意义,没有意识到网络经济带来的冲击、挑战和机遇,至今还认为自己与信息化没有多大关系,这是非常有害的认识误区。

其次,企业尚未成为网络经济发展的主体。总体而言,中国企业的信息化建设普遍滞后,未能从战略的高度把信息化作为企业自我发展的内在需求,不能把网络经济提供的市场机会和管理运营创新作为企业提高竞争力的有效途径和企业可持续发展的新增长点。无论是国有企业还是民营企业,信息化总体水平都不高,企业外部的市场信息、客户关系和上下游产业链条等未能按照网络经济提供的手段加以处理和整合,企业内部的各项业务流程和管理程序等尚未按照信息化的要求优化重组。对大多数企业而言,成长方式、经营模式、运行机制和组织结构等都还沿用工业经济条件下的那一套,远不能适应网络经济及电子商务发展对企业的要求。

再次,与网络经济的结合停留在粗浅的层面上。由于认识的局限和理解的偏差,以及网络知识普及不足,国内众多企业与网络经济的结合或对网络的运用,仅仅停留在建立自我宣传的企业网站这样粗浅的层面上。众多企业网站只满足于自我宣传,而且大多面孔古板、内容雷同。

最后,少数企业发展网络经济的动机不正。国内一些人和少数企业把网络经济当做是在市场上新一轮"圈钱"致富的大好机会,甚至把网络作为其"暴富"的工具,千方百计地利用网络概念进行急功近利的恶意包装、炒作,制造出巨大的网络"泡沫",引起市场的混乱和不稳定。

当然从企业外部环境看,网络经济发展的技术环境、法制环境和市场环境等也不尽如人意。目前,中国上网人数仍然较少,上网成本相对可支配收入仍然较高,网上交易的意愿薄弱,难以形成电子商务发展的支撑规模;缺乏支付制度、配送条件等方面的支持;信息安全认证体系及银行电子支付体系尚未完全建立,社会信用体系不健全。这些不利因素在很大程度上制约了企业信息化和网络化改造。

以积极的姿态迎接挑战

对我国企业而言,首先必须认识到,发展网络经济已不单纯是一个电子信息技术的运用或是商务模式的选择问题,而是我们适应和顺应国际潮流,在融入全球经济发展中不断增强竞争力的战略性选择。目前传统企业与信息技术、网络技术的结合仍在孕育着更加全面的突破,即使是那些走在最前列的大型跨国公司也面临不断整合、创新的挑战。应当说,与现实的其他竞争要素相比,我国企业与世界其他国家的大多数企业在与网络经济结合方面基本上处于同一条起跑线上,我国企业在融入网络经济大潮中有着更多的制度创新和技术创新空间。

其次,中国企业应对网络经济,既要主动地抓住机遇积极融入,又要稳妥地防范风险和躲避陷阱。利用信息和网络技术脱胎换骨般地改造企业,是对企业家战略远见、创新胆识、经营智慧和管理艺术的考验。一般说来,近期要以信息技术应用为重点,以电子商务为突破口,结合企业信息化和对传统运作方式的改造,促进自身结构优化升级,适时推动企业管理体制改革,经营组织和经营模式创新。当务之急是找准切入点,构建企业内部网,用最新的、最适宜的电子信息技术改造企业业务流程和经营组织方式。不同行业、不同规模的企业应当根据自身业已建立起来的核心能力和竞争优势,紧密结合宏观环境和市场的变化,设计或选择自己的信息化、网络化管理模式和开展电子商务的商业模式,并通过与不断变化的网络运用环境相适应的多档次技术和经济组合,完成循序渐进的、从基础到高端的、分阶段分步骤的发展过程。在这个过程中,逐步实现企业的整个运营系统信息化、运营流程的重组优化和经营理念的根本转变,将业务和管理体系转移到网上进行,完成传统经济向网络经济的平稳过渡。

坚持学术性、创新性与思想性的有机统一*

——兼评黄如金博士的新著《和合管理》

管理学是一门最富于实践性的科学,管理学在实践中日益显示出来的对于提升经济社会发展效率的重要意义告诉我们,中国经济社会的发展,需要有中国特色管理学的创新发展。建设社会主义和谐社会与社会主义新农村的战略规划,对创新发展中国的管理科学提出了更加迫切的要求。对于这种创新发展,学术界的一个共识是,要立足于中华民族五千多年的历史文化,从中国的国情和现实状况出发,总结社会主义革命和建设、特别是改革开放的实践经验,学习和借鉴国外先进的管理理论和管理模式,由兼收并蓄而达到融会贯通。坚持学术性、创新性与思想性的有机统一,是中国管理科学创新发展过程的根本原则。

当前,经济社会发展的客观需求,促进了对于国粹的弘扬和国学的回归,从而也促进了立足于中华民族传统文化研究进行有中国特色管理理论的创新发展。立足于中华民族传统文化研究有中国特色管理理论进行的创新,应该是在对于传统文化的挖掘中提炼一种共性的管理理念,总结有利于经济和社会发展的成功的管理经验和管理模式,而不应该只是偏及历史上曾经有过的一家之说或者某一种经验模式。正如李京文院士所指出的那样:"在这些基于国粹和国学的研究中,一般的是选用中国古代传统的管理思想与西方的管理理论相映证,而有管理几法之渲染和成书立说;或者是以中国古代管理思想之一家之说深发开去,而有所谓道家管理、儒家管理、佛(禅)学管理之论,更有以《易经》之周易八卦的卦理解释而为管理学理论,我认为,这些研究和努力对于创新发展中国管理科学无疑是

---

* 原载《经济管理》2007年第6期。

必要和必须的，但是与辩证法的全面、系统要求及兼收并蓄原则有所不一，未免可能导致有失偏颇。"为了避免这些可能的有失偏颇，坚持兼收并蓄、融会贯通以及学术性、创新性与思想性的有机统一的原则是极为必要的。

由经济管理出版社刚刚出版的黄如金博士的《和合管理》一书，是多年来难得一见的较好地体现了学术性、创新性和思想性有机统一的原创性管理学论著。书中处处闪现出来的创新性思想火花，及其学术性的探讨研究，给人以哲理性的吸引和启迪，让人久久思索和回味无穷。我在为该书所作之序中曾经指出：我之所以认为《和合管理》是对"创新中国管理科学的探索"，不仅是因为其对管理学的新诠释，而且还因为该书处处显示出来的创新意识和创新成果。亦诚如黄如金对其研究的努力誓言：不求字字呈珠玑，但争章章有新意。在包括"引言"计十三个篇章而洋洋洒洒五十余万字的《和合管理》一书中，确实充分表现了作者这种治学严谨和刻苦努力的结果。也正如《光明日报》2006年5月29日"理论周刊"在发表黄如金撰写的论文"和合管理：创新中国管理科学的探索"时所加的"编者按"中所指出的那样："在创新发展中国管理科学的过程中，国内学者多年来力图建立具有中国特色管理学的合理内核与基本框架。本文认为，和合文化是中华民族传统文化的精髓，曾经支撑了中国封建社会两千多年的持续发展，由此形成的传统和合管理有着值得继承的合理成分。作者多年来对传统的和合管理思想进行了深入研究，致力于打造体系完整并具有中国特色的和合管理理论。作者指出，和合管理把'以人为本'与'和合'作为叠生的价值准则，二者相辅相成，不仅形成了和合管理的更为坚实的价值观体系，而且可以使和合管理成为独具中国特色的管理理论的重要内容。基于中华民族传统文化精髓和合文化之上的和合管理，有着深厚的历史文化背景与现实的适应性，尽管在理论研究上是一家之言，但是和合管理理论创新，对于确立具有中国特色管理学的合理内核与基本框架应该说是做出了建设性的努力。"我建议大家认真阅读一下这本具有原创性的论著，并能够积极投入到创新中国管理科学的探索中来。

《和合管理》所体现的学术性，贯穿于该书的全部努力和所有章节之中，最成功之处，就在于从中国传统文化浩如烟海的典籍以及诸子百家的思想中提炼出了一种共性的并且符合国情的和合管理理念，论证了以人为本与和合相互叠生的价值观体系，从而为《和合管理》的理论升华奠定了坚实的基础；最突出的地方应该是其提倡的从研究的实际需要出发兼收并蓄各种相关的研究方法，在贯彻辩证唯物主义和历史唯物主义思想的基础上融合众家之长为一体，提倡并贯彻一种基于辩证唯物主义和历史唯物主义基础之上的多种方法的集合，从而为和合管理理论研究开辟了广阔的前景；最精辟的地方是对于"和气生财，合作致胜"这一貌似平庸而实际蕴涵有丰富管理学内容命题的阐述和论证；最引人入胜和给人以启迪的是关于市场经济发展阶段以及和合发展力的论述；最让人深思的是关于当代管理学出现融合发展趋势的研究。《和合管理》的创新性，则体现在所有这些努力之中，所有这些相关的研究问题和结论，几乎都涉及了未曾有过的研究内容，也几乎都是前所未有的创新性成果。

  管理科学的一个突出的特点就是实践性，因此作为理论指导的一定的管理理念就成为管理学创新的前提和关键。正如黄如金博士在该书开篇的"题记"中所写的那样："管理首先是一种理念，管理的实践是一项系统工程，管理的运作过程是领导艺术的运用。管理是在一定的理念指导下为了实现既定目标的系统工程，并需要通过组织综合运用相宜的领导艺术来实现这一系统工程的实践过程。"和合理念，就是黄如金博士从中国传统文化中提炼出的一种共性的并且符合国情的管理理念，是经过推陈出新的努力产生的创新性成果，是构建《和合管理》创新性理论体系的基础和灵魂。

  中华民族文化的精华就是和合文化；程思远先生曾经大力倡导"中华和合文化弘扬工程"，并一再指出："和合"是中华民族独创的哲学概念、文化概念。国外也讲和平、和谐；也讲联合、合作。但是把"和"与"合"两个概念联用，是中华民族的创造。先秦时期，"和合"概念开始出现。管子、墨子、荀子等思想家都运用这个概念来阐发他们的哲学思想和文化理念。以后，"和合"概念被儒家、道家、佛家通用，成为儒、释、道概括本身宗旨的综合性概念。儒家强调的"和"与"合"是人所共知的；佛家是始终谈"因缘和合"的；道家的一系列代表作都强调了"和合"概念，如《太平经》指出"阴阳者象天地以治事，和合万物，圣人亦当和合万物，成天心，顺阴阳而行"。一般说来，我们说"和"，是指异质因素的共处；而说"合"是指异质因素的融会贯通。把"和"与"合"联用，突出和强调了事物是不同因素的相异相成和紧密凝聚，体现了中华民族的辩证思想和系统观念。① 正是基于"中华和合文化弘扬工程"的感召和启示，黄如金博士从2002年开始，就致力于从中国传统和合文化与和合哲学思想、及其形成的中国传统和合管理理论与实践中去寻找有中国特色管理理论和管理模式的历史营养，并立足于从中国的社会主义革命和社会主义建设实践，特别是中国改革开放的实际情况，以及吸收现代管理学的有益成果，进行融合众家之长和推陈出新的研究，历时5年之久，终于写成了《和合管理》这部对"创新中国管理科学的探索"的学术专著。黄如金博士的研究，也正是从和合理念的历史扬弃出发，在探索和合管理过程的一般规律以及相应的和合管理艺术中，完成了一种具有中国特色的和合管理理论体系。

黄如金博士的创新性研究并不只限于和合理念的继承和升华，而且更为可贵的是在历史性的挖掘中发现并深入研究了和合理念的哲学基础。作者在对传统和合文化及和合哲学思想的研究过程中，由《老子》的"一阴一阳之谓道"，"道生一，一生二，二生三，三生万物"的思想中，归纳和生发出一种全新的"三分法"辩证法思想，认为按照《周易》本意及衍义，太极乃阴阳混沌未分之始，故太极为一，"一者数之始"；在宇宙自然界自身运动变易的作用下，由太极而生两仪，即"一生二"之阴与阳，阴与阳之相互作用是为矛盾对立的双方，一阴一阳是为易道的核心，道蕴涵阴阳；由阴阳对立、矛盾斗争而生长出阴阳和合之状是为之三，三是由和合产生的一种新生，是万物生成、生长的根据，即所谓"三生万物"。就是说矛盾的事物不仅有矛盾对立的双方，而且还有对立的双方矛盾调和时的中和状态，没有这种中和状态，就不可能有事物的稳定发展。这一全新的认识，不仅为传统的和合思想提供了更加坚实的基础，而且扩展了哲学辩证法的视野，使人们在传统的一分为二、合二而一的"二分法"基础之上，又有了一个对于事物发展的第三种状态即"中和"的认识。这是一种基于科学分析的合乎理性的有益见解，尽管其科学性还有待于进一步地论证和检验，但无论是世界万事万物的生成、生长，社会道德的完美构成，社会发展繁荣，人们的安居乐业、健康长寿等等之所以然，都蕴涵有中和的理论和实践意义。

《和合管理》最重要的理论创新之处，莫过于许多专家学者共同认为的

---

① 程思远："世代弘扬中华和合文化精神——为中华和合文化弘扬工程而作"，《光明日报》1997年6月28日。

书中关于市场经济发展的阶段性以及和合发展力的研究。如作者在书中所指出的那样：按照辩证唯物主义和历史唯物主义的事物发展阶段性观点，市场经济应该有着不同的发展阶段，竞争是与市场经济相伴生的，"羊吃人"的资本原始积累及其路径依赖形成了以"大鱼吃小鱼"为基本特征的市场经济的竞争型发展阶段，所以，竞争战略成为指导战略，核心竞争力就成为竞争型市场经济中企业获利和胜出的关键。随着市场经济的深入发展，与竞争因素相矛盾而存在的合作因素会不断增强，当企业之间的竞争白热化而市场规则日益完善和透明的情况下，合作日益成为企业获利和持续发展所必须，市场经济就将转化为合作型发展的新阶段。所谓和合发展力，就是在和合理念及其战略思维指导下，通过合作伙伴之间各种相关因素的优势互补，包括生产、技术、价格、市场、管理等各个方面的有机整合，形成的有利于共同发展和增加赢利的能力。通过"和气生财，合作致胜"的路径选择形成的企业和合发展力应该成为新时期企业获利能力和持续发展的核心能力。这是一种符合辩证法的历史性替代和创新。作者还运用现代博弈理论和制度经济学理论进一步论证了和合管理理论以及和合发展力范畴，进一步深化了本书的研究。从博弈论的视点出发，和合发展力是冲突与互有同在情况下的混合博弈解，是通过互动和沟通的"和"以及基于"和"之上所达成主"合"的努力形成的共赢结果。按照新制度经济学的说法，这一过程由于降低了机会成本和交易成本，因此对企业的获利能力提高与获利空间的扩展有利。同时，和合发展力不仅为企业在市场经济新时期的持续健康发展开辟了新的路子，而且是符合经济社会发展的具有时代意义的创新范畴，对中国的和谐社会建设以及时代的和平与发展都具有重大的理论和现实意义。

  科学的理论创新要求坚持学术性和思想性的有机统一。《和合管理》一书在学术上的原创性、创新性和丰富的思想内容，以及对于构建有中国特色的管理学理论体系所做出的努力，是显而易见的，从在贯彻辩证唯物主义和历史唯物主义思想的基础上融合众家之长为一体的多种研究方法的集合，以人为本与和合相互叠生的价值观体系的揭示，对于"和气生财，合作致胜，这一蕴涵有丰富管理学内容命题的阐述和论证，到关于市场经济发展阶段以及和合发展力的论述，以及关于当代管理学出现融合发展趋势的研究，无不是基于和合理念的提炼和展开。

  《和合管理》在本书研究的主要内容是企业管理，但是基于中国传统的和合管理思想与和合管理实践是对于古代公共事务的管理，以及出于对创新发展中的中国管理学整体上的考虑，作者还为了企业管理的理论探索以及以后进一步研究的需要，还专门安排了一个章节，从公共管理视角进行了和合公共管理的初步研究。而且，即使是这种铺垫性的研究，作者也投入了极其认真的努力，较深刻地展示了和合公共管理的创新意义，这主要表现在作者关于和合管理对社会稳定发展的重要意义，以及和合管理对于提高政府生产力的作用的论述，并由此生发了和合管理的时代意义。正如作者所指出的那样：实施和合管理，有助于社会稳定发展，有助于提高政府生产力，有助于和谐社会的尽快实现。

张岱年先生曾经指出："评价学术思想的标准主要有两条：第一，是否符合客观实际；第二是否符合社会发展的需要。"[①]《和合管理》的思想性，不仅贯穿于该书的全部研究成果之中，而且，更集中地体现在对于和合理念的提炼，使"和合故能谐"的传统思想精华得到了历史性的升华，成为时代所需要的一种创新性管理理论的精神内涵。和谐更多地是一种状态、一种目标，和谐社会则是中国经济社会现阶段的战略发展目标；和合则是一种手段、一种途径选择和方式方法，和合管理则是符合实现和谐社会伟大战略目标客观需要的一种途径选择和方式方法。同时，《和合管理》的价值观准则——以人为本与和合，实际上也可以成为有中国特色社会主义社会核心价值观的基本内容；由和合理念生发的以"和气生财，合作致胜"原理及和合发展力范畴，不仅对于社会稳定发展和提高政府生产力、与建设社会主义和谐社会和社会主义新农村有着直接而现实的意义，而且与世界的和平、合作与发展的主旋律相呼应，从而使《和合管理》的思想性具有了更加深厚的时代意义。亦如黄如金博士在书中所指出的那样，当以竞争为主要特点的市场经济发展到今天，对于"合作""共赢"以及"蓝海战略"日益成为共识的时候，市场经济就将进入以合作为主要特点的新的发展阶段，相合理念是否符合客观实际的创新性思想，和合管理会更加凸显其重大的现实意义。

同时，黄如金博士在《和合管理》中关于和合发展力范畴的论述及其对于提高政府生产力和实现社会稳定发展的见解，更是符合社会发展需要的理论创新成果。黄如金在书中关于和合公共管理的研究，使《和合管理》

[①] 张岱年：《中国伦理思想研究》，江苏教育出版社2005年版，第7页。

的意义延伸和上升到社会发展与时代进步的更广阔的层面。和合理念对于公共管理的意义，不仅在于书中所论述的对于社会稳定发展的意义，以及和合发展力对于提高政府生产力的重要作用，而且该书在研究中坚持的以辩证唯物主义和历史唯物主义为主导的兼收并蓄及融各家之长的方法论集合、贯彻的"古为今用，洋为中用"严谨努力、以和合理念为主导的关于和合管理的一系列新思维，充满了解放思想、实事求是的改革创新精神，是改革开放思想的实践；和合管理构建的有中国特色的理论，对于最先进的现代生产力有着特殊的时代意义和提升作用，是在历史文化的扬弃中成为当代最先进文化的重要组成部分，坚持和维护了最广大人民群众的根本利益，因此充分体现了"三个代表"理论；同时，《和合管理》在对中华民族优秀历史文化的弘扬、历史经验的总结及其与现代管理学的融会贯通中形成的思想理论，与党的十六届六中全会及胡锦涛总书记的报告有着自然而内在的统一，将对贯彻落实党的十六届六中全会精神，对和谐社会与社会主义新农村建设，以及在新的发展时期提高管理效率都有着积极的作用。《和合管理》之所以能够有着如此丰富的思想性内容，就是因为她是中华民族五千年优秀文化的结晶和升华，阐发了符合时代及中国现实发展要求的理念和理论思维。和合管理的基本原理与构建和谐社会的一致性，以及与时代和平、合作、发展的主旋律的呼应性，使之对于中国和谐社会的建设以及推动时代的和平发展，也有着重大的理论和现实意义。

　　当然，一种理论创新就像任何新生事物的产生不可能一下子十全十美一样，《和合管理》作为对"中国管理科学的有益探索"，在论证过程和语言表述上还存在不尽人意的地方，在研究分析的严密性、理论体系的科学性等方面还有待于进一步的改进和不断完善，书中的一些新的理论构想还有待于进一步地论证和检验，而这些也正是所有致力于中国管理科学创新发展的人应该共同努力的课题。因此，在为作者取得的研究成果而高兴的同时，仍然要提出进一步努力和发展提高的忠告，同时希望《和合管理》的续篇能够尽快问世，以便使"创新中国管理科学的探索"取得更加丰硕的果实。

第三部分

企业发展与企业的创新转型

论企业对市场的适应性[*]

一

工业企业的生产必须适应市场的需要和变化,这是社会主义商品经济的客观要求,是我国经济体制改革提出来的一个新问题。

长期以来,我们实行的是一种高度集中的经济管理体制。在这种管理体制下,工业企业只是作为一个按照自上而下的指令性计划执行某种生产任务的单位。企业生产什么、生产多少完全要由国家行政机关下达;生产出的产品由国家统购包销。企业基本上被排斥在流通领域之外,企业和市场不直接发生联系,产需双方不能直接见面。生产企业不了解市场和用户的需要,市场和用户也不能直接对生产企业施加影响,它们的需求只能通过行政机关制定的计划间接影响生产企业。因此,企业只需适应指令性计划,而不需要适应市场。尤其是生产生产资料的企业,由于它们的产品一般都不被视为商品,不进入市场销售,基本上由国家统购统配,也就更不存在适应市场的问题。实践已经证明,这种市场不对企业直接起作用,而企业也不需要适应市场的做法严重违反了社会主义商品经济的客观要求,使整个社会经济的供、产、销严重脱节。市场不需要的产品大量积压,造成社会财富的极大浪费;市场需要的产品又供不应求,不得不采用行政手段限制购买。而且许多产品质次价高,花色品种单调。企业没有活力,整个国家的经济也缺乏生气。

中共三中全会以后,国家开始对这种高度集中的经济管理体制进行改革。这种改革是在承认社会主义经济应该是一种国家计划指导下的商品经济,社会主义企业应该是建立在生产资料公有制基础上的相对独立的商品

---

[*] 原载《中国工业经济管理丛刊》1983年第1期。

生产者，它的产品也应在作为商品来生产、交换和流通的前提下进行。两年多来，围绕扩大企业自主权在计划、物质、商业、财政等体制方面进行了一系列改革。这些改革把企业的一部分生产经营活动与市场直接联系了起来，使企业不仅要适应指令性计划，而且也要适应市场。同时也使企业获得了适应市场的内在动力。实践证明，改革的方向是正确的，主流是健康的，成绩是显著的。改革已经对我国的经济建设产生了极大的促进作用。现在，不少企业在安排生产时，开始注意了市场的需要，产销脱节的问题有了一定程度的克服。竞争的出现，对企业还形成了一种外在压力，促进了企业经营管理的改善。企业在提高产品质量、增加花色品种、降低消耗、开展服务等方面都比以前有了较大的进步。一些企业实行计划指导下的市场调节，还弥补了生产任务的不足。

但是这种改革还是初步的。现在经济工作的中心任务虽然是调整，但有利于调整的改革并没有停止，全面的经济体制改革也正在积极地准备。对如何才能既坚持以计划为主，又注意发挥市场对企业的直接作用，广大的实际工作者和理论工作者正在探讨，而且已提出了许多值得重视的意见。我们认为，社会主义经济既然是一种国家计划指导下的商品经济，与此相适应，这种经济也就必须实行国家计划指导下的市场调节。国家计划是社会生产指挥中心的重要宏观决策的全面反映；市场调节则要求千百万个企业相应的做出分散的微观决策。凡是有关国民经济发展方向和目标的重大比例关系、经济增长速度以及基本建设规模、投资方向和地区布局等宏观活动，都应加强计划控制，以解决宏观经济平衡的问题；各个企业的日常活动一般可在国家计划指导下，充分运用市场机制的作用来调节，以搞活微观经济。当然，为了保证人民生活、国家重点建设、国家储备和对外贸易的需要，国家也必须对某些重要的物质实行直接的计划控制，但控制的范围应随着经济形势的变化而变化。至于哪些物资需要直接控制，每年可由国家计委下达产品目录，但列入目录的产品也不是由国家统购包销，而是采用国家订货的办法来控制。国家对某些重要的短线产品，可以全部订货，对有些产品也可以只选择那些产品质量好、品种全、价格低、交货及时的企业订货。承担国家订货的生产企业必须优先保证国家订货的完成，而国家则要充分保证生产这部分产品所需的主要原材料、燃料、动力供应。生产企业在承担国家订货后，如生产能力还有剩余，还可以承担商业企业（包括物资、外贸）和用户的订货，也可以将自己的产品委托商业代销，或者自设门市部销售。而对于那些产品不属于国家订货范围的企业，或者产品虽属国家订货范围但没有争取上国家订货的企业来说，它们应在充分考虑国家指导性计划的前提下，根据自己与商业企业和用户签订的合同以及市场预测的情况来确定具体生产的品种和数量。这样做的好处是：其一，它把权责结合了起来。过去计划部门只管下达指令性指标，不负责收购产品，有些产品按计划生产出来以后却没人要，而计划部门也不管，权责脱节，坑了企业。实行国家订货后，由于"谁点菜谁付钱"，就可以使权责紧密结合起来，避免盲目性。其二，由于国家有选择承接订货单位的自由，对有些大型设备国家还可以采用投标的办法，这就有利于企业之间开展竞争，促进企业生产技术水平和管理水平的改善。其三，实行国家订货后，社会主义市场也就可以不再分为计划市场、半计划市场和自由市场了，而成了国家计划指导下的社会主义市场了。在这个统一的市场上，生产企业将面临三方面的买主：一是国家这个特殊的买主。它具有优先权，这种优先权可以用法律的形式加以明确。它的具体的订货活动可以委托物资和商业企业进行。二是物资、商业企业。它们是生产企业和用户之间的桥梁，它们除了完成国家委托给自己的订货任务之外，以独立的商品经营者的身份替生产企业包销、经销、代销商品。三是直接的用户。他们对生产企业来说，则是一些分散的买主。这三方面的买主都是企业的销售市场，是企业千方百计需要争取的对象。这样，从全社会来看，整个国家的经济是有计划的；对工业企业来说，它又面对的是国家计划指导下的统一市场。在我国具体条件下，这个市场对企业的要求，就是社会对企业的要求，企业适应市场的需要，也就是适应社会的需要，这与社会主义企业的生产目的是完全一致的。

当然，上述看法只是我们的一点粗浅意见，究竟如何才能既坚持以计划为主，又能充分发挥市场的积极作用，还有待于试点给我们提供丰富的经验，也有待于理论工作者进一步探讨，但是不管具体形式如何，可以预料，随着经济体制改革的全面展开，工业企业的独立的商品生产者的地位将逐步加强，市场对企业的作用将越来越直接，而且也越来越大。在这种情况下，提高企业对市场的适应性已经成为一个迫在眉睫的重要问题。因此，企业在经营思想、管理机构、生产组织等方面都必须进行相应的改革，必须逐步从消极适应指令性计划转到积极主动适应市场的轨道上来。

二

提高企业对市场的适应性，一定要树立经营思想。

树立经营思想，就要尊重客观规律，讲究经济效果，讲究经营艺术。具体来说，就是企业在抓经营管理工作时必须树立七个具体观念和一个总观念。

七个具体观念如下。

1. 用户观念。在市场对企业直接起作用以后，企业和用户的关系密切了。用户不满意、信不过、用不上的产品无论是国家或商业企业都会拒绝购买，用户成了最终全面评价产品的权威。因此，企业必须改变过去那种只对上级负责，不对用户负责，只对国家的计划指标负责，不对市场负责的做法，以及那种"皇帝女儿不愁嫁"、"离不开、靠不住、惹不起"的"官工"作风，把立足点彻底转移到用户方面来，加强对用户需求和需求变化的调查和预测，按照用户的需要安排生产，千方百计满足用户的需要，经常听取用户对自己产品的反映，为用户提供完善的服务。

2. 质量观念。完整的质量观念应该是物美价廉。物美应包括三方面的内容：一是具有良好的使用性能。这是产品生存的决定因素。一个使用性能良好的商品，不仅好用，而且使用寿命长，一个顶几个用。所以商品的使用性能既关系到一个企业的信誉，又关系到国民经济，关系到人民的生活，作为一个社会主义企业应该把它放在第一位努力抓好。二是要求产品外表美观大方，能给人以美的享受。一种使用性能相同的产品，由于外观形象不一样，也会有截然不同的声誉和销路。三是要有良好的包装。良好的包装虽然不提高商品的内在质量，但它便于运输和携带，可以减少损失和保护商品的使用性能，同时还能大大加强商品的吸引力。

但是商品不能离开价格来讲美，用户对商品的要求是物美价廉。如果一种商品的使用性能、外观、包装都好，但价格也比同类商品高出好几倍，这种"物美"也是没有实际意义的。企业的目标应该是以最低的总费用使某种产品具有和实现必要的功能。这就要求企业不仅要注意节约产品制造过程的费用，而且要注意节约产品在整个使用寿命期间的储存、运输、使用、维修等方面所支出的费用。只有这样才算真正注意了整个社会的经济效果，也才算真正树立了完整的质量观念。

3. 服务观念。服务既是生产企业向用户履行保证的一种主要手段，又是生产功能的延长，是使提供的产品更能适合顾客的用途或使用情况。从本质上说，它是充分发挥商品的使用价值，即使潜在的使用价值充分发挥出来的一种工作，所以技术服务工作对于用户和生产企业来说都是十分必要的。从用户方面来说，他们十分需要生产企业给自己介绍产品的性能、特点、使用方法，指导他们更好地使用，帮助他们解决使用过程中出现的问题。尤其是对一些重大的或具有特殊性能的专用设备，没有生产企业的帮助，他们就无法安装和投入使用。从生产企业来说，建立完善的服务也很必要。首先，通过技术服务可以了解本企业产品的使用情况，了解用户对产品的反映，搜集产品存在的问题，以便根据用户的要求改进产品的设计和制造。其次，企业有完善的服务，能使用户有一种安全感，可以提高产品的信誉，扩大销路。再次，这也是一种推销产品的方法，因为一般来说，服务机构也可以兼产品的销售机构，技术服务人员也可以是产品推销员，他们一边帮助用户解决产品使用中出现的问题，一边做产品推销工作，对促进产品的销售大有好处。

4. 价值观念。在商品生产的条件下，企业的整个生产经营过程，不仅包括了商品使用价值的生产过程，而且包括了商品价值的生产过程和实现过程，这就要求企业必须以价值尺度来计算生产经营过程中的劳动消耗、资金的占用，并同它的生产经营成果相比较，以便降低消耗、降低成本，以尽可能少的人力、物力消耗和资金占用，取得尽可能大的经济效果，使企业不但生产出更多更好的使用价值，而且创造更多的价值，为国家和企业自身带来更大的经济利益。为此，企业必须牢固地树立价值观念，整个企业（包括公司、厂矿、车间、班组各级）的生产、技术、经营管理以及生活服务等各个环节、各个领域都要注意商品的价值，开展经济核算；企业生产经营的全过程，包括物资供应及产品的研究设计、制造、销售，一直到技术服务工作都要提高经济效果（包括企业自身的经济效果和社会的经济效果）；企业的全体人员，从领导到群众，从管理干部、技术人员到工人，人人都要努力生产和工作，爱护国家的财产，树立勤俭节约的好风气。

5. 竞争观念。竞争是商品经济的必然现象。只不过在社会主义条件下，竞争由于受国家计划的指导，它不可能漫无边际地发挥作用。然而竞争作为一种择优的经济手段，仍然存在于商品自身中。当前许多企业获得了一定的自主权，加之一些企业生产任务不足，以及国家实现反对部门和地方封锁政策,保护竞争,这就使企业既具备了竞争的内部动力,又具备了竞争的外部压力,而且还获得了开展竞争的广阔场所,竞争已经成为事实。随着体制改革的逐步深入,竞争将更加广泛地开展起来。在这种情况下,一个企业如果不善于经营管理,产品在市场上缺乏竞争力,就要在经济上受到损失,甚至被淘汰,反之则会获得更多的经济利益。因此企业必须要树立竞争观念,在产品质量、品种、价格、交货期和服务等方面与其他企业展开竞争。通过竞争来促进企业改进各项工作,促进企业的发展。

6. 创新观念。创新精神是企业最大的潜在精神力量,是企业成功的秘诀。企业为了适应多变的市场,在激烈的竞争中求得生存和发展,必须多动脑筋,多创新意。要不断改革经营组织和经营方法,不断采用新的科研成果和新的技术,不断开辟新的生产领域和服务领域,不断生产出独特而新颖的产品去争取用户、影响市场、开拓市场、创造市场,使自己在同行业中永远处于领先的地位。

7. 时间观念。在市场急剧变化的情况下,企业一定要有时间观念,要在"快"、"严"、"高"三个字上下工夫。

"快":指对市场变化的信息反应要快,决策要快,新产品开发要快,产品更新要快,销售也要快。"快"字应贯穿企业生产经营的全过程。快,就主动,就能抓住有利时机,适应市场的变化。反之,则被动,一步跟不上,就步步跟不上。

"严":指严格执行交货期。社会化程度越高,在经济活动中横的联系越密切,要求生产、流通各个环节越要准时配合。为了既减少资金的占用,又能及时保证生产的需要或保证市场供应,用户和商业企业越来越要求生产企业严格按合同规定的时间交货,如果延期,轻则影响企业的声誉,重则要赔偿经济损失。这就要求企业要有严密的计划。企业内部各部门、各车间、工序以至于每一个人的工作都必须按计划规定的时间一环扣一环,紧张而有秩序地进行。

"高":指工作效率要高。要求合理简化程序,压缩工作周期,提高工作的计划性和准确性;要求工作要规格化、标准化、合理化,并不断改进。在合理的工作程序与规范下,还要求对规定的工作时间充分利用,提高工时利用率,力求在单位时间里生产出更多的产品,降低加工费用,降低产品成本。

总观念是:战略观念。以上七个观念从不同侧面反映了企业的经营思想，它们既有区别又有联系，用户观念强调了企业必须有明确的生产目的；质量观念、服务观念和价值观念则主要从使用价值和价值的统一上强调了企业在经营管理时必须讲究经济效果；竞争观念是强调经营手段问题；创新观念和时间观念则是竞争观念派生出来的，为竞争服务的。但是有了这七个具体观念还算不上树立了完整的经营思想，因为还缺少一个统帅这七个观念的总观念，即战略观念。战略观念是经营思想的核心，它既寓于上述七个观念之中，又居于它们之上，处于统帅地位。因此企业应该在树立上述七个观念的基础上树立自己的战略观念。树立战略观念主要要求企业的领导人在从事经营活动时，必须高瞻远瞩，要有战略眼光和战略目标，例如在处理企业的当前利益和长远利益的关系时，不能只顾当前的得失，而不考虑长远的利害关系；在处理实现具体目标和长远目标的关系时，不能只满足于实现具体的目标，而更重要的是要强调实现企业的长远目标和总目标。只有这样，企业才能永远立于不败之地。

三

企业如何具体的适应市场是一个既重要又复杂的问题，它涉及企业的各个方面，而且企业的具体情况不同，工作重点也不一样。不过，任何企业的生产、销售过程都是企业生产经营工作的主体，它包括市场研究过程、产品研究开发过程、制造过程和销售过程，而且"生产—销售过程是反复循环的过程：通过产品研究、设计和制造，生产出产品，经过销售被用户使用、消费，在使用中为用户服务，同时调查研究使用中的要求，需要的发展，根据这些信息，进一步改进产品的设计与制造，又再生产出更好的产品，投入市场去……"（蒋一苇：《工业企业管理概论》）因此，企业适应市场的工作也应该围绕生产—销售过程来进行。

（一）以销售为龙头，坚持以需定产

现在，在资本主义国家，一般学者和管理专家都把销售工作当做现今企业成败的关键。在许多大学里都设有独立的"销售管理系"，专门教授与研究产品的销售学问。在企业里更是十分重视销售工作，一般企业都设有专门的销售机构，大公司的销售机构还相当庞大，如美国的王安电脑公司有职工8500人，其中推销员就有2000人，为用户服务和维修人员1000多人，而且人员的质量也很高。在许多企业里，熟习现代推销方法的专家被提到高级管理人的岗位上，一般企业的销售副经理都由市场专家担任。销售人员中，技术人员还占很大比重，如美国的卡博特公司的2000多技术人员中，搞销售工作的就有400多人，占全部技术人员的20%以上。

当然，我们社会主义企业和资本主义企业在这方面是有区别的。但不可否认，销售工作对我们社会主义企业也同样是十分重要的。尤其是在市场直接对企业起作用之后，由于物资和商业部门对一些产品改变了统购统销的做法，加上一些行业的企业生产任务严重不足，销售的概念和内容已经发生了很大变化，销售工作的龙头作用正在突出起来。在这种情况下，不重视销售工作，企业就无出路。相反，坚持以销售为龙头，变"坐商"为"行商"，就能大大提高企业对市场的适应能力，把企业搞好。

搞好企业的销售工作必须抓好以下四个基本环节。

1. 搞好市场研究

市场研究是企业销售工作的一个重要组成部分，它主要包括四个方面的内容：① 产品本身；② 产品的销售价格；③ 促进产品销售的方法；④ 产品市场。实际上就是怎样使合适的产品，在合适的价格下，用合适的推销方法，推销到合适的地方去。

在社会化大生产的条件下，企业只是整个国民经济的细胞，它的生产经营活动受各方面的影响和制约。因此企业在搜集上述四方面资料时，应该尽量做到广泛性和全面性，既要研究宏观经济方面的影响，也要研究微观经济方面的影响。正确的做法是：对国家、行业、用户的情况都要进行研究。

研究国家对企业的影响，主要应该注意两方面的内容：一是要对国民经济的发展状况，如国家的经济发展水平、人民的收入状况、文化发展状况、人口增长及构成等情况应该有一个大致了解；二是要对国家的长远规划、各项经济政策、价格、税收、信贷政策，投资方向、工资政策、资源和技术政策等进行研究。

同行业企业生产的产品大多与本企业的产品相同或相似，它们和本企业既是共同对市场负责的伙伴，又是竞争对手，因此要尽可能把这些企业（包括属于不同行业，但产品与本企业的产品相同或相似的企业）的生产能力、工艺特点、品种规格、产品质量与特点、产品的可靠性、交货能力、销售市场、产品成本以及产品发展趋势和长远规划等具体情况了解清楚。

　　用户既是本企业产品的使用者，又是鉴定者，对它们的情况也必须摸清楚。如果用户是工业企业，则应把它们的规模、发展规划，本企业产品在该厂的地位、作用和使用情况，每年的需要量，以及用户的要求与建议等搞清楚；如果用户是消费者个人，则应把他们的职业、文化水平、收入、家庭情况以及生活习惯等调查清楚。许多在这方面搞得比较好的企业还在对用户进行调查的基础上，一一建立起用户档案，以备分析用户的情况时参考。

　　要把上述三个方面的情况搞得比较清楚是很不容易的。企业要尽可能取得国家各级经济机关的帮助，充分利用国家经济机关发布的统计资料和市场情报。企业还要广泛搜集整理有关的文件、报纸、杂志、调查报告等反映出来的资料，要走出去开展市场调查，利用站柜台、走访用户、开座谈会、参加展销会、信件调查、典型调查、抽样调查等方法千方百计搜集有关的市场情报、信息和资料。在广泛搜集资料的基础上，经过去粗取精、去伪存真、由此及彼、由表及里地整理分析，并结合本企业内部的具体情况才可能做出正确的决策。这里需要特别强调的是，在各种经销决策中，确定销售量的决策是最重要的决策。因为在市场直接对企业起作用的条件下，企业的销售计划和生产计划是紧密联系的，统称为生产—销售计划。在产品的性质和特点不同的企业，制定生产—销售计划时的依据是不一样的，大体上有三类情况：第一类是生产—销售计划完全根据订货合同制定。例如一些大型专用设备，一般没有合同就不会安排生产。第二类是既根据已签订的合同，又根据销售预测来制定。第三类是完全根据销售预测来制定。对于后两类企业，根据预测确定的那一部分销售量企业就要承担很大风险。所以销售量的决策是直接关系到产品能否实现的大问题，弄不好，就会造成积压和浪费，企业必须在市场调查的基础上，搞好销售预测，根据市场需要来安排生产。

　　2. 大力开展推销工作

　　产品的推销可采用四种方法：① 广告推销。利用报纸、杂志、电视、广播等进行推销。它的特点是影响面广、速度快，效果也比较显著。尤其是在我国商品渠道不畅通的情况下，广告的作用就更大。不过选择什么样的广告形式时，应考虑商品的性质、特点。一般说，生活资料，广播、电视效果好，因为它是属于个人决策；生产资料，报纸、杂志效果较好，因为它是属于企业集体决策。② 推销员推销。这种推销具有四个特点：一是具有灵活性。可以根据不同的用户采用不同的方法。二是具有选择性。可以选择那些具有较大购买可能的用户进行推销，因此推销成功的可能性大。三是具有完整性。可以完成整个推销工作，从寻找顾客开始，到接触、磋商，以致达成交易，办理各种销售手续。四是具有多样功能。推销员除完成销售任务之外，还可以为用户提供服务，调查用户对产品的反应等。③ 促销。一般的促销活动有赠送产品说明书、邀请用户来厂参观或参加质量讲评会，举办各种展销会等。④ 争取上级和社会舆论的支持。主要是通过自己的出色工作，取得上级或新闻界人士的良好印象，使他们在口头上或通过报纸、文件对企业的工作予以肯定，例如授予"先进企业"的称号，命名企业的产品为"优质产品"、"信得过产品"、"名牌产品"，以提高企业的声誉，扩大产品的销量。

3. 稳定买主

搞好销售工作必须有一批比较稳定的买主。这不仅可以保证企业生产经营活动的正常进行，减少销售的工作量，而且便于了解这些用户的情况，根据他们的需要提供产品。同时这些老用户还是生产企业发展新用户的义务宣传员。

稳定用户主要靠本企业的信誉，即在质量、品种、交货期等方面能满足这些用户的需要，在价格上也比较公道，但也有一些具体方法。主要有：① 在价格上给老用户一些优待。② 满足用户的特殊需要。③ 帮助用户培训操作和维修人员。④ 信誉保证，即实现"多保"制度（保质、保量、保退、保换、保修等）。⑤ 满足用户备品配件的供应。⑥ 给用户提供一些其他方便，如对老用户实行分期付款等。这些都是巩固用户的办法。

4. 抓好技术服务工作

这个问题在谈树立服务观念时已经涉及，为了避免重复，这里只补充一点，就是技术服务工作不仅是生产企业的一种促销手段，而且符合我们社会主义的生产目的。因为产品生产出来之后，其使用价值还是潜在的，只是为满足人民需要创造了前提条件。产品使用价值能否充分实现，以及实现得是否顺利，实现过程中物资消耗多少，在一定程度上还取决于技术服务工作的好坏。因此技术服务工作不仅从企业的角度来看是完全需要的，而且从全社会的角度来看也是完全需要的。

（二）根据本企业的具体情况，正确选择产品适应市场的策略

产品适应市场的策略很多，从国内一些企业的通常做法看，主要有以下四种。

1. 提高现有产品的市场占有率

这是一种挖掘现有产品在既有市场上潜力的策略，它可以通过两种途径实现：一种途径是使现有产品在质量、服务上有所改善，在价格上有所调整；另一种途径是发动强大的推销攻势，尽量使产品在销售地区人人皆知。

2. 开拓新市场

这也是挖掘现有产品潜力的一种策略，但它不仅着眼于既有市场，而还要开拓新的市场。凡是过去尚未占领的市场都可以千方百计去开拓、占领。

3. 以新代老

产品就如人之生命，是有寿命的，它有襁褓期和幼年期（设计试制阶段）、少年期（投入市场阶段）、青年期（增长阶段）、中年期（成熟或饱和阶段）和老年期（下降或陈旧阶段）。产品进入老年期后，销售量不断下降，利润越来越少，直至最后消失。在这种情况下，即便采取复苏措施来阻止销售量和利润的下降，也是很难成功的。这时企业就应主动用已准备好的新产品去代替老产品，以便使企业的产品能经常保持最好的竞技状态。

4. 实行产品多样化

产品多样化又称多角经营。它既包括产品品种多样化，又包括了产品种类多样化。

品种多样化是在提高"三化"（标准化、系列化、通用化）的基础上，使同种类产品的品种、规格、花色多种多样。这种多样化与主要以减少产品种类为目标的专业化生产一般无大的矛盾，是应该提倡的。而且许多企业的经营实践都已证明：质量是产品的生命，品种是产品的前途。一个企业要适应市场的变化，必须"以质量求生存、以品种求发展"，要不断调整自己的品种构成，如增加新品种、淘汰老品种、压缩长线品种、增加短缺品种，尽可能朝多品种的方向发展，满足不同用户的需要。

产品种类多样化是指企业在生产一种主导产品的同时，又发展一些其他种类的产品。产品种类多样化按其发展方向不同，有三种不同形式：① 横向多样化。企业在生产现有产品的同时又生产一些与现有产品在制造

过程上有紧密联系的产品,如电视机厂兼生产磁带录像机、电子仪表等产品。② 纵向多样化。就是企业把它所需要的原材料、零部件或后续产品结合起来生产,例如纺织厂既经营纺、织、染,又经营服装加工。一个木材厂,重要产品是各种木材,但同时又生产各种家具。③ 侧向多样化。企业跨出本部门而去生产与产品方向毫无关系的产品。如生产机床的企业又生产家具,钢铁联合企业还兼生产电冰箱、电风扇等。

对这三种多样化要做具体分析,区别对待。

横向多样化,我们的企业是可以采用的。尤其是机械行业的企业,由于它们过去的产品大都是为重工业和基本建设服务的,贯彻调整方针以后这些企业受到了很大冲击,生产任务普遍不足,形势迫使一些企业发展补充产品,向横向多样化的方向发展。但是采用横向多样化策略时,除考虑市场需要外,必须要注意发挥企业原来的技术和设备的优势,要避免"饥不择食,急不择路"的做法,坚持"工艺相近,结构相似"、"专而不死,多而不乱"的原则。

纵向多样化实际上是一种联合企业的经营方式。这种联合企业是根据产品在制造过程中有紧密联系的特点组织起来的,而在联合企业内部各生产单位,产品制造则是专业化的,所以它有利于生产力的合理组织,符合经济合理的原则。规模较大的联合企业在专业化的基础上实行产品多样化,不仅可以减少竞争带来的风险,而且还可以充分利用生产能力,开展综合利用和节约一些共同费用,有利于提高企业对市场的适应性。

目前一些重工业企业也有向侧向多样化发展的,但我们认为,把它作为解决当前任务严重不足的一种权宜之计是可以的。从长远来看,我们社会主义企业不应该采用这种策略,因为这种多样化和原产品方向完全不同,它要求企业在设备和工具上要花更大的投资,工人也需要重新学习和掌握别的生产技术,在制造和管理上会带来许多麻烦。这种做法违背专业分工的原则,既不利于合理地组织企业内部的生产力,也不利于合理地组织全社会的生产力。资本主义的企业采用这种策略,是为了追求利润,防止倒闭和破产,这是一种资本的功能。我们社会主义企业在决定采取什么样的产品策略时必须要符合社会化大生产的客观要求,依据经济合理的原则(而且国家也会采取必要的措施来指导和监督企业贯彻这一原则),既要考虑自身的经济效果,也要考虑整个社会的经济效果。

（三）加强科研和新产品的开发工作，搞好技术储备

一个企业如果没有技术储备，一旦市场变化，就不能够及时拿出市场需要的产品，而使企业陷于被动的局面，所以大中企业一般应经常保持五档产品：第一档是正在生产的；第二档是已经试制成功，等待适当的时候投入市场的；第三档是正在试制的；第四档是正在构思、正在试验的；第五档是正在进行基础理论研究的。有了这五档产品，企业就很有适应能力。要达到上述要求，企业就必须花很大精力去从事科研和新产品的开发工作，把这项工作当做一项战略任务来抓。

从国内外搞得好的企业的经验来看，搞好科研和新产品的开发工作除要解决必需的经费和提供必须的物资条件外，还有三个问题应该引起我们企业的特别重视。

第一，要根据市场需要来开展科研和新产品的开发工作，一定要避免不管市场是否需要，盲目发展新产品的现象。企业在研制新产品时，一方面必须加强对国家技术政策的研究，要从国民经济的长远发展方向入手，摸索规律，掌握国内外技术发展的趋势，结合国家的技术政策，确定短期和长期的新产品发展规划。另一方面要特别加强对市场的调查研究。目前国外已把市场情报作为确定新产品开发课题的主要来源。据统计，日本机械工业企业在选定科研课题时，有26%来自销售、服务部门；而在美国，这个比例却高达36.2%。另外据美国六大公司的150多家企业的调查，除了军用产品外，成功的新产品或新技术60%~80%是来自用户的建议，或者吸取了用户在使用中的改革。可见发展新产品必须要以市场需要为基础，如果对市场情况调查不清，就会使新产品开发遭到失败，造成人力、财力的极大浪费。

第二，要改变目前企业把主要技术力量放在生产第一线的做法。现在我们的企业里，技术人员本来就很少，而大部分又放在生产第一线去应付日常的生产技术工作。例如第一机械工业部系统技术人员只占职工总数的5.3%，科研设计人员占1.06%。用于科研设计的技术人员只占技术人员的20%。这和国外一些企业形成了鲜明的对比，它们的技术人员不仅在职工总数中占的比例很大，而且大部分技术人员用于研究与设计新产品，例如美国的卡博特公司有职工8000人，其中大学毕业的工程师就有2000人，占职工总数的25%，而用在科研与设计方面的达1000多人，占技术人员的50%以上。有些企业这个比例还要大。由于他们把大部分技术力量放在科研和

新产品开发方面，所以能适应市场的变化，源源不断地为市场提供丰富的新产品。我们企业的新产品发展缓慢，适应市场能力差，一个重要原因就是科研技术力量薄弱，我们应该在现有条件下，有计划有步骤地解决好这一问题。

第三，大中企业应当把科研和新产品开发工作从原来的生产技术系统中分离出来，单独成为一个系统。我们大多数企业的做法是把技术管理和生产管理当做一个系统，由企业的一名副厂长（兼总工程师）负责这一系统的工作。这种做法对小企业来说是有好处的，但对大中企业并不很适宜。因为企业的技术工作就其作用来说可分为两个部分：一部分是关于工艺、设备、工装、试化验等方面的工作，这部分技术工作和生产管理密切相关，不可分割，把它和生产管理放在一起是完全应该的；企业的另一部分技术工作是关于科研和新产品研究、设计、试验、试制方面的，它和日常的生产技术工作关系不大，有相对的独立性，可以单独构成一个系统。一个企业领导人的精力和知识面也是有限的，把科研和新产品的研制工作，日常的生产、技术工作都放在一个人的肩上，难免会由于日常的生产、技术工作太忙，而放弃对科研和新产品研制工作的领导。因此，大中企业最好能把新产品研制工作从原来的生产技术管理系统中分离出来，单独成为一个系统，或者与市场开发等工作结合在一起，成为企业的研究开发部门。例如上海机床厂就把原来的生产指挥系统分成了制造、销售、研究开发三个系统，并分别设三个副厂长领导。研究开发副厂长主要负责产品的开发、领导设计、科研和生产准备工作。这就大大加强了科研和新产品的开发工作。

（四）改革计划工作，提高企业计划的适应能力

在市场对企业直接起作用的条件下，市场对企业的计划工作也提出了一些新的要求。例如用户的订货在多数情况下都是常年不断的，而不少生产企业在新的一年开始之前都不一定能把全年的生产任务揽到手，在这种情况下，企业的月度、季度、年度计划如何安排？在计划安排上如何才能缩短供货时间，满足用户的及时需要？靠预测安排企业的生产—销售计划，必然要承担一定的风险，如何才能减少这种风险？等等。解决这些问题的一条重要途径就是要提高企业计划的应变能力。

1. 改变计划编制的方式

以前我们的计划都是按日历顺序分为年、季、月编制的，而且这种计

划都是一次性的，中间缺乏紧密联系。在新的形势下还按照这种方式编制计划对有些企业就显得不适应了。相比之下，日本一些企业采用"滚动方式"编制计划倒是具有其更大的适应性。所谓"滚动方式"，就是在制订计划时，逐年逐期往后串推，连续滚动编制。以季度计划为例（实际应称三个月计划），其中第一个月为实行计划，第二、第三个月为预定计划。第一个月的计划执行完之后，根据执行的结果对下两个月计划进行调整，同时再续上一个月的计划。年度计划的编制也是如此。编制年度计划时，可把全年的计划分为前后两个部分，前一部分为实行计划，后一部分为预定计划。在执行前一部分的计划过程中，如情况有变化，还可以对后一部分计划进行修订。至于每一个部分包括几个月计划，应根据企业订货等具体情况确定，如订货不足或市场情况变化较快，前一部分的实行计划可少订些，如订货充足或市场情况比较稳定，也可以前后各六个月，或者前部分多些，后部分少些。这种编制计划的方式既可以解决一些企业订货不足、年度计划不好安排的问题，又可使计划少担风险。

2. 提高计划本身的应变能力

在这方面有两种行之有效的办法：一是许多"三化"程度较高的企业，可以把一些通用件在没有确定具体的品种规格之前就提前安排生产。如有的生产系列产品的企业就是这样做的。这就可以缩短供货时间，也可以使计划本身具有较强的应变力，能及时满足用户对各种规格订货的需要。另一种方法是企业不只是搞一个计划，而同时搞几个计划，使计划具有弹性。这种办法在国外已经广泛使用，例如美国的米德公司就备有三套短期计划，A计划是"激进的"，B计划是"基本的"，C计划是"保守的"。又例如美国规模巨大的杜邦化学公司制定了一系列储备计划来应付可能出现的变化。这些做法都值得我们借鉴。

3. 企业要有战略计划

为了适应将来市场变化的需要，企业不仅要注意提高当前计划的应变能力，而且还应注意对未来的研究，要在对经济技术变化趋势预测的基础上，制定自己的战略计划。这种战略计划是企业的长远的行动纲领，它一般应包括：企业未来的目标，达到这些目标的具体策略和措施，对企业竞争对手的分析，对企业自身优缺点的评价以及企业将会遇到的机遇、风险的具体分析等。

（五）按照市场要求，改革生产管理

良好的生产管理是保证产品按质、按量、按时间投放市场的重要保证。市场对企业直接起作用之后，对企业的生产管理也提出了更高的要求。一则市场需求经常变化，增加了企业生产的不稳定性；二则市场在品种、批量、交货期等方面也给企业提出了更高的要求。多品种、中小批量、短周期将是企业的发展方向。市场的这种要求和企业内部组织生产时需要的相对稳定性和大批量生产发生了尖锐的矛盾，要把市场需求的不稳定性变为企业内部生产的相对稳定性，把多品种、中小批量的市场需求变为内部的大批量生产，就要对传统的生产组织进行改革。

1. 建立灵活的生产组织

企业的产品不同，在建立灵活的生产组织方面也有许多不同的方法。有的可以建立可调节的自动线、可调节的流水线，有的可以对原来的生产组织进行改造，如成立快速反应车间、班组或生产线等都可采用。

2. 采用科学的组织生产的方法

解决市场需求和组织生产时的矛盾，用改革生产组织形式的办法总是有限的，在更多的时候必须采用科学的管理方法，通过良好的组织工作来解决，如近年来国外机械行业已经广泛采用，我们国内一些企业也正在试验推广的成组技术和生产平准化就是两种比较成熟的办法。

3. 改革生产组织形式和采用科学的组织生产的方法同时进行

在不少情况下，为了提高企业制造系统对产品变化的适应能力，总是把改革生产组织和采用科学的组织生产的方法结合起来运用。如有的企业在采用成组技术时，可以在个别工序采用成组技术的基础上，根据企业现有的生产条件、零件组的划分和经济合理的原则，尽量把成组工序转变为成组工艺过程，由完成成组工序的单台设备或生产单元转为成组流水线。还有些企业，在建立可调节的自动线、可调节流水线的同时又采用生产平准化等科学的方法，就可以大大提高生产管理对市场的适应性。

（六）加强企业之间的协作关系，提高企业的专业化水平

为适应市场多变的形势和满足用户对成套设备的要求，一般来说单靠企业内部的力量是很难办到的。因为现代工业产品，尤其是机电产品，本来结构就十分复杂，有的需要成百上千甚至上万个零部件装配而成，成套

供应和多品种的市场要求更会加重企业的负担,因此更加要求加强企业之间的协作关系,把一部分半成品或零部件扩散出去,让协作厂生产,或者让他们承担某些工序的加工,从而减少本企业产品或零部件的种类,提高企业的专业化水平,变一家单独对市场负责为多家共同对市场负责,使企业在较短的时间内,生产出市场需要的产品。

(七)在竞争中发展联合关系

在本文的第二部分我们曾经指出过,由于我国的社会主义经济仍然是建立在公有制基础上的一种商品经济,所以竞争作为一种择优的经济手段仍将继续发生作用。企业应该树立竞争观念,通过竞争来促进企业改进各项工作,促进企业的发展。这里我们要谈的是,企业之间的这种竞争,不仅会促进企业改善生产条件,提高经营管理水平,而且也必然会促进企业之间的联合。因为:第一,一些中小企业只有联合起来才能对抗大企业的竞争;第二,联合起来可以取长补短,充分发挥各自的优势,增强适应能力;第三,联合可以把分散的力量组织起来,满足成套设备的供应,扩大销路;第四,联合起来可以减少由于竞争带来的不必要的损失,提高经济效果。所以企业在开展竞争的同时,应根据自己的实际情况发展各种联合关系,以联合的方式来提高自己对市场的适应性。

上面我们从具体工作方面论述了企业如何适应市场的问题。但是,要把这些具体工作做好并不是很容易的,它要求企业本身必须是一个高度组织起来的系统。首先,企业内部要实行高度集中的统一指挥,由厂长(经理)行使最高的指挥权,并建立以厂长(经理)为首的有权威的、精悍的、高效能的生产指挥系统,避免出现推诿、拖拉、无人负责或职责不清等毛病,提高工作效率。其次,企业的领导、管理人员、技术人员和职工必须要有过硬的基本功,能够胜任自己的工作,使整个企业具有较高的管理水平和技术水平。再次,企业内部各单位、各部门以至于个人之间必须要在统一的指挥下密切协作,紧密配合,使企业成为一个有机的整体。所以如果我们把企业比作一个球队的话,它要取得胜利,就既要求有统一的指挥,又要求它的指挥者、队员有很好的素质和有过硬的基本功,同时还要求他们之间密切配合,充分发挥集体的力量和智慧。

四

以上我们从几个主要方面讨论了企业如何才能适应市场的问题，为了清楚起见，现在我们把上面的论述归纳为如下几点。

1. 工业企业适应市场的需要和变化是社会主义商品生产的客观要求，是经济体制改革提出来的一个新问题。

2. 工业企业要适应市场的需要和变化必须树立经营思想，即要有用户观念、质量观念、服务观念、价值观念、竞争观念、创新观念、时间观念，同时，在这七个观念的基础上还要树立一个总观念——战略观念。

3. 生产—销售过程是企业生产经营工作的主体，它包括市场研究过程，产品研究开发过程，制造过程和销售过程。而且这个过程是一个周而复始的循环。因此，企业适应市场的工作也必须围绕生产—销售过程来进行。

4. 企业适应市场的能力还取决于企业的组织程度、企业的管理水平、职工的技术水平以及个人、单位、部门之间的协调与配合。

最后，我们还要指出，市场的情况是在不断变化的，所以企业适应市场的工作也不是一劳永逸的。企业只有在不断满足市场的需要和适应市场变化的过程中才能不断提高自己适应市场的能力，才能生存和发展。

对增强企业活力的再探讨[*]

进行经济体制改革以来,特别是党的十二届三中全会通过《中共中央关于经济体制改革的决定》以后,人们对增强企业活力的重要性有了更进一步的认识。但是,到底什么是企业活力?包括哪些内容?它和宏观控制是什么关系?还有待于深入地开展研究和讨论。有的人认为:增强企业活力就是扩权,企业的权越多,就越有活力;因此,只顾向上要权,忽视企业自身的努力。也有的人把改革中出现的一些问题,如滥发奖金、乱涨价、偷税漏税等,看成是企业活了才出现的现象,因而对增强企业活力产生了疑虑。这些情况说明:有必要对企业活力的内涵和具体内容做出恰当的说明。以便澄清一些糊涂认识。

"企业活力,就是指企业旺盛的生命力。"这是当前一般人对企业活力的理解。这个定义未免太抽象了。我们知道,企业是有社会性的经济组织,它是在一定社会环境中生存、活动的。它的行为必须有一定的社会目的,遵循一定的客观规律,遵守一定的社会规则。因此,企业活力应该是企业行为的自动化、合理化、合法化。

企业行为的自动化,是指企业作为现代经济的基本单位,它不应该是行政机关的附属物,一切生产活动都要由国家统管,不能自主经营,而应该成为有生命力的能动的有机体,能呼吸、能吐纳、能成长、能壮大,对市场和环境的变化能产生自动反应、自动调节。也就是说,企业要真正成为自主经营、自我发展、自负盈亏的社会主义商品生产者和经营者,成为具有一定权利义务的法人。

企业行为的合理化,是指企业的生产经营活动必须符合客观规律。在存在商品经济的条件下,尤其要符合商品经济规律。以尽可能少的人力、

---

[*] 原载《经济纵横》1986年第10期。

物力消耗和资金占用,取得尽可能大的经济效益,该企业不仅生产出更多更好的产品,而且创造更多的价值。同时要注意发展各种横向经济联系,发展专业化协作和联合;提高工业的组织程度,提高社会的经济效益。

企业行为的合法化,是指企业的开办以及关、停、并、转必须经过政府有关部门的批准,企业投产以后,必须根据党的方针、政策、国家计划、政府的各种法律、法规进行活动,主动接受政府的检查、监督、对自己的行为承担经济和法律的责任,通过正当的手段,正当的途径,取得合法的经济收益。

企业活力既然是企业的自动化、合理化、合法化,它就要在企业生产经营活动中表现出来。具体表现为以下八种生产经营能力:

1. 不断满足用户需要的服务力。社会主义社会的生产目的是最大限度地满足全体人民日益增长的物质文化生活的需要。企业是通过不断为用户提供适用的产品或服务来体现这一社会生产目的的。随着经济的发展,人民生活水平的提高,用户对产品的要求越来越高,他们不满意、信不过、用不上的产品就会拒绝购买,用户成了最终全面评价产品的权威,如果企业生产的产品遭到用户的拒绝,企业就失去了生存的基础,就有可能被淘汰。企业要有活力,就必须树立"用户第一"的思想,加强对用户需求和需求变化的调查和预测,想用户主所想,急用户之所急,按照用户的需求安排生产。不断增加产品的花色、品种、规格,努力提高产品质量,降低产品价格,经常听取用户对自己产品的反映,为用户提供完善的服务,以满足用户的各种需要。弄虚作假、欺骗用户、不顾用户和消费者利益乱涨价等行为绝不是企业有活力的表现,而是违法乱纪的行为。这种做法也是不能持久的,一旦被戳穿,就会声名狼藉,失去用户,使自己无立足之地。

2. 为国家创收的贡献力。社会主义全民所有制企业的生产资料归全体劳动者所有,由代表全民根本利益的国家行使所有权,国家在保证全民财产不受损失的前提下将生产资料交给企业的劳动者去使用、支配。在国家计划的控制和指导下,企业有自主经营的权利和独立的经济利益;同时也必须对国家承担必要的义务。企业对国家承担的义务是多方面的,但最主要的是向国家上缴各种税款。企业上缴的各种税款是国家财政收入的主要来源。因此,企业必须把国家利益放在首位,不断发展生产,提高经济效益,为国家增收做贡献。同时,也只有在国家多收的条件下,企业才能多留,职工才能多得,企业的生产条件才能得到改善,职工收入才能稳步提高。

3. 较强的消化吸收能力。过去，我们不少企业是靠低价的原材料、燃料、动力和较低的工资维持生产的。所得利润大部分是原材料、燃料、动力等价值的转移。随着价格体系和价值管理体制的改革，原材料等初级产品的价格将逐级提高，职工的工资也将逐步增加。在经营过程中，企业也还会遇到许多其他不利因素。而企业既不能减少对国家的贡献，又不能把由于某些不利因素造成的"损失"转嫁给用户或消费者。唯一的出路就是加快技术改造，提高技术水平，改善经营管理，把这些不利因素在自己内部消化掉，使自己具有较强的消化力。

另外企业在学习新的经营思想、新技术、先进经验和先进的经营管理办法时，也要有较强的消化吸收力。先进技术的采用要符合企业的实际情况，并能消化、吸收、改造；学习新的经营思想，先进经验和先进的经营管理方法，也要博采众长，融合提炼，消化吸收，为我服务。

4. 赶超先进的竞争力。有商品生产和商品交换，就有市场；有市场就会有竞争。竞争是商品经济的必然产物。但是社会主义条件下的竞争和资本主义的竞争又有本质区别。资本主义竞争是资本家为了攫取更多的剩余价值，彼此互相倾轧、排挤、吞并。在社会主义条件下，竞争的目的由于受社会主义基本经济规律的支配和要求，它不可能漫无边际地发挥作用。但作为价值规律发生作用的形式，它是客观存在，并有很重要的作用。随着经济体制改革的深入，企业将成为相对独立的商品生产者和经营者，成为独立核算、自负盈亏的法人。这样，不仅具备了竞争的内部动力，而且也有了促使竞争的外部压力，并获得了开展竞争的广阔场所。在这种情况下，企业如果不善于经营，产品在市场上就缺乏竞争力，就要在经济上受到惩罚，甚至被淘汰。因此，企业必须在产品质量、品种、价格、交货期和为用户服务等方面与同类企业开展竞争。通过竞争来改进各项工作，使后进变先进、先进更先进。

5. 适应市场需求发展变化的应变能力。在存在商品经济的条件下，市场是企业再生产得以顺利进行的必要条件，是企业提高经济效益促进企业生产发展的外在压力，是促进企业改善生产条件和提高经营管理水平的强大动力。由于经济的发展，科学技术的进步，政府经济政策的调整，社会购买力的提高，竞争的加剧，时令的变化，居民生活习惯的改变等等因素的影响，市场需求总是处在不断变化之中。这就要求企业必须具有适应市场发展变化的应变力。既要能对市场经常性的变化做出灵活反应，又要能预见到市场的变化趋势，适应它的长远变化。因此，必须改革旧体制下形成的经营思想、经营作风、经营方法、管理机构和生产组织，使企业从消极适应指令性计划转到积极主动适应市场需求上来。

6. 自我改造和自我发展的蜕变力。企业创业难，要使企业不断发展，永远立于不败之地就更难。有的企业创业时勤勤恳恳，兢兢业业，各项工作生气勃勃，可是一旦稍见成效，就松劲了。殊不知，这正是导致企业停滞、衰退的开始，如不及早采取措施，就将前功尽弃。也有的企业，思想保守僵化，安于现状，只想守好"旧摊摊"，不想创新业，建新功。殊不知，只守业不创业，事业必夭折。所以，企业的发展如"逆水行舟不进则退"。企业"进步的钥匙"或"生存的钥匙"就是要在变化中求生存，求发展。

企业发展的重要途径是自我改造。现代企业以先进的科学技术为基础。当代，科学技术在日新月异地发展，具有先进水平的科学技术成果源源不断地用到生产中来。这就要求企业不断地更新技术装备，持久地进行技术革新和技术革命。只有这样才能成为能动的有机体，在不断更新自己机体过程中，破旧立新，永葆青春。

7. 不断开拓前进的创新力。创新是企业最大的精神力量，是企业成功的秘诀。新技术、新工艺的发明和采用，可以大大提高劳动生产率，降低原材料消耗，降低产品成本。新产品的开发不仅可以满足市场的需要，而且可以开拓新的服务领域，引起新的市场需求。新的经营管理办法可以调动职工的积极性，大大提高劳动生产率，新的市场策略和宣传方法，可以提高市场的占有率，扩大商品销路。总之，只有不断创新才能给企业增添新的活力。因此，在经营过程中，企业必须多动脑筋，多创新意，不断采用新的科研成果和新的技术，不断开发新产品，不断改革经营组织和方法，用创新精神经营企业，使自己永远立于不败之地。

8. 职工以企业为家的内聚力。《中共中央关于经济体制改革的决定》中指出：企业活力的源泉，在于脑力劳动者和体力劳动者的积极性、智慧和创造力。"所谓内聚力就是企业职工积极性，智慧和创造力发挥的程度。企业没有内聚力，就如同一盘散沙，形不成统一的力量。在资本主义社会，尽管资本家和职工存在着尖锐的矛盾，但资本家仍千方百计培养职工的

"企业精神",鼓励职工为企业献身。在社会主义社会,职工是企业的主人。只有使职工的主人翁地位在企业各项制度中得到切实的保障,使职工的劳动与自身的物质利益紧密联系起来;他们的智慧、积极性和创造力才能充分地发挥出来。

从以上企业活力的内涵的分析中,我们可以得出以下两条结论:

第一,增强企业活力绝不是简单的扩权。扩大企业自主权只是增强企业活力的基本条件,而不是它的全部内容。从体制改革的方向看,我们企业的自主权仍是不够的,特别是一些大型企业,自主权还是很有限的。国家已决定下放给企业的一些权力,有的被某些中间环节截留,有的由于改革不配套,企业也没得到。这些问题都需要进一步认真解决。但是,企业有了一定的经营自主权以后,能否充满活力,还取决于企业自身的努力程度,取决于企业的职工素质,技术装备素质和管理素质。比如:目前不少企业利用国家已给的权利,就能把企业搞得朝气蓬勃,生机盎然;而有的企业,有权却不会运用,甚至用国家给的自主权去搞歪门邪道,使原来的名牌产品倒了牌子,变成了滞销产品,不得不停产整顿。可见对企业来说不能一提增强企业活力就只强调外部条件,伸手要权;而应该兢兢业业、踏踏实实地做工作,依靠全体职工的努力把企业搞好搞活。第二,不能把增强企业活力和搞好宏观控制对立起来,认为两者不可兼得。一提增强企业活力,就撒手不管,放任自流,甚至为一些不法活动大开绿灯;一说加强宏观控制,又大包大揽,层层设卡,把该下放给企业的权利也不放了。增强企业活力和宏观控制是一种辩证统一关系。增强企业活力和加强宏观控制都是为了搞活社会主义经济,提高经济效益;它们都必须依据统一的国民经济计划行动。增强企业活力需要宏观控制确定必要的条件、环境和界限,宏观控制为企业搞活提供了多少条件,提供什么样的环境,决定着企业搞活的程度。加强宏观控制又对企业的行动有所约束,使企业的行为能做到合理化、合法化。前一时期之所以出现宏观失控的现象,并不是因为企业自主权过大,而是企业开始搞活以后,冲破了传统的宏观、微观大一统的直接管理办法;而适应微观搞活的宏观控制体系又没有形成,既无力造成一个有利于企业搞活的供略大于求的市场环境,也没能有效地解决企业无法可依,无章可循和有法不依,有章不循的问题。结果,企业还没真正搞活,就发生了宏观失控的问题。因此,当务之急是要以增强企业活力为中心环节,改革传统的对企业实行直接控制的管理体制,建立新的对企业实行间接控制的宏观管理体制，在国民经济计划的指导下，以经济办法为主，辅之以行政办法，协调地运用价格、税收、信贷等经济杠杆调节企业生产经营活动，使企业成为充满活力的细胞，使整个国民经济成为生机盎然的能动的有机体。

试论企业的规模经济性[*]

一 规模经济性和不经济性的概念

在阐述规模经济性和不经济性的定义之前,我们先要介绍企业短期平均成本曲线和企业长期平均成本曲线。

在短期里,企业的厂房、设备等固定资产不会发生较大的变化,经常变化的只是能源、原材料、劳动力等的数量。在这种情况下,产量与成本的基本关系构成了短期成本曲线 SAC(见图1)。

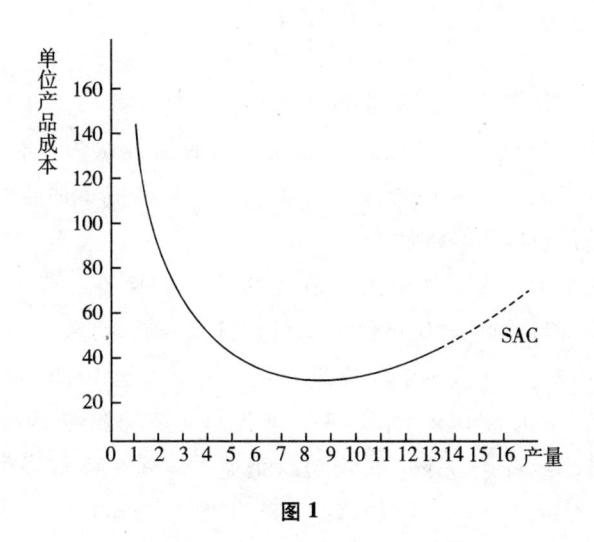

图1

从图1可看出,短期平均成本曲线由于受固定成本和变动成本的影响而成 U 字形。

---

[*] 原载《中国工业经济》1998 年第 2 期。

企业的长期平均成本曲线与短期平均成本曲线有区别。因为从长期来看，企业的所有投入要素，包括厂房、设备、能源、原材料、劳动力等的数量都是可以变动的。因此，长期成本曲线只能根据一些短期平均成本曲线来形成，它被称为短期平均成本曲线的包络线。我们假定企业有不同规模的选择，其短期平均成本曲线分别为 SAC_1、SAC_2、SAC_3、SAC_4、SAC_5。连接各短期平均成本曲线的切点就可以获得长期平均成本曲线 IRAC（见图2）。

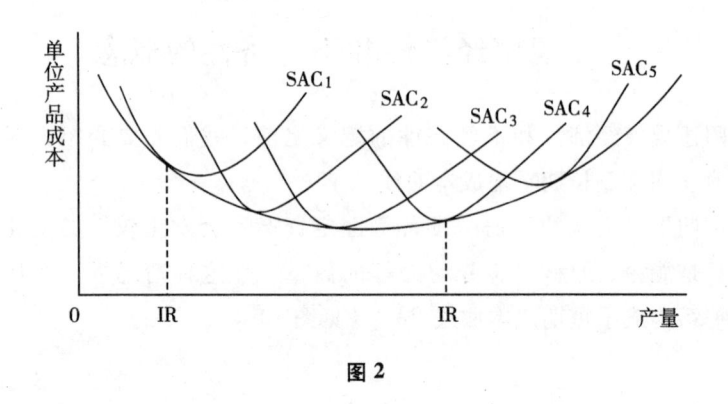

图2

图2表明，长期成本曲线也呈 U 字形：当生产规模逐步扩大时，长期平均成本下降，长期成本曲线向下倾斜，这时就被认为具有规模经济性；当下降到某一点时，长期平均成本开始上升，长期成本曲线向上倾斜，这时就被认为是规模的不经济性。

在现实生活中，这种规模的经济性和不经济性的现象是大量存在的。比如，据有关资料反映，60年代中期后，日本企业生产汽车由年产0.1万台增至5万台时，生产成本下降40%；由5万台增至10万台时生产成本下降15%；增至20万台时又下降5%。据我国纺织工业部1979年提供的资料，在现有技术经济条件下，我国纺织企业平均每一纱锭提供的税利情况是：1～1.99万锭的为174.4元；2～2.99万锭的为209.3元；3～3.99万锭的为247.9元；4～6.99万锭的为319.9元；7～9.99万锭为405.1元；10～11.99万锭的为391.9元；12万锭的为349元。

二 规模经济性的原因

为什么在一定限度内企业扩大规模能够降低成本,提高经济效益呢?这是由以下技术经济因素决定的。

1. 专业化和劳动分工。专业化和劳动分工为劳动生产率的提高创造了条件:各特殊工人的灵巧程度提高了;节省了一个特殊工作到另一个特殊工作损失的时间;使用专业化的机器生产,使劳动简化,一个人能承担过去由一组人共同才能承担的工作。

十分明显,专业化和劳动分工与企业规模是密切联系的。企业只有达到一定规模才能使用专业化的机器设备,才能使用在工程、生产、市场、财政以及信息处理等方面有特殊技能的职工。现代大企业采用流水线方法就是实行专业化和劳动分工以及生产规模经济性的一个明显例证。比如,在生产线上生产汽车,单个工人只是在每辆汽车经过他们面前时把螺丝拧紧就行了。生产线的方法在小企业就不能采用,因为小企业的全部生产不足以实行高度专业化生产。

2. 不可分性。它的规模经济性表现为以下几个方面:

(1) 技术装备不可分性引起的规模经济性,其典型形式是企业的机器设备在使用过程中必须要有合适的利用率。企业的生产线是以某些关键设备为中心来设计的,各种机器设备的生产能力必须平衡,但各种设备的单台生产能力是不相等的,这些设备必须按其能力的最小公倍数配置才能充分利用。规模扩大时,只有成倍增长,才能有好的经济效益。与技术装备相联系的另一种类型的不可分性表现为机器设备尺寸的大小与其表面积之间的关系,以及机器设备的容积与产量之间的关系。许多机器设备的成本通常与其尺寸大小和表面积有关,而它的能力和产量又和其内部容积有密切联系。当这类机器的表面积增大时,它们的容积(圆柱体形的设备尤其这样)会以更快的比率增大,这就是说,机器的能力比机器的成本增长得更快。而且,机器设备投入运行后,劳动力方面的成本增加一般也将大大低于机器的容积和产量的增加。比如,烧一台5吨的锅炉需要3个人,烧一台10吨的锅炉并不需要6个人。

(2) 销售不可分性引起的规模经济性。如果企业销售人员和机构的潜力比较大,不增加很大的开支就能销售现有生产线上追加生产的产品,其成本增加的比率一定会比产量增加的比率小。

（3）财政不可分性引起的规模经济性。它首先表现在企业的广告方面。无论是采用何种传播媒介做广告，其价格不会因企业的大小而变化，大批量生产的企业，其单位产品所负担的广告成本一定会比小批量生产的企业要低。而且，对通过广告使其产品已取得消费者承认的企业来说，如果扩大规模、增加产量，其广告费也要比最初取得的消费者承认时低。其次，这种规模经济性还表现在与调查贷款前景或调查新的投资可能性相联系的成本方面。调查5万元的贷款或投资与调查50万元的贷款或投资差别是甚微的，如果调查贷款或投资的成本增长率低于贷款或投资规模的增长率，那么，这种规模经济性对大企业是有利的。

（4）研究和开发的不可分性引起的规模经济性。假如大企业和小企业都设研究开发部门，靠自己的力量开发新产品，究其总投资来说，大企业可能比小企业要多，但是单位产品分摊的研究开发成本，大企业肯定会比小企业要少。

3. 先进技术和生产组织的采用。企业规模大，有条件采用先进的工艺和技术装备，也为采用流水线、自动线等先进生产组织形式打下了基础，这样就可以降低成本，提高经济效益。

4. 学习的效果。大企业在扩建中如果使用同类型机器，由于设备安装维修人员和操作人员过去已掌握安装和使用这种机器的技术，不需要再经过学习和较长时间的实践就会熟练地安装使用，维护保养它们，取得较好的经济效益。

5. 大量购买。在一般的情况下，企业的采购成本会随着大量购买而降低。这不仅因为采购人员签订数量大的购买合同并不一定比签订数目比较少的合同需要付出更多的努力，而且大量购买时卖主在价格上一般会作某些让步（如以批发价格销售），同时单位运输成本也会降低。

6. 储备的节约。企业要正常生产经营，必须储备一定数量的原材料和备品配件，对于一些需求容易变化或有风险的物资更是这样。使用几台相同机器设备的企业比只使用一台机器设备的企业所需储备的备品配件要少，因为前者的机器设备的某一部件不可能同时被损坏。相同的经济性在原材料、制成品、货币储备等方面也一样存在。

除以上原因产生规模经济性外，企业在经营过程中也可能产生一些规模经济性方面的原因。它们是：

（1）由于竞争，一些大企业迫使它们的供应商按低于市价的价格为它们供应原材料、零部件或半成品。这是一个企业利用垄断势力去挤压另一个企业的结果。这种行为是简单地把一个企业的利益再分配给另一个企业，一些企业的获得就是另一些企业的损失，从全社会来看，它并不增加经济效益，但这种情况在有竞争的经济中是确实存在的，在分析规模经济性时，我们不能不给予适当注意。

（2）大企业比小企业能招收到高质量的劳动者。我国企业的职工过去是由国家统一分配的，由于国家重视大企业所以大企业的人员质量一般比小企业要高。但是，即使以后企业自由招工，这种现象也不会消失，因为由于收入福利、荣誉感等方面的原因，威望高的学校毕业的学生一般都愿意去大企业工作。

（3）许多事实说明，在筹措资金方面，大企业比小企业有更多的优势。由于大企业的信誉比较高，其利润率比较稳定，取得贷款不仅比较容易、利率也可能比小企业低，发行债券也比较容易，因此，大企业获得资本的成本通常比小企业要低。

三 规模不经济性的原因

1. 技术条件问题。产生规模经济性的许多技术方面的原因，在一定条件下又会产生规模的不经济性。比如，倍数原则表明，企业专业化设备的能力要按最小公倍数配置，如果违反了这个原则，某些设备的能力就不能充分利用，造成浪费。又比如，一些设备容积增加到某种程度之后，其外壁就要加厚或者需要使用某些特殊贵重材料，才能保证安全使用。同时，安装设备的技术标准也会提高。设备体积大了，还会给运输带来问题。要解决这些问题，都要增加费用，从而影响经济效益。

2. 管理上可能出现失控现象。随着企业规模的扩大，管理越来越复杂，而管理机构更加庞大，从上层管理到基层管理，环节增多，"管理链"延长，企业高层领导人的命令、意见、意图传递给基层领导人容易被遗漏、误解或歪曲，而且容易产生互相指责、推诿的作风，使传递的速度也受影响。下层和外界的信息传递给企业高层领导人时也会出现类似情况。企业的管理机构越庞大，这种失控现象就越严重。尤其当上级管理层次和下级管理层次的目标不一致时，下级可能歪曲上级的意图或向上级传递不真实的信息。

3. 职工的积极性问题。在小企业里，职工能够更直接地把自己的工作和企业生产方面的成果联系起来，管理人员，特别是企业厂长、经理能较多的和职工保持直接接触，听取他们的意见，关心他们的工作和生活。因此，在小企业里，职工更忠于自己的企业，积极性也能得到更好的发挥。相反，在大企业里，职工众多，有的达几万人，如果领导思想上不充分注意发挥群众的积极性，一般的工人和管理人员可能感觉到他们是默默无闻的——他们的贡献任何人也分辨不出来。对他们的辛勤工作也很少有人去鉴别，这就使他们的积极性不能得到很好的发挥。

四 企业合理规模的确定

要寻找企业的适度规模（或优化规模），其方法较多，但是，任何一种方法都不可能单独用来确定企业的适度规模，应该利用多种方法进行比较研究才能比较准确。确定和衡量企业适度规模的方法有以下几种：

1. 利用企业长期平均成本曲线方法来确定企业合理规模。我们现在假定有四个可能的工厂规模，其短期成本曲线分别为：SAC_1，SAC_2，SAC_3，和 SAC_4，长期平均成本曲线（短期平均成本曲线的包络线）为 IRAC（见图 3）。

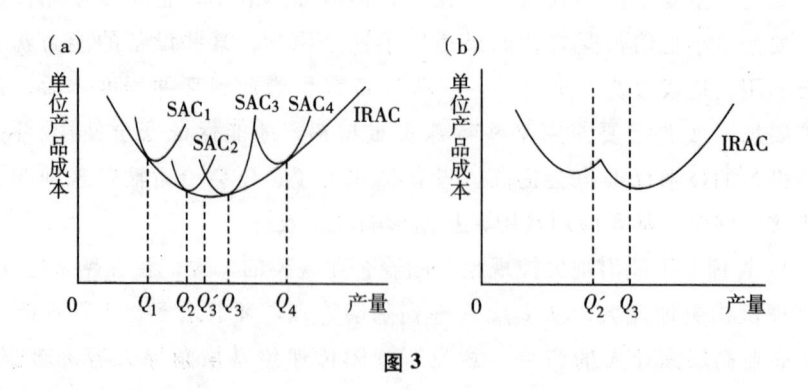

图 3

在图 3（a）中，当我们把工厂规模从 1 变到工厂规模 3 时，长期平均成本曲线向下倾斜，存在规模经济性，而工厂规模 4 就出现规模的不经济性，只有在产量 Q_3 这一点，短期平均成本曲线和长期平均成本曲线的最小点才会重合。从理论上来说，Q_3 就是最优化规模。但是否选择 Q_3 作为工厂的规模，还要决定于以下两方面的因素：

（1）技术上是否能建成。有时由于技术方面原因的影响，不仅 Q_3 的规模达不到，甚至在某一区域内的规模都达不到。假如，由于技术方面的原因，不可能在 Q'_2 和 Q_3 之间设立工厂，那么最简便的方法就是选择 Q'_2 的规模建厂，Q_3 虽然也能达到 Q'_2 的产量，但成本较高，因为产出线 Q'_2 与 SAC_2 的交点比与 SAC_3 的交点低。如果是这样，包络线就像图 3（b）那样呈 W 字形。

（2）取决于预期产量。如果在任何位置建厂技术方面都没有问题，是否选择 Q_3 作为工厂规模主要就决定于预期产量。当企业的预期产量为 0 到 OQ_1 时，应选择工厂 1 的规模，因为在这个范围内，工厂 1 的成本最低。同理，如预期产量为 OQ_2 到 OQ_3 时，则应选择工厂 3 那样的规模。如预期产量超过 OQ_3 的 2 倍，为了取得规模经济性，就应当建两个或两个以上像工厂 3 那样的规模。

当然，如果企业是几个工厂组成的公司，就不能简单地运用这一理论模式了。因为，一个公司不管拥有多少个工厂，每个工厂都可按优化规模建立。以此类推，似乎可以得出公司的规模经济性与公司拥有的工厂数目无关的结论。但是，事实并非如此。为了说明问题，下面我们要引出市场摩擦成本（简称摩擦成本）和企业组织成本（简称组织成本）这两个概念。

摩擦成本是由市场信息不完全引起的，对企业来说，它是一种外部成本。在市场对企业充分起作用后，市场信息是企业决策的重要根据之一。但是企业并不是任何时候对信息的收集都能做到全面、准确、及时。如果把信息收集的延缓、失真等造成的损失货币化，即构成摩擦成本。几个工业企业合并成一个公司企业，就会减少摩擦成本。所以，摩擦成本和企业数目正相关。

企业组织成本是由企业内部管理"失控"引起的，对企业来说，是一种内部成本，显然它和公司规模成正相关。

公司规模是由以上两种成本的比较确定的，也就是说，摩擦与组织成本之和的极小值是决定公司规模的均衡点。用数字公式计算出这种均衡点是困难的，在现实中，实现这种均衡的基本条件是竞争，即大企业摩擦成本较少的优势和中小企业组织成本较少的优势的较量。

2. 用统计分析方法确定企业的合理规模。这种方法是通过各种规模的历史资料进行分析、比较，为确定企业的合理规模提供参考。近些年我国的一些工业部门开始采用这种方法。比如，纺织工业部的研究人员通过对全国万锭以上的47个棉纺厂和251个棉纺织厂的规模分析，大致确定了单纱厂和棉纺织厂的合理规模。

3. 利用生存考验方法确定企业合理规模。在商品经济中，优胜劣败的竞争规律会发生作用。经过价格、品种、服务等方面的竞争考验而生存下来，并不断求得发展的企业一定是有效率的；相反，被淘汰或走下坡路的企业则是效率比较低的。

用生存考验方法选择企业合理规模首先要把所要研究的企业按规模等级进行分类，然后观察各个等级规模的产出在总产出中所占比重的变化情况。如果来源于同一等级规模企业的产出在总产出中的比重是增长的趋势，这种等级规模则被认为是有效率的；相反，是下降趋势的那一等级规模的企业则被看做是相对的无效率的。

用生存考验法选择企业的合适规模是建立在有许多同行业企业竞争的基础上的，而且观察的时间要足够长，以至各企业有足够充分的机会去调整它们的经营。我国企业过去都是在没有竞争的条件下按计划要求而建立起来的，所以我们暂时还不能用这种办法来分析它们的合适规模，而只能参考国外的研究成果。

4. 利用工程研究方法确定企业合理规模，如0.6原则就是工程研究方面的一个例子。0.6原则说明，与机器容积相联系的成本的增加和设备容积增长的0.6次方相等，这就是：

$$C_2 = C_1 \left(\frac{X_2}{X_1} \right)^{0.6}$$

其中：C_2 = 扩大设备增加的成本

C_1 = 现在机器的成本

X_2 = 扩大机器的容积

X_1 = 现在机器的容积

0.6原则基于机器的表面积与机器容积两者之间的一种函数关系；机器的表面积反映机器的成本，而容积反映产出。表面积增大时，它们的容积以更大的比例扩大。由于产出增长的比率快于成本增长的比率，所以能实现规模经济。

当然，0.6原则是有局限的。它只能适用生产过程能分解成表面积成本和容积能力的装置，而不能适用于一切设备。它只适用于现有设备能力的扩大，而不适用于购买新的不同技术标准的设备。因此，对企业设备进行工程方面研究时应根据设备的不同采用不同的方法。

用以上方法来确定企业规模，严格说仅仅是确定理论规模，也就是说为企业的规模确定一个大致的范围，在具体确定规模建在什么等级时，还要受许多因素的制约。

(1) 要受资源、原材料等条件的制约。对采掘工业来说，资源状况是制约企业规模的决定性因素。资源多而集中，可形成大型企业。资源少而分散，则只能建立小型企业。对加工企业来说，原材料的供应状况对企业规模有很大影响，原材料供应充足，可以建立大型企业；相反，则只能建立小型企业。

(2) 要受工业的组织程度的制约。专业化协作水平高，有条件使企业规模小些，什么事情都要自己干，企业规模就可能大些，同时，实行联合化，也会促使企业规模扩大。

(3) 要受现有技术水平和管理水平的制约。具有最佳经济效益的规模，由于受现有技术水平和管理水平的限制，往往不能实现，或者在别的国家能实现，在我国却不能实现。比如，国外一条汽车装配线年产100万辆，一个企业拥有几条生产线年产汽车几百万辆，而我们最大的汽车制造企业年产只有几十万辆。

(4) 要受资金需求方面的制约。大企业需要几亿甚至几十亿的资金才能建成，要筹集如此多的资金需要花很大的精力和很多的时间，尤其是我国现在正处在百业待兴的发展时期，资金十分短缺，要筹集建大企业的资金就更不容易。因此，有时不得不先建成次合理规模的企业，然后通过改造逐渐达到合理规模。这样做虽然比一次就建成合理规模要多花投资，但它能尽快建成投产，并带来收益，也不能说它就一定是下策。

(5) 要受市场需求的制约。所谓需求制约就是市场能最大限度吸收新建企业的产品数量。它必须根据市场对该类产品的总需求、本企业产品的异同程度、市场范围、时间方式，需求的价格弹性、与别的产品的关系等因素来决定。比如，市场的绝对规模是影响新建企业规模的一个十分重要的因素。如果产品还处于刚刚开发阶段，而市场对该产品的需求量也很大，企业规模就可以大些。如果产品比较成熟，市场已接近饱和，则不宜建大企业。又如，有些产品的生产常常受时间因素的影响，如制糖、水果罐头、服装等就是如此，这就从客观上限制了企业的规模。再如，需求的价格弹性也影响企业规模。假定在一个已知的竞争市场里，由于新技术的采用，使产品的单位平均生产成本降低5%，在既定的竞争条件下，这种成本的降低也将导致价格降低5%。如果该种产品的需求的价格弹性系数是1，需求规模也就扩大5%，需求价格弹性系数是2，它就相应扩大10%。因此，生产需求价格弹性大的产品的企业所受的规模约束就小些。

市场需求直接制约工厂企业的规模，而对公司企业的规模虽然也有影响，但不如对工厂企业那样直接，因为一些公司是由生产不同产品的工厂组成的，市场需求虽然对每个工厂有直接制约，但公司可以通过增加生产不同产品的工厂数目来扩大其规模，所以公司规模主要受其他因素的制约。

因此，在企业的理论规模确定以后，还必须全面考虑以上这些制约因素，只有这样，才能把企业的适度规律确定下来。

企业规模的发展趋势[*]

在市场经济条件下,大中小企业并不是彼此分割的,它们存在着密切的联系。大企业向集团化、多样化、国际化方向发展;中小企业与大企业在产权、生产经营等方面都存在密切联系,不少中小企业都是大企业的子公司或关联公司,在生产上存在分工协作的关系,所以一般中小企业都向小而专、小而特、小而精的方向发展。本文拟对企业规模的发展总趋势、大企业的地位与作用、大企业的优势与劣势以及大中小企业协调发展等问题做一些探讨。

一 "双向协调"发展的总趋势

早在企业发展的初期阶段,亚当·斯密就对企业规模的发展趋势做过分析。他指出,由于劳动分工和专业化的发生,企业规模呈不断扩大的趋势,而且他认为,大企业有利于提高劳动生产率。在马克思的《资本论》中也涉及企业的规模问题。与亚当·斯密所不同的是,马克思不仅从生产力的发展(如劳动分工、协作、机器的运用及工厂制度的产生)方面来分析企业规模扩大的趋势,而且还从生产关系的发展(如竞争、合并、垄断、股份公司的产生)等方面来分析企业规模扩大的趋势,深刻地揭示了企业规模发展的规律。从企业制度的产生到20世纪中叶这200多年中,经济发展史验证了马克思等人的论断。集中化、大型化确实是企业规模的发展趋势。比如,在德国雇佣50个工人以上的大企业,1882年只占工业企业总数的0.3%,而这些企业雇佣的工人却占全国工人总数的22%,1907年,这种大企业在工业企业总数中所占的比例则增加到0.9%,这些企业雇佣的工

---

[*] 本文为内部研究报告。

人在全国工人总数中所占的比例则增加到37%，占用的蒸汽动力占总蒸汽动力的75.3%，使用的电力占全部电力的77.2%。进入20世纪以后，美国企业的集中化和大型化的趋势也十分明显，1909年在美国工业中产值在100万美元以上的大企业占企业总数的1.1%，而它们所雇佣的工人却占工人总数的30.5%，它们的产值占工业总产值的43.8%。特别是第二次世界大战以后，一方面，由于技术的发展和生产工艺发生了巨大的变革，使设备能力迅速扩大。比如，在50年代，发电机最大容量为5万千瓦，60年代达到了30万千瓦，70年代达到了100万千瓦，现在已经达到了130万千瓦；钢铁工业的高炉容积，50年代中后期最大的是2000立方米，60年代达到3000立方米，70年代末就达到5580立方米；石化工业的乙烯设备，50年代末最大的只有2.4万吨，70年代发展到30万吨，80年代后达到60万吨；另一方面在西方工业化国家，企业兼并的浪潮多次发生，跨国公司有了空前的发展。不少跨国公司拥有数百亿，甚至上千亿美元的资产，其分支机构、所属工厂分布在几十甚至上百个国家和地区。有些企业的年销售额超过数个国家一年的国民生产总值。它们称得上一个个经济王国。因此，在20世纪中叶之前，在企业规模问题上认为"大就是好"，"大就可以多得收益"的观念似乎是不容置疑的。

但是，70年代中期以后，伴随着能源危机而来的西方经济危机，以及新技术革命的影响，人们的看法开始改变了。英国的德裔学者舒马赫在他的著作《小的是美好的》中揭露了西方大企业管理层次多、运转不灵、技术进步慢等弊病，认为现代生产是"大众生产而不是大量生产。"得出了"小的是美好的"的结论。接着《第三次浪潮》、《大趋势》等书的作者也提出了类似的观点。他们认为，生产力发展的第二历史阶段，即工业化阶段已被第三历史阶段即信息阶段取代，企业规模的大型化、集中化趋势将停止，企业将出现分散化、小型化的新趋势。近年来上述观点已经广泛流传，受到了许多人的重视。但是，这种观点是很片面的。

企业产生以后，在生产组织和管理组织方面大体经历了四个发展阶段，即工场手工业时期、工厂工业时期、公司制时期和跨国公司时期。前三个时期企业逐渐集中化、大型化的趋势是很明显的。但是，到了跨国公司阶段，情况就复杂了。

确实，战后小企业在某些部门如雨后春笋，日益增多，在社会经济中发挥着越来越重要的作用。美国自50年代以来，每年新出现小企业40万~

50万家，除倒闭和被大公司吞并的以外，每年净增的也约有20万家。1954年美国小企业只有328万家，1975年增加到535万家，1981年又增加到581万家。90年代，小型企业也还在增加。其他国家的小企业也发展很快。但是，我们也应该看到，在小企业加速发展的同时，大企业的数目仍在增加，大企业的规模仍在增大，企业集中的趋势并没有停止。据统计，美国工业企业销售额在100亿美元以上的大企业，1984年只有32家，1993年增加到47家，1995年就突破了100家。全球大企业的规模和数量也在增加。销售额在200亿美元以上的大企业，1988年全世界只有38家，1990年增加到51家，1991年增加到53家，1992年又增加到61家，1996年增加到139家。销售额在300亿美元以上的大企业，1992年全球只有35家，1996年已经增加到73家。并出现了许多超级大企业，1996年，销售额超过1000亿美元的超级大企业就有10家。1995年，全球500家大公司的营业额达到113 784亿美元，接近全球国内生产总值的40%。

大企业并不是孤立发展的，以这些大公司为核心，形成了许多企业集团，它们在各个国家的经济中起到越来越重要的作用。在美国，许多大企业都拥有一大批子公司、孙公司，从而变成了集团性的垄断组织，这些垄断组织又分属洛克菲勒、摩根、第一花旗银行、波士顿、杜邦、梅隆、克利夫兰、芝加哥、加利福尼亚和得克萨斯等财团，它们控制着国民经济的命脉。日本的企业集团对日本经济的发展更具有举足轻重的地位。1991年，六大集团（即"三老"、"三新"）中参加"总经理会"的企业数占全国的0.008%，就业职工占3.8%，总资产占12.98%，销售额占14.32%，纯利润占15.21%，持有股票占上市总量的25%，银行融资占全国的36.8%。如果把企业系列这种集团形式包括在内，几乎所有大企业都"各有归宿"，它们控制着日本经济的命脉。在德国，企业集团通过其子公司、关联公司也控制了国民经济。比如，德国全部企业销售额的1/4都集中在100家大公司中。1990年，奔驰集团年销售额达855亿马克，西门子为631.85亿马克，赫希斯特为448.62亿马克，占德国前20家企业集团年销售额的23.7%。目前，这20家企业集团所属的行业涉及汽车、电子、航空、能源、化工、邮电、机械、商业、煤炭和交通等10多个行业。与其他国家比较，韩国的企业集团在该国经济中的地位尤显重要，据统计，1991年韩国前50个大企业集团的销售额达2188亿美元，占当年韩国GNP的77.9%。1990年，前7位的大企业集团的出口贸易额达247.4亿美元，占当年韩国出口贸易额的

38.1%，其中，三星集团一家 1990 年的出口贸易就达 63.3 亿美元，接近韩国当年出口贸易总额的 10%，所以，有的韩国学者认为，"财阀（企业集团）就是韩国经济之全部"的说法并非夸大其词。由于财阀在整个国民经济中所占的比重和发挥的作用如此之大，故可以说没有对财阀的理解，就不能理解韩国的经济。在其他国家，企业集团对其经济的发展也越来越重要。

综上所述，在现阶段，企业规模并不是呈单向的向小型化、分散化方向发展，而是出现了集中与分散、大型与小型"双向协同"发展的趋势。那种认为大企业的发展势头已经停止，大企业的优势已经消失的观点显然是十分片面的，是与实际情况不相符合的。对发达国家来说，大企业的数量和规模都发展到了一定水平，因此，在发展大企业的同时，应该充分注意中小企业的发展是完全应该的。从近十年的情况来看，这种集中与分散、大型与小型"双向协同"发展的势头在我国也已经出现。统计资料显示，从 1988 年到 1995 年，我国大中型企业都在增加。其中大型企业增加了 2759 个，增长 75.4%；中型企业增加了 9093 个，增长了 121.3%；小型企业增加了 158816 个，增长了 38.7%。大中型企业个数比小型企业增长要快得多。

但是，我们又应该看到，我国企业的规模与发达国家还有很大的差距。

1. 我国大企业的数量少。我国的大企业不仅在数量上远不如发达国家，就是与发展中国家相比也有很大的差距。1995 年，发展中国家和地区的公司进入世界 500 强的一共有 23 家，中国只有 2 家，即中国银行和中国粮油进出口公司，而韩国有 12 家，巴西有 4 家。而且中国进入世界 500 强的两家都不是工业企业。

2. 我国工业企业的平均规模要比先进工业国家的企业小得多。从资产看，发达国家一些大企业的资产一般都有几百亿美元，有的甚至达到上千亿美元。我国最大的企业资产也只有几十亿美元。产出的差距更大，名列我国 500 家大企业首位的大庆石油管理局 1994 年的销售额折算成美元为 42.22 亿美元，比当年列为世界 500 家大企业末位的企业少 36.22 亿美元。与同行业比较，例如世界 500 家大企业中石油公司有两家，小的一家是挪威国家石油公司，其销售额是 118.52 亿美元，为大庆石油管理局的 2.8 倍；我国最大的汽车工业公司——上海汽车工业公司 1995 年的销售额折合成美元为 29.054 亿美元，当年通用汽车公司的销售额为 1688.28 亿美元，为上海汽车工业公司的 58.1 倍。

3. 我国的单厂企业多，真正复合体的公司企业比较少。许多企业名为公司，但它们并不拥有许多家工厂、分公司和子公司，实际上是单厂企业，没有形成托拉斯和大企业集团，在一定程度上影响了企业的组织程度。

4. 即使在现有的生产力水平下，我国能达到合理规模的企业也很少。据统计，我国的汽车工业还没有一家达到合理规模的，在全国 1 600 多家造纸厂、400 多家啤酒厂中，达到最小合理规模的分别为 8% 和 12% 左右；全国 130 多家洗衣机厂中，只有 9 家达到年产量 20 万台的最小合理规模，仅占全部企业的 6.9%。

5. 大中小企业没有形成合理的分工，企业的规模结构也不合理。多数中小企业并不是围绕着为大企业提供零部件和其他服务而建立起来的。据统计，机械系统所属的 6100 多个大中企业中约有 80% 是"大而全"，"小而全"的全能厂。大中小企业的结构也不合理。中小企业多，尚没有国际级的大企业。以上这些差距说明，我国企业的规模在朝"双向协同"方向发展的同时，其平均规模必须进一步扩大。在企业规模上，我国当前和今后一个相当长的时期内的主要任务应该是发展大型企业，特别是发展特大型企业和大企业集团，使它们成为国民经济的骨干，而且我们还要积极创造条件，建立和发展跨国公司，使某些大型企业向国际化方向发展。那种认为应该将主要精力放在小企业上的观点是站不住脚的。

二 企业规模呈现"双向协同"发展趋势的原因

企业呈现集中与分散、大型与小型"双向协同"发展趋势是生产力和生产组织形式发展的必然结果。主要原因是：

1. 多样化、多层次的科学技术的发展。随着科学技术的发展，特大功率、特大容积、特高精度的动力、运输和生产设备日益涌现，这必然会促进生产和使用这些设备的生产企业也向大型化方向发展，如建立生产流水线、自动线使生产过程实现连续化、自动化。科学技术也使某些技术设备向小型化方向发展，如出现了小型和微型电动机、柴油机和发电设备，小型精密机床，微型计算机等，这些设备都具有体积小、重量轻等特点。比如，有的超小型水电设备，重量只有 60 公斤、发电能力 2 千瓦。不久前，美国一个工程师研制出一种超小型计算机，其体积是一个边长不到 8 厘米的立方体，它的运转功率为 20 瓦、允许温度为摄氏 71 度，可以管理由 16 台每秒能处理 800 万个指令的微机并行运行过程。这些设备的广泛运用，使一些企业朝"小而精"、"小而专"的方向发展，从而取得了较好的经济效益，在某些部门和行业，其优越性甚至超过大型企业。

2. 专业化协作的发展。在现代经济中专业化已经由"产品专业化"过渡到"零部件专业化"，"技术服务专业化"。因为现代工业产品，特别是机电产品结构十分复杂，许多产品由成千上万个零部件组成，比如，一般汽车有 2 万多个零部件，而一架 B—747 飞机所有零件多达 450 万个。这些产品都必须经过协作才能完成。一般做法是总装厂生产部分主要零部件和进行组装，它们的规模比较大；而一般的零部件则由许多中小企业来生产。比如，日本的丰田汽车公司，它是一个大企业集团，但是丰田汽车公司只是生产汽车引擎、车体等 30% 的零部件，其余 70% 则由协作厂生产。丰田汽车公司只有 10 个工厂，而协作企业达 1240 个。其中 240 家工厂生产零部件，其余的 1000 家工厂为丰田公司制造机械设备、卡具等。美国通用汽车公司也有 6000 多家中小企业与之协作，日本松下电气公司向中小企业采购零部件的比率也达 80% 以上，日本柴油汽车工业公司甚至达到 90% 以上。这样做的好处是：大企业不仅可以减少零部件种类的生产，集中力量主攻某些关键部件和建立流水线、自动线，完成产品的组装，形成大批量生产；而且可以集中人力、物力、财力进行科研和新产品开发，加速产品的更新换代，提高产品的市场竞争力，取得好的经济效益。小企业虽然设备、技术比大企业要差，但是由于它们往往只生产一种或几种零部件，产品比较单一，技术比较专门，不仅有利于它们扩大产品的批量，进行大量生产，而且有利于它们在技术上精益求精，并有所突破。据美国商务部统计，本世纪科学技术的发展，有一大半是由小企业创造出来的。据美国 1978 年 4 月《国会记录》所载，战后美国工业生产中共有 61 项基本发明项目，其中 45 项是中小企业的科研成果。可见，在现代生产中，由于分工协作的深入发展，大、中、小企业各有其优势，它们互相协作、互相依存、共同发展。

3. 行业规模经济性的差别。随着分工的深化和科学技术的发展，工业的行业越来越多，各个行业企业的规模大不相同，这是由于：

（1）行业发展阶段的差别。行业在不同发展阶段，规模的发展趋势是不同的。一般说来，传统产业，包括电力、钢铁、汽车、机械、纺织等工业，由于发展历史较长，行业发展已经到成熟阶段，规模总是比较大些；

相反，一些新兴产业，像电子、计算机、光纤通讯、生物工程、新材料等工业，它们还处在初创阶段，技术发展快，产品更新快、小规模经营更能适应技术和市场的变化。

（2）行业产品和服务性质的差别。产品和服务性质、用途不同，其规模的要求也不同。如电力、煤炭、钢铁、有色金属、石化、汽车等行业的产品，多作生产资料用，它们或产品的品种比较单一，或同一规格的产品需求量大，有条件采用大功率设备，或组成流水线、自动线生产，因此，一般说来，大企业比较多；相反，像轻工、食品、纺织等行业的产品，多作生活资料，它们具有品种规格多，市场需求变化快，原料分散等特点，适宜中小企业生产。比起生产资料行业的企业来说，它们的规模就要小得多。

（3）行业产品标准化方面的差别。产品标准化，是指其外形、内部结构和性能等方面的同一化。产品标准化了就可以把类似的产品集中起来，进行大量生产，这势必导致生产的专业化和集中化。但是，由于行业不同，产品标准化方面存在很大的差异，有的行业的产品甚至是一件一个样，这就决定了只能以小规模的企业进行生产。在这方面，最典型的例子莫过于汽车行业和工艺美术行业。汽车行业产品和零部件标准化程度很高，适宜组织流水线、自动线大量生产，有的汽车制造公司的生产量能达到几百万辆的规模，而工艺美术行业则正好相反，许多产品都是一件一个样，因此，只能单件生产，这就决定了企业的规模不可能大。

4. 市场需求的差异。企业规模要受市场需求的制约。在现实生活中市场需求的大小，稳定性和多变性是并存的，这就在客观上要求有不同规模的企业来适应市场的需求和变化。比如，某些矿产品、石油、电力、原材料、交通工具等，通用性强，需求量大，市场也比较稳定，适宜大量集中生产，生产这些产品的企业，其规模无疑是要大些；相反，由于科学技术的进步，生产力的发展，人们收入水平的提高，使许多产品正在朝多样化、系列化方向发展，而且新产品层出不穷，产品生命周期也大大缩短。据报道，美国的许多公司 70% 的产品在 20 年前是没有的；50% 的产品是 10 年前没有的；25% 的产品是 5 年前没有的。此外，如果一种新产品在 50 年代能在市场上保持两年无竞争状态，那么在 70 年代，这个期限便缩短为一年。战后日本的新产品更是层出不穷，据 1977 年《经济白皮书》的统计，1969 年日本的工业品的产量比 1950 年增长 17 倍，而 1950 年以前的传统产品却下降至 61.9%，其余 38.1% 都是 1951 年至 1964 年间陆续发展的新产品，其产量相当于 1950 年全部工业产品产量的 7 倍。这种新形势又必然促进中小企业的发展。因为中小企业"船小好掉头"，具有较强的适应市场的能力，能及时调整自己的经营方向和生产方向，按照市场变化推出新品种、新款式满足市场的需要。

5. 企业成长规律。对一般企业来说，都有一个由小到大的过程。这首先是因为受技术水平的制约。某些产品开始生产时，或功能没有被充分认识，或成本高，价格昂贵，一般人买不起，因而不能大量生产。其次是资金的制约。许多企业在初创阶段，自有资金比较少，又没有条件贷款或向社会筹集资金，只能先建成小企业，然后再发展壮大。比如，日本的松下电气公司现在已经成为日本最大的生产电视机、磁带录音机、电冰箱、立体声装置等民用电气产品的企业。它拥有 150 个工厂（其中 36 个在国外），现有职工 11.7 万人，可是它在 1918 年创建时却只是一个小作坊，资本只有 100 日元，只能生产电灯插座。在我国也有不少大企业是从小企业发展起来的。比如，四通公司就是从一个小公司发展壮大起来的。

同时，大企业的破产、蜕变、分解的情况也在不断发生。

根据上述情况，现代科技要求巨型生产与微型生产同时存在；专业化协作要求大企业与小企业配合；行业规模经济性并不是以"一刀切"的方式规定经济效益；市场已经给那些竞争的优胜者提供有利条件，而不仅垂青于大型企业或中小企业；在企业演变规律的作用下，不断形成大企业也不断产生小企业。所以"双向协同"发展的趋势是不依人们意志为转移的规律性现象。

三　大型企业的地位与作用

大型企业特别是大企业集团在各个国家的人民生活和国民经济中有十分重要的地位，起着非常重要的作用。有的西方学者还认为，在一个国家的整个经济的运行过程中，并不只是政府在进行宏观调节，市场对微观经济也在进行调节。他们还认为，大企业由于他们的经济规模、实力和所处的一种特殊地位，它们通过所控制和影响的子公司、关联公司将企业之间的市场行为变为企业内部的行政性行为。因此，它们是政府和市场之外的第三个调节主体，在调节经济中它们是作为"看得见的手"起作用。比如，诺贝尔经济学奖得主之一的赫伯特·西蒙就持这种观点。当然，对这种观点，也有一些不同的看法。但是，大企业在经济中有十分重要的地位和作用，这是无须争议的客观事实。

1. 大型企业作为国民经济的支柱，它们在某种程度上代表着一个国家的经济实力。

据统计，1982年，占美国公司总数0.7%的大公司，其利润额占全部公司利润总额的75%，就业人数占全部职工人数的67%。1984年列入《幸福》杂志的500家美国大企业的税后利润占全部美国公司税后利润的59%，1987年这一比例达到66%，占全美国工商界利润总额的2/3。1987年，美国最大的500家工业公司的销售额和资产额分别为18 795亿美元和17 057亿美元，相当于美国国民生产总值的41.9%和38.0%。最近一些年，这一比例还在上升。日本九大综合商社的年销售额占日本国民收入的30%。韩国的大宇、三星、现代和乐喜四大集团公司几乎控制了韩国的经济命脉。近年来，韩国前50家大型集团公司的营业额一直占韩国整个国家国民生产总值的70%~80%；占企业总数1.2%的大型企业集团公司所雇佣的职工占韩国企业职工总数的40.2%。德国全部企业销售额的1/4都集中在100家大公司中。1990年，奔驰集团年销售额达855亿马克，西门子为631.85亿马克，赫希斯特为448.62亿马克，占德国前20家大型企业年销售额的23.7%。

我国大型企业在社会发展和国民经济中的地位更是十分重要。1994年，只占全国国有企业户数0.23%的500家骨干企业，资产占全国国有企业总资产的36.04%，实现利润占全国国有企业实现利润总额的78.39%。我国500家最大的工业企业占全国独立核算工业企业总数不足0.12%，但其工业总产值、销售总额和利润总额所占的比重却很大，而且在逐年提高。1991年，它们的工业总产值达到4 928.9亿元，占全部独立核算工业企业总产值的39.8%，销售总额达到4 795.3亿元，占全部独立核算工业企业销售总额的40.16%，利润总额达到819.94亿元，占全部独立核算工业企业利润总额的53.15%；1993年，这500家工业企业利润总额达到1 911亿元，占全部独立核算工业企业利润总额的63.7%。

2. 大型企业是科研和新产品开发的强大阵地。

许多国家的研究费用和研究力量基本集中在大型企业。大型企业成了当代技术发展的主角和国际技术转让的载体。1980年，联邦德国的研究费用中，80%集中在 100 家最大的公司；85% 的研究人员也集中在这些大企业。德国大众公司所属的奥迪公司 1991 年开发费用为 8 亿马克，约占销售额的 5%。IBM 在采用高技术方面所花费用也是很高的，每年它的科研费用占公司流通费用的 7% 以上，从而使它获得了大量的专利权，为将大量的新产品投入市场创造了条件。在韩国，制造业平均研究开发费占销售额的 2.2%，但是，大企业的这一比例要高得多。三星集团高达 5.4%，三星电子公司的研究开发费用达到 8.2%，其半导体部分达到 15%。如此大的投入，中小企业是望尘莫及的。

3. 大型企业是发展对外贸易的主力军。

大型企业在进出口业务中有十分重要的地位。早在 70 年代中期，美国 149 家加工工业公司的出口额就占全国出口额的 1/3，英国 40 家大工业公司经营的出口额占全国出口额的 35%。德国最大的 19 家企业的出口额占全国出口额的 35%。日本的 3 家企业集团的出口额和进口额分别占日本进出口总额的 37% 和 43%。进入 80 年代后，这种情况更为明显。80 年代初，日本从事对外贸易的企业共有 1.2 万多家，其中所属各企业集团并在其中起重要作用的综合商社有 8 600 家，其出口额占全日本出口总额的 63%，进口额占进口总额的 67.2%，而 9 大综合商社进出口总额一直占日本进出口总额的 50%，占世界贸易总额的 9%。美国约有 3 万家制造业企业经营出口业务，其中最大的 100 家企业集团的出口额占美国全部制成品出口额的 50% 以上。1988 年，法国的 13.56 万家出口企业中，最大的 1 000 家出口企业的出口额占全国出口总额的 3/4，最大的 250 家占 1/2 以上，而最大的 25 家则高达 1/4。1984 年，韩国 50 家大企业集团的 10 家最大贸易商社的出口额占同年韩国出口总额的 48%。

4. 大型企业是改善产业组织结构的核心力量。

产业组织理论认为，一个行业的大企业越多，行业集中度（一个行业内部最大的若干家企业销售额在整个行业销售额中所占的份额）越高。行业集中度作为市场结构的一个重要因素，对企业行为和行业绩效有很大影响。集中度越高，大企业支配市场的能力越强，从而行业的利润越高。据西方一些学者的实证研究，当集中度超过 50% 以后，行业间的利润率和集中度的正相关关系就开始出现。而且，以大企业为中心能够形成各种各样的企业集团，它们对改善产业的组织结构也有十分重要的作用。所以，发达的市场经济国家的工业部门的集中度都比较高。

略论企业集团的规模[*]

有的同志认为,企业集团应越大越好。我们认为这种看法是片面的。理论和实践都表明,企业集团的规模并不是越大越好,它要受许多因素的制约。本文将对企业集团规模的几个问题进行探讨。

一 我国企业集团规模的现状

企业集团的规模是指劳动力、生产资料在集团内的集中程度,它反映集团的经济实力和生产经营能力的大小。

由于企业集团是具有一定经济技术联系的若干企业的联合,所以企业集团的规模主要取决于各成员企业的规模和成员企业的数量,与企业的规模一样,企业集团的规模也可用职工人数、固定资产的数量、综合生产能力等指标来衡量。

我国企业集团还处在起步阶段,一般规模还比较小,发展潜力还很大。从当前的情况来看,集团在规模方面主要存在以下一些问题:

(一) 集团的成员多,整体规模小

我国的企业集团一般都有几十个、甚至上百个成员企业,但整个集团的规模并不大。如深圳赛格集团,1988年,它有成员企业158家,但资产才10多亿元,产值才27亿;成立于1988年3月的厦门华夏集团,成立初期有成员企业50多家。注册总资本只有1亿元。相比之下,国外企业集团的成员企业并不多,但集团的规模却大得多。造成我国企业集团这种状况的原因有四个方面:

---

[*] 原载《中国工业经济》1991年第4期。

1. 集团的核心企业规模不大。以在我国有代表性的东风汽车集团为例，1987年末，作为东风汽车集团核心企业的"二汽"的固定资产原值不过40多亿元，折合美元还不到10亿。与"二汽"同行的美国GM公司1987年末资产达到874亿美元，在产量方面，"二汽"年产汽车只有14万辆，而美国的GM和丰田公司年产均在400万辆以上。

2. 集团的一般成员多是中小企业，自身的规模很小。大一点的资产不过几百万元，小的资产只有几十万元。所以尽管集团的成员企业很多，但集团的总规模却并不大。

3. 我国的企业集团一般都为单一主体型，多元复合体型企业集团少，单一主体型是以一个大型骨干企业为中心形成的。而集团的规模往往在很大程度上又取决于核心企业的规模。这就限制了集团规模的发展。而多元复合体型企业集团是有两个或两个以上的大型骨干企业为中心联合而成的，而每一个大型骨干企业又联合了一批企业。所以多元复合型可以看做是单一核心型的复合体。多元复合型比单一核心型的规模自然要大得多。

4. 我国企业集团的成员多为单厂企业，复合体的公司企业较少。由于集团企业的组织形式不同，集团可有工厂企业组织结构、工厂公司混合组织结构和公司复合体组织结构等三种组织结构。目前我国企业集团多为工厂企业组织结构，参加企业集团的都是独立的工厂企业，且它们多数规模也比较小，这种类型的企业集团规模比有公司企业参加的其他两种类型的企业集团的规模自然就小得多。

（二）规模结构不合理

企业的规模结构一般应呈金字塔形，即中小企业数量多，大型企业数量少，相反，企业集团的规模结构则应呈倒金字塔形才合理，即大中型企业集团数量应该多，小型企业集团的数量应该少。但目前我国企业集团的规模结构并非如此。据国家体改委统计，1988年全国冠以企业集团名称的联合体有1630个，其中在国家计委实行计划单列的大型企业集团只有15个，还不到现有企业集团总数的1%，算上在各省、市、自治区实行计划单列或由各省、市，自治区直接管理的大型企业集团也仅仅只有上百个，只占6.5%，资产在1亿元以下的中小型企业集团则占多数，仍是一个宝塔形的规模结构。这种状况的原因是多方面的。

1. 从企业集团的发展规律来看，都有一个由小到大，不断壮大的过程。

我国企业集团处在初创阶段，大型企业集团自然就少些。

2. 我国现有的企业集团跨地区、跨行业的还较少，多数还局限在本地区，本行业的范围内，它们的规模不可能大。

3. 金融生产经营性企业相互渗透，相互结合的局面尚未出现，我国现阶段的企业集团多是一些生产经营性的企业集团，银行、投资公司等金融企业尚未加入集团，更没有财团性质的企业集团，因此，大型企业集团的数量还很少。

（三）规模经济效益还比较差

建立企业集团的目的之一，是追求规模经济效益。但从目前的情况看，我国许多企业集团并没有实现这一目标，其主要原因自然是由于我国多数企业集团规模还比较小，尚未达到合理的经济规模。但也应看到，有些企业集团没有获得规模效益，并不是因为它们规模小，而是因为它们不顾主客观条件、盲目追求扩大规模而引起的。比如，有些企业集团的主体企业规模很小，固定资产只有几百万元，职工人数也不过上千人，但它吸收的成员企业却很多，战线拉得很长，摊子铺得很大，鞭长莫及，难以管理，效益自然难以提高。有些生产名优产品的企业，本来有很大的优势，实力也较强，但由于它们盲目追求扩大生产规模、吸收许多条件较差的企业参加集团，自己虽然费了九牛二虎之力，按名优产品标准组织生产，效果却并不理想。结果不仅没有使扩散厂的产品达到名优产品的水平，反而使名优产品质量下降了。近两年，某些集团的名牌产品在国家级评比中，质量退居第四、五位便是很好的例证。

二　确定集团的合理规模

集团是由许多成员企业组成的，是不是只要成员企业的规模是合理的，无论集团由多少企业组成，它的规模都能合理呢？答案是否定的。

随着集团规模的扩大，管理越来越复杂，而且管理机构更加庞大，从上层管理到基层管理，环节增多，"管理链"延长。上层的命令、意见、意图传递给基层，容易被遗漏、误解或歪曲，而且容易产生相互指责、推诿的作风，使传递速度受到影响。下层和外界的信息传递给高层管理机构也会出现类似情况，企业集团越大，这种失真、失控的现象就越严重。尤其是当上级管理层次和下级管理层次的目标不一致时,下级可能歪曲上级的管理的意图或向上级传递不真实的信息,如对上级的决策阳奉阴违,夸大困难程度等,来维护自己的利益,如果我们把这种由于集团内组织管理上的失真、失控等造成的损失货币化,即构成组织成本。所以组织成本和集团成员数目成正相关。

除组织成本之外,集团也还产生摩擦成本。摩擦成本是由于市场信息不完全引起的。对集团来说,它是一种外部成本。在市场对企业充分起作用的情况下,市场信息是企业决策的重要根据之一。但是企业并不是任何时候对信息的收集都能做到全面、准确、及时。如果把信息收集的遗漏、延缓、失真等造成的损失货币化,即构成摩擦成本,它与成员企业的数目成负相关。

集团规模是由以上两种成本的比较确定的,也就是说,摩擦、组织成本之和的极小值是决定规模的均衡点,用数字公式计算出这种均衡点是很困难的。在现实经济生活中,实现这种均衡的基本条件是竞争。即大企业集团摩擦成本较少的优势和中小企业集团组织成本少的优势的较量。

我们虽然不能用一个数学公式来计算出企业集团的合理规模,但我们却可以为选择企业集团的合理规模确定一些基本原则。这些原则主要是:

1. 讲求经济效益。我们在确定企业规模时,必须重视经济效益,绝不能图形式,赶浪潮,盲目追求大规模。在这方面目前我们已有不少教训。比如,有些地方的行政领导部门为了赶浪潮、抓样板、树典型,不顾主客观条件,极力拼凑大型企业集团,为了扩大集团的规模,他们违背企业意愿,采取行政干预、领导包办,硬性捏合等手段强迫企业进行联合、合并,有的甚至把关系户和经济效益差的企业硬塞到集团中去。有些集团的核心企业,为了使自己的行政地位升级,不顾自己的经济技术力量,大量"招兵买马",把许多与自己毫不相干的企业也网罗进集团,使自己背上了沉重的包袱,今后在确定企业集团规模时,我们应该深刻吸取这些教训。

2. 由小到大,逐步发展。由单一的工厂企业或公司企业发展为复合体的企业集团是一个巨大的转变,它要求各成员企业在管理机构、管理方式和管理方法等方面都要做大的变革,特别是作为集团核心的大型企业,它既是独立的企业法人,又是集团的领头人。它不仅要管好自己,而且要管好其他成员,责任十分重大。但是无论是核心企业或其他成员企业,都缺乏组织企业集团的实践,缺乏管理经验,难免会碰到许多新的问题或困难。

因此,在刚组建企业集团时,成员不宜过多,规模不宜过大。特别是我国还处在经济体制转轨时期,旧体制对组建企业集团还有较强的制约性,在这种情况下,企业集团的战线更不宜拉得过长。要随着生产力的发展、自身力量的增强和经济体制改革的深化,由小到大,逐步发展。企业集团刚组建时,成员不宜过多,要先把那些与核心企业联系紧密的企业发展进来。而且在联合的方式方法上要有所区别,能保持一般专业化协作关系的不纳入松散层,能保持松散联合关系的就不纳入紧密层。在集团刚成立时,参加紧密层的企业要尽可能减少,参加松散层的可适当扩大。随着集团实力的增强和管理经验的积累,成熟一批联合一批,进入紧密层的成员,成熟一个吸取一个,积极而稳妥地发展壮大。

3. 保护竞争,防止垄断。企业和企业集团没有一定规模,就不可能取得规模经济效益,但规模过大又可能形成垄断,扼杀竞争。因此追求规模经济和防止垄断的弊病就形成了一对难解难分的矛盾,在西方的产业组织理论中,人们将它称之为"马歇尔冲突"。从总的来看,我国企业集团还处在起步阶段,集团的数量较多,规模还比较小,尚未出现带垄断色彩的大型集团,但从发展趋势来看,今后这种矛盾也必然会发生。为了保护竞争,政府应制定相应的宏观政策来保护竞争,防止垄断。从当前的情况来看,更为紧迫的倒是防止行政性垄断。现在有些行政部门以加强宏观控制和组建企业集团为借口,把已下放给地方的企业收回来,建立行政性的集团公司,这种行政性集团公司实质上是一种行政机构,它不仅直接管理一些大型企业,也管理企业集团。这就是又给企业集团加上一个"婆婆",不仅使企业和企业集团丧失了部分自主权,而且形成了行政垄断,对企业之间,企业与集团之间开展竞争都十分不利。因此,我们必须制止企业集团的行政化倾向,使企业集团沿着健康的道路发展。

企业集团的规模要受许多因素的制约,因此在确定企业集团合理规模时只提出一些原则是不够的,还必须充分考虑这些因素的影响,才能选择适合本集团具体情况的合理规模。

1. 要考虑核心企业的规模和经济实力。一般企业集团都是围绕一个或几个核心企业发展起来的,核心企业在集团中起成员主导作用,它对其他成员直接或间接施加控制性的影响。因此,核心企业的规模和经济实力直接制约着企业集团的规模,如果核心企业的规模小,经济实力不强,却硬要组建大型的企业集团,就会形成"小马拉大车"的局面,集团的发展必然会困难重重。如河北省石家庄市的马胜利造纸集团便是如此。该集团的核心企业规模较小，却发展了100多家成员企业，遍布全国各地，集团管不了、也管不好，造成一部分企业经营不善，甚至严重亏损，不得不退出集团。这说明企业集团的规模必须与核心企业的经济实力相适应。在核心企业规模不大，实力尚不强的情况下不要超越自己的能力去组建大型的企业集团。

2. 要考虑所组建集团的类型。集团的类型很多，按照经济技术联系的不同特点，它可以分为产品辐射型、项目配套型、技术开发型、产品资源联合型、综合功能型等。不同类型的集团，对规模也有不同的要求，如产品扩散型、综合功能型等就要求建立大型一些的企业集团，技术开发型的企业集团规模不可能很大。

3. 要考虑集团的组织形式。我国现有的企业集团，一般都是生产经营方面的联合。这种联合是通过签订协议合同实现的，成员企业仍保持很大的独立性，集团的向心力不强，规模很难扩大。如果通过参股、控股、形成股份制企业集团，企业不仅可以增强向心力，而且在发展成员企业时，再不会考虑生产技术方面联系，还会跨行业、跨部门发展，集团规模就可能发展得大些。

4. 要考虑主导产品性质和市场容量。任何企业集团都有自己的一个或几个主导产品，这些主导产品性质如何，适宜集中生产或分散生产；它们是地区性产品，全国性产品，或是国际性产品。如果是地区性产品，其市场容量不可能很大，就是全国性产品和国际性产品，其市场容量也不可能是无限的。更何况生产这些产品的企业并非一家，还有个竞争的问题。所以市场对主导产品的容量，也制约着集团的规模。

5. 要考虑管理水平和管理手段的制约。在企业管理水平不高，管理手段还比较落后的情况下，要发展大型企业集团尤其是要发展特大型企业集团是比较困难的；相反，如果管理水平很高，管理手段也很先进，就为发展特大型企业集团创造了比较好的条件。

三　企业集团的规模发展趋势

我们不主张不顾主客观条件去盲目追求企业集团的规模，这并不等于反对企业集团向大型化发展。从长远来看，大型化必将是我国企业集团发展的基本趋势。这是因为：

1. 我国现有的企业集团规模普遍较小。我国企业集团的数量虽然不少，但大型企业集团并不多，多数为中小型企业集团；即便是大型企业集团，与国外的大型企业集团比较，规模仍算较小的。它们都有很大的发展潜力。

2. 我国仍处于由传统产业向现代产业过渡时期。在这一时期，第一产业的比重仍比较大，某些在西方被称为"夕阳工业"的产业，如钢铁，汽车制造、重化工等在我国仍需大力发展，而按其生产技术特征与合理组织生产的要求，这些产业的企业只有大型化才能取得规模经济效益。因此，与这一阶段的产业技术和主导产业相适应，在产业组织结构上也应该克服这些产业存在的小型化、分散化的弊病，推进这些部门的企业和企业集团向大型化、巨型化方向发展。

3. 经济体制改革的深化将为企业集团向大型化发展创造良好条件。由于经济体制的制约，目前我国企业集团存在着"七多七少"，即产销一体化的集团多，资产一体化性质的集团少，单元主体型（即以一个骨干企业为依托组成的企业集团）多，多元复合体型（以两个或两个以上骨干企业为依托组成的企业集团）少；服务配套性集团较多，要素重组性集团少；围绕某一种名优产品组成的集团多，包罗一个产品系列的产业性集团少；由工厂企业组成的集团多，由公司组成的集团少；部门性、地区性集团多、跨部门、跨地区的集团少；生产经营性集团多，财团性质的集团少。这"七多七少"决定了我国现有企业集团的规模很难大型化。随着经济体制改革的深化，将为"七少"变"七多"创造有利条件，后七种类型的企业集团增多了，企业集团的规模就会随之而扩大。

既然大型化是我国企业集团发展的基本趋势，那么可以通过哪些途径来扩大企业集团的规模呢？我认为主要有以下两条途径：

1. 扩大集团成员企业，特别是核心企业的规模，可以通过以下两种方式来实现：

第一种方式是通过外延和内涵方式扩大成员企业规模。"外延方面表现在旧工厂之外添新工厂"，"内涵方面表现为扩充原有的生产规模"。这就是说外延方面的成长必须通过基本建设投资来实现，而内涵的成长则主要依靠对原有企业进行技术改造、改建、扩建等方式来实现。这两种方式各有其优缺点。而且它们的优缺点是互换的。在一般情况下，外延方式的优点往往就是内涵方式的缺点，反之亦然。当然从提高经济效益来看，内涵方式更好些，它具有投资少、产出多、周期短、见效快等明显优点。但是我们也应该看到，在现实经济生活中，外延方式和内涵方式是相互交织的，不能截然分开。同时，企业应采取哪种方式发展，不能凭主观愿望，它要受许多因素的制约。这些因素主要是：

（1）企业所处的成长阶段。一般来说，企业创建阶段，其规模都比较小，厂房少，没有条件采取内涵方式发展，需采用外延发展的方式。企业发展到一定规模后，厂房比较多了，因此，往往多采用内涵发展的方式。

（2）设备状况。企业的设备使用时间太长，已经陈旧，或者虽然不很陈旧，但由于出现了更先进的设备。在这两种情况下，仍使用落后的设备生产，不仅产品质量得不到保证和提高，而且，原材料消耗高，企业的产品缺乏竞争力。因此，应当通过设备的更新来扩大企业的生产能力。反之，如果企业的设备使用年限还不长，性能也还好，而企业又想发展，就应采用另建新厂的方式。

（3）产品发展方向。企业发展的产品如果与原来生产的产品工艺相近，能在原来的生产线上进行，或者能较多地利用原来的设备生产，那么通过技术改造来生产这种新产品就更有效益；反之，如果发展的产品与原来的产品在工艺上毫无关系，或者关系不大，就只能采用建新厂形式来发展。

第二种方式是采用兼并、合并方式扩大成员企业规模。从严格意义上说，兼并、合并也是一种外延式扩大规模方式，但它和上述意义的外延式扩大方式又有明显的区别。它不是对原有企业进行改造、扩建、改建的方法来实现，而是通过购买其他企业的产权与其他企业实行产权联合的方式来实现的。采用兼并、合并的方式来扩大集团成员企业特别是核心企业的规模有如下好处：

（1）可以以优惠的价格使企业获得现成的厂房、土地，设备，从而迅速扩大企业的生产能力，扩展集团的规模，取得专业化协作和规模经济优势。

（2）可以迅速壮大企业的技术力量。

（3）对于规模经济效益较差的企业，通过兼并、合并可以解决市场狭小、企业规模小的弊病，壮大自身的力量、提高竞争力，对于已开始失去竞争力的某些成熟企业和衰退企业，兼并、合并可以使它们获得新生，重新获得活力。

（4）可以更有利于企业组织结构的调整。兼并、合并都是通过变更现有企业的产权关系，进而对企业按照经济合理和专业化协作的原则进行重组，这就可以提高现有企业的组织程度，使社会的资源得到合理配置，提高其利用率。

由于兼并、合并有这些好处，国外的大企业和大企业集团许多都是采用这种方式来扩大自己的规模的。以日本为例，从1960年至1980年20年间，兼并、合并的现象大量发生，比较著名的合并事例有：日本汽车和王子汽车合并成为当时日本最大的日产汽车公司；1970年八幡制铁与富士制铁合并成世界最大的钢铁公司——新日铁公司。美国的情况也是如此。美国历史上发生了四次大的兼并、合并浪潮：第一次发生在1880～1905年，1899年曾经达到顶峰；第二次发生在20世纪20年代，1925～1930年达到高峰；第三次发生在50年代中期到60年代末；第四次从70年代开始，至今仍未停止。特别是第四次兼并、合并浪潮，规模之大、时间持续之长都是从未有过的。特别是1984年3月，加利福尼亚美孚石油公司以134亿美元的巨资收购了海湾石油公司，这是美国历史上最大的一起大公司兼并事件。通过兼并、合并，美国大公司、大企业集团的规模迅速扩大。[1] 我国企业兼并、合并的现象也开始出现，随着经济体制改革的深化，企业兼并、合并必将大量开展。所以采用兼并、合并来扩大企业集团的规模无疑是一种很好的途径。

2. 增加集团成员企业的数量。增加集团成员企业的数量也是扩大企业集团规模的有效途径。具体又有以下两种形式：

第一种方式是成员特别是核心企业通过持股、控股增加子公司的数量。采用这种方式扩大企业集团规模的好处是：① 能打破所有制、行政隶属关系的界限，使所有权和经营权分离，为资源优化配置创造条件。② 能理顺双方的资产关系，易于为双方接受。③ 能增强企业集团内部的向心力。用股份制形式来扩大集团规模是西方企业集团普遍采用的方式，我们在采用这种形式时，特别要注意发展集团的核心企业与一些非成员的大型企业互相持股这种形式，因为通过这种形式可以使集团由单一主体型变为多元复合型，从而使集团规模迅速扩大。

第二种方式是成员企业特别是核心企业通过一般的生产经营联合增加联合企业的数量。通过这种方式扩大集团规模的好处是容易实现。但是，

---

[1] 参见黄文杰《近几年来西方跨国公司的新动向》，原载《世界经济》1986年第10期。

由于这种联合比较松散，向心力不强。因此，适宜在集团发展初期采用。当集团发展到一定规模以后，其主要注意力应放在扩大核心企业和紧密层企业的数量和规模上，所以应更多采用股份制，以增加子公司的办法来扩大集团的规模。

跨国公司发展的新趋势[*]

到1992年底,全球有跨国公司3.7万家,它们拥有子公司17万家。1992年,跨国公司的销售额高达5.5万亿美元,远远大于世界贸易总额;全世界对外投资总额达2万亿美元,绝大部分都是由跨国公司进行的。跨国公司已经垄断了世界上对外直接投资的95%,研究与开发的85%,国际技术转让的70%,国际贸易的60%,国际生产的40%。90%以上的跨国公司总部设在发达国家;不到1%的跨国公司来自中欧和东欧;来自发展中国家的跨国公司数量占8%,在世界对外直接投资存量中的比重为5%。

20世纪,特别是80年代以来,随着科学技术的飞速发展,国际市场竞争的加剧和世界经济一体化进程的加快,跨国公司的发展也出现了一些新的特点。

(一)在发达国家的跨国公司继续保持强大增长势头的同时,发展中国家的跨国公司也获得了很大的发展

据国际货币基金组织统计,1990年,发达国家的直接对外投资占国际直接投资总额的80%以上(大部分为跨国公司所有),并形成了日本、美国和西欧三足鼎立的对外直接投资局面。这些发达国家的对外直接投资,主要是流向美国和西欧。据统计,从1958~1989年,西欧国家在美国的直接投资从1 071.05亿美元增加到2 341.2亿美元,日本在美国的直接投资从191.73亿美元增加到696.99亿美元;1989年,美国对西欧的直接投资已经达到1 767.36亿美元,比1984年增长了48.2%,年平均增加170.28亿美元;日本对西欧的直接投资也增长很快,1985年至1989年的直接投资累计额已经达到358.9亿美元。

---

    * 原载《经济学消息报》,1994年7月21日。

当代国际直接投资虽然仍以发达国家的直接投资为主流，但是，新兴的工业国家、地区，以及发展中国家的直接对外投资也发展很快，国际直接投资呈现多元化的特点。如新加坡、韩国、香港、台湾、泰国、印度、墨西哥、马来西亚等国家和地区的跨国公司近年来发展也很快，据不完全统计，目前，发展中国家已有50多个国家和地区发展直接投资，在海外设立分公司、子公司数千家，直接投资累计金额达300亿美元。

（二）服务业跨国公司迅速发展，投资的行业结构发生变化

80年代中后期以来，服务业在国民经济中的比重的地位迅速上升，银行、保险公司、广告公司、管理咨询公司等一直在加速发展它们的国际网络。90年代初，第三产业投资占绝大多数投资国资本流出总额的50%～55%，其中：发达国家对国外服务业的投资已经占到全部对外直接投资的3/5，发展中国家也达2/5，有些国家如美国竟达2/3。到1986年，美、日、欧的服务业跨国公司已达231家，分支机构达13 050家。90年代在科技进步和信息流动的推动下，服务业跨国公司将建立更加完善的全球网络和服务一体化体系；计算机网络使信息流动加快，从而将使技术密集服务业的跨国公司能够提供更加有效的服务；服务业跨国公司将进一步推动国际服务业的发展。总之，服务业在90年代将成为跨国公司最主要的活动形式。

（三）非股权参与日益成为跨国公司实行海外控制的重要方式

对外直接投资历来是跨国公司对海外企业控制的主要方式。母公司通过对外直接投资获得控股权实行对国外子公司的产权控制。但是80年代以来特别是近年来，由于发展中国家不同程度地加强了对外资参与进行管制和监督，也由于高科技在生产经营和国际竞争中的作用日益加强，跨国公司发展了一种对外直接投资的替代物——非股权安排，即在简单的专利许可证、经营合同、产品分成合同、技术协助合同、交钥匙合同、专用权、各种经济合作、"三来一补"、国际转包合同等形式中，跨国公司不参与股权，而是以承包商、代理商、经营管理者等身份参加承包工程、经营管理、技术咨询以及商品销售等活动，并借此获得优厚收益。这种非股权安排在采掘业中已经广泛运用，在其他行业也正在推广，它们的重要性日益增加。据统计，美国跨国公司对国外子公司采取股权完全拥有或对等拥有形式的，50年代占70%以上，80年代则下降到47%；相反，采取少数拥有或对等拥

有形式的，则由50年代的16.8%上升到80年代的50%多。在股权控制型迅速减少的同时，非股权安排下的国际合作迅速增加，根据联合国跨国公司研究中心统计，1984年发达国家在47个发展中国家生产或组装的汽车达300万辆，其中47%是以非出资合同生产的。

（四）推行全球战略

美国哈佛大学教授彼特说，全球战略并不单纯指企业经营活动越出了国界，而且还包括如何将这些越出国界的经营活动有机地结合起来，使某一企业在某一国家的竞争地位直接影响着该企业在其他国家中的竞争地位。也就是说，跨国公司发展到国际分工阶段以后所采取的战略，不受任何民族利益和国家疆界的限制，也不考虑某一子公司的盈亏得失，而是将公司的所有资源、各个经营环节和各种经营活动进行跨国界的配置、协调和管理，以追逐世界市场和全球性的机遇为目标，以求得整体的发展和全公司的最大利润。比如，跨国公司的产品开发和生产，一开始就服从全球战略的需要，因而其产品的生命周期是由国际市场决定的。其产品往往在成长期就进入市场，利润增长的最高点一般发生在产品跨出国门之后。跨国公司的全球战略也决定了它们的垄断行为，而这种垄断作为全球战略的一部分，也直接决定了它们争夺世界的中心市场——发达国家市场的欲望和行为。可见，全球战略既不同于以扩大出口为目标的国际市场战略，也不同于一般的对外直接投资战略，而是跨国公司发展到参与国际分工阶段的一种总战略。

采用全球战略后促使公司的经营思想发生了巨大的变化。首先，公司要向"无国籍企业"的方向发展。一方面，要在有利于公司发展的国家多建立子公司，并使母公司和子公司成为一个有机整体；另一方面在公司内部要淡化国籍的概念，多选用外国的尤其是子公司所在国家的经营管理人才。其次，必须把世界作为一个统一的大市场，在全世界范围内构造公司的竞争优势。这种全球战略服务于各个国家中基本相同的市场，以全球中心战略代替多中心和地区中心战略。在全球性的市场扩张中、不在地方偏好和习俗的基础上开拓国际市场，而是在全球寻找相同的市场，使用综合的方式在发达国家与发展中国家中同时开拓，构造公司的产品开发优势、技术垄断优势、区位垄断优势和资源互补等优势，并使产品价格、质量、可靠性、运输等达到最佳组合。再次，建立面向全球的公司组织结构。消除国际业务与国内业务的区分，以世界市场为对象设置公司的管理机构和生产服务体系。

（五）跨国公司战略联盟的出现与加强

跨国公司的战略联盟又称"战略合伙"、"公司的外部合作"、或者"新型投资形式"。它既不同于通常意义上的"合资经营"和"合作经营"，也不同于一般的国际垄断组织形式，而是指两个或两个以上的跨国公司面临剧烈的市场竞争和高技术发展的挑战，出于对整个世界市场发展的预期和实现公司总体经营目标的考虑，所采取的一种长期合作方式。这种联合是通过协议、合同实现的，联合的行为是自发的非强制性的，形成的联合体是松散的而不是紧密的，参加联盟的公司仍然是独立的而不是受控制的。

80年代以来这种战略联盟不断出现，并在逐渐加强它们之间的合作关系。跨国公司组成的战略联盟，或在市场行为方面进行某些协调，瓜分或者垄断某些市场；或在生产领域进行某些合作；或共同开发产品、新材料和新技术。比如：1982年，世界上著名的机器人生产企业日本的法拉库公司与世界机器人大用户美国通用汽车公司达成协议，合办了从事机器人技术开发、生产和销售为一体的"通用·法拉库机器人开发公司"；1985年，美国的通用汽车公司和日本的丰田汽车工业公司在美国的加利福尼亚合办了奴米公司，在生产领域进行合作；1988年，日本的松下电子工业公司与美国的因特公司合作，共同开发16MDRAM微细线路板的复印技术，美国通用电气公司、日本三家公司和法国斯索克玛公司共同开发"CFM50"发动机的新一代产品；1989年，日本松下电气工业公司与西德的西门子公司就建立生产电子零部件的"西门子·松下元器件公司"达成协议，同年又与瑞典和瑞士合营企业阿赛阿·布拉温堡伯利集团达成在日本销售机器人的协议；80年代后期以来，日本的东芝电气工业公司与美国的摩托罗拉公司就建立全面协作与分工的产业联盟达成了一系列协议。

关于企业生命周期与企业蜕变的探讨*

许多管理专家和企业家都认为企业既然可以作为能动的有机体看待,那么,它一定是有寿命的。比如,松下幸之助就说过:"松下电器也会自然消亡"。有些人还对企业的寿命做过分析,比如,日产 BUSINESS 的《企业的寿命》一书就提出了企业的寿命一般为30年左右的观点,台湾企业家张安平先生也对企业寿命进行过分析。他认为:"无论在东方或西方,大多数的企业只有着与人一般的短暂生命。70年前,美国及日本50家最大的公司,所剩寥寥无几。而中国则可能一个都没有。历史告诉我们,大多数企业的繁荣期不过30年。"[①] 但遗憾的是,管理专家和企业家们却没有进一步去研究企业的生命周期问题。我在80年代后期曾对此进行过一些研究,提出过自己的一些看法。[②] 企业发展和企业管理的实践越来越证明这是一个十分重要的问题。

一 企业的生命周期与企业的成长类型

企业的生命周期,是指企业诞生、成长、壮大、衰退、直至死亡的过程。根据对企业成长的考察,企业的生命周期可以划分为孕育期、求生存期、高速成长期、成熟期、衰退期和蜕变期等阶段。

企业有不同的成长类型,各成长类型在生命周期的各个成长阶段的特点也有所不同。比如,按照企业的规模扩张来划分企业的成长方式,可将

---

* 原载《中国工业经济》1995年第11期。

① 张安平:《企业家精神》,载周叔莲、闵建蜀主编:《论企业家精神》,经济管理出版社1989年12月版。

② 陈佳贵:《关于企业生命周期的探讨》,载《中国工业经济丛刊》1988年第2期;《企业学》第13章,重庆出版社1988年12月版。

企业的成长方式划分为 A、B、C 三种类型。A 型为欠发育型，B 型为正常发育型，C 型为超常发育型，用图 1 表示。

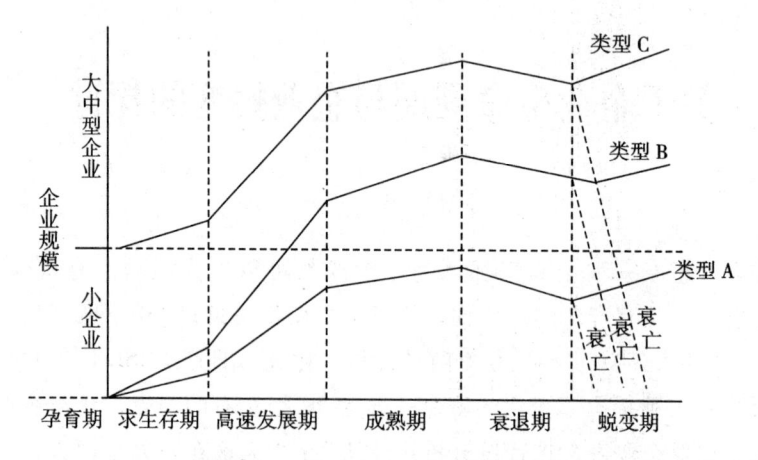

图 1　企业的生命周期和成长类型

图 1 中的类型 A 为欠发育型。欠发育型，是指企业在建立时是一个小企业，经过多年的成长与发展，虽然其素质可能提高了，实力也可能增强了，但是在它们的生命延续的整个过程中，始终没有成长为大中型企业。所以，我们把这种成长类型称为欠发育成长型。

类型 B 为正常发育型。正常发育型，是指企业诞生时，只是一个小企业，经过多年的成长，不仅素质提高了，实力增强了，而且从一个小企业成长为一个大中型企业，甚至成长为一个超级大企业。虽然这种企业的数量并不多，但它们却非常有代表性，所以我们将它们称为正常发育型。

类型 C 为超常发育型。从图 1 可以看出，这种类型的企业诞生时就是大中型企业，因此，在成长过程中它们的起点高，实力强，它们中的不少在成长过程中发展为超级大企业和跨国公司。随着大企业股权的社会化、分散化的发展，随着机构投资者、法人投资者的大量涌现，随着一些新兴产业的出现，这种类型的企业也越来越多。

为了使研究更具有代表性，本文将把 B 类型，即正常发育型作为研究对象。

二 企业成长各阶段的主要特征

正常发育类型与其他类型一样,其生命周期可以划分为孕育期、求生存期、高速成长期、成熟期、衰退期和蜕变期。

(一) 孕育期

指企业的创建阶段。企业无论采取哪种方式兴建,在孕育期都有如下特点:

1. 可塑性强。企业在筹建过程中,产品方向、工艺技术装备、建厂地点等的选择余地都很大。企业建成什么样子,主要取决于创办者的实力、技能、经验、发展目标以及市场定位等因素。

2. 投入大,建设周期较长。要建设一个企业,需要投入大量资金。一般都需要 2~3 年才能建成,有些企业,如大型水电站、地铁等则需要更长的时间。在建设期,只有投入,没有产出。建设周期越长,企业的负担越重。因此,要尽可能缩短孕育期,使企业早投产,早创收。

3. 对企业以后的发展影响大。在孕育期,各方面的工作做得比较细,基础打得好,企业投产后就能顺利发展;相反,如果工作做得粗,决策失误,如技术装备选得不合适,工艺不合理,就有可能造成先天不足,甚至流产。

在企业的孕育期,企业应该把主要精力放在抓建设质量和生产的准备工作上,包括产品的设计、流动资金的筹措、原材料的准备、人员的培训以及管理组织模式的选择,等等。

(二) 求生存期

企业取得登记注册,并开始营运后,就进入求生存期。企业在求生存期间具有以下特点:

1. 实力较弱,依赖性强。企业初创阶段,人力、物力、财力都比较薄弱,在市场上尚未站稳脚跟,需要各方面扶持。因此,在这个阶段多数企业独立性较差。据澳大利亚学者调查,25%以上的小企业的产品有一半以上是销售给它们的两个最大的主顾,在纺织、服装、制鞋等行业的企业中,有 36% 的小企业依附于一个或两个大主顾,它们的产品有一半以上是销售给这些主顾。在财政上小企业也依附于大企业或政府。根据美国学者调查，从大资本得到财政援助的小企业中，65%~80%能够免遭破产和倒闭。

2. 产品方向不稳定，转业率高。在求生存期，企业的产品方向很不稳定，经常发生转业现象。有关资料显示，在日本，中小企业平均转业率为6%左右，高出大企业平均转业率的2.6倍，就小企业而言，10~19人规模的企业，专业率又最高。

3. 创新精神强。企业在求生存阶段，除采用灵活多变的经营战略外，还以"新"制胜，法国、西德、英国的小型工业企业的发明分别占本国所有重大发明创造总数的31%、26%和23%，美国小型工业企业的重大发明占美国所有企业重大发明的50%。

4. 发展速度不稳定，波动大。在求生存阶段，一方面，由于企业是从零开始，基数较低，产量尚未达到设计能力，只要有市场需要，企业的发展速度可达几倍，甚至十几倍；另一方面，由于企业竞争力还不强，用户还不稳定，又会影响企业的发展，使企业的生产产生较大的波动。

5. 破产率高。有关资料显示，美国平均每年倒闭的20万家小企业中，55%是开业不到5年的新企业。在70年代，日本倒闭的企业中，绝大多数也是开业不久的小企业，其中资本不足1000万日元的企业占90%，资本不足500万日元的占70%，进入80年代以来，日本小企业的倒闭数平均每月保持在1 000家以上。我国每年也有10多万家小企业倒闭破产。

6. 管理工作不规范。管理制度还不健全，无章可循和有章不循的现象同时存在，管理工作还不规范，管理水平较低。

7. 企业缺乏自己的形象。由于刚投产不久，在企业内部尚未形成具有本企业特点的管理哲学和企业文化；企业的产品在市场上还没有得到广泛认可；企业还没有树立起自己的形象。

在求生存期，企业的主要精力应该放在做好基础工作，树立自己的形象和开拓产品市场上。

（三）高速发展期

企业创立以后，在5~7年之内能生存下来并获得一定的发展，一般就会进入高速发展期。企业在这一发展阶段的主要特点是：

1. 实力增强。企业进入高速增长期后，生存问题已基本解决，经营者已积累了比较丰富的管理企业的经验，企业职工增加，它们的技术水平也得到了提高，企业自身拥有的资金增加，筹措资金的能力也增强。

2. 形成了自己的主导产品。在这期间，企业形成了自己的主导产品，它们一般都占企业销售额的70%以上。这些产品已得到用户承认，可以大批量生产。与此同时，企业的转业率降低，据日本专家分析，处于高速增长期的企业，其转业率要比处于求生存期的企业降低60%以上。

3. 企业由单厂企业向多厂企业发展。在求生存期，企业一般为单厂企业，随着高速增长期的到来，企业规模进一步扩大，单厂企业发展到一定规模，要再扩大生产规模就会使成本上升，效益降低。为了使企业继续成长，企业只得另建新厂，企业由单厂企业变成了多厂企业。

4. 创造力强，发明创造投入使用快。处于高速发展阶段的企业，不仅具有很强的创新精神，而且具有很快将创造发明投入使用的能力。据有关材料反映，在原西德，来自高速发展的大中型企业的创造发明占74%。而且在这些企业里，创造发明的成果只需2年就可以投入使用，而在进入成熟阶段后的大企业里，创造发明的成果要4~5年才可能被使用。

5. 发展速度快，波动小。处于高速发展阶段的企业既具有很强的活力，又具有了较强的实力，所以一般都发展很快。美国一家企业管理咨询公司——麦西金公司1983年提供的研究表明，属于美国企业家协会的70家会员公司（都属于迅速发展的中型企业），在过去的5年里，销售额每年至少增长15%。1982年，美国中型企业销售额平均增长为12%，资本的平均回收率10%，其中名列前茅的一批迅速发展的中型企业，销售额的年增长率达到43%，企业资本回收率达到14%，在销售额和资本回收率两方面，迅速发展的中型企业都超过了《幸福》杂志所列举的美国发展最快的250家大公司。

6. 企业的专业化水平提高，企业之间的协作加强。在高速发展阶段，由于企业的产品得到了社会的承认，销售量激增，往往出现企业的生产赶不上市场需求的增长的现象，为了解决这一矛盾，不少企业往往把零部件扩散出去，让别的企业生产。这样就既减少了本企业生产的零部件的种类，提高了专业化水平，又发展了与其他企业的联合关系，取得了扬长避短的效果。因此，企业之间的协作、联合大多数发生在企业的高速发展阶段。

7. 管理逐步规范化。企业规模扩大，管理变得复杂起来。企业的规章制度得到了完善；一些先进的管理办法逐步在企业采用；管理组织结构发生变化，逐步由集权制向分权制发展。

高速发展阶段是企业的关键发展时期，在这一发展时期，一方面，企业的战略重点应逐步由争取生存转到争取有利的发展机会和争取各种发展资源方面来，抓住有利时机，使企业获得快速、健康的成长；另一方面，企业的决策者又要保持清醒的头脑，认真分析企业的内外部形势，全面估价自己的实力，不要把摊子铺得太大，把战线搞得过长，使自己陷入困境。在实际经济生活中，许多企业的领导者，容易只看到前者，而忽视后者，结果做出了错误的决策，使企业的发展遇到了极大困难。比如，深圳的宝安公司，它是一家以经营房地产为主的企业，前些年发展很快，经济实力大大增强，但是它们没有抓住有利时机调整投资结构，当经济形势变化，房地产市场不景气时，它们就遇到了极大的困难，首都钢铁公司也发生了类似的问题。从80年代中期这个公司进入了高速发展期，企业获得了前所未有的发展，但是，由于对自己的能力估计过高，把摊子铺得过大，最近几年就发生了严重的困难。

(四) 成熟期

经过高速发展后，企业就进入成熟期阶段。处于这一阶段企业的主要特征是：

1. 发展速度减慢，甚至出现停止发展现象，但是效益提高。企业规模已很大，企业的发展逐步由外延式转向内涵式，由粗放经营转为集约经营。这种转变，虽然使企业的发展速度减慢了，但是效益却提高了。

2. 产品逐步向多样化方向发展，并形成了有特色的产品，甚至名牌产品。企业经过长期的经营，提高了自己的产品的知名度和市场占有率，有些企业还创造出了在全国或全世界有很高知名度的名牌产品。与此同时，原有产品市场的竞争也越来越激烈，为了进一步发展自己和减少经营风险，企业的产品逐步由单一化向多样化发展。

3. 企业向集团化方向发展。随着分公司、分厂的数量的增加，总公司对它们采取集权式管理，越来越不利于发挥它们的经营积极性，只好将它们从总公司分离出来，让它们成为独立的法人；而且分公司在发展过程中也会兼并一些企业。这样就形成了母子公司体制，随着子公司、关联公司的数量的增加，公司逐步向集团化方向发展。有些企业还跨出国门，在国外设立生产经营性的子公司，从而向跨国公司的方向发展。

4. 树立起了良好的企业形象。经过多年的经营，企业形成了自己的经营理念和经营哲学,培养起具有本企业特点的企业精神,创出了名牌产品和商标,并通过各种广告媒体的作用,使企业的经营思想、企业的精神、企业的产品广为人知,企业在公众中树立起了良好的形象。

5. 内部管理逐步由集权模式向分权模式发展。为了适应公司产品向多样化方向发展和公司组织形态向集团化和跨国公司的方向发展,企业管理模式逐步由集权型向分权型发展,公司下属单位的权限扩大。据 J. 马克汤姆 70 年代初对美国 202 家工业公司的四大决策权的分析,公司的下属单位分别拥有 52% 的定价权,44% 的广告权,28% 的研究开发权和 4% 的投资权。这以后分权情况有了进一步发展。在许多大公司内部各个经营单位的经济关系越来越"市场化"。比如,在通用汽车公司内部,各生产经营单位之间的往来虽然有一个统一的计划,但是如果产品(或劳务)的提供部门的开价高于市场价格,使用部门有权要求调整;如果提供部门不肯降价,使用部门可以到市场上去采购。同时,为了适应这种分权的管理办法,公司的管理组织结构也广泛采用事业部制、超事业部制、矩阵制等管理模式。

6. 创新精神减退,思想趋于保守。处于成熟期的大企业,领导者中老年较多,他们的知识全面、见识广、经验丰富、老成持重,但其最明显的缺点是不如年轻人对新生事物敏感和强烈的改革要求,而且,企业发展到今天,他们付出了极大的心血,他们对企业充满了很深的感情,容易看到成绩,而忽视缺点,因此,创新精神、改革精神减退。从企业职工来说,在处于成熟期的大企业里,中老年职工是主体,年轻职工较少,思想不如新企业活跃。同时,处于成熟阶段的大企业力量雄厚,竞争力强,压力比较小,这些因素造成了大企业创新精神减退,思想趋于保守。

在这一阶段,企业工作重点是如何保持创新精神,防止和克服骄傲自满情绪,千方百计挖掘企业潜力,提高企业的经济效益,延缓衰退期的到来。比如,在保持创新精神方面,可以更多的起用年轻的经理,特别要注意将年轻有为的中青年经理人员选拔到高层领导中,让他们承担更多的责任;在研究与开发方面,必须增加投入,加快技术装备更新改造和产品升级换代。

(五)衰退期

企业如同人一样,机体也会衰退。企业在衰退期的主要特征是:

1. "大企业病"日益严重。"大企业"是由规模过大而产生的。它的症状很多，包括间接生产人员增多，管理机构庞大的"肥胖症"；决策过程复杂，行动缓慢的"迟钝症"；企业内部各个部门、各个单位的矛盾增多，协调困难的"失调症"；各单位本位主义严重，企业上层领导很难控制的"失控症"；安于现状，墨守成规的"思想僵化症"；等等，都属于"大企业病"的表现。它们虽然在成熟期就已出现，但是还不十分严重，而且采用适当分权的管理办法，在一定程度上还能得到医治，但到了企业衰退阶段，由于其他一些因素的影响，它们又会变得突出起来，逐步成为企业成长的一种顽症，不动大手术，就不能得到根除。

2. 工艺落后，技术装备陈旧。在现代，新工艺、新技术、新材料大量涌现，使得企业技术更新的周期加快，处于衰退期的企业，由于没有抓住机会进行技术更新改造，或者企业无力进行大规模的更新改造，使得企业的工艺落后，设备陈旧。

3. 产品老化。造成产品老化的原因很多，有的是整个产业衰退了，出现了新兴的产业，如半导体元件的出现，使以电子管为元器件的产品被淘汰；有的是研究与开发工作没有搞好，拿不出新产品代替老产品；有的是工艺落后、技术装备陈旧，生产的产品达不到新的标准，还有的是由于资源发生了枯竭而造成产品质量下降，生产衰退，如油田、矿物开采等。

4. 企业的生产萎缩，效益降低。由于受产品老化、资源枯竭和"大企业病"等因素的影响，企业的生产发生萎缩，有的甚至出现负增长。同时，企业的效益降低，利润率下降，有些企业还发生严重亏损。

5. 负债增加，财务状况恶化。由于生产萎缩，效益降低和严重的亏损，企业的资金周转日益困难，负债增多，企业的财务状况日益恶化。

因此，处于衰退期的企业的工作重点是尽量缩短衰退期，促进企业的蜕变。

（六）蜕变期

企业进入衰退期后，存在着两种前途：

1. 衰亡（如图1的虚线所示）。企业在成长的各个阶段，都会因为各种原因而破产，使企业消失，但是这些破产死亡只是"夭折"；而进入衰退期之后的破产死亡是企业机体老化而引起的，所以可以称它们为衰亡。

2. 蜕变。这种蜕变就如同某些昆虫的蜕变一样，是改变了形体而存续下去。这里需要强调的是，对欠发育成长型企业来说，进入衰退期后，衰亡的可能比较多些，因为它们的规模比较小，破产比较容易，对社会的影响和震动也小；对正常发育型和超常发育型企业来说，由于它们都是大企业和超级大企业，绝大多数不会衰亡，而是发生蜕变。

企业的蜕变期是企业成长过程中的一个关键阶段。它关系企业是否还会延续。为了对企业的蜕变期有个明晰的概念，我们先要对企业的形体做点分析。我在《企业学》一书中，曾提出企业有两种形体：一种是经济形体，包括法律形式、产权关系、经营方式、管理组织结构、劳资关系等，这种经济形体产生企业的经营机制（经济机制）；另一种是实物形体，包括机器、设备、厂房等，它们按照一定的工艺流程要求有机结合起来，就产生了企业的生产机制。这两种机制的紧密结合，才使企业的各种经济活动和生产经营活动正常进行，生产出适应市场需要的产品，或提供市场需要的劳务，并健康发展。[①] 在企业成长的其他阶段，企业的经济形体、实物形体和产品也会发生变化，但是这些变化是渐进的、局部的；而在企业的蜕变期，企业的经济形体、实物形体和产品都会发生巨大变化，这种变化是一种革命性的、脱胎换骨的变化。由此可知，企业蜕变期的主要特点是企业的经济形体、实物形体和产品（劳务）要发生革命性的、脱胎换骨的变化，通过这种变化而获得新生。为了对企业的蜕变期有更多的了解，将在下面进行深入讨论。

三　企业的蜕变

（一）藤芳诚一教授的蜕变理论的贡献及局限性

蜕变理论首先是由日本明治大学经营学部藤芳诚一教授提出来的,[②] 作者有幸在1981年听过藤芳诚一教授讲解他的企业"蜕变理论"和"蜕变的经营哲学"。据藤芳诚一教授介绍，他的蜕变理论是受日本帝国人造丝公司的经营实践的启发而产生的。这个公司战后没有及时从生产人造纤维转到生产合成纤维上来，企业曾濒临崩溃的边缘。幸而后来该公司抓紧时机，转产生产涤纶，才得以生存下来。藤芳诚一教授在总结帝国人造丝的转产经验教训时得出结论：蝉由幼虫变成成虫，脱去原来的皮壳，这是生物的

[①] 陈佳贵：《企业学》第5章，重庆出版社1988年12月版。
[②] 藤芳诚一：《蜕变的经营》，泉文堂1978年版；《经营管理论》。

蜕变现象。企业和生物一样，不进行蜕变，就不能在变化的环境中生存。这就叫"蜕变的经营哲学"。

藤芳诚一教授的蜕变理论的要点是：

1. 企业的经营可以分为两类，一类是"战略经营"；另一类是"生产率经营"。战略经营是着眼于企业周围复杂多变的环境，有意识"蜕变"所进行的经营；生产率经营则是着眼于扩大规模，大批量生产以提高生产率和利润率的经营。

2. 以往的经营管理概念是把"提高工作效率"和"充分满足人的需要"这两个方面作为实践目标。藤芳教授认为，应该在上述两项目标的基础上增加"企业的变态存续"，以这三个实践目标结合成完整的、统一的管理理论体系。

3. 企业的组织是一个事业转换的形态组织。要适应环境的变化，从昨天的事业转换为今天的事业，在今天的事业中孕育着明天的事业。随着某种产品乃至产业从"朝阳—夕阳"的变化中，企业人事、经销、产品研制部门及有关科室，从组织形式到业务范围都要进行新陈代谢。

4. 藤芳教授认为，传统的企业目标、企业同社会的关系、企业的利润概念等，在新的环节下都应该进行更新，建立起适应环境的新概念。

从上述要点我们可以看出，藤芳教授的企业蜕变理论是很有新意的，对企业的经营管理的发展做出了一定的贡献，对企业搞好经营管理有很大的指导作用。但是，我们也可以看出，他的蜕变理论也还不完善。① 藤芳教授没有从企业生命周期的角度来考察企业蜕变，因而没有把企业的蜕变看成是企业成长的一个特殊阶段，这就很难将企业在其他成长阶段发生的变化和企业在蜕变期发生的变化区别开来。② 藤芳教授在分析蜕变时只注意到了企业的经济形体和产出的变化，而忽视了企业实物形体的变化。而在实际的经营过程中，企业实物形体的变化对产出的变化具有十分重大影响，它是企业蜕变中的一项重要的变化。

（二）对企业蜕变的深入分析

为了使蜕变理论更加完善、科学，我们将从企业的经济形体、实物形体和产品三个方面来分析企业的蜕变。

1. 企业经济形体的蜕变。企业经济形体的蜕变包括以下三个方面的内容：

（1）企业法律形态的变化。企业法律形态的变化是经常发生的。有的是从个人独资企业变成有限责任公司，有的是从有限责任公司变成股票上市的股份有限公司，也有的是从私人独资企业变成职工持股的合作企业。比如美国的威尔顿钢铁公司就是一个典型例子。通过改变法律形态来实现企业蜕变的最典型的例子莫过于国有企业的改革。改革前，许多国有企业特别是社会主义国家的国有企业都实行国有国营，近些年来，许多国家都在对国有企业进行改革。改革的方向是逐步实行民营化，包括将一部分国有企业改为负有限责任的国有独资公司；一部分改组成投资主体多元化的有限责任公司；一部分企业改组成投资主体分散化的股票上市的股份有限公司；一部分企业的资产出卖给私人，变为私人独资企业或合伙企业。无论哪种形式，都改变了企业的法律形态。通过这种改变使企业发生了蜕变，获得了新生。

（2）企业组织形态发生重大变化。主要有以下三种形式：① 被兼并。从企业组织形态来考察企业兼并，有两种不同的情况：一种情况是当企业被兼并时，如果被兼并企业被取消法人地位，换句话说，从法律形态上说，企业已不存在；另一种情况是当企业被兼并时，企业的名称、法律形态没有变化，只是所有权或股权发生了重大变化。公司已经变成了别的公司的子公司，由别的公司所控制，所以其性质、地位都发生了变化，从实质上看，企业的经济形态是发生了变化。② 企业的合并。公司的合并是指两个或两个以上的公司依照法律规定的程序合并为一个公司。公司合并有两种形式：吸收合并和新设合并。吸收合并是指当两个或两个以上的公司合并时，其中一个公司存续，另外一个或一个以上的公司被解散（图 2 所示）。一个公司如果处在衰退阶段，与其他公司合并时，往往是自己被取消。新设合并是公司在进行合并时，原有公司没有一个存续下来，而合并的公司以一个新公司的名称而出现。新设合并（如图 3 所示）。③ 企业分立。公司的分立也有两种方式：即公司将一部分业务或某些部门分离出去，让它们成立一些新的公司，这些公司与原公司一样都是独立的法人，但它们在产权上与原公司保持着密切的关系（如图 4 所示）。这种分立方式是比较多的。比如，在国有企业公司化改组时，把服务部门和生产辅助部门分离出来，成立独立的公司，逐步让其自负盈亏，就属于这种方式的分立；将公司分离成两个或两个以上的新公司，原有公司解散（如图 5 所示）。无论是哪种方式的分立，从企业组织形态考察，企业都发生了蜕变。

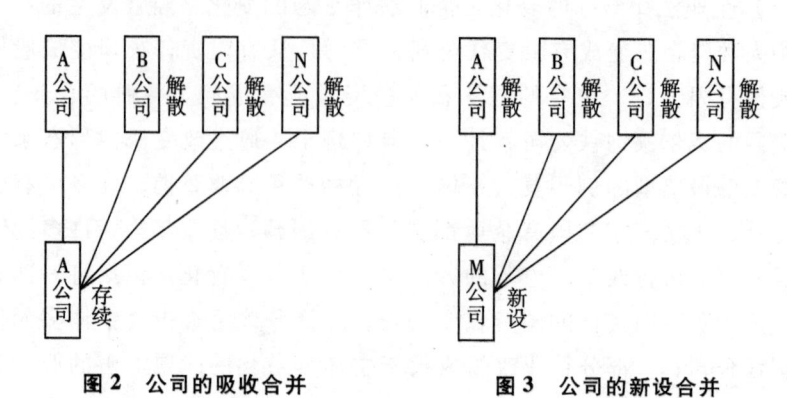

图 2　公司的吸收合并　　　　　图 3　公司的新设合并

(3) 将企业的某些部分卖掉，以收缩战线。比如一些实行横向多元化经营的企业，由于业务跨越许多领域，企业很难驾驭，在企业蜕变期，就出售一些盈利少甚至亏损的部门或子公司，集中力量搞好优势产业和中坚公司。有些实行纵向一体化的公司也逐渐解体，集中力量在整个过程中的某一环节上发展。

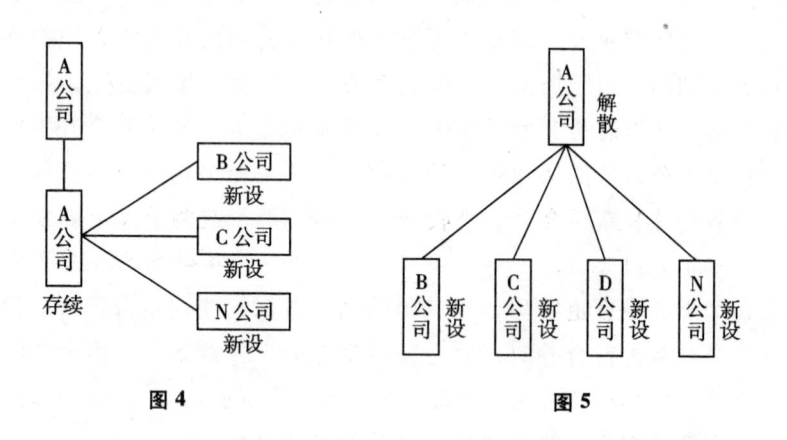

图 4　　　　　　　图 5

(4) 对公司进行重组。股份有限公司的经营限于困难，管理混乱，处于严重衰退的状况，面临破产的危险时，可以经过法定程序，对公司进行重组。重组后的公司，虽然其名称未发生变化，但是公司的全部或部分债权人或股东的权力、经营范围、公司章程、管理组织结构、股权结构、公司的高层领导人等都会发生变化，所以重组后的公司实际上来了一次脱胎换骨的变化，完成了企业的蜕变。

2. 实物形态的蜕变。实物形态的蜕变，是指企业的技术改造。许多处于衰退期的企业，通过对技术装备、工艺的更新改造使企业获得了新生。近些年来，西方市场经济国家企业技术改造的一个显著特点是大量采用高新技术改造老企业。比如，钢铁工业，它称得上是古老的传统产业，所以被称为"夕阳工业"，老企业很多，这些企业使用的设备大多是三四十年代的老设备，近些年来企业家们纷纷采用高新技术对企业进行改造，使这些企业焕发了青春，汽车工业也是如此。世界上一些汽车工业企业能得以持续发展，也归于用高新技术进行改造。

吸引别的企业来参与企业的技术改造也是衰退企业进行技术改造的行之有效的办法。我国就鼓励吸引外资对老企业进行改造，这一政策已经收到了较好的效果。通过引进国外和港、澳、台企业的资金和技术，不仅对企业进行了技术改造，而且引进了适应市场经济的企业经营机制和先进的管理办法，使一批处于衰退期的老企业焕发了青春。

3. 产品的蜕变。产品蜕变有以下两种形式：

（1）放弃原先的经营方向，转向别的事业或者产品。在蜕变阶段，企业为了增强自己的活力，不惜对自己"动大手术"，放弃原来经营方向，进行转产。最典型的例子是我国的军工企业向民用工业的转变，许多企业正是运用转产的办法实现了企业的蜕变。比如，中国嘉陵工业股份有限公司（集团），它原来是生产军工产品的，在"军转民"中它转产摩托车，现在它拥有国际先进水平的摩托车专业生产线 30 余条，已经相继开发出 5 种排量 20 个车型的产品，现在嘉陵公司的摩托车产销量占全国摩托车总量的 1/4，年产量已经超过 60 万台，成了全国最大的摩托车生产企业。又如，四川的长虹电器股份有限公司，其前身是一家生产雷达的工厂，在"军转民"中，这个厂通过贷款投资建立了一个电视机厂，后又改组成股份公司，现在该公司生产的长虹牌电视机畅销全国，产量位居全国电视机厂的首位。在西方市场经济国家，不少企业也通过转产实现企业蜕变。比如，美国的胜家缝纫机公司是一个有 130 多年的老企业，产品曾经风靡全世界。1986 年该公司将经营方向转到航天产业方面，1987 年它的 87% 的营业额来自航天产业的高技术产品。美国罐头公司也是有 80 年历史的老企业，但是它现在的主要业务是房地产经营、住房建筑贷款、邮售特购产品等。1914 年创建的美国"灰狗"长途汽车公司，1987 年 3 月把它的资产以 3.8 亿美元的价格卖给了别人，它的经营方向转到了肥皂、意大利饼、汇兑、旅馆、轮班和短途运输等业务方面，实现了蜕变。

产品或事业的蜕变应该有计划地进行。当今天生产的事业或产品还能给企业带来盈利的时候，就要考虑到它们将来的发展变化，做到未雨绸缪。所以，转产或专业的过程是一个循序渐进的动态变化过程（如图6所示）。

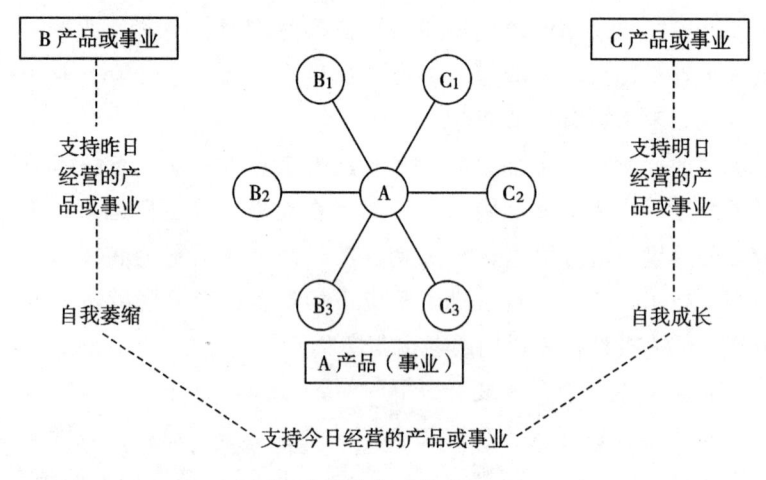

```
        B产品或事业                              C产品或事业

                        B₁       C₁
         支持昨日                                支持明日
         经营的产                                经营的产
         品或事业    B₂———A———C₂                 品或事业

                        B₃       C₃
         自我萎缩                                自我成长
                     A产品（事业）
                 支持今日经营的产品或事业
```

图6　企业转产（转业）过程

图6显示，企业必须以今天的产品（事业）A为中心，逐渐使衰退的产品（事业）自我消亡；使有发展前途的产品自我成长。

（2）改变经营重点。有些企业虽然没有彻底转产，但是经营重点却发生了变化。比如，美国通用电器公司1987年把营业额达30亿美元的电器产品全部卖给了法国的汤姆森公司，把经营重点转到了它更具优势的医疗设备的生产方面。

转变增长方式的重点是转变
国有企业的发展方式[*]

国有企业在我国国民经济中具有十分重要的地位,由国有企业构成的国有经济对我国经济起着主导性作用。因此,转变经济增长方式的重点是要转变国有企业的发展方式。

长期以来,我国国有企业的发展方式可以概括成"两高、两低"。"两高"即国家通过高的投资率,实现企业数量的增加;企业通过生产要素的高投入,实现产品数量的增加和企业规模扩张。"两低"是依靠原材料的低价格和职工的低工资来保证企业的发展。现在,这种发展方式的基础已经发生了很大变化。其具体表现是:第一,过去我国工业特别是国有工业的发展是建筑在牺牲农民的利益基础之上的。牺牲农民的利益来发展工业的政策必将改变,粮食和一些主要农产品的价格不可能长期实行管制政策,国家必然要把更多的投资用在农业上,各行各业支援农业的具体政策也必将提上议事日程。第二,国家财政状况下可能支持原来的国有企业发展方式。近10年来,国家的财政收入虽然有了很大的增长,但是支出增长的幅度更大,虽然借了不少外债和内债,但是财政赤字仍在逐年大量增加。这种状况不可能长期维持30%以上的高投资率。第三,能源、原材料的低价格和职工低工资的状况正在改变而且还会继续改变。为了改变不合理的价格结构和发挥市场机制的作用,促进能源、原材料产业的发展,政府已经部分地放开了某些能源和原材料的价格,这种改革还将继续深化。我国职工收入的基数比较低,而且,由于受通货膨胀的影响,少数职工的生活水平有下降的现象。我们发展生产的根本目的是为了改善人民的物质文化生活,因此在发展生产的前提下,职工实际收入应当逐步有所增长。因此,

---

[*] 原载《中国社会科学院研究生院学报》1996年第4期。

对许多企业来说，不仅面临着能源、原材料涨价的问题，也面临职工工资逐年增长的问题。

由于传统发展方式的基础发生了变化，国有企业发展过程中的一些老问题，如社会负担重、富余人员多、企业缺乏自我发展的基金等，还没有得到解决，而又出现了一些新困难。主要是：第一，由于国家减少了对企业的投资，使企业的债务负担加重。据对 1994 年已完成清产核资的 12.4 万家工商企业的统计，它们的资产总额是 41370.1 亿元，负债总额为 31047 亿元，平均负债率为 74.3%，所有者权益仅为 10321.1 亿元。权益的流动资金负债率已经高达为 91.5%，权益自有流动资金仅占 8.5%。问题还不仅仅只是企业的负债率高，更严重的是企业的资金利润率较低，只有 7.4%，企业缺乏偿还债务的能力。第二，经济效益下降。据统计，1993 年国有独立核算工业企业的资金利税率、销售收入利润率、固定资产利润率以及流动资金周转次数分别低于全部独立核算工业企业 0.65，0.6，2.33 个百分点和 0.09 次。国有工业企业的资金利税率和产值利税率，分别比 1985 年的 23.8% 和 21.8% 下降了 14.12 和 10.69 个百分点，比 1991 年的 11.8% 和 11.6% 下降了 2.12 和 0.19 个百分点。从亏损情况看，1987 年国有独立核算工业企业亏损额为 61.04 亿元，1990 年达到 348.76 亿元，而 1994 年又增至 448.02 亿元，比"七五"末增加了 28.5 个百分点。1994 年末，国有企业亏损面超过 40%。工业企业亏损面高达 33%，其中大中型国有工业企业亏损面达到 31.4%，而同期集体工业企业亏损面只有 16.6%，其他经济类型的工业企业也只有 29%。1995 年，这种状况并没有明显的好转，亏损额还在继续增加。第三，部分企业处于停产、半停产状态，一些企业濒临破产的边缘。有关资料显示，有 30% 的企业开工不足，有 10% 的企业处于长期停产状态，至少 10% 的企业已经该破产。因此，国有企业面临转变发展方式的严峻挑战。

国有企业的传统发展力方式是由高度集中的计划经济体制和僵化的企业经营机制造成的。因此，要使国有企业转变发展方式，必须深化经济体制改革，除要建立适应社会主义市场经济的宏观管理体制外，还必须深化企业体制的改革，建立现代企业制度，形成自主经营、自我发展、自我约束、自负盈亏的企业经营机制。目前建立现代企业制度的试点已经展开，并已取得初步成效。据统计，截止到 1996 年 3 月底，列入国家经贸委和国家体改委试点的 100 家企业已经批复 90 户的实施方案，其中 38 户企业已经挂牌营运。其他企业也已经进入方案的最后论证阶段。方案已经批复的90家企业，分别以三种形式改制：一是改组成多元投资主体股份公司，有16户；二是改组成国有独资公司，共73户；三是解体1户，即上海无线电三厂。在这三种形式中，一些改组成国有独资公司的企业正在按母子公司的体制，将一部分二级单位或整个生产主体部分改建为多个股东出资的有限责任公司或股份有限公司。通过改制不仅形成了较健全的经营机制，而且资产负债率也有所降低。据统计，截至1995年底，百户试点企业资产总额3083亿元，比上年增长15.5%；所有者权益1053亿元，比上年增长21.6%；净增187.3亿元，平均资产负债率65.84%，比上年下降2.11个百分点，百户中的59户资产负债率有所下降，其中降幅在10个百分点以上的有13户，降幅在5至10个百分点的有17户，企业实力与活力有所增强。在分离企业办社会职能方面也取得了进展。18个城市"优化资本结构"试点，经过一年多积极工作，底数基本摸清，试点思路清晰，主要政策陆续出台，重点难点问题正在突破。据初步统计，18个城市1995年6月底，已经增资49.9亿元；"双加"技术改造项目212个，占全国项目总数的23.5%，投入技术改造基金364亿元；从1994年初至1995年8月底，分流富余人员132.6万人，占职工总数的9.1%；已经或正在进入破产的企业161户，其中破产终结的92户；已经有305户企业被兼并，涉及总资产42亿元。通过兼并、破产，需冲销呆坏账损失75.5亿元。56户企业集团的试点，目前正依据《公司法》，以产权为纽带规范母子公司关系，对具备条件的，由国务院批准授权集团公司行使国有资产所有者的职能，3户控股公司试点正在积极进行方案论证。因此，我们相信，随着现代企业制度的建立和新的企业经营机制的形成，国有企业的发展方式也会发生根本转变。

企业发展、全球战略与增强我国
企业国际竞争优势[*]

当今世界经济的主要特征是全球化,而实施全球战略的现代企业——跨国公司通过对外直接投资、一体化的国际生产体系将世界许多国家经济联系在一起,成为世界经济全球化的核心。我国自改革开放以来,吸收了大量的外国直接投资,据《中国外商投资报告》提供的资料,截至1996年,我国实际利用外资额达1 765.95亿美元,已成为仅次于美国的第二大利用外资的国家。[①] 但由于我国处于转轨经济时期,企业国际竞争力弱,至今还没有严格意义的实施全球战略的企业,我国企业国际化经营还属于产品出口阶段。然而,随着我国市场经济的建立和完善,企业改革的深入,一批颇具竞争实力的大企业集团正在成长和发展。基于企业固有的成长和发展规律以及受世界经济全球化趋势的影响,我国一批企业集团发展为跨国公司、实施全球战略是一种必然。那么,研究现代企业全球战略、指导我国企业跨国经营实践也就具有十分重要的意义。

一 现代企业发展与跨国公司的全球战略

现代企业的经营与发展是有其自身规律的,跨国公司是现代企业遵循其自身规律发展到一定阶段的产物。从整体上考察企业的成长和发展规律,可以将其归结企业生命周期理论。企业生命周期理论认为,企业如同能动的有机体一样,存在着诞生、成长、壮大、衰退甚至死亡的生命周期,对于一般的企业而言,其生命周期可以被划分为孕育期、求生存期、高速成

---

* 本文为《现代企业全球战略丛书》序,广东出版社1998年版。
① 王洛林主编:《中国外商投资报告》,经济管理出版社1997年11月版,第3页。

长期、成熟期、衰退期和蜕变期等成长阶段。同一企业的不同的阶段呈现不同的特征，不同成长类型的企业在其生命周期的各相应阶段所表现出的特征、时间跨度也有所不同。① 从企业生命周期角度分析，跨国公司是企业到了成熟期逐步向集团化、跨国界发展的结果。下面的进一步分析还表明，所谓现代企业的全球战略，是现代企业发展为跨国公司后，为了保持其旺盛的生命力，极大地拓展其生存和发展空间的一种战略选择。

企业生命周期理论把完整地经历上述诸成长阶段的企业称为正常成长类型企业，据对国内外企业成长过程的考察，这类企业的生命周期多为30年左右。企业生命周期理论认为，除了这类正常成长类型的企业外，实际中还存在大量的其他成长类型的企业，如只经历孕育期、求生存期，没有经过成长期和成熟期就进入衰退期而死亡的"夭折"型，这类企业的生命周期也就几年时间；又如长时间保持在成熟期而不进入衰退期、或经过多次蜕变长期保持生命力的"永续生命"型，这类企业的生命可长达百年，像西门子公司已有150年的历史。企业生命周期理论的意义就在于通过对企业生命周期规律的揭示，指导企业在不同的成长阶段采取不同的战略和行为，长期保持生命力，保证企业长期生存、不断发展，使企业具有永续生命。

影响企业是正常成长、夭折，还是永续生命的因素有很多，但企业竞争力如何、能否长期保持竞争优势无疑是决定企业成长类型的关键因素。同样，在众多影响企业竞争力的因素中，企业战略也是一个具有决定性的因素。关于一般意义的战争的战略问题，古代就有深入系统的研究，自古至今，中外名篇巨著，为数不少。但关于企业战略问题却是在本世纪70年代以后，经安绍夫（I. Ansoff）、波特（M. Porter）等人的开拓性贡献，才被人们逐渐重视和研究。现在，战略管理已成为现代对企业经营与发展最具指导意义的重要的管理学分支。所谓企业战略，是有关企业整体生存和发展的竞争性方针和计划，它决定着企业的经营范围、经营类型和各种竞争性经营活动，具有未来性、全局性和竞争性的特点。竞争性是企业战略的本质特点，它使企业战略与一般企业计划或规划不同。没有竞争，也就无所谓企业战略，如同战争中没有敌人，也就无所谓战争和战略一样。企业

---

① 有关企业生命周期理论的详细论述可参阅陈佳贵著：《现代大中型企业的经营与发展》，经济管理出版社1996年1月版，第10章。

战略的实质是通过对战略的制定与实施，最大限度地发挥企业的竞争优势，使企业在激烈的市场竞争中生存、不断发展和壮大。因而，在企业生命周期的诸成长阶段，据企业内部条件和外部环境的变化，科学地制定和正确地实施企业整体战略和职能战略，对提高企业竞争力，保证企业长期生存、不断发展，使企业具有永续生命至关重要。

现代企业的全球战略作为一种企业战略，是指企业从全球角度出发，以全世界为目标市场，在全世界范围内进行生产要素的转移和资源配置，从而达到全球性的最大化的利益和要求。实施全球战略是企业国际化的高级阶段，能实施全球战略的企业一般都是大型的跨国公司。跨国公司实施全球战略，利用其全球范围内的内部一体化的研究开发、生产和销售体系，在世界范围内有效地配置全球资源，开拓全球市场，使企业的生存和发展空间由一国或几国拓展到全球，从而获得了巨大的竞争优势。据一份对110家工业跨国公司的调查表明，85%的被调查跨国公司认为，其企业竞争能力的提高大多来自或由于其国外分支机构的价值增值活动。[①] 正是这种巨大的竞争优势和竞争能力，使成功实施全球战略的跨国公司获得了长期的、旺盛的生命力，成为典型的"永续生命"成长类型企业。当今世界经济舞台中跨国公司的主角地位充分说明了这点。

二 企业跨国经营与国际竞争优势

严格地说，实施全球战略的现代企业都是跨国公司，但并不是所有跨国公司都能够实施全球战略，实施全球战略的跨国公司是企业国际化的高级阶段。实施全球战略的现代企业首先要是跨国公司，然后还需具备一定条件，具体包括其跨国化指数应相当高，[②] 具有遍布世界各地的子公司和各种分支机构，具有世界范围内的高度分工协作的制造和销售体系，以及具备在世界范围控制和管理战略的能力等。因而，研究现代企业的全球战略自然要研究企业跨国经营问题。上面我们已分析了跨国公司成功实施全球

[①] 联合国跨国公司中心编，储祥银等译：《1995年世界投资报告》，对外经济贸易大学出版社1996年10月版，第215页。

[②] 跨国化指数，是指跨国公司的国外资产占全部资产比例、国外销售额占全部销售额比例和国外雇员占全部雇员比例的平均值，一般以百分比表示。

战略可以使企业获得巨大的竞争优势,接下来我们的问题就是具备什么条件的现代企业可以成功地进行跨国经营,从而为进一步全球战略打下基础。这对处于国际化初级阶段的我国企业更具有现实意义。包括企业特定优势理论、内部化优势理论、国际生产折中理论、国际产品生命周期理论等在内的对外直接投资理论从不同角度对此问题进行了阐释,这里我们则是从竞争优势角度进行分析的。

一般认为,追逐利润是企业行为的动机,进行跨国经营无疑也是利润驱动的。跨国经营的超额利润一般源于企业对某些优势的跨国界利用、发挥和寻求。面对陌生的经营环境,那些成功地进行跨国经营的企业之所以能够成功,一定具有其他企业,尤其是东道国企业,或者说其竞争对手所不具有的某些特定优势(这在对外直接投资理论中被称为所有权特定优势),这些特定优势使企业具有较强的竞争优势,足以抵消同熟悉当地环境、市场和商业条件的公司竞争中的不利因素,而且由于存在着不完全竞争市场,使得企业能够保持和拥有这些特定竞争优势,即垄断了这些特定竞争优势。具有这些竞争优势的企业可以选择具有要素禀赋优势、政策法规优势等区位优势的东道国进行对外直接投资,利用国外的盈利机会,赚得单纯国内经营所不能实现的超额利润。这些竞争优势具体包括技术优势、管理技能优势、资金优势、规模经济优势、品牌优势和人力资本优势等。战后美国企业大规模的海外投资行为之所以成功,就是以其企业竞争优势为基础的。90年代以来,发展中国家的对外直接投资约占世界对外直接投资的6%,美、日、欧三大角支配着对外直接投资的格局,美、日、英、德、法等五国的对外直接投资约占世界对外直接投资的70%。[1] 这说明了大三角国家企业具有很强的竞争优势,构成了企业成功跨国经营的基础。

然而,对于成功的跨国经营企业而言,并不需要在其材料供应、产品开发、生产制造、成品储运、市场营销和售后服务等每个生产经营环节都具有竞争优势。因为在企业整个生产经营过程中,并不是每一个环节都创造价值,为企业带来利润。企业所创造的价值,实际上来自企业整个生产经营过程的某些特定关键环节,只要能在这些特定关键环节保持、尤其是长期保持竞争优势,就可以为企业跨国经营奠定成功基础。

---

[1] 联合国跨国公司中心编,储祥银等译:《1995年世界投资报告》,对外经济贸易大学出版社1996年10月版,第4页。

这些决定企业跨国经营成败的关键环节可以是产品开发、工艺设计，也可以是由营销网络、商品品牌等决定的营销环节，因行业不同而异。如在高档时装业，这种关键环节一般是设计和营销环节；在制酒业，原料品质与供应、广告营销就至为关键。美国著名的运动鞋公司"耐克"就是只控制产品设计和广告营销两个环节，培育相应竞争优势，发展为著名的世界跨国公司的。

既然企业成功跨国经营的基础是在某些关键环节上的国际竞争优势，诸如技术优势、资金优势、品牌优势、规模经济、管理技能和人力资本优势等，那么，企业国际竞争优势的来源是什么？影响企业国际竞争优势的因素有哪些呢？显然，不能简单用一国经济发展水平来概括影响企业国际竞争优势的因素，因为发达国家不可能在所有行业都占有优势。同是发达国家，美国的35%的汽车市场、几乎全部的电视和录像机市场被日本和亚洲四小龙占领，而美国的娱乐业则在世界市场上占有垄断地位，这有着深刻复杂的原因，美国著名战略学家迈克尔·波特（M. Porter）的关于国家竞争优势的理论对我们分析企业国际竞争优势的影响因素有直接的指导和借鉴意义。① 基于波特的理论，我们可以把影响企业国际竞争优势的因素归结为以下相互影响的几方面。

1. 本国生产要素的拥有以及有效地配置和利用生产要素的能力。无论在什么行业，企业要生存发展就必须有一定的生产要素。一国的资源要素禀赋，包括人力资源、自然资源、知识资源、资本资源、基础设施等，为本国企业的生存发展提供了基本的生产要素来源，也构成了企业国际竞争优势的基础因素之一。进一步可以把一国生产要素分为先天基本要素和后天创造要素，前者是指自然资源、地理位置等，后者是通过长期投资所形成的基础设施、科技教育水平、知识资源等。后天创造要素决定于能否对本国先天要素的有效配置和利用，进而也决定了未来有效利用和配置生产要素的能力。对企业的国际竞争优势而言，一国的后天创造要素或要素创造能力，要比先天基本要素更为重要。这不仅因为这种创造能力和后天创造要素是企业发展专有新产品的必要条件，还因为基本要素天然存在，往往可以通过公开市场取得，其所产生的竞争优势是难以长期维系的，而基

---

① 波特关于国家竞争优势理论的详细内容可参阅梁能《跨国经营概论》，上海人民出版社1996年11月版，第3章。

于后天创造要素形成的企业竞争优势往往可以长期保持，国外竞争者短时间内很难模范、超越。

2. 国内对行业的需求情况以及行业的竞争状况。国内需求情况在很多方面对企业国际竞争优势的形成有直接影响。一般而言，多样化的需求分布、成熟而挑剔的买者、较大的需求规模和较高的需求增长率以及相对于国际市场的国内市场先行饱和，都会给该行业的企业形成压力或吸引力，促进其竞争优势的培养，进一步随着国内需求的国际化而形成国际竞争优势。同样，激烈的国内竞争易对企业形成压力，迫使企业改善技术，进行创新，增强竞争力，进而有利于企业形成国际竞争优势。

3. 国内相关及辅助行业的支撑情况。某行业的企业能否获得国际竞争优势，还受其相关和辅助行业的发展水平及紧密合作的可能的影响。很显然，上游产业具有国际竞争力，有助于提高下游产业的竞争优势。但并非所有的相关产业都会对其产生影响，一般对某一产业的国际竞争优势具有重要影响的相关产业包括可以与之相协调和共享某些活动的产业（如医疗监测设备行业和测试仪器行业），或者互补产品的产业（如计算机的硬件和软件）。一个国家的相关行业可以形成一个优势产业群。另外，高质量的信息环境也对企业竞争优势的形成有重要影响。

4. 机遇、政府政策及行为。一些突发事件会打破以前的竞争格局，使一些国家的企业竞争优势丧失，为另外一些国家的企业获得竞争优势提供机会，如重大的非连续技术出现、石油危机、战争、世界金融市场的重大变化等。政府可以通过其政策或行为直接为企业获得竞争优势创造机会，也可以通过影响其他因素而使企业获得或失去竞争优势。

5. 企业的行为及相应的企业的战略、组织结构和管理水平。企业的国际竞争优势的形成最终直接决定于企业的行为以及决定企业行为的战略、组织结构和管理水平。上述各因素对企业竞争优势的影响都要通过企业组织、战略、管理水平和行为来体现，而企业的行为又会对上述因素产生影响。

三 增强国际竞争优势，促进我国企业国际化

改革开放以来，我国立足客观的比较优势和基本要素禀赋条件，扬长避短，日益广泛地参与国际交换、国际合作和国际竞争，这一方面使我国

出口规模迅速增长，促进了我国经济的发展；另一方面国外的产品和资本的大量涌入以及我国一些企业尝试跨国经营的失败，也使我们认识到我国企业缺乏国际竞争优势。1996年，我国钢产量已跃居世界首位，但产品竞争力低，达到国际标准的只占10%。我国机械工业骨干企业的主导产品达到世界90年代水平的只占17.5%。[①] 既然国际竞争优势是企业跨国经营的基础，面对缺乏竞争优势的我国企业，增强国际竞争优势就成为我国企业进行跨国经营的当务之急。而且，我国工业已经发展到由数量扩张向提高素质转变的关键时期，提高企业竞争力，增强企业竞争优势也是我国经济发展的必然要求。应指出的是，我国的现有比较优势地位不能成为放弃寻求企业国际竞争优势的原因。正如上分析，影响企业国际竞争优势的因素是多方面的，比较优势可以是竞争优势的来源，不具有要素禀赋条件的产业仍可以形成较强的国际竞争优势，许多国家的产业发展史也表明了这一点。针对我国现状，增强国际竞争优势、促进我国企业跨国经营、进一步实施全球战略应做到以下几点。

1. 要树立长期发展和竞争的意识。国家要注重对知识资源、科学技术、教育和基础设施等后天创造的生产要素的投资，培养有效利用和配置生产要素的能力；企业要结合自己整个生产经营过程中的某些关键环节，要注重对诸如专有技术、专利、技术诀窍、品牌、人力资本、公共关系、营销网络等无形资产的投资。这既因为只有这些后天创造的生产要素以及企业无形资产因素才能构成企业长期竞争优势的基础，或者说只有这些因素才是真正的国际竞争优势来源，也因为人类社会正处于由工业化时代向知识经济时代过渡时期，未来社会的国际竞争是知识、信息和人力资本的竞争。

2. 在创造公平竞争环境、鼓励竞争的前提下，制定科学的产业政策，培育本国的优势产业群，进而发展自己的跨国公司。激烈的国内竞争为企业获得较强的国际竞争优势奠定了基础，很难想象受补贴和保护的企业或缺乏国内竞争的企业会有较强的国际竞争优势。但现在的问题是随着我国国内市场的开放，外企大量涌入，国内市场竞争日趋激烈，而由于种种原因我国众多产业中的企业与外企不处于同一"竞争等级"，面临严峻考验。

---

① 中国社会科学院工业经济研究所：《中国工业发展报告（1997）》，经济管理出版社1997年7月版，序言，第2页。

据《我国工业品国际竞争力比较研究》课题组分析,[①] 从技术含量不高、比较优势因素不强的饮料业,到具有比较优势的传统产业纺织业;从技术成熟、已形成大规模市场能力的洗衣机、电冰箱、电风扇、空调器行业,到技术含量高、产品质量已接近世界先进水平的彩色电视机行业;从技术含量较高、有一定要素比较优势的造船业,到技术含量高、尚未形成国际竞争力的汽车工业、高新技术产业,都面临着不同程度的严峻挑战。当务之急应根据不同产业的具体情况制定科学的产业政策,既鼓励竞争,又在一定程度上保护民族工业,逐渐形成自己的优势产业群,促进我国企业的跨国经营。

3. 在产权明晰、政企分开的前提下,通过企业兼并、收购、联合等资本经营方式发展大型企业集团,迅速增强企业集团的诸如资金、规模经济等竞争优势,进一步发展为跨国公司。进行资本经营,既是深化国有经济改革,对国有经济进行战略性重组的必然要求,又是现代企业超常发展的必经之路,纵观世界前100家大型跨国公司发展史,无一不是通过资本经营成长的。但应注意的是,无论是通过资本经营寻求竞争优势,还是利用竞争优势进行跨国经营以寻求更大发展,这都是企业据自身发展需要而采取的自主行为,是符合企业发展规律的。政府不能越俎代庖,如有必要应通过政策约束和引导企业行为。

基于对企业发展、现代企业全球战略和国际竞争优势等问题的上述几方面认识,《现代企业全球战略丛书》以指导我国企业增强国际竞争优势、提高国际竞争力为宗旨,以促进我国企业走向跨国经营和实施全球战略为己任,采用分卷的形式,分别从战略管理、品牌战略、技术战略、投融资战略、营销战略、兼并与重组战略和区位战略等方面对现代企业全球战略进行了研究和论述。我们期望我们的工作能对我国企业的发展和国际化进程起到一定的促进作用。

---

① 金碚主编:《中国工业国际竞争力——理论、方法与实证研究》,经济管理出版社1997年6月版。

企业集团技术创新活动的五种效应*

一 企业集团技术创新的自催化效应

随着一项新技术在一个企业内部的迅速扩散,企业将逐渐形成自己的核心能力和技术范式,这时企业的技术结构趋于相对稳定,能够在一个较长的时期内获得高额垄断利润和规模经济收益。这时,外部环境对企业的影响和冲击力减弱,企业的抗风险能力较强,处于一种近平衡状态,企业内部扰动因素的涨落力也很微弱,一项新的发明或改革建议,很难对系统的运行产生重大影响。在这种情况下,往往会出现阻碍企业创新与发展的"技术刚性"。技术刚性是"大企业病"的主要病灶,它使企业满足于现有技术优势,丧失危机感,技术创新动力减弱,创新功能衰退。这是在市场经济中处于垄断地位、具有技术优势的大企业扼杀创新的主要原因。

市场中众多的中小企业往往缺少像大企业那样的市场垄断地位和技术实力,其产品的复杂程度和技术含量也较低。很难进入具有显著规模经济性和进入壁垒较高的行业,大多数中小企业都是在竞争型行业中苦苦挣扎,随时都有被兼并或破产的危险,经常处于一种非平衡状态。因此,他们往往对新的技术机会非常敏感,渴望在产品、工艺或服务上实现重大突破。而且,对新的技术机会,由于不存在太高的技术转换成本,中小企业的反应可能更加迅速。因此,中小企业在技术创新活动中的重要性越来越受到人们的普遍重视。许多人认为,相对于大企业来讲,中小企业在促进技术创新生成方面发挥着更大的作用。

---

* 本文为作者与张建忠合写,原载《中国工业经济》1999 年第 4 期。

企业集团的出现较好地解决了这一难题。多法人治理结构及其与市场环境的相互渗透作用在整体处于平衡状态的企业集团内部形成了一些非平衡区域,在不引起集团整体失稳的情况下,为技术创新营造了适宜的生成环境。这是企业集团这种经济组织独具特色的制度优势。

　　在长期的发展过程中,企业集团在某个或某几个行业中逐步形成了相对固定的技术范式,确立了技术优势,处于一种稳定的平衡状态。但这种平衡状态在集团内部是非均匀分布的。对于核心层和紧密层企业这些子系统来讲,当主导产品处于生命周期的成长期或成熟期时,它们处于平衡状态,这时,企业内部的创新活动大多是在原有技术轨道上的渐进性创新,企业的主要任务是实现创新收益最大程度的内部化。同独立的大企业一样,核心层或紧密层企业的技术刚性也使他们不能成为根本型创新的主要生成区。但是,处在半紧密层关联层或松散层的成员企业,在产权、技术、市场等许多方面与集团核心层企业的联系较为松散,集团对其控制力较弱,相反受外部市场环境的影响却比较大,集团对其股份的转让、业务合同的解除、所服务的主导业务的衰落,都使他们面临着巨大的生存压力,从而使这些子系统处于一种非平衡状态。企业集团内部子系统的稳定性是随着成员企业与核心层企业关联度的降低而逐渐降低的。为了寻求更大的发展空间,这些半紧密层、关联层或松散层的成员企业经常从事一些与集团核心业务无关的"非正常"技术活动,以寻求新的技术突破。对于集团核心业务来讲,这些活动是一种"干扰",但正是这些干扰,为企业集团提供了新的技术机会,促进了许多根本型创新的涌现。

　　对于集团内部涌现出来的技术创新成果和外部环境中的技术扰动,企业集团具有一种很强的自催化功能。企业集团可以凭借自身在资金、技术、管理、市场营销渠道、商标等无形资产的使用方面的优势,调集充足的资源对市场前景广阔的创新项目予以支持;灵活的产权机制也使企业集团能够及时出售成熟技术或企业,增加对创新企业的资本投入,提高他们在集团中的地位,使具有巨大市场潜力的根本型创新项目成为集团新的核心业务。这时,企业集团将进入一个新的技术轨道,自动完成企业蜕变过程,顺利实现产业结构调整和产业升级。

二　企业集团技术创新的低成本扩散与收益放大效应

技术扩散是实现技术创新规模经济性、增加创新收益的主要手段。但技术作为一种信息产品具有一定的公共物品特征和不可交易性。公共物品特征使潜在的技术采用者都在想方设法降低使用技术的成本负担，这势必造成私人企业技术创新投入不足。在这种情况下，由市场来提供技术商品通常都低于最优数量，因此产生了专利等知识产权保护措施。技术的不可交易性主要源于技术交易过程中的专业障碍、信息障碍以及创新过程中的不确定性。它直接影响技术交易的成功率，并使交易成本大为增加。蒂斯的一项调查表明，技术交易成本平均占一个技术项目转让总成本的19%。在他的26个抽样项目中，交易成本少的占2%，多的高达59%。技术的公共物品特征和不可交易性同时存在使市场调节下的技术创新活动处于一种两难困境：强有力的知识产权保护虽然增加创新者的收益，但也导致了技术交易障碍，减少了新产品的应用，造成了社会福利的损失。同时过度保护也不利于提高创新者的积极性；反之，对技术的知识产权保护不利，虽然能提高创新的社会收益，但创新者收入的降低也将影响创新的涌现。

以产权为主要联结纽带的企业集团有效地清除了技术交易过程中的各种障碍。在企业集团，尤其是具有环形持股或交叉持股股权结构的企业集团内部，高度的股权内部化，会使成员企业采用新技术（尤其是企业集团的核心技术）所产生的经营收益和资本增值收益转变为企业集团的巨额股权收益（如资本升值、股本分红等）。这使企业集团经常忽略技术在集团内部、尤其是在核心层或紧密层中转让的直接收益，从而使集团内部的技术具有明显的公共物品特征，排除了成员企业间技术的不可交易性，扩大了技术应用范围，降低了技术扩散成本，增加了社会的福利。

企业集团技术扩散过程中的收益放大效应主要源于多角化经营、国际化经营与纵向一体化生产体系。

多角化经营是大多数现代企业集团的共同特征。为了降低经营风险，寻找新的增长机会，企业集团一般都实行了相关或非相关多角化经营战略。在这类企业集团中，各部门坚实的技术基础为技术变形提供了有力的保证；技术人员定期或不定期工作岗位交换为新技术的跨部门扩散提供了便利条件；企业集团的研究与开发战略管理部门掌握着大量新技术信息，了解这些技术在集团内不同部门渗透的可能性，从而扫清了技术扩散过程中的专业障碍。在实行多角化经营的企业集团中，新技术（尤其是核心技术）在不同产品或产业中的扩散和渗透，使企业集团技术扩散产生"收益倍放"效应。如佳能集团将微电子、激光、精密仪器等方面的核心技术广泛扩散到照相机、摄像机、计算机、复印机、传真机、激光打印机、图像扫描仪、细胞分析仪等产品中，可以使同一技术可以同时在不同的产品市场上获得巨大的创新收益。

纵向一体化是把商品生产阶段和经销阶段包括在一个有层次的系统中，用威廉姆森的话讲，就是用内部交易代替了市场调节机能。纵向一体化是大多数生产型企业集团的共同特点，它是由处于主导生产阶段，或称关键性生产阶段的企业控制处于辅助生产阶段、但紧接着关键生产阶段的企业。一般来讲，生产工艺、技术方面的关联程度与企业在集团中的地位是相关的。涉及到集团核心技术的关键性生产阶段都是由集团核心层企业来完成的；在重要性上仅次于关键生产工序的生产过程可由紧密层企业来完成；而一些不太重要的生产工序可由半紧密层或松散层企业来完成。采用纵向一体化进行联合生产的企业集团实际上形成了在关键技术指导下的相对稳定的技术联盟。专业化分工与合作使成员企业在本专业领域积累了丰富的技术经验，他们成为本领域新技术的主要提供者，有利于最终产品性能的改进和集团综合技术实力的增强，并使新技术扩散速度大为提高。从理论上讲，专业化分工与合作几乎可以把生产规模扩大到任意一个理想水平，创新技术可以在一个更大经济规模内扩散，从而提高技术创新的规模收益水平。

跨国企业集团是国际间技术扩散的主要渠道。他们利用地区间技术创新的比较优势在一些发展中国家和地区复制成熟的生产工艺，可以进一步延长技术的寿命周期，提高技术创新活动的产出效率。

三　企业集团技术创新的风险分散效应

技术创新活动的无特征性、时滞、不确定性和巨额投入使创新过程自始至终都充满着风险。企业集团可以采用组合投资策略，同时对多个技术创新项目进行风险投资，用成功项目的收益来抵消失败项目的投资损失，以获得整体风险投资收益。由于成功项目能带来很高的收益,少数创新项目的成功就可以使组合投资收益率达到一个较高的水平。一般来讲,超过10个项目的投资组合就可以有效地回避技术创新的投资风险。

在技术创新的初期阶段,许多研究与开发活动并没有企业和产品特征。一项特定的研究工作会导致各种最终产品,产生不同的技术合同或范围经济,研究与开发的外部经济性和产权问题也随处可见。此外,时滞也是研究与开发活动的典型特征之一。一项研究活动在商业应用之前常常要花费很多时间,有些还根本不可能进行商业化应用。在这种情况下,资本市场的融资作用是非常有限的,风险投资者几乎不能提供任何资金支持。欧洲投资银行的报告显示,在这一阶段,绝大多数研究与开发工作都是内部融资,只有少量才是通过外部资本市场融资的。但是,从事多元化经营的企业集团对研究与开发阶段的投资一般都具有较高的热情,即使在没有明确应用方向的基础研究领域,他们也经常投入适量资金(约占全部研究与开发经费的5%~10%)。一些企业集团甚至鼓励研究人员从事一部分与企业无关的研究活动。如明尼苏达矿业公司(3M集团)就有一条惯例,允许公司研究人员将其大约15%的时间用于个人研究上,并允许使用公司的仪器设备以激发他们的创造灵感。企业集团积极从事研究与开发活动的原因主要有两个:一是广泛的业务组合可以在集团的业务范围内使各种不可预期的创新成果内部化,从而使研究开发与集团增长之间的关系变得相对稳定,使其接近或高于产业平均技术进步贡献率;二是技术创新的转化和具体化阶段,雄厚的资本优势使研究与开发活动的无特征性和时滞产生的技术外溢损失降到最低程度,模仿者在资金、技术能力方面很难与之匹敌。

在研究开发成果由实验室到生产过程的转化阶段,风险投资开始增加,不确定性相对于研究与开发阶段大为降低,但专业障碍和信息障碍容易造成风险资本市场中的投资者信心不足,往往会使创新项目夭折在这一时期。企业集团内部的创新融资则不存在这些障碍。集团的投资部门对集团的现有技术能力十分明了,对集团内部的创新成果或外部引进的成果可以和技术职能部门一起进行筛选,对资金需求规模、技术基础、市场前景的评估也比较科学。此外,企业集团充足的人力资源可以为创新项目提供优秀的企业家和管理者,从而使投资风险大为降低。

产品打入市场后,创新企业面临的主要问题是根据用户对新产品使用意见的反馈,改进产品性能或开发第二代产品,以阻止模仿者的竞争势头,并扩大生产，确立规模优势来获得有利的竞争地位。此时，仍需要大规模的风险投资。欧洲风险投资协会（EVCA）对风险资本使用情况的一项调查显示，风险资本中用于规模扩张与二次创新阶段的扩充融资比例高达50.9%（而用于成果转换阶段的开业融资只有22.4%）。但在这一阶段初期，创新企业内部资金形成能力还非常有限，如果外部融资出现困难，创新企业很容易从成功走向失败。所以，这个资金短缺时期经常被称为"死亡峡谷"，一般发生在创新企业开业3~4年之后。在这一阶段，企业集团可以凭借自身优势为创新企业提供各种支持，如提供高信誉品牌、集团名称的使用权，利用发达的市场营销和信息传递网络刺激对新产品的需求，实施纵向一体化战略的企业集团还可以保证某些创新产品的原材料供应，企业集团的社会影响力也能清除或缓解部分环境障碍。在适当的情况下，企业集团还可以联合外部投资者共同投资，以保护创新企业安全进入正常发展阶段。

为了消除风险资金供给在数量、结构和质量等方面对创新企业发展的约束，一些企业集团纷纷建立起自己的风险投资部门或下属机构，促进资本市场、技术市场内部化，以保证灵活有效地为新技术项目配置资金，及时调整发展方向，提高效率。当创新企业资金严重匮乏时，企业集团可以出让成熟企业或市场潜力不大的企业的股权来筹集风险资金，使集团不失时机地获得潜在的风险收益。这样，企业集团不仅可以有效地解决风险资金瓶颈约束，还有促使资本由呆滞部门向高技术部门转移，实现集团内部产业布局的动态转移。

四 企业集团技术创新活动的技术导向效应

当一个新技术原理或主导技术确定了在技术系统中的核心地位后，技术创新活动将表现出强烈的路径依赖。人们可以很清楚地发现，沿着某一方向和途径，技术进步相对稳妥；而沿着其他方向，提高技术水平的尝试会很成问题。英国经济学家乔瓦·多西（Giovanni Dosi）20世纪80年代初用"技术轨道"的概念描述了技术演进这种特征。多西认为，根本性创新会带来某种新的概念，这种概念一旦模式化，就成了技术范式（Technological Paradigms）；某种技术范式如果在较长的时间内发挥作用，产生影响，就相对固化为技术轨道（Technological Trajectories）。一旦形成技术轨道，在这条轨道上就会有持续的创新涌现。技术范式实际上是定义了"进一步创新的技术机会和如何利用这些机会的基本程序"。企业集团是这种范式的主要"制定者",他们的技术创新活动具有强烈的技术导向效应。

当一项根本性的创新出现以后,通常都有几个备选的技术发展路径。在19世纪90年代,汽车可以用蒸汽、汽油或电池来作动力。20世纪中期,核能可以用轻水、汽冷、重水或钠冷反应堆来生产;太阳能可以由结晶状硅或非结晶状硅技术来生产;录像机可以用Sony Betamax技术或用VHS技术来制造。这些发展路径并没有都延伸开来。技术往往是沿着其中某一条路径进行扩散的。如汽车采用了汽油发动机而非蒸汽发动机;电力技术采用了交流电而非直流电;核反应堆采用了轻水反应堆而不是其他三种形式;录像机几乎都采用了VHS制式而排斥了Betamax制式。在这些技术的扩散和演进过程中,为什么技术扩散选择了其中一条途径而非其他?有人认为,那是因为所采用的技术较为先进。可事实并不尽然:许多技术专家认为,Betamax制式优于VHS制式;汽冷核反应堆优于轻水反应堆;而广为采用的QWERTY打字键盘可能要稍差于几乎同时出现的Dvorak键盘,据估计,后者要快5%。W.布莱恩·阿瑟对这种新技术对采用者市场的竞争行为进行了理论分析和实证研究。他认为,在一些知识密集度较高的产业中,技术扩散过程中的"干中学"、网络延伸性、生产的规模经济性、信息的递增收益以及技术的相互关联性,使技术扩散存在一种"采用报酬递增"现象,即一项新技术被采用的越多,其后来采用者所获得的报酬就越大,因此就越想采用它。

市场垄断地位是企业集团终生的梦幻。在技术扩散过程中,企业集团可以凭借自身在资金、技术、管理等方面的雄厚实力,利用经济系统内部技术扩散过程中的先动优势和正反馈机制迅速垄断一些新技术领域,并将技术发展引入对自己有利的技术轨道,使自己的技术标准或方法准则成为整个行业的技术标准,在某些特定的环境中,甚至不惜放弃一笔可观的技术转让费。这时,企业集团在客观上发挥了一种技术导向作用,引导和规范了同行业中其他企业的进一步创新行为。

五　企业集团的技术创新具有显著的协同整合效应

企业集团技术创新活动中的协同整合机制可以显著提高技术创新的规

模经济效益。技术创新活动通常是一种强选择性的、以更准确的方向为终结的积累性活动。企业集团所从事的技术创新活动虽然也利用大量的公共信息和他人的研究成果，但大部分还是以自身技术能力为基础，现有的技术活动严格受到过去技术创新活动的制约。在同一技术轨道上，创新项目之间存在着明显的自增强效应，即一个项目（不论是成功项目还是失败项目）过程中所获得的知识，对下一轮创新项目具有潜在影响，每个项目都为后一个项目提供了技术支持。随着技术创新活动的进行，企业集团的知识存量、技术范式、学习模式和组织柔性都发生动态的演化，并最终表现为技术能力的积累与提高。这样，在连续的技术创新过程中，可以节约相当数量的后续创新的初始投入，从而有利于提高技术创新的投入产出水平。一些经济学家认为，从经济目标来看，渐进性创新的重要性可能更甚于根本型创新。许多行业的技术创新似乎主要是由连续不断的小改小革引起的，而不是那些重大的突破性发明。显然，企业集团的技术能力使其在这种渐进型创新中发挥着重要作用。

企业集团内部的专业化分工也促进了企业集团的协同创新。近代科学技术的发展使产品及其生产过程的复杂程度达到了一个空前的水平，每项最终产品都包含着一系列连贯工序。在这种复杂的生产经营系统中，每一个专业生产企业的创新活动都无法与集团内部其他创新者的活动完全割裂开来，在不同程度上受互补技术的制约。一项创新的出现会促进一系列"瓶颈"问题的解决，从而诱发一大批伴随创新的涌现。在纵向一体化生产体系中，这种现象更为普遍。如一个钢铁联合企业用2500立方米现代化大型喷煤高炉代替传统工艺中的100立方米小高炉，必然会带动一系列技术改造活动：用大型吹氧转炉取代平炉炼钢，用现代化高速精轧机取代小型轧机，用精选矿粉代替普通矿粉，用铁水热供、连铸连轧技术取代铸铁、铸锭工艺，等等。技术关联度越强，创新的协同效应就越明显。

此外，通过对集团总部所属的研究开发机构及各成员企业技术创新活动进行战略规划管理，可以减少不必要的重复或近乎重复的研究开发活动，集团内部按专业或按地区组织的集中开发或合作开发也使研究开发成本大为降低。

构筑中国小企业金融支持体系的思考[*]

小企业是中国国民经济的重要组织部分。小企业的发展对于促进经济增长，安排劳动力就业，保持社会稳定，增加财政收入，提高人民生活水平，都具有十分重要的意义。而且，小企业的发展对于促进中国市场机制的发育和完善，促进农村现代化、实现农村剩余劳动力转移，甚至为中国国有大中型企业改革创造良好的外部环境等方面，也发挥着不可替代的作用。

但是，小企业由于自身实力较弱，在市场竞争中属于弱势群体，因此，小企业的发展需要政府的扶持。世界上许多国家和地区都特别注重促进小企业发展，注意为小企业的发展营造适宜的基础环境和实施相应的优惠政策。亚洲金融危机之后，中国政府吸取了一些国家的教训，对发展小企业更加重视，制定了一些鼓励扶持小企业发展的政策，但是从总体上看，中国小企业的发展仍面临许多困难，特别是融资方面的困难和问题最为突出。如何解决这些困难和问题，已成为当务之急。本文拟就如何构造中国小企业发展的金融支持体系谈谈我们的看法。

一　中国小企业缺乏金融支持的原因

中国小企业难以通过正常渠道获得银行的贷款，特别是国有商业银行的贷款，使得相当一部分小企业要么停留在"小打小闹"式的自我积累和零负债投资阶段，要么不得不通过民间渠道寻求"高利贷"，严重制约了小企业的健康发展。另外，中国小企业融资渠道较少，外部融资几乎完全为间接融资而无直接融资。小企业在融资上之所以难以获得比较充分的金融

---

[*] 本文为作者与郭朝先同志合写，原载《财贸经济》1999 年第 5 期。

支持，主要有以下几方面的原因。

（一）小企业信用等级低

一般说来，小企业的信用等级低，资信相对较差，抵押担保难，拥有适合做抵押物的资产较少，导致小企业对银行贷款的强烈需求与银行的可贷资金之间难以有效结合。当银行给小企业贷款时，通常要求采取抵押贷款方式，可是，小企业的机器设备往往陈旧落后、技术含量低，或者专用性较强，银行可能视为一堆废铁；加上供抵押物转让交易的市场尚未形成，相应的市场中介机构又缺位，使抵押物难以变现，银行就更失去了对小企业贷款的兴趣。

一些小企业正处于改制过程中，对银行的债务处置不当，有逃废银行债务的倾向，使得银行对小企业尤其正处在改制中的国有小企业、集体小企业等的贷款存有芥蒂，银行对小企业的工作重点不是如何加大投入，而是如何防止企业逃废银行债务，防范金融风险。

另外，中国国有商业银行对贷款企业的信用等级评定标准中，经营规模一项所占比重较高，达15分，造成在信用等级的评定上，对小企业信用状况有人为低估的因素，也是造成国有商业银行不愿给小企业放贷的一个重要原因。

（二）银行出于"经济性"方面的考虑

对于商业银行而言，与大中型企业的贷款相比，向小企业贷款涉及较高的经营成本和交易成本。小企业要求的每笔贷款数额不大，但每笔贷款的发放程序、经办环节，如调查、评估、监督等都大致相同，致使银行的贷款单位交易成本和监督费用上升。商业银行从节约经营成本和交易成本的"经济性"出发，也不愿与小企业打交道。

对于一些从事高新技术风险经营的小企业，因其风险较大，虽然可能有较高的收益，银行也不愿予以贷款，因为，若风险经营失败，则形成呆坏账，若成功，银行与高收益又无缘。

（三）受所有制形式的影响

小企业是一个规模形态的概念，而传统方法是以所有制性质来划分企业类型，这样，中国的小企业实际上是一个复合群体，既包括国有小企业、集体小企业，还有大量的乡镇企业、个体私营企业等。受计划经济的影响以及行政干预，中国国有商业银行给企业贷款至今在很大程度上仍是按照所有制性质来划分的，国有小企业获得银行贷款要容易些，而乡镇小企业、集体小企业要获得贷款就难得多，一些私营小企业干脆就得不到国家商业银行的贷款，即使信用能力较强、效益再好也不行。其主要原因是姓"公"、姓"私"的价值判断在作怪，认为贷给国有企业收不回来也是肉烂在锅里，没有什么责任；贷给非国有企业若形成呆坏账，责任重大。

（四）缺乏专门为小企业贷款服务的金融机构

小企业贷款并不一定都要由国家银行来解决，完全可以由一些地区的、社区的和民间性质的合作金融组织来办，但中国这类合作金融机构还很少。目前，给小企业贷款的金融机构主要有农村信用社、城市合作银行，但它们需要进一步转轨；还有少数几家主要为小企业服务的银行如中国民生银行等，由于其规模较小，且主要分布在少数的几个大城市。显然，这和中国小企业占企业总数的99%，产值占60%，利税占40%，提供75%以上就业机会的重要地位和作用是极不相称的。

1998年，政府对扩大中小企业贷款出台了不少优惠政策，各大国有商业银行也纷纷成立了中小企业信贷部，但由于一些深层次的问题没有解决，对缓解中小企业贷款困难效果尚不明显。另外，中国对小企业的金融服务主要集中在商业性金融机构，商业性金融机构出于利益考虑，无法完全公平对待不同规模的企业，小企业总体上仍处于受歧视的地位。

（五）缺乏小企业贷款担保机构

担保难是影响银行贷款顺利投放的主要原因。与大中型企业相比，小企业关系简单，一般没有上级部门和其他单位为其解决担保问题。小企业自身抵押品不足，所以即使是银行认为有发展潜力的小企业，往往也因担保问题没有解决而爱莫能助。因此，建立小企业贷款担保基金是当务之急。通过建立小企业担保基金，可以分散、减小商业银行对小企业的融资风险。担保基金还可以起到"四两拨千斤"的作用，就是说，在担保基金的作用下，可以带动若干倍信贷资金进入生产流通领域。目前，一些地方已经进行了积极有益的尝试，比如上海，由政府出面组建担保基金，并由银行配套提供专项贷款,使得有效益的小企业找到了担保的"靠山",解决了小企业信用度低,银行不敢贸然贷款的问题。但这一做法还处于"试点"阶段,有待于进一步完善和推广。

二 构筑中国小企业金融支持体系的措施

借鉴国外成功的经验,结合中国小企业金融支持不力的现实,我们认为可采取以下措施来构筑有中国特色的小企业金融支持体系。

(一) 完善小企业金融支持的法律法规建设

世界上许多国家和地区都注意首先从法律法规层面上加强对小企业的保护和扶持。如美国的《小企业法案》,就是一部专门保护小企业的法律,根据这一法律,美国专门成立了为小企业提供融资、经营、技术、法律等方面服务的小企业管理局。美国的《小企业创新发展法》规定,凡是研究与开发经费超过1亿美元的,联邦政府部门都需将超额部分按法定比例,用于资助小企业的技术创新研究。中国台湾省1975年修正公布的《银行法》中的"专业银行"一章,增列了"中小企业银行"一条,规定了该类银行的主要任务是供给中小企业中长期信用,协助其改善生产设备、财务结构及健全经营管理。德国政府则强化银行对中小企业贷款的扶持,法规规定:年营业额在1亿马克以下的企业,可以得到总投资60%的低息贷款,年利率为7%,还款期为10年。韩国则有"特别银行法",根据该法规定,设立了中小企业银行和国民银行,专门负责中小企业金融业务。

中国的小企业所有制构成比较复杂,而企业立法和有关政策又主要是按照所有制性质来制定的,这就使得不同所有制小企业处在不同竞争起跑线上,不利于小企业的更快发展。因此,应将小企业视为统一整体,尽快制定统一的大、中、小企业划分标准,改变以往大中型企业、中小企业等概念模糊的提法,明确小企业的范围,在此基础上,打破所有制界限,制定《小企业基本法》或《小企业振兴法》,使小企业的管理走上法制化轨道。《小企业基本法》或《小企业振兴法》中应包括有小企业金融机构的设立、小企业融资措施等规定。从而,使小企业金融机构以及小企业的融资等具有法律地位和法律保证。其次,应对小企业银行、基金等金融机构专门立法,规范其职责、资金来源、运作方式等。再次,应允许小企业成立互助合作的金融组织和机构。

（二）设立专门的小企业银行

国外大多数国家都设立有专门为小企业服务的金融机构，如日本有5家专门面向中小企业的金融机构——中小企业金融公库、国民金融公库、工商组合中央公库、中小企业信用保险公库和中小企业投资扶植株式会社，这些金融机构以较有利的条件向中小企业直接贷款，或者建立使其他金融机构放心给中小企业贷款的信用保证制度，或者认购中小企业为充实自有资本而发行的股票和公司债券等。美国的小企业管理局作为永久性的政府机构，直接参与小企业的融资，通过直接贷款、协调贷款和担保贷款等多种形式，向小企业提供资金帮助。德国有以小企业为主要服务对象的合作银行、大众银行和储蓄银行。韩国有中小企业银行、国民银行、大东银行和东南银行等金融机构为中小企业融资服务。

鉴于中国缺乏专门为小企业服务的银行，我们建议设立政策性的和商业性的两种类型的小企业银行，专门扶植小企业发展。政策性小企业银行资金来源应是中国人民银行的再贷款，或者靠向金融机构发行政策性金融债券来解决，其职责主要是对需要扶持的小企业发放免息、贴息和低息贷款。在目前，农业发展银行可以代行政策性小企业银行的功能，并相应规定给小企业的贷款比例。待条件成熟时，还可组建地方性的小企业发展政策性银行，专门落实对小企业的政策性扶持。商业性小企业银行，可由城市合作银行、城乡信用合作社或者城乡信用合作社联社改制而来，充分发挥这些地方性的非国有银行对当地经济情况比较熟悉的优势，为小企业服务。

（三）建立3种类型的小企业基金

国外专门为小企业服务的基金很多，主要可以分为3类。一是小企业信用担保基金。如日本有52个信贷担保公司，在此基础上，还有一个全国性信贷担保联合会，它同日本小企业信贷保险公司一道致力于为日本的小企业提供信贷担保服务。韩国有专门为小企业融资提供担保的信用保证基金，其资金来源，中央一级全部由中央政府出资，地方一级则分别由地方政府和企业各出资50％。二是特定用途的基金。如意大利的"技术创新滚动基金"，以及"鼓励中小企业和手工业、促进微型企业现代化备用金"，用以支持中小企业的技术创新。韩国的中小企业创业振兴基金则是为提高中小企业技术水平，促进中小企业结构调整，支援创建中小企业而筹集运营的资金。三是小企业互助基金。如日本的小企业"自有钱柜"，企业任何时候都可以从那里得到无息贷款，贷款额为入会费的10倍，且不需要抵押和担保。法国的大众信贷集团、互助信贷集团和农业信贷集团是面向地方中小企业和农村非农产业的三大信贷集团，这些组织均采取会员制，具有互助基金性质。

为解决中国小企业贷款难问题和扶持小企业发展，可以建立3种为小企业服务的基金。一是小企业信用担保基金。小企业信用担保基金可由政府出面设立永久性机构，也可由小企业组建联合担保共同体，实行股份制。并可考虑由政府和商业性保险机构共同出资设立再保险机构，为担保贷款提供再保险。有了信用担保基金的支持，银行可以降低风险，而小企业能更容易地获得贷款，关键是基金本身按照市场经济原则办事，并且拥有足够的防范措施，如对担保贷款项目进行可行性研究，按担保比例和额度收取一定的手续费等。二是小企业发展基金。其资金来源可包括政府财政的拨款、出售国有小企业的收入、从小企业的经营收入中提取一定比例的基金。小企业发展基金重点应支持小企业的设立、小企业的技术创新和风险经营等。三是小企业互助基金。可以借鉴日本"自有钱柜"的经验，鼓励小企业加入金融互助基金，缴纳一定入会费，就可申请得到数倍于入会费的贷款额。

（四）制定有利于小企业融资的一些特殊优惠政策

国外对小企业融资的大力支持还表现在以下几个重要方面：① 鼓励小企业创立。如美国，小企业在筹建阶段，除了可以向个人投资者出售未上市的股票筹集资金外，还可从金融机构得到贷款，并从政府的小企业管理局得到政策性贷款和融资担保。② 支持小企业技术创新。如美国小企业管理局通过风险资本公司向小企业提供发展和技术改造风险资金，至1995年，全美共有500家风险资本公司累计向7万多个从事高技术研究和新产品开发的小企业直接投资了不低于110亿美元的资金。法国科研推广局向小企业提供科研贷款，并促进金融机构与企业在科研方面的合作，当小企业遇到技术开发利用难题时，可向国家科研推广局申请补助，最高补助额可达投资额的70%。③ 对特定行业的支持。如日本政府对"指定行业"中对发展国民经济和提高国民生活起重要作用的特定行业，在金融政策上对小企业给予低息贷款的优惠，对进行新技术和设备投资以节约能源和利用新能源的小企业，则制定了由中小企业金融公库、中小企业事业团等分别提供资金的制度。④对"特定事项"的支持。如日本对因相关企业倒闭而陷于资金周转困难的小企业提供紧急低息贷款，对遭受灾害而重建的小企业提供一定额度以内的低息贷款等。德国政府对增加就业、改善环境的环保示范项目等提供较为优惠的贷款。意大利对小企业走向国际市场提供融资优惠，对于落后地区和工业萧条地区的小企业给予特别融资优惠或补贴等。

当前，中国亟待制定的有利于小企业融资的优惠政策主要有：(1) 保持国有商业银行对小企业的贷款份额。这主要是将国有商业银行新成立的小型企业信贷部切实办好。目前，小型企业信贷部贷款份额应占到各银行贷款总额的1/3以上，确保小企业有充分的融资来源。小型企业信贷部的贷款对象应是不分所有制形式的小企业。(2) 提高商业银行对小企业贷款的积极性。除可考虑扩大商业银行对小企业贷款的利率浮动区间外，还可对小企业贷款比重较高的商业银行，实行诸如冲销坏账和补贴资本金等措施，增强其抵御风险的能力。(3) 修改国有商业银行企业信用等级评定标准。变重视企业经营规模为重视企业经营效益，取消或削减"经营实力"项目的分数，为小企业平等获得银行贷款创造良好的条件。(4) 建立规范的小企业抵押贷款制度。逐步完善抵押登记、资产评估、抵押物流转交易市场等环节，切实解决小企业贷款抵押物变现难的问题。(5) 允许符合条件的实行股份制的小企业以股票、债券等非信贷方式融资。(6) 实施小企业资金扶持计划。政府应专门拨出一定资金扶持高新技术小企业、风险经营小企业、出口型小企业等，并从战略的角度，从整体上增强小企业素质出发，制定并实施相应的小企业资金扶持计划。对于小企业出口，应提供必要的信用担保和出口信贷等融资优惠。对于风险经营的、进行技术创新的小企业应提供专项贷款、贴息贷款等融资优惠。(7) 对"特定事项"小企业实施资金扶持。如对于下岗职工创办的或者安排下岗职工就业的小企业，可将下岗职工一年的下岗生活救济费一次性拨付给企业使用；对于贫困地区小企业应从扶贫资金中拨出一定款项支持其发展；对于因经济不景气、与之关联的企业歇业或破产而陷入困境的小企业，应提供紧急资金援助等。

(五) 建立健全小企业金融支持社会辅助体系

国外许多国家和地区除了金融机构为小企业提供全方位的金融服务外，社会上一些其他服务机构也为小企业融资提供形式多样的服务。在美国，有一种被称为"商业孵化器"的机构，它是一种为小企业提供各种服务的机构，其主要职能是：一为小企业起步发展阶段提供融资上的支持；二向小企业以低于市场价的价格出租商务用房和场地；三为小企业提供会计师、律师服务和咨询服务；四除自身为小企业提供资金支持外，还为之联系其他商业银行贷款。据报道，美国80%左右的中小企业平均寿命为5年，而若得到"商业孵化器"的帮助，其倒闭率会降低到20%。在日本，有专门为小企业经营管理、融资等咨询的诊断所，并成立了全国性的小企业诊断协会。并且有经过各种严格考试的小企业诊断士，诊断所和诊断士为小企业提供各种形式的服务，小企业若得到其支持，可以得到更为优惠的融资服务。在德国和意大利，有全国性的工商联合会和手工业联合会，为小企业提供包括金融在内的各种服务，有力地促进了中小企业的发展。

在中国，建立健全小企业金融支持社会辅助体系主要应建立健全小企业社会化服务体系。中国小企业难以获得银行贷款的一个重要原因就是银行对小企业进行风险评级等信息搜寻的成本太高，银行对贷款的风险难以掌握。因此，如果能建立起完善的资信评估、贷款信息等中介机构，银行就可以更多地满足小企业的贷款需求。另外，小企业势单力薄，需要社会为其提供各种服务，包括投资方向、经营管理、技术改造、产品出口、司法诉讼等方面提供信息和策略措施咨询服务，在资金筹措方面尤其如此。因此，建立健全小企业社会化服务体系也是当务之急。目前，中国为小企业服务的社会化服务体系还没有形成，但是中国有比较健全的手工业合作社组织系统，有全国性的手工业合作总社，全国各地也都建立了手工业联社。因此，可以制定相应政策，促进手工业合作社系统充分发挥为小企业提供各种社会化服务的作用。

中国企业与网络经济[*]

一　正确理解、认识网络经济

　　网络经济的发展，特别是作为网络经济核心内容之一的电子商务的发展，意味着企业在战略思想、管理理念、运行方式、组织结构等各个方面都面临某种革命性变革。它对现代企业的生存与发展，既是一种机遇，也是一种挑战。从企业运行的角度，应当这样定义网络经济：网络经济是建立在国民经济信息化基础之上，各类企业利用信息和网络技术整合各式各样的信息资源，并依托企业内部和外部的信息网络进行动态的商务活动和管理活动所产生的经济。从总体上看，网络经济动摇了一切经济角色之间的关系，对经济的运行周期产生了巨大影响。

　　按照上述定义，网络经济绝对不是网站经济，也并不等同于网络公司经济，在网络经济中唱主角的，恰恰是应用信息和网络技术整合信息资源而进行研发、制造、销售和管理活动的各类实体企业，自然也包括一切传统产业中的各类企业，它们才是推动网络经济发展的主体。而"火爆"一时的各类网站企业或网络公司只不过是为各类实体企业提供各种各样的网络服务而已，它们中的一些不景气正是市场经济规律发挥作用的结果，并不意味着新兴企业的破产。当前，曾一度高速扩张的网络经济进入阵痛期，一些网络公司业已倒闭，一些仍在苦苦挣扎或压缩规模，寻求重组。我们应当借此难得的市场回归理性的调整机会，转变观念和思维方式，调整战略决策和步伐。我们充满信心地断言，中国网络经济刚刚迎来蓬勃发展的春天，并将展示一个充满智力、稳步开拓的光明前景。

---

[*]　原载《中国社会科学院院报》，2001年5月15日。

二 中国企业在网络经济发展中存在的问题

(一) 对网络经济的影响认识不够

当前中国不少企业家或企业经营者往往认为,网络经济只会对高科技的新兴产业产生影响,而传统产业中的企业可以置身其外,依然如故。许多企业并没有理解网络经济的真正意义,没有意识到网络经济带来的冲击、挑战和机遇,至今还认为自己与信息化没有多大关系。这是非常有害的认识误区。而网络"泡沫"的破灭,更进一步强化了这样的错误认识。

(二) 企业尚未成为网络经济发展的主体

总体而言,中国企业的信息化建设普遍滞后,未能从战略的高度把信息化作为企业自我发展的内在需求,不能把网络经济提供的市场机会和管理运营创新作为企业提高竞争力的有效途径和企业可持续发展的新增长点。无论是国有企业,还是民营企业,信息化总体水平都不高,企业外部的市场信息、客户关系和上下游产业链条等未能按照网络经济提供的手段加以处理和整合,企业内部的各项业务流程和管理程序等尚未按照信息化的要求优化重组。对大多数企业而言,成长方式、经营模式、运行机制和组织结构等都还沿用工业经济条件下的那一套,很多企业内部联网都没有建立,远不能适应网络经济及电子商务发展对企业的需要和要求。

据调查,在中国数以千万计的企业中,只有1.5万家企业建有网站;另据国家经贸委对300家国家重点企业的调查,这些企业用于信息技术和设备投资累计仅占总资产的0.3%,远低于发达国家8%~10%的水平。企业信息化滞后构成电子商务发展瓶颈,"小环境"建设严重不足,电子商务应用的"大环境"当然也无从谈起。

(三) 与网络经济的结合停留在粗浅的层面上

由于认识的局限和理解的偏差,以及网络知识普及不足,国内众多企业与网络经济的结合或对网络的运用,仅仅停留在建立自我宣传的企业网站这样粗浅的层面上,把参与网络经济看成赶时髦,以为建立起企业网站就代表了企业运行中运用网络技术的全部。众多企业网站只满足于自我宣传,而且大多面孔古板、内容雷同。有资料表明,国内500家上网企业的网站中，85%的网站所发布的信息有6个月没有更新或添加新内容，90%的网站只有总经理的照片和企业产品的介绍。这种自我宣传性质的网站，充其量不过是网络版的企业宣传手册而已。

（四）少数企业发展网络经济的动机不正

国内一些人和少数企业把网络经济当做在市场上新一轮"圈钱"致富的大好机会，甚至把网络作为其"暴富"的工具，千方百计地利用网络概念进行急功近利的恶意包装、炒作，制造出巨大的网络"泡沫"，引起市场的混乱和不稳定。此外，在市场不成熟情况下非理性的一哄而起，也对形成网络"泡沫"推波助澜。这些行为都严重地败坏了网络经济的名声，极大地干扰了我们对网络经济的正确估价和判断，阻碍了中国信息化战略的顺利实施。

从企业外部环境看，中国网络经济发展还缺少相应的社会基础，网络经济发展的技术环境、法制环境和市场环境等都不尽如人意。作为支撑网络经济发展核心的电子商务，其发展环境至少包括3个方面：一是普及的因特网；二是以银行电子化为标志的国民信用体系基本建立；三是大多数企业管理信息系统基本完成。目前，中国上网人数仍然较少，上网成本相对可支配收入仍然较高，网上交易的意愿薄弱，难以形成电子商务发展的支撑规模；缺乏支付制度、配送条件等方面的支持；信息安全认证体系及银行电子支付体系尚未完全建立，社会信用体系不健全；缺少电子商务发展的相关法律法规等。这些不利因素在很大程度上制约了企业信息化和网络化改造，影响了企业开展电子商务的主动性和实施效果。

三　进一步融入网络经济大潮

中国加入世界贸易组织已指日可待，过去国家为产业和企业提供的保护罩将迅速揭去，融入全球经济发展大潮不可避免。从某种意义上讲，国内市场也将变成国际市场，国内企业将直接面对来自国际市场的激烈竞争，以参与国际市场竞争与合作的思维考虑企业的生存与发展是必由之路，学习以全球经济的观点考虑企业生存与发展问题已经成为中国企业的当务之急。

可以预料，我国第10个"五年计划"的实施、政府法规与政策的逐步明朗化、各界跨越数字鸿沟的积极行动、宽带骨干网络等基础设施的建设与电信资费的降低、各界对企业上网的多头推动、电子政务的发展、行业电子商务的分头实施、数字社区的建设、数字城市规划的展开、中国加入世界贸易组织等因素，都将成为中国网络经济的推动力量，从而加快国民经济与社会生活网络化的进程。

对中国企业而言，首先必须认识到，信息化与电子商务如此紧迫地逼到了各行业企业的面前。必须从战略的高度充分提高认识，发展网络经济已不单纯是一个电子信息技术的运用或是商务模式的选择问题，而是我们适应和顺应国际潮流，在融入全球经济发展中不断增强竞争力的战略性选择。网络经济在全球的展开也就是6～7年的事情，目前传统企业与信息技术、网络技术的结合仍在蕴育着更加全面的重大突破，即使是那些走在最前列的大型跨国公司也面临需要不断整合、创新的挑战。尽管中国网络经济发展中存在着这样那样的问题，但如今我们的起步并不算迟，起点并不算低。应当说，与现实的其他竞争要素相比，中国企业与世界其他国家的大多数企业在与网络经济结合方面基本上处于同一条起跑线上，中国企业在融入网络经济大潮中有着更多的制度创新和技术创新空间。只要我们彻底转变观念，把握未来社会的基本走向，调整、变革企业的战略构想、运作模式和组织构造，就可以在新一轮竞争和合作中实现跨越式发展。

其次，中国企业应对网络经济，既要主动地抓住机遇积极融入，又要稳妥地防范风险和躲避陷阱。利用信息和网络技术脱胎换骨般地彻底改造企业，是对企业家战略远见、创新胆识、经营智慧和管理艺术的最大考验。一般说来，近期要以信息技术应用为重点，以电子商务为突破口，结合企业信息化和对传统运作方式的改造，促进自身结构优化升级，适时推动企业管理体制改革和经营模式创新。当务之急是找准切入点，构建企业内部网，用最新的、最适宜的电子信息技术改造企业业务流程和经营组织方式。通常可以从最重要的局部流程或部门做起，然后逐步推广，直至全面提升企业自身业务流程的运作水平和管理水平。

不同行业、不同规模的企业应当根据自身业已建立起来的核心能力和竞争优势，紧密结合宏观环境和市场的变化，设计或选择自己的信息化、网络化管理模式和开展电子商务的商业模式，并通过与不断变化的网络运用环境相适应的多档次技术和经济组合，完成循序渐进的、从基础到高端的、分阶段分步骤的发展过程。在这个过程中，逐步实现企业的整个运营系统信息化、运营流程的重组优化和经营理念的根本转变，将业务和管理体系转移到网上进行，完成传统经济向网络经济的平稳过渡。

我国中小企业发展的几个问题[*]

中小企业的问题并不是中国特有的问题,而是一个世界各国都普遍关注的世界性问题。从理论上讲,中小企业一般是指规模较小的或处于创业阶段和成长阶段的企业,包括规模在规定标准以下的法人企业和自然人企业。世界各国确认中小企业的重要目的,就是通过制订政策保护和扶持中小企业。因为,中小企业不仅户数众多,是创造就业机会的主要渠道和制度创新与技术创新的主体;同时,由于规模小,又是市场竞争的弱者。政府扶持中小企业正是为了弥补市场缺陷、保护公平竞争,以促进整个社会经济效率的提高。对于我国而言,由于转轨经济和二元经济的背景,中小企业发展问题又具有特殊的意义。

一 如何认识我国的中小企业?

(一) 我国中小企业的界定与现状

在社会认同和制订扶持政策的实践中,对中小企业也有广义和狭义两种理解。广义的中小企业,一般是指除国家确认的大型企业之外的所有企业,包括中型企业、小型企业和微型企业。狭义的中小企业则不包括微型企业。[①]

一般而言,各国对中小企业的界定可以有定量界定和定性界定两种方法。[②] 定量界定试图通过一定的数量标准来准确划分中小企业,主要包括从

---

[*] 本文为作者与黄群慧等合写,原载《经济管理·新管理》2002 年第 2 期。
[①] 通常认为微型企业是指雇佣员工数在 8 人以下的具有法人资格的企业和个人独资企业、合伙企业以及工商登记注册的个体和家庭经济组织等。
[②] 白永秀、徐鸿:"中小企业发展与声誉管理",《经济管理》2001 年第 16 期。

企业雇员人数、资产额以及销售收入三方面进行界定。这些数量标准是相对的，会因国家、地区、行业和经济发展水平的不同而有较大的差异。例如，美国小企业管理局一般把雇员人数不超过 500 人、销售收入不足 500 万美元的企业，称之为小企业；而欧盟规定雇员在 500 人以下，固定净资产在 7500 万欧元以下的企业为中小企业；日本《中小企业基本法》界定的中小企业为从业人数 300 人以下或资本金 1 亿日元以下的工矿企业，从业人数 100 人以下或资本金 3000 万日元以下的商业批发企业，以及从业人员 50 人以下或资本金 1000 万日元以下的零售和服务企业。而定性界定一般从企业质量和地位两方面进行界定，试图从本质上判断其在竞争中是否具有先天的弱势地位。一般定性界定标准包括三个特征，要看是否是独立所有（如要求业主持有 50% 以上的股权）、自主经营（要求业主本人控制自己的企业），较小市场份额（如要求在其经营领域不占垄断地位、不能以资本市场融资等）。

　　我国对企业的界定先后经过几次调整。建国初期，曾按固定资产价值划分企业规模。1962 年，改为按人员标准对企业规模进行划分。1978 年，国家计委把划分企业规模的标准改为"综合生产能力"。1988 年，按不同行业的不同特点作了分别划分，划分的依据主要有以实物产量反映的生产能力和固定资产原值。企业规模分为 4 类 6 档：特大型、大型（大型一档、大型二档）、中型（中型一档、中型二档）、小型，具体标准共计 150 个行业标准。当时中小企业一般指中二类和小型企业。1999 年，再次修改，将销售收入和资产总额作为主要考察指标，将企业分为特大型、大型、中型、小型 4 类。其中，年销售收入和资产总额均在 5 亿元以下、5000 万元以上的为中型企业，年销售收入和资产总额均在 5000 万元以下的为小型企业。参与划型的企业范围原则上包括所有行业各种所有制形式的工业企业。据悉，我国《中小企业促进法》将于 2002 年出台，国家经贸委将对中小企业的划分标准重新确定，将会考虑企业的就业人数和行业特点，还要把非公有经济考虑在内。①

　　基于 1999 年的标准，据最近国家经贸委提供的材料表明，目前我国中小企业已超过 800 万家，占全国企业总数的 99%；中小企业工业总产值和实现利税分别占全国总数的 60% 和 40%；中小企业提供了大约 75% 的城镇

---

① 经贸委："中小企业界定标准将有突破"，中国新闻网，2001 年 11 月 7 日。

就业机会；在我国1500亿美元左右的出口总额中，约60%来源于中小企业。按经济地带划分：东部地区是我国中小企业最为发达的地带，42%的小企业分布在这里，全国小企业工业总产值的66%由这里产出。小企业的平均产值规模，东部是中部的2.5倍，是西部的3倍。按所有制结构划分：全国已形成多元化的结构。在小型企业总量中，个体和私营企业占到77.7%，集体企业占20.1%，国有企业占1.4%，三资企业占0.6%；而在产值上，集体企业占51%，个体、私营企业占23.3%，国有和三资企业各占13.1%。小企业已成为县及县以下财政收入的主要来源。[1]

（二）我国中小企业的重要地位

从上述国内外对中小企业的界定可以看出，中小企业作为单个企业相对于大型企业而言，在人力、财力、物力资源等方面有明显的不足，在市场竞争中处于弱势地位。然而，作为中小企业整体在国家整个经济中具有重要的地位，对支撑经济发展具有巨大的作用。

中国企业联合会在《中国企业发展报告》中，将中小企业在中国国民经济中的地位与作用归纳为：国民经济健康协调发展的重要基础，国家财政收入特别是地方财政收入的稳定来源，建立社会主义市场经济体制的微观基础，社会稳定的重要保证，政府集中精力抓"大"的保证和必备条件，鼓励民间投资的重要载体，发展和建设小城镇的主体，等等。[2] 改革开放以来，我国中小企业发展对我国经济社会发展的作用至少可以概括为三方面。第一，对中国经济增长的支撑作用。20世纪90年代以来，我国经济增长速度主要依赖于中小企业的发展。我国工业新增产值的76.6%是由中小企业创造的，我国出口的许多大宗商品，如服装、玩具、工艺品等劳动密集型产品，基本上都是由中小企业生产的。第二，对我国从计划经济向市场经济转轨的促进作用。一是表现为中小企业是中国经济改革的试验区。中国企业改革和体制创新的成功经验，基本都来自中小企业，承包、租赁、兼并、拍卖、破产等方面的改革，均是在国有小企业、城镇集体企业和乡镇集体等中小企业中率先试验和推广。二是表现为中小企业的发展为国有大

---

[1] 张旭东："新闻分析透视800万家中小企业快速发展的背后"，www.drcnet.com，2001年8月1日。

[2] 中国企业联合会："中国企业发展报告"，《中华工商时报》，2001年8月30日。

型企业提供了一个竞争的环境,促进国有大型企业改革进程。许多民营中小企业迅速发展,极富竞争力,对国有大中型企业生存和发展构成了重要威胁,从而形成了国有大中型企业改革的压力和动力。第三,中小企业解决就业、实现社会稳定的重要作用。无论国际上的经验,还是近年我国发展中小企业的实践,都表明中小企业已成为各国就业的主渠道。世界上主要发达的国家,中小企业通常占全部企业数的 90% 以上,50%~80% 的就业人口是由中小企业吸纳的。[①] 我国中小企业主要存在和发展于劳动密集型产业中,单位投资容纳的劳动力和单位投资新增加的劳动力,要明显高于大型企业,大多数领域要高出一倍以上。中国中小企业不仅提供了 75% 的城镇就业机会,更为重要的是吸收了大量的农村剩余劳动力和国有企业下岗职工,这一点对于具有转轨经济和二元经济双重特点的中国经济意义十分重大。1978~1996 年间,从农村转移出的 2 亿劳动力大多数在中小企业就业,仅 1998 年中小企业吸纳国有企业下岗职工达 460 万人。[②] 单单这一点,无论怎样强调中小企业的重要地位都是不过分的。中小企业在保证中国经济适度增长、缓解就业压力、方便群众生活、推动技术创新、促进国民经济发展和保持社会稳定等方面发挥着重要作用,没有中小企业的发展,就不可能有改革开放以来的中国经济发展的奇迹。如果考虑到未来 15 年内中国经济面临的巨大就业压力,那么,中小企业的发展将对中国经济发展和社会进步具有重大的战略意义。

二 什么阻碍了中小企业的健康发展?

在认识到中小企业在我国经济发展中重要地位的同时,还必须认识到我国中小企业发展过程中存在的问题。这些问题包括两方面,一是中小企业本身存在的对经济发展具有消极影响的问题,如在一些小企业中存在的资源浪费、环境污染、产品伪劣、不注意安全生产、破坏市场秩序等问题。二是阻碍中小企业良性发展的自身缺陷和环境因素,如政策不公平、管理体制不顺、融资困难、资产负债率高、技术落后、创新能力差、信息和人才缺乏等问题,这些因素严重困扰着中小企业的发展。2001 年 8 月 7

---

① 杨宜勇:"小企业、大就业",《宏观经济研究》2001 年第 9 期。
② 夏汛鸽:"中小企业促进法评析",www.drcnet.com,2001 年 7 月 4 日。

日，政府各部委公布了与中小企业相关的三个名单，一是国家经贸委公布了已经关停和将要关停的"五小"企业名单，涉及钢铁、石化、制糖、糖精、水泥、玻璃等6个行业，4964家企业。二是国家经贸委、财政部、质检总局等联合发出通知，公布了产品质量国家监督抽查两次不合格的20家中小企业"黑名单"。三是国家经贸委公布了全国中小企业信用担保体系试点范围的第一批104家担保机构名单。[①] 实际上这一天所公布的三个名单，正反映出中小企业发展中存在的各种问题。在阻碍中小企业健康发展各类问题中，融资困难和技术创新能力弱已经成为中小企业发展的"软肋"。

（一）中小企业融资问题

在市场经济条件下，由于中小企业易受经营环境的影响，再加之中小企业资金需求一次性量小、频率高，增加了融资的成本和代价，不可避免地存在中小企业融资难的问题。虽然国家有关部门先后出台了一系列政策和采取各种措施，给予中小企业融资等方面的支持，但这仍解决不了中小企业融资困难的问题。国务院发展研究中心发展战略和区域经济研究部对广东、辽宁、湖北、云南4省所作的中小企业问卷调查显示，改善融资难的状况是企业的最迫切要求。[②] 大多数被调查企业都认为资金不足是阻碍企业发展最重要的问题，在对经营环境的评价中，资金环境（融资的难易程度）的负面评价比重最高。另外，对于"当前在发展中所面临的主要问题是什么"、"在哪些方面最需要政府的扶持"等问题，回答最多的是"资金不足"、"缺乏流动资金"、"需要政府在获取贷款方面给予扶持"等。由此可见，通过改善融资难的状况缓解资金缺乏的困境，是中小企业一项最迫切的需求。国家计委2001年9月份的一项调查报告显示，虽然近几年，各级政府部门以及金融系统为解决中小企业融资问题做了不少的努力，但目前中小企业信贷仍存在很多问题。其中，一个问题是抵押贷款和担保贷款成为贷款的主要方式，信用贷款比例极小。据调查，温州乐清市2000年上半年全市金融机构抵押贷款占60%，担保贷款占33.7%，信用贷款仅占6.3%。另一个问题是固定资产贷款越来越少，流动资金贷款期限越来越短。

---

① "经贸委连下三通知，给中小企业动大手术"，www.drcnet.com，2001年8月14日。
② "中小企业要发展，四种需求最迫切"，《中国信息报》，2001年2月22日。

例如，温州市 2000 年上半年存贷款增量中，中期流动资金贷款和中长期贷款与企业、居民定期存款比是 34：100，而短期贷款与企业、居民活期存款比是 132：100，信贷资金期限普遍较短。①

（二）中小企业技术创新问题

阻碍中小企业发展的另一个关键问题是，中小企业的技术创新能力弱，技术创新任务紧迫。对于我国中小企业长远发展而言，与融资问题相比，技术创新问题要更为根本和关键。在我国中小企业中，大多数还属于半机械化为主的劳动密集型企业，高新技术企业不足 10%。我国中小企业投入技术开发的经费约占全国研究经费的 40%，远低于发达国家 70% 的水平。②面对加入 WTO 后激烈的国际市场竞争，如果中小企业不进行以技术创新为核心的"二次创业"，不使产品水平有一个大的提高，就很难生存和发展。虽然我国政府也采取了一系列措施鼓励和扶持中小企业进行创新，例如，自 1997 年以来政府已选择了 8 个城市作为技术创新试点城市，建立了主要为中小企业技术创新提供服务的区域性、专业性技术中心，1999 年由政府出资 10 亿元人民币设立了科技型中小企业技术创新基金，支持科技型中小企业的快速发展；目前，中国已建立中小企业技术创新服务中心 40 家、生产力促进中心 500 多家、高科技企业的孵化器 100 多家、大学科技园 30 多家、留学生创业园 20 多家，试图为中小企业技术创新提供支撑和载体。③但是，我国还缺乏有效的企业技术创新体系。尤其是中小企业技术创新更有赖于与外界的合作和支持，更需要有完善的技术创新体系支撑。中小企业技术创新任重而道远。

三　加入 WTO 后我国中小企业如何发展？

大力支持中小企业的发展，已经成为我国政府、企业、研究人员的共识。面对加入 WTO 后的国际激烈竞争，政府将出台更多促进中小企业发展

---

① 理明："国家计委中小企业融资课题组的报告显示——中小企业贷款出现新动向"，www.drcnet.com，2001 年 9 月 29 日。
② 常林朝："中小企业技术创新研究"，《中国软科学》2000 年第 9 期。
③ 尹丹丹："中国中小企业技术创新与融资成为最大'软肋'"，《市场报》，2001 年 8 月 1 日。

的扶持政策，中小企业也要制定出适合自己发展的战略。

（一）中小企业政策展望

加入 WTO 将对我国政府的管理水平提出更高的要求。从长期看，我国将逐渐建立国际通行的中小企业政府扶持政策体系，建立包括政策扶持体系、资金融通体系、信用保证体系、创新促进体系等在内的中小企业发展社会化促进体系。

在近期政策方面，中小企业发展扶持政策的配套措施将陆续出台，中小企业发展的政策体系将初步形成。中小企业结构调整力度将加大，中小企业的准入领域将会进一步拓展，实现中小企业与大企业之间的协调发展将成为国家宏观经济政策的重要内容。《关于中小企业信用担保体系建设的意见》、《关于中小企业融资担保行业管理办法》、《关于中小企业担保再担保机构免征营业税管理规定》、《关于加强中小企业信用管理的意见》、《关于中小企业质量工作的意见》、《关于鼓励创办中小企业的意见》等文件的配套实施措施，可望近期出台。《中小企业促进法（草案）》中计划经济体制的痕迹和部门利益的色彩会大大淡化，并将在吸收《国务院办公厅转发国家经贸委关于鼓励和扶持中小企业发展的若干政策意见》实施经验的基础上，加以丰富与完善。近期《中小企业促进法（草案）》可望进入立法审议程序。[①]

关于中小企业融资困难问题，将通过融资渠道多元化来逐渐解决。各国对中小企业资金援助的方式主要包括税收优惠、财政补贴、贷款援助、风险投资和开辟直接融资渠道等。其中政府的资金支持是中小企业资金来源的一个重要组成部分。综合各国的情况来看，政府的资金支持一般能占到中小企业外来资金的 10% 左右。

（二）中小企业的三种发展战略

中国加入 WTO，是对世界市场原则和经济运行体制的引进，中国将走向全方位开放，中国经济将完全纳入世界经济一体化的进程，中国企业所面临的战略环境将发生巨大的变化。具体而言，无论中国企业是否选择进入国际市场，是否进行国际化经营，除国家继续垄断经营的极少数行业外，

[①] 中国企业联合会："中国企业发展报告"，《中华工商时报》2001 年 8 月 30 日。

各个行业中的企业所面临的竞争都将是国际性的,都将遭遇到具有强劲实力的国际竞争对手的挑战。当然,加入WTO也给中小企业尤其是劳动密集型中小企业带来机会。例如,打破了原来中国企业所面对的各种不公平的关税征收、配额制度,使中小企业有了大展拳脚的机会。又如,各国大型企业的进入,也为这些劳动密集型的中小企业提供了一系列加工配套的商机,创造了新的市场。面对加入WTO给我们带来的挑战和机遇,中国中小企业至少有三种发展战略可供中小企业选择。

第一,专精战略。"小"并不代表"弱","大"也不代表"强",只有"专"才能"强"。中小型企业就是要发挥其"小"的特长,专注于某一两个方面,形成核心竞争力,做成"强"的企业、有竞争力的企业。现代战略理论说明,企业生存和发展取决于企业是否具备核心竞争力,所谓核心竞争力是保持企业持续生存和发展独有的、其他企业难以模仿的能力。中小型企业应该彻底抛弃"小而全"的经营思想,围绕自己的核心能力进行经营,将非核心业务和非核心专长的部分,通过"外包"等形式,交给其他厂家去做,自己则专心致志地做最专长的业务。这是中小企业的生存和发展的最基本的战略。

第二,联盟的战略。战略联盟,是指两个或两个以上的企业为了实现自己在某个时期的战略目标,通过合作协议方式所结成的松散的联合体,以达到资源互补、风险共担、利益共享。组建战略联盟的基本出发点是弥补单个企业战略资源的有限性。任何企业,无论是大企业还是小企业,总会在一定的时间或一定的区域受到自身资源有限的束缚,而组建战略联盟可以拓展企业可配置资源的范围,实现优势互补,产生更大的综合优势。因而战略联盟成为众多企业提高竞争力的有效选择。由于小企业自身的劣势,战略联盟就更为必要。中小企业不仅要与国内大企业组建国内战略联盟,更要重视与国外跨国公司的战略联盟,参与国际分工体系,学习跨国公司的先进技术和管理知识,从而提高自己的国际竞争力。

第三,地域集群战略。所谓地域集群,是指以地域为中心(可以是都市、城镇)大量同业中小企业有机集中所形成的集合。地域集群,不仅仅是中小企业的简单聚合,而且形成了大量相互联系的中小企业有机体,是通过地域集中成百倍地对中小企业专业能力的扩大,通过地域集中弥补中小企业规模的劣势。我国浙江中小企业的发展的成功经验就是对这种战略的最好的注解。所谓衬衣之乡、鞋袜之乡等等,都是采用这种战略。无独有偶,意大利小企业的成功也可归于这种集群战略。据统计,全意大利专业集群地有 199 个,分布在 15 个州,集群地的产品主要是日用品。其中,纺织品集群地有 69 个,占 34.7%;鞋类 27 个,占 27.3%;家具 39 个,占 19.6%;机械 32 个,占 16.5%;食品 17 个,占 8.6%。此外,还有金属制品集群地 1 个,化学制品集群地 4 个,造纸与印刷集群地 6 个,首饰集群地 4 个。①

参考文献

[1] 白永秀、徐鸿:"中小企业发展与声誉管理",《经济管理》2001 年第 16 期。

[2] 中国企业联合会:"中国企业发展报告",《中华工商时报》2001 年 8 月 30 日。

[3] 杨宜勇:"小企业、大就业",《宏观经济研究》2001 年第 9 期。

[4] 常林朝:"中小企业技术创新研究",《中国软科学》2000 年第 9 期。

[5] 尹丹丹:"中国中小企业技术创新与融资成为最大'软肋'",《市场报》,2001 年 8 月 1 日。

[6] 池仁勇:"意大利中小企业集群的形成条件与特征",《外国经济与管理》2001 年第 8 期。

---

① 池仁勇:"意大利中小企业集群的形成条件与特征",《外国经济与管理》2001 年第 8 期。

民营企业转型与提升要注意培育核心竞争力[*]

改革开放以来,中国的民营企业有了很大发展。党的"十六大"又重申了要毫不动摇地鼓励、支持和引导非公有制经济的发展。我相信,今后促进非公有制经济发展的政策、措施也会进一步完善。我国民营经济的发展大有作为,大有希望,大有机遇,大有前途。

但是,我们也应该冷静地看到,现在和今后中国民营企业的发展面临巨大的挑战。首先,中国民营经济发展宏观体制环境发生了巨大变化。中国民营经济是在计划经济的夹缝里发展起来的,那时国家对公有制企业管得很死,要求它们按照指令性计划进行生产和销售,为民营经济的发展留下了发展的空间。现在指令性计划已经成为历史,国家已经初步建立起了社会主义市场经济,按照市场经济的基本原则管理经济,市场对资源配置发挥着基础作用。其次,市场主体发生了很大变化。国家对国有企业、集体所有制企业进行了重大改革,它们的机制已经发生很大变化,而且这场改革还在继续进行,无论是公有制企业,或是民营企业都将成为市场上的平等竞争主体。再次,市场环境发生了很大变化。我国不少民营企业诞生于商品短缺的时代,那时产品只要能生产出来就有市场。现在中国已经告别了商品短缺的时代,市场几乎已经没有供不应求的商品,企业之间的竞争日趋激烈。而且,国际市场环境也发生了巨大变化。近些年来,国际经济持续低迷,国际市场竞争激烈,不少外向型的民营企业的出口遇到许多困难。加入 WTO 后,跨国公司又纷纷进入中国,把跨国公司的国际竞争演化成了在我们国内的竞争,无论是公有制企业或是民营企业都面临前所未有的压力。

---

[*] 原载中国社会科学院要报《领导参阅》2003 年第 25 期。

面对新的形势,中国民营企业只有加速自己的转型和努力提高自身的素质才能把握住新的机遇。迎接挑战,这会涉及许多方面的问题,在这里我只强调一下民营企业也要重视提高自己的核心竞争力的问题。

长期以来,面对企业的兴衰更迭、大小变化,人们一直在探求一个至关重要的问题:为什么有的企业能够经久不衰、持续发展和壮大,而有的企业却逐步衰败和消亡,决定企业生存和发展背后的最根本的因素是什么。由于企业的生存和发展是以企业竞争为前提的,这个问题实际上是企业竞争力的本质和决定因素问题。如果把它进一步学术性表述,可以转化为围绕企业竞争优势的三方面问题:一是什么给企业带来了竞争优势,即企业竞争优势的"源"的问题;二是产生企业竞争优势的因素与企业绩效之间有着怎样的内在逻辑联系,即企业竞争优势的"内在逻辑"问题;三是企业的竞争优势的可持续性问题,即影响竞争优势可持续性的因素有哪些,怎样获得企业可持续性的竞争优势。围绕这个重大问题,国外经济学家和管理学家进行了大量的理论研究,提出了大量的新理论。其中,由美国学者普拉哈拉德与哈默提出的核心竞争力理论具有广泛的影响和重大意义。核心竞争力理论认为,企业是一个能力系统或能力的特殊集合,企业能力的差异是产生企业竞争优势的深层次因素。企业所有能力中的核心和根本部分,可以通过向外辐射,作用于其他各种能力,影响着其他能力的发挥和效果,这部分能力被界定为核心竞争力。进入 90 年代中后期后,一方面,中国企业的竞争日趋激烈,特别是加入 WTO 后,随着中国经济全球化步伐的加快,跨国公司之间在国际上的竞争正在演变成在中国国内的竞争,包括民营企业在内的大批中小企业正在把国内的竞争转变为在国际市场上开展竞争;另一方面也是受核心竞争力理论的影响,我国掀起了对企业核心竞争力问题的研究热潮。随之而来的便是企业和政府对企业提升核心竞争力的高度关注。应该说,培育和发展一批具有核心竞争力的大公司和企业集团,既是国有企业改革和国有经济战略调整中的一项重要任务,也是"入世"后中国民营企业应对国际竞争的重大举措。

学习和创新是企业核心竞争力的源泉,中国企业要培育自己的核心竞争力,必须十分重视企业创新,包括技术创新、组织创新和管理创新。纵观国际上成功的企业,尽管它们的成长途径千差万别,主营领域各不相同,但都有一个共同的特点,那就是它们具有强烈的创新精神。它们经过长期的积累和不懈的努力创新,形成了自己的核心能力。国外成功的公司无一不是靠创新形成自己的核心竞争力、靠核心竞争力塑造知名品牌、靠知名品牌提升自己的竞争优势和无形资产的。

就技术创新来说，中国企业和国外企业还有很大差距。中国企业对技术创新还重视不够、投入不足。比如，从企业研究开发经费占产品销售收入的比重看，20 世纪 90 年代，美国、日本的企业平均在 3% 以上，大型企业这一比例远远高于平均水平。1998 年，中国工业企业用于研究与开发的资金占销售额的比重平均只有 0.7%；2000 年，在中国 2655 家企业集团中，研究开发资金只占主营业务收入的 0.9%。按照国际上比较一致的看法，研究开发基金（包括技术和产品）占销售额 1% 的企业难以生存，占 2% 仅能维持，占 5% 才有较强的竞争力。按照平均计算，中国的企业还处于"难以生存"的水平，多数大企业只达到"仅能维持"的水平。

就组织创新和管理创新来说，中国企业的任务更加艰巨。不仅国有企业需要不断进行改革，建立现代企业制度，转变经营机制，而且民营企业也需要进行制度创新和管理体制的创新。民营企业要根据自己的发展阶段，有些可以采取有限责任公司的形式，有些也可以采取股份有限公司的形式，少数企业还可以成为上市公司。但是绝不能把这种转变只当做企业的一种法律形态的转变。在公司制度的变革过程中，要逐步转变自己的观念，规范自己的行为，形成企业新的机制。要逐步淡化家族制的色彩，变家族式的治理结构为规范化的公司治理结构，充分发挥职业经理的作用。要进行企业文化建设，建设起具有自身特点的公司文化。这样做并不会改变民营企业的性质，而是符合企业制度发展的方向。与此同时，要根据公司规模的扩大和经营领域的扩展，进行公司组织结构的改革和创新，建立起科学、高效的管理体制。

核心竞争力和竞争力是两个既有联系、又有区别的概念。企业的竞争优势可以表现在许多方面，如价格、质量、功能、品种、服务，等等，企业只要在某一个或几个方面做得好，也会在一段时间形成很强的竞争力。但是，企业要经久不衰，永葆青春，持续发展，就必须进行技术创新、制度创新和管理创新，培养起自己的核心竞争力。经过多年的发展，中国的民营企业已经具有较大的规模和较强的实力，不少企业在某些方面已具有自己的竞争优势，但是真正具有核心竞争力的企业还很少，我们必须继续努力。

努力提高我国制造业国际化的质量和水平[*]

一 引言

改革开放以来特别是近些年，我国的经济总量增长很快。在经济增长结构中第二产业特别是制造业贡献了很大份额。经济大国、经济强国必然要求制造业非常发达，首先是制造业大国。制造业大国、强国必然要求制造业国际化的质量和水平进一步提升。

二 我国制造业的国际化已经取得长足进展

随着经济全球化的发展和我国改革开放的深化，我国已经成为对外贸易大国。1980年，我国进出口总额仅为570.0亿元人民币，对外贸易依存度为12.6%。但到2004年，我国进出口总额达9555.1亿元人民币，对外贸易依存度约为69.8%，我国进出口贸易总额居世界第3位，仅排在美国、德国之后。2006年进出口总额达到17604亿美元，进一步巩固了贸易大国的地位。2007年，我国进出口额首次超过2万亿美元，达到2.1738亿美元，超过德国，成为第二大贸易国。在对外贸易规模扩张的同时，我国贸易结构还发生了巨大的变化，制造业的国际化已经取得长足进展。

1. 从出口产品看。首先，出口产品中制成品已经占很大比重。1980年，我国出口商品的中初级产品出口金额占到出口商品总额的50.3%，工业制成品出口额占出口总额的49.7%。而到2000年以后，工业制成品的该项比例上升到90%以上，初级产品的该项比例则相应下降到10%以下。2006

---

[*] 原载《经济管理》2008年第5期。

年,这一比重上升到94.5%,初级产品的该项比例则相应下降到6%以下;其次,在工业制成品中机电产品的比重上升。1995年为34.5%,2000年只有47.1%,2006年达到56.7%;再次,在工业制成品中高新产品的比重在逐步提高。1995年只有6.0%,2002年达到22.2%,2006年上升到近30%;第四,产品的国际竞争力在逐步提高。自1994年以后,我国工业制成品的贸易竞争指数一直为正,1995~2003年我国工业制成品的贸易竞争指数依次为0.08、0.06、0.16、0.16、0.11、0.11、0.10、0.09、0.09,而初级产品的贸易竞争指数自1995年以来一直为负;第五,我国工业制成品的国际市场占有率逐步提高。在世界的名次2004年超过日本,仅次于欧盟和美国,成为世界第三大制成品经济体,占有率达到8.3%,是美国的81%,日本的104%。2003年和2004年,市场占有率的增长速度分别为36%和37%。

2. 从对外直接投资看。对外投资(非金融,下同)既可以为东道国创造就业机会,推动其经济发展,又能够实现原产地多元化,有效地规避贸易摩擦,是一种互利共赢的策略。2002年以来,我国政府不断完善境外投资促进和服务体系,积极推进对外投资便利化进程,鼓励和支持有比较优势的各种所有制企业"走出去",对外投资进入快速发展期。2006年末,我国从事跨国投资与经营的各类企业已发展到3万多家,对外投资遍及世界160多个国家。我国企业对外投资已从建点、开办"窗口"等简单方式发展到投资建厂、收购兼并、股权置换、境外上市和建立战略合作联盟等国际通行的跨国投资方式。2006年末,我国对外直接投资存量为750亿美元,是2002年末的3.3倍,净增520亿美元。2002~2006年对外直接投资流量分别为27亿美元、29亿美元、55亿美元、123亿美元和176亿美元,2006年的对外直接投资流量是2002年的6.5倍。

3. 从引进外资看。利用外商直接投资引进了大量适用技术,产业结构实现优化升级。2003~2006年,我国通信设备、计算机及其他电子设备制造业累计使用外商直接投资达293亿美元,其中2006年为82亿美元,比上年增长5.9%。目前,全球主要IT制造业企业纷纷在华设厂,有的还将研发中心移师我国,有力地促进了我国电子及通信设备制造业的技术进步,增强了我国产品的国际竞争力。

三 进一步提高我国制造业国际化水平要重视的四个主要问题

（一）重视标准的制订，争取有国际话语权

我国有企业标准、行业标准、地方标准和国家标准。产品要走向国外，还远远不够，必须要遵守国际标准和国外先进标准。采用国际标准和国外先进标准是指国际标准化组织、国际电工委员会和国际电信联盟制定的标准，以及国际标准化组织确认并公布的其他国际组织制定的标准。加强采用国际标准是我国一项重要的技术经济政策，对于促进企业技术进步、提高产品质量、扩大对外开放、加快与国际惯例接轨、发展社会主义市场经济的重要措施。我国在这方面的工作已经取得一定的进展。到2001年底，我国已经批准发布的19744项国家标准中，采用国际标准和国外先进标准的有8621项，采标率为43.7%。国际标准化组织ISO和国际电工委员会IEC现有标准16745项，已转化为我国国家标准的有6300项，转化率为38%。显然，我国的标准化水平与国际水平相比，还有一定的差距。而且，我们不能消极遵守，更要争取制定国际标准的话语权和主动权。

（二）重视自主创新，发展核心技术

改革开放以来，我国也涌现出了一批勇于自主创新的成功企业。他们中有的通过原始创新成果的产业化，占领了国际市场，有的通过引进、消化、吸收再创新，打造自主品牌，跻身世界，占领市场。但从总体上看，我国企业的自主创新能力还不强，多数企业研发经费投入低，创新的组织机制也不完善，尚未形成自己的核心技术能力。据国家统计局数据显示，2005年我国大中型工业企业的研究开发经费占工业增加值的比重仅为2.6%，而美国为8.3%（2000年），德国为7.4%（2000年），日本为8.6%（1998年），约为发达国家的1/3；在28567家大中型企业中有科技机构的仅占23.7%，有科技活动的仅占38.7%。另据国家知识产权局公布的数据显示，截至目前，我国国内拥有自主知识产权的企业仅占0.3%，目前我国仅有1.1%的企业获得授权专利，其中仅0.17%的企业获得发明专利权，在去年13万件发明专利中，有一半来自国外跨国公司。可以说，在国际范围内，我国企业无论是在科技创新投入上，还是科技创新产出上，都

同发达国家具有较大差距。因此，提升企业自主创新能力，确立企业在技术创新中的主体地位，是我们建设创新型国家的一项重要而紧迫的任务。

我国是家用电器生产大国，但是，许多产品的专利技术掌握在外国公司手里。比如，我国是 DVD 生产大国，年产 6000 多万台，出口 80%，200 多项专利技术，我国只有 20 多项，出口一台要向外国公司交 3~5 美元专利费。彩电、电冰箱、洗衣机等不同程度地存在类似情况。

近年来，中国政府已经把加强自主创新提高到国家战略的高度来推进：计划到 2020 年，R&D 的投入占 GDP 的比重从现在 1.35% 提高到 2.5%，科学技术进步对 GDP 的贡献率从现在的 39% 提高到 60%，中国的专利和论文被引用数目从现在世界第 20 位上升到第 5 位。

（三）努力增加高质量高附加值的产品

（1）我们的产品竞争力还建立在低价格和牺牲环境为代价上。这种代价可以概括为"三靠"：一是靠能源资源的低价格。我国石油、天然气和煤炭的资源税税率仅为 1%，铁、铝土矿为 2%，地热为 3%，金矿为 4%，而国外石油、天然气和矿产资源补偿的标准一般为 10%~16%。2005 年年底，国际市场原油价格达到每吨 420 美元时，俄罗斯从中收取的资源补偿税费 180 多美元，约占油价的 42%，美国从中收取 134 美元，约占油价的 32%，而我国仅收取 4 美元，不到油价的 1%。这近乎于无偿利用资源，助长了高耗能、高污染产业的过度发展，加剧了产业结构的畸形化。同时也造成能源的浪费。据研究，2000 年按现行汇率计算的每百万美元国内生产总值能耗，我国为 1274 吨标准煤，比世界平均水平高 2.4 倍，比美国、欧盟、日本、印度分别高 2.5 倍、4.9 倍、8.7 倍和 0.43 倍。二是靠劳动者的低工资。目前我国制造业劳动力成本仅相当于发达国家的 3% 左右。1996~2005 年 10 年间，全国职工工资总额年均增长 9.15%，不足同期企业利润增幅（28.62%）的 1/3，农民工工资增长更慢。三是靠牺牲环境，使内部成本外部化。据环保总局监测，2005 年全国七大水系的 411 个地表水监测断面中有 27% 的断面为劣 V 类水质，全国约 1/2 的城市市区地下水污染严重，一些地区甚至出现了"有河皆干、有水皆污"的现象。

（2）我国出口产品主要由外资企业提供的，而且加工贸易性质的产品比重大。2006 年我国机械工业加工贸易产品占出口产品总额的 50% 以上，其中外资加工贸易占机械工业加工贸易出口的 84.4%。

（3）产品的附加值低，缺乏高附加值的产品。我们的出口产品主要集中在劳动密集型产品上，高新技术产品占出口产品中的比重还较低。

（4）缺少世界知名品牌产品。经过20多年的努力，我国不仅拥有了海尔、联想、长虹等具有一定国际影响力的品牌，同时一些传统的"老字号"也在走出国门。但是，从总体上看，现阶段我国自主品牌的发展还很薄弱，与我国在世界经济贸易中的地位还很不相称。目前，我国企业主要还是采取低价竞争和低成本的规模扩张的模式，企业从品牌所获利润甚少。虽然我国制造的玩具占全球产量的70%，鞋类产品占全球产量的50%，彩电占全球产量的45%，空调占全球产量的30%，纺织品服装贸易占全球的24%，有近200种产品的产量位居世界第一，但具有国际竞争力的品牌很少，目前我国各类进出口企业中拥有自有商标的不到20%，出口产品中拥有自主知识产权品牌的不到10%，自主品牌发展滞后。另据测算，美国品牌所创造的价值占GDP的比重达60%，而在我国却不足20%。

（四）重视人力资本，提高劳动者素质

人力资本对提高企业的效益和竞争力具有重要作用。舒尔茨对美国经济的发展作过这样的计算：1890~1959年的70年中，物质资源增加了4.5倍，对劳动者进行教育和培训的投资增加了8.5倍，而前者使利润增加3.5倍，后者使利润增加了17.5倍。日本的一份研究资料表明，工人教育水平每提高一个年级，新技术革新者平均增加6%，而技术革新的建议能降低成本5%，经过专门训练的技术人员的建议能降低成本10%~15%，受过良好教育和培训的管理人员创造和推广先进管理技术可降低成本30%以上。经过技术再教育的工程技术人员，工作效率可以提高40%~70%。我国吉林省社科院的一些同志也对职工素质和经济效益的关系作过调查，他们提供的长春第一汽车制造厂的材料表明，在完成生产定额方面，初中文化程度的工人比小学文化程度的工人要高26%，受过高等教育的工人比只有初中文化程度的工人生产效率高20%~30%，据他们对长春客车厂机械车间装配钳工的调查，只有初中文化程度的工人3年出徒时的工作效率，具有高中或中专文化程度的工人，1年就可以达到；大学文化程度的工人1年还可以超过，其时间缩短2/3以上。

理论和实践表明，人力资本是提高劳动者素养和劳动力质量的关键因素，人力资本的形成除了靠正规的学历教育外，还要靠企业的再投入。要成为制造业的强国,增强其在国际上的综合竞争力,必须要有大批高素质的人才,特别要注意培养大批的高级技工。国家要加大对职业技术教育的投入,教育主管部门要扭转只重视大学教育的趋向,花大力气办好各类技工学校。社会、企业要加强职工的在职培训,不断更新职工的知识和提升他们的工作能力。为我国制造业企业更好地参与国际竞争创造更好的条件。

参考文献

[1] 国家统计局:《中国统计年鉴 2004》,中国统计出版社 2004 年版。
[2] 张玉:《劳动者质量的提高与教育》,《中国经济问题》1983 年第 2 期。
[3] 国家统计局:《国际统计年鉴 2004》,中国统计出版社 2004 年版。

积极应对全球金融危机促进我国企业创新转型[*]

当前,世界经济发展面临着前所未有的风险和挑战。经过改革开放30年高速发展的中国企业,面对全球金融危机和国内经济增长速度大幅度下滑的局面,必须努力提高创新能力、积极推进战略转型,加强风险防范和增强抗风险能力。

一 充分认识我国企业面临的风险与挑战

全球金融危机发端于美国的金融体系。它先是以次贷危机的面目出现,然后,在一两年间迅速升级为一场金融海啸,冲击了世界金融市场,进而又蔓延为美国的、乃至全球性的金融危机,将欧美经济拖入衰退周期。这种状况使我国经济发展的国际环境恶化。一方面,这些国家的需求减少,使我国企业的出口受阻,出口增速急剧下降。另一方面,国际贸易保护会日益严重起来。从世界经济发展的历史看,一个范围较广、时间较长的经济衰退周期,往往是国际贸易争端的多发期。近日,德国IFA展会上发生了主要针对中国企业专利侵权的大查扣事件;而美国政府则向世贸组织提出申诉,称中国政府变相为出口型企业提供补贴,破坏了全球公平贸易,近日,美国国际贸易委员会还以6:0的投票结果,批准了美国商务部对中国钢管产品征收最多40.05%的反补贴税。这些事例表明,经济下滑过程中,国际贸易摩擦有数量增多、性质升级的迹象。不利的国际贸易形势,必然会波及我国的经济发展。

进入2008年年中以后,我国经济形势、特别是工业经济形势变化非常

---

[*] 原载《经济日报》,2009年1月20日。

快。受国际经济环境恶化的直接影响，我国经济运行中的风险因素逐步暴露出来，工业增长、电力需求、出口、投资、税收、就业、外汇储备等多方面的数据一致表明，经济下行态势明显。比如，10月份的工业增加值增速只有8.2%，11月份，进一步降到5.4%，这种情况历史罕见，工业增长速度直接影响国民经济速度，为保证GDP增速保持在8%左右的水平，我国的工业增速应当在12%左右。由此看来，实体经济受全球金融危机影响较大，形势严峻。

这一轮的经济下行，总体上呈现出三先三后的结构特征：从区域结构上看，是先东部地区、后西部地区；从企业规模上看，是先小企业、后大企业；从企业所有制上看，是先民营企业、后国有企业。

第一，东部地区比西部地区先感受到此轮经济下行的压力。发改委的数据较早显示，2008年前5个月，我国东部地区工业经济运行、社会消费、进出口贸易、城镇固定资产投资等经济指标都低于中部、西部和东北地区，出现了"西高东低"的现象，东部地区工业增加值增速下降明显。而根据最近的调研，进入2008年12月份，中西部地区受到的影响才局部显露出来，一些产能过剩、结构相对单一的行业和企业，出现了类似于东部地区企业的减产、停产现象，工业增速下滑、外贸出口增幅下降、行业利润普遍下降等问题也有所显露。

第二，小企业先于大企业遇到经营困难。2008年六七月间，中央政府有关部门多次赴浙江和广东，针对东南沿海中小企业大面积出现经营困难的问题进行调研。过去两三年间，人民币升值、出口退税率降低、原材料和劳动力成本持续攀升，大大压缩了这些中小企业的生存空间。2007年底、2008年初的宏观调控政策给国内市场带来的紧缩压力以及美国金融危机暴发后国际贸易形势的恶化，致使许多中小企业出口量和产量大幅减少，相当数量的企业减产、停产、歇业或倒闭。由于中小企业大都集聚在轻工业、最终消费品领域，而且，它们资金量小，抗风险能力弱，因此，经济下行的负面影响容易先在中小企业的经营状况中得到反映。2008年中后期，全球金融危机对实体经济的影响加剧，不少行业市场需求水平迅速下降，全行业的库存急剧增加，金融危机的负面影响已经蔓延至规模更大的企业群体。

第三，民营企业先于国有企业受到经济下行压力的冲击。2008年年中以后，不仅为数众多的民营中小企业饱受经济下行之苦，某些员工人数达到数千人，资产规模达到十几亿、几十亿的民营大企业亦陷入了资金链断裂的危机。进入第4季度，像造船、钢铁、电力、化工这类国有企业聚集的重点行业，也先后呈现出全行业经营不利的局面。国资委的数据表明，中央企业正面临多年未有的严峻形势。

上述的"几先几后"表明，全球金融危机对国内经济的负面影响正呈现出逐步扩散和蔓延的趋势，2009年我国经济可能面临更大的挑战。

我国经济运行中出现的问题和不断加大的风险，既有国际因素影响，也有我国经济结构固有的矛盾方面的原因，尤其是我国经济连续多年高速增长，掩盖了一些深层次矛盾，一旦出现环境诱因，这些矛盾就爆发出来，从而导致了许多问题出现和严峻的经济形势。但是，我们必须认识到，经过30年的改革开放，我国已初步建立起了社会主义市场经济体制、机制；我国经济从改革开放中获得了极大动力；我国政府积累了丰富的宏观调控经验和驾驭经济稳定发展的能力；我国经济实力大大增强，具有庞大的经济规模。同时我国作为一个有13亿人口的发展中大国，正处在工业化、城市化高速发展期，有强大的国内需求，我们的经济总体上是呈现上升态势的，这是中国经济发展的基本面和长期趋势。

二　科学分析全球金融危机中孕育着的机遇

放眼长远，经济下行必然是一个优胜劣汰的过程。经济景气的时候，微观经济中往往鱼龙混杂。一方面，经营不善的企业，也能从高涨的社会需求中有所受益；另一方面，轻而易举获得的丰厚利润，又使不少企业放弃了对自主技术创新和规范企业管理的刻苦追求。而在经济下行的过程中，紧缩的社会需求，只能提供有限的市场空间，容纳具有竞争力的企业，落后企业的过剩生产能力将可能被淘汰出局。这个过程，不是迫使那些经营不善的企业退出市场，就是迫使那些有潜力的企业通过创新、转型，不断追求生产组织方式的变革，提高自身的抗风险能力。

从宏观经济调控层面看，经济下行，意味着会出现更多的政策性机遇。一般而言，经济景气的时候，宏观经济政策往往趋紧，其政策重点集中于抑制过热的消费需求和强烈的投资冲动。而在经济下行的过程中，宏观经济政策的重点将转向于促进消费和鼓励投资，放宽融资渠道、增加财政补贴发放、减税、减负这类支持企业经营发展的政策，会较多地出台。2008

年的国际国内经济形势变化迅速，这一年，成为中国宏观调控政策转向的一个重要时期。在上半年，宏观调控的任务是防止经济增长由偏快转为过热，防止物价由结构性上涨转为明显的通货膨胀，实行的是紧缩的货币政策和稳健的财政政策；而在当前，宏观调控的主要任务是防止经济增长过快下滑，采用的是积极的财政政策和适度宽松的货币政策。这种政策方向的调整，将为企业带来众多的政策机遇。比如，中小企业融资是一个困扰中小企业多年的难题，就在全球金融危机爆发后，政府有关部门做出较快的反应，显著加大了对中小企业融资的政策支持力度。再如，拉动内需的政策，也将为许多行业开拓出新的市场，垄断产业，会加快向民营资本放开。此外，在经济不景气时，因为投资的相对稀缺性，各级政府对企业的服务意识也会大有提高，过于繁琐的投资审批程序会进一步得到简化。具体而言，我国应对全球金融危机的政策体现在以下三个方面：一是货币政策方面。2008年9月15日，央行六年来首次下调贷款利率，随后的两个多月里，又数次出台降息和扩大信贷规模的政策。2008年12月13日，国务院办公厅就加大金融支持力度，促进经济平稳较快发展提出九条意见。二是税收政策，包括稳定出口的上调出口退税率的政策和全面推行增值税改革。一方面，为保持出口稳定增长，过去4个月的时间里，有关部门3次调高劳动密集型产业出口退税率。[①] 在中国历史上，还从未有过如此密集和如此大规模的出口退税税率上调；另一方面，2008年11月9日，温总理主持国务院常务会议，决定自2009年1月1日起，在全国所有地区、所有行业推行增值税转型改革；三是促进消费、扩大内需的财政政策。2008年11月9日的国务院常务会议上，还确定了当前进一步扩大内需、促进经济增长的十项措施，据初步匡算，与这十项实施措施相对应的工程建设在到2010年底前的投资规模将达到4万亿元。

从企业自身运营角度看，在来自经济下行的环境中，企业至少可以发

[①] 这三次出口退税率上调的政策分别是：8月1日起，中国将部分纺织品、服装的出口退税率由11%提高到13%。11月1日起，上调部分劳动密集型、高技术含量、高附加值商品的出口退税率，此番调整共涉及3486项商品，占到海关税则中全部商品总数的25.6%，像部分纺织品、服装的出口退税率调整为14%，部分玩具商品的出口退税率也提高为14%。12月1日起，进一步提高部分劳动密集型产品、机电产品和其他受影响较大产品的出口退税率，这次调整总共涉及3770项产品，约占全部出口产品的27.9%，取消了部分钢材、化工品和粮食的出口关税，降低部分化肥出口关税并调整征税方式，对个别产品开征或提高出口关税。

掘出以下几种市场机会：

1. 业务低成本扩张的机会。随着经济下行，各种生产要素价格的回落，企业原有的业务扩张计划的实施成本，会显著降低。比如，此轮全球金融危机对房地产行业冲击较大，其直接影响是地价和房地产租金回落。再如，大宗商品价格的大幅下降。过去两三年间，在美元贬值和国际炒家的双重作用下，全球大宗商品价格大幅提高，这种形势，在2007年中后期、2008年初时，曾经将中国制造业推入增收不增利的不利境地。随着国际油价、化工原材料、钢材、水泥等商品价格的持续下跌，企业正常的生产和固定资产投资的成本，会有所降低。

2. 发现新的市场需求的机会。企业有两种途径，可以发现新的市场需求。一种途径，是同样的产品、服务，提供给不同的消费者，此谓"西方不亮，东方亮"的思路。比如，相当数量的出口加工贸易型企业，正面临着舍"外"求"内"，发掘新的国内市场机会的挑战。它们以前的客户以采购量大、价格低的国外客户为主，如今，国外需求不旺的局面，迫使它们努力发掘国内需求中的市场机会。现在，有一些出口企业已经先知先觉地采取了开发内销市场的竞争策略。实现这前一途径，创新新的市场需求，需要以企业的经营战略的转型和营销体系的再造为前提条件。另一种途径，是为同一消费者，提供性价比更好的产品。经济下行，会使原有的市场需求下降，但性价比更好的产品进入市场，可以创造出新的市场需求，缓解总体需求下降的态势。实现这后一途径，则是要以企业的产品、产业结构调整与升级为前提条件。

3. 引进国外先进技术和设备、高端人才的机会。欧美金融危机及经济衰退，给许多国外企业造成很大的生存与发展的困难，在不利的经济形势下，它们向中国输出先进技术、设备的压力与动力会显著增强。在经济景气条件下，它们不愿意出售的技术和设备，在经济衰退过程中，出于扩大市场需求的经济考虑，它们向国内企业售出相关技术和设备的意愿会得到强化。欧美金融危机及经济衰退，还迫使不少全球知名的企业大规模裁员，这也为国内企业提供了筛选和吸纳优秀人才提供了大好机会。

4. 开展全球并购的机会。比购买国外技术、引进国外人才更进一步的是，走出国门，在海外实施并购。经济衰退中，欧美企业对资金的饥渴症，有助于它们克服排外情绪，这将为国内企业提供前所未有的宽松投资环境和大好的并购机会。最近，社会上对于近年来国内企业在海外并购失利的报道较多，这其中，存在一定主观原因，比如，我们的企业经验不足、对国际市场形势的复杂性认识不够深刻等，但我们的企业千万不能因为有这类批评的声音而因噎废食。由于经验不足，我们过去并购国外企业，常常是在行业最景气的、并购价格处于高位的时候发生的，这样，经济下滑时，投资损失就会显现出来。未来一段时期，国外经济会处于一个相对长期的下降通道中，对于国内有实力、战略明确的大企业而言，应该抓住开展国际并购的难得机遇期，既以前车为鉴，但又不至于裹足不前，要加强对那些有较强技术储备或研发能力、品牌口碑好、营销网络发达、拥有独特资源条件的国外企业的跟踪研究，一旦有利的并购时机出现，要努力把握住，使国外的优质产业资源能够为我所用。

三 树立化挑战为机遇的信心，强化危机与风险防范意识

面对全球金融危机及国内经济下行压力，企业首先要树立化挑战为机遇的信心。经济周期和企业生命周期的理论告诉我们，经济与企业的发展都存在周期性的波动。无论何等卓越的企业，它的成长道路也不可能是一帆风顺的，总是既有高峰，也有低谷。在经济下行周期里，企业走入自身发展周期的低谷的概率会增加，但走入低谷，是企业发展历程中不可避免的一个环节。不少成功的大企业，都曾经经历过危机、甚至是严重危机的挑战。我们应该清楚地看到，即使是最严重的经济衰退周期，也不可能摧毁所有的企业，反而是在每一轮经济衰退周期后，都有一大批企业破茧而出，迎来新一轮的经济增长的机遇期，更上层楼，这意味着，在危机中，不仅蕴藏了导致企业经营失败的风险因素，更孕育着引导企业走向成功的风险抗体。树立化挑战为机遇的信心，正是要积极应对挑战，冷静看待各种风险因素，努力发现、把握和收获那些隐藏在风险中的成功机会。在坚定信心的同时，我们应该冷静地看到，进入2009年，中国经济发展面临的环境可能更加严峻。身处不利的经营环境之中，企业需要强化忧患意识和风险防范意识。一方面，受金融危机及经济下行影响尚不明显的企业，要重视风险预警，以化解潜在的危机；另一方面，已经受到影响的企业，也要有打持久战的心理准备，要学习专注于自己最具竞争优势的领域，必要的话，要针对以往过度扩张的业务，实行谨慎的收缩战略。

风险预警的重要性在于，在金融危机和经济下行的时候，企业经营活动的系统性风险会不断加大。各种长期存在且需要企业化解的矛盾和问题，也会被恶化的经济形势逐一放大。在这种不利因素趋多的市场环境里，企业需要认真地发现和消除可能对自己经营活动带来重大风险的隐忧。在过去的这段时间里，有许多企业对此轮金融危机对实体经济的破坏力和冲击力的估计不足，对欧美经济衰退对中国出口影响的冲击估计不足，它们在客户频频减少订单数量、延长付款时间、报损增加、坏账增加等问题出现后，没有及时采取应对措施，来控制生产成本、控制存货和应收账款，最后，在不断恶化的出口形势和下行的经济形势面前，束手无策，造成了惨重损失。还有一些企业被过去几年的经济持续高增长冲昏头脑，盲目追求规模扩张，简单以为做大就可以做强，造成盈利能力低下、甚至效益为负的过剩产能。其他企业应该从中吸取经验教训，对未来的市场机会变化，做出客观判断和准确预测，否则，无论是对危机与风险因素应对过激，还是应对不足，都会使企业做出错误的经营决策，陷入难以挽回的风险之中。

由于经济下行的市场环境里，经营的系统性风险会显著增加，因此，奉行专注的经营战略，也显得非常必要。在当前的经济形势中，投资领域过于宽泛的企业，它们所面临的风险，会远远大于那些投资领域相对专注的企业。2008年，一些民营大企业相继资金链断裂，对这些民营企业剖析，我们可以发现，它们中的共性特点是，除了主营的制造业之外，还大规模地开展了多元化经营活动，涉入房地产、金融等领域。正是这些缺乏业务关联性支撑的房地产、金融业务，受此轮金融危机的冲击最大，一夜之间，拖垮了这些民营大企业。所以，强化危机和风险防范意识，需要企业坚持投资创业的健康心态，放弃侥幸投机的心理，对自己的业务范围进行梳理检讨，选择出对自身生存与发展有决定性意义的关键领域，勇于放弃非关键性的业务，将有限的企业资源聚集于这些领域，将自身的竞争能力及其优势发挥到极致。

此外，强化危机和风险防范意识，还意味着，企业要有谨慎收缩的战略意识。从国内外企业的经验看，经济持续下行，会使企业做出减产、裁员、重组业务和变现资产的决策的巨大压力。这些对策，是企业谨慎收缩战略的主要构成内容。在这些策略中，减产是为了消化过剩的生产能力，重组业务是为了推动业务资源的整合，变现资产是为了增强资本的流动性，各有其合理性和必要性；裁员，其意义在于降低企业运营成本，而且，不少裁员计划，都是伴随减产、重组业务和变现资产的政策而推出的。在这些策略中，我们认为，裁员政策和其他政策相比，有其特殊性，具有双刃剑的性质。从短期、从局部看，裁员可以降低企业成本，缓解企业竞争压力，但从长期看，企业大规模裁员会丧失企业的技术力量、熟练工人，增加企业今后的培训成本，还会减弱企业职工的凝聚力和向心力，而且从全社会角度看，企业大量裁员，会打击全社会的消费信心，削弱总体的购买力水平，加剧经济调整的深度和幅度，后者又必然反作用于企业自身。

因此，除非两种情况出现，否则，企业在推行裁员政策这个问题上，应该慎之又慎：一种情况是大企业有许多冗员，造成人浮于事的官僚作风，严重干扰企业正常经营活动的开展；另一种情况是小企业的业务萎缩，已经无力承担其人力资本支出。由于从中长期看，中国经济增长的内在动力是强劲的，因此，在这一轮经济下行中，有条件的企业，都应该以调整生产能力和资源配置为应对挑战的主要手段，假以时日，这些企业在稳定就业、提高员工归属感和凝聚力所作的积极努力，将会在下一轮的经济恢复性增长中获得良好的回报。

四 努力提高创新能力，积极推进企业战略转型

改革开放30年，中国经济增长成绩斐然，取得了举世瞩目的成就。但是，我国经济增长的方式还比较粗放，我国企业技术水平和创新能力还较低，国际竞争力主要建立在低成本优势上，企业劳动生产率与国际先进水平差距还较大，企业可持续发展能力还较差。在经济相对景气的环境里，企业缺少动力和压力从根本上解决这些深层次问题。

此轮全球金融危机和国内经济下行，为我们打破粗放经济增长惯性、解决企业发展深层次问题注入了新的压力与动力。经济形势的变化，使得努力提高创新能力、积极推进企业战略转型对于我国企业生存与发展的重要性更为突出。在这种背景下，我国企业需要通过提高创新能力，积极推进以下几方面企业战略转型。

1. 促进企业从"低成本竞争战略"向"差异化竞争战略"转型。与我国的低成本快速工业化战略相适应，我国企业的国际竞争力主要来源于低成本优势，如低廉的劳动力、支付相对较低的环境和能源成本等，但这种竞争战略是不可持续的，随着工业化进程的推进，劳动力成本必然逐渐提

高，企业必须为环境和能源付出更多的代价。企业为了可持续发展，必须逐步形成和实施"差异化战略"，通过自主创新，提高自己的技术水平，培养自己的核心能力，为顾客提供高附加值、差异化的产品和服务。

2. 促进企业从"多元化战略"向"归核化战略"转型。伴随着我国经济30年快速发展，给企业成长提供了大量的市场机会，很多企业盲目地走上了多元化发展的道路，试图迅速完成自己的原始积累。但是过度多元化，对企业成长是非常有风险的，如同一棵小树，枝杈过多，反而吸收了树干长高、长粗所需的营养，不利于小树成材、长成参天大树，为了保证小树的健康成长，剪枝十分必要。当企业经营环境一旦出现恶化，最先出现问题的往往是没有核心能力的过度多元化企业。当前，企业战略从"多元化战略"转向"归核化战略"十分必要，企业必须围绕着核心能力的培育发展自己的业务，这是成功公司的共同经验。例如成功的企业大多是专注于某一技术或基于同类技术的适度多元化，如联想集团的计算机技术、万向集团的汽车零部件制造技术等等。

3. 促进企业从"规模扩张战略"向"质量提升战略"转型。一直以来，做大企业、进入世界500强，是我国许多企业追求的目标，组建大型企业集团、迅速扩大我国企业规模的呼声日高。政府也出台了相关政策鼓励大型企业集团的组建和扩张。有些地方甚至采用行政手段把一些企业硬捆绑在一起形成企业集团。从提高规模经济、促进产业集中等方面看，努力扩大规模是有一定道理的。但是，对于企业健康持续发展而言，产品品质，是一个更为基本和重要的要求。2008年，是中国企业产品质量事故多发之年。伴随持续多年的经济持续高增长，目前，我国已经有不少行业的产品产能在世界上占有举足轻重的地位。在这样的市场格局下，产品质量形象是非常重要的。一荣俱荣，一损俱损，以前规模小的时候，一个产品质量事故打击的可能只是一个企业，而今，一个严重的产品质量事故，打击的可能是整个行业的企业，甚至打击整个"中国制造"的全球市场地位。这一切表明我国企业必须向"质量提升战略"转型。回顾日本的经验，20世纪五六十年代，是日本经济高增长、日本产品开始走向海外的重要时期，也就是在这个时点上，开始有越来越多的日本企业意识到维护日本产品在国际上的质量形象的重要性。就在这个时期，规模尚不大的索尼公司提出了"改变日本产品在世界上的劣质形象"的企业使命。对于我国的企业来说，在国际经济衰退和国内经济下行的大背景下，必须重视产业升级和产品质量升级换代的问题。

4. 促进企业从"跨越式发展战略"向"可持续发展战略"转型。与我国经济高速增长的背景相适应，这些年许多企业家心态浮躁，不安于采取逐步积累滚动、渐进式的发展战略，梦寐以求自己的企业能够超常规、跨越式发展。在这种心态下，有些企业盲目做大，不惜成本，不择手段，急于投入，急于铺摊子，试图期望短期内就打造出一个巨型企业帝国。但是，这种跨越式发展的企业，由于企业内部经营管理能力难以与其跨越式发展的规模相匹配，因而抵抗风险能力很差，一旦遇到环境的风吹草动，企业就可能走向衰败。这样的案例已经不胜枚举。企业必须追求可持续发展，一定要立足自身，练好内功，为未来实现企业稳定持久的发展打下坚实的基础。追求可持续发展的企业，意味着在打好企业基础的前提下、追求在一定利润水平之上的合理成长速度，例如，深圳华为技术有限公司规定了"要达到和保持高于行业平均，或高于行业中主要竞争对手的成长速度"的战略目标，同时确定了"把土夯实了，撒上一层，再夯实，稳步前进"的战略行动原则。在当前经济不景气的情况下，企业要进行风险防范，避免夭折，这些经验尤为可贵。

后　记

　　为了纪念改革开放30年和中华人民共和国成立60周年，我把我多年来撰写的关于企业改革、管理与发展方面的60篇文章结集成册，奉献给广大读者。这本文集的内容包含以下四个部分，它们是：国有企业改革与建立现代企业制度；国有经济的战略调整和国有企业改组；企业管理与管理现代化；企业的发展与企业的创新转型。这些文章都陆续在《经济研究》、《中国工业经济》、《经济管理》、《管理世界》、《经济体制改革》等刊物和《人民日报》、《光明日报》、《经济日报》等报刊上发表过，为了尊重历史，保持文章原貌，这次结集出版时，这些文章的内容未做任何改动。其中"正确处理企业改革、管理和发展的关系"一文发表在1995年10月19日的《人民日报》上，由于这篇文章所讨论的问题和本文集文章所包含的内容大体相同，所以我把它作为本文集的序言。

　　文集的四个部分都采取的是按文章发表的年代先后顺序编排的，这样做的好处是能看出作者对这一领域的研究进展和观点形成变化的过程，缺点是有可能把对相同问题的研究文章分散开来，看起来不太连贯，这也是文集本身的弱点，不像专著那样具有很强的逻辑性和系统性。

　　这本文集中有几篇文章是我和丁敬平、黄群慧、张建中、迪晶、郭朝先、王钦、钟宏武、禾春雷等同志合写的，除丁敬平外，其他人都是我的学生，征得他们同意后我也把这些文章收进了这本文集里，但都已一一注明。在我写作和出版这本文集过程中，还先后得到余菁、赵卫星、林立等同志的帮助，也得到中国社会科学出版社的一些同志的帮助，在此，对他们一并表示衷心的感谢！

陈佳贵